Haftung für hoch- und vollautomatisierte Kraftfahrzeuge

Zivilrechtliche Schriften
Beiträge zum Wirtschafts-, Bank- und Arbeitsrecht

Herausgegeben von Arnd Arnold, Dorothee Einsele,
Jan Lieder und Hartmut Oetker

Begründet von Peter Kreutz und Dieter Reuter

Band 85

PETER LANG
Lausanne - Berlin - Bruxelles - Chennai - New York - Oxford

Johannes Henke

Haftung für hoch- und vollautomatisierte Kraftfahrzeuge

Der Einfluss der StVG-Novelle auf die Haftung von Fahrzeugführer und Fahrzeughalter

PETER LANG
Lausanne - Berlin - Bruxelles - Chennai - New York - Oxford

Bibliografische Information der Deutschen Nationalbibliothek
Die Deutsche Nationalbibliothek verzeichnet diese Publikation in der Deutschen Nationalbibliografie; detaillierte bibliografische Daten sind im Internet über http://dnb.d-nb.de abrufbar.

Zugl.: Freiburg (Breisgau), Univ., Diss., 2022

D 25
ISSN 0941-147X
ISBN 978-3-631-89836-9 (Print)
E-ISBN 978-3-631-90078-9 (E-PDF)
E-ISBN 978-3-631-90079-6 (EPUB)
DOI 10.3726/b20950

Verlegt durch Peter Lang GmbH, Berlin, Deutschland

info@peterlang.com http://www.peterlang.com/

Den starken Frauen

Vorwort

Die vorliegende Arbeit wurde im Wintersemester 2022/23 von der Rechtswissenschaftlichen Fakultät der Albert-Ludwigs-Universität Freiburg als Dissertation angenommen. Sie befindet sich auf dem Stand vom 15. November 2022.

Danken möchte ich Herrn Prof. Dr. Jan Lieder LL.M. (Harvard) für die unkomplizierte und engagierte Betreuung sowie für seine konstruktiven Anmerkungen.

Ferner möchte ich mich bei Herrn. Prof. Dr. Jan von Hein für die zügige Erstellung des Zweitgutachtens bedanken.

Bei der Erstellung der Dissertation haben mich im Wesentlichen starke Frauen begleitet, die allesamt positiven Einfluss auf mich und diese Arbeit genommen haben. Sie haben Beeindruckendes geleistet und verdienen es, an dieser Stelle gewürdigt zu werden.

Meine Schwestern Lucia, Franziska und Katharina haben durch ihr fröhliches Gemüt, ihre Hilfsbereitschaft aber auch durch ihren vorbildhaften Vorwärtsdrang erheblichen Anteil an dieser Arbeit.

Anna-Lisa Giehl hat mich in jeder Lebenslage nach Kräften unterstützt. Sie stand jederzeit als Diskussionspartnerin zur Verfügung. Die dabei entstehende Reflexion und Ihre Ratschläge waren von unschätzbarem Wert.

Besonderer Dank gebührt meiner Mutter, die mir die Charakterstärke geschenkt hat, die die Erstellung einer solchen Arbeit verlangt. Ihr hätte ich diese Zeilen nur allzu gerne gezeigt.

Diesen starken Frauen ist die Arbeit gewidmet.

Karlsruhe, im November 2022

Inhaltsverzeichnis

Abkürzungsverzeichnis

ACC	Adaptive Cruise Control (Abstandsregeltempomat)
ACSF	Automatically commanded steering function
ALKS	Lane Keeping Assistance
ASR	Antriebsschlupfregelung
DSSAD	Data Storage System for Automated Systems
FSD	Full Self Driving
FTÜ	Genfer Fahrzeugteileübereinkommen
HRN	Hamburger Rechtsnotizen
ITF	International Transport Forum
Lidar	Light detection and ranging
NHTSA	National Highway Traffic Safety Administration
OBD	On Board Diagnose
SAE	Society of Automotive Engineers
TOF	Time of Flight
UN-ECE	United Nations Economic Commission for Europe
VDA	Verband der Automobilindustrie
WÜ	Wiener Übereinkommen über den Straßenverkehr
WP	Working Party

Es wird im Übrigen verwiesen auf *Kirchner*, Abkürzungsverzeichnis der Rechtssprache, 9. Aufl., Berlin/Boston 2018.

Einleitung

Bei rund 67 % der Unfälle mit Personenschaden unter Beteiligung eines Personenkraftwagens ist ein menschliches Fehlverhalten die Ursache.[1] Bei Betrachtung des gesamten Straßenverkehrsgeschehens einschließlich des Güterkraftverkehrs, der Motorräder, Fahrräder und Fußgänger, gehen knapp 90 % aller Unfälle auf menschliches Versagen zurück. Nur 0,72 % aller Unfälle mit Personenschaden werden durch technische Mängel am Fahrzeug verursacht.[2] Bei 9,9 % sind umweltbedingte Einflüsse, also Glätte durch Regen, Schnee oder Eis, ursächlich.[3] Diese Statistik sollte den rationalen Verkehrsteilnehmer zu mehr Demut veranlassen, denn er stellt im Gegensatz zur Technik ganz offenbar das Hauptrisiko für sich und andere dar. Mit zunehmender Automatisierung, mit der dem Fahrer die Fahrzeugsteuerung immer weiter abgenommen bzw. erleichtert wird, besteht die Hoffnung, die Anzahl der menschlichen Fehler zu reduzieren und so die Anzahl der Verkehrsunfälle insgesamt zu senken. Zentrales Anliegen der zunehmenden Automatisierung der Fahrzeuge ist dementsprechend die Verbesserung der Verkehrssicherheit.[4] Dieses Anliegen

---

1 Statistisches Bundesamt, Verkehrsunfälle – Zeitreihen 2020. Zeitreihen der wichtigsten Merkmale aus der Straßenverkehrsunfallstatistik, 07. Juli 2021, 15 („673 von 1.000"), abrufbar unter: https://www.destatis.de/DE/Themen/Gesellschaft-Umwelt/Verkehrsunfaelle/Publikationen/Downloads-Verkehrsunfaelle/verkehrsunfaelle-zeitreihen-pdf-5462403.pdf;jsessionid =8B93D77E855195745B07F1D6F72FE98A. live732?__blob= publicationFile (zuletzt abgerufen am 15. November 2022).

2 Statistisches Bundesamt, Verkehrsunfälle – Zeitreihen 2020. Zeitreihen der wichtigsten Merkmale aus der Straßenverkehrsunfallstatistik, 07. Juli 2021, 15 („7,2 von 1.000"), abrufbar unter: https://www.destatis.de/DE/Themen/Gesellschaft-Umwelt/Verkehrsunfaelle/Publikationen/Downloads-Verkehrsunfaelle/verkehrsunfaelle-zeitreihen-pdf-5462403.pdf;jsessionid=8B93D77E855195745B07F1D6F72FE98A. live732?__blob= publicationFile (zuletzt abgerufen am 15. November 2022).

3 Statistisches Bundesamt, Verkehrsunfälle – Zeitreihen 2020. Zeitreihen der wichtigsten Merkmale aus der Straßenverkehrsunfallstatistik, 07. Juli 2021, 15, abrufbar unter: https://www.destatis.de/DE/Themen/Gesellschaft-Umwelt/Verkehrsunfaelle/Publikationen/Downloads-Verkehrsunfaelle/verkehrsunfaelle-zeitreihen-pdf-5462403.pdf;jsessionid=8B93D77E855195745B07F1D6F72FE98A. live732?__blob= publicationFile (zuletzt abgerufen am 15. November 2022).

4 *Jänich/Schrader/Reck*, NZV 2015, 313; *Bartels/To/Simon/Weiser*, ATZ 2011, 652 (653); *Bewersdorf*, NZV 2003, 266.

liegt auch dem 8. Änderungsgesetz zum Straßenverkehrsgesetz (8. ÄndG zum StVG)[5] zu Grunde, mit dem ein Rechtsrahmen für die Nutzung hoch- und vollautomatisierter Fahrzeuge geschaffen wurde.[6]

Bereits in den vergangenen 20 Jahren hat der zunehmende Einsatz von technischen Assistenzsystemen in Kraftfahrzeugen einen deutlichen Rückgang der Verkehrsunfallschäden bewirkt.[7] Diese Erfolgsgeschichte soll mit dem hoch- und vollautomatisierten Fahren fortgeschrieben werden, gleichsam aber auch nur einen Zwischenschritt auf dem Weg zu einer Minimierung von Verkehrsunfällen („Vision-Zero")[8] darstellen.

Das Sicherheitspotential der Fahrzeugautomatisierung lässt sich anhand folgender menschlicher Schwächen leicht aufzeigen: Fahrsysteme kennen keinen Sekundenschlaf, keine Schrecksekunde, sie lassen sich nicht ablenken, trinken keinen Alkohol und nehmen keine Drogen.[9] Außerdem reagieren Fahrsysteme

---

5 Veröffentlicht in BGBl. 2017, Teil I, Nr. 38, 1648–1650.

6 Begründung des Regierungsentwurfs für ein Gesetz zur Änderung des Straßenverkehrsgesetzes, BT-Drs. 18/11300, 13; zum Teil wird in der Literatur auf BR-Drs. 69/17 verwiesen, wodurch sich aber keine Unterschiede ergeben, da BT-Drs. 18/11300 und BR-Drs. 69/17 inhaltlich übereinstimmen; die unterschiedliche Bezeichnung beruht auf der Zuleitung des Entwurfes an den Bundesrat bzw. an den Bundestag; im Folgenden wird auf BT-Drs. 18/11300 Bezug genommen; *Nehm*, JZ 2018, 398, der darauf hinweist, dass die Ethik-Kommission diesem Unfallvermeidungspotential nicht im Wege stehen wollte; *Lange*, NZV 2017, 345 (346); *König*, NZV 2017, 123; *Schlanstein*, VD 2015, 131 (132); *Klindt/Schucht*, PHi 2013, 122 (123).

7 *Klindt/Schucht*, PHi 2013, 122 (126).

8 Die Vision Zero wurde von dem International Transport Forum (ITF) und der Organisation for Economic Cooperation and Development (OECD) ausgesprochen und zielt darauf ab, die Anzahl an Verkehrstoten, Schwerverletzten und überhaupt Unfällen auf null zu senken, siehe Towards Zero. Ambitious road safety targets and the safe system approach, 1. Januar 2008, Zusammenfassung abrufbar unter: https://www.itf-oecd.org/sites/default/files/docs/08targetssummary.pdf (zuletzt abgerufen am 15. November 2022); dazu *Jänich/Schrader/Reck*, NZV 2015, 313; *Schlanstein*, VD 2015, 131 (132); *Bartels/To/Simon/Weiser*, ATZ 2011, 652 (653).

9 *Ebert*, VersicherungsPraxis 2016, 13 (14).

im Allgemeinen[10] und insbesondere in monotonen Unterforderungssituationen schneller als menschliche Fahrer.[11]

Dieses Sicherheitspotential wird bislang nicht ausgeschöpft. Das 8. ÄndG zum StVG gestattet die Verwendung der hoch- oder vollautomatisierten Fahrzeugsteuerung nur in spezifischen Situationen. Außerhalb dieser Situationen wird das Fahrzeug konventionell durch den menschlichen Fahrzeugführer gesteuert. Das Sicherheitspotential kann sich somit nicht verwirklichen. Die reale Erhöhung der Verkehrssicherheit hängt also vom Grad der Nutzung automatisierter Fahrzeugsteuerungen ab. Wird die hoch- oder vollautomatisierte Fahrzeugsteuerung nicht aktiviert, tritt auch keine Verbesserung der Verkehrssicherheit ein. Insoweit werden die Erwartungen einer verbesserten Verkehrssicherheit von vornherein gedämpft.

Das Sicherheitspotential der Automatisierung darf jedoch nicht darüber hinwegtäuschen, dass es sich beim Führen eines automatisierten Kraftfahrzeugs um eine gefährliche Tätigkeit handelt. Unvorhersehbare Gefahrensituationen stellen auch ein automatisiertes Fahrsystem aufgrund der physikalischen Gesetze vor Herausforderungen.[12] Es wird also auch bei der Verwendung automatisierter Fahrzeuge zu Unfällen kommen. Aufgrund der Automatisierung ergeben sich sogar neue Risiken.[13] Diese resultieren aus der Fehlbedienung

---

10 *Gold/Huesmann*, Beherrschbarkeit hochautomatisierter Fahrzeugführung – zwischen Übernahmezeit und Zeitbudget, in: Kompaß (Hrsg.), Methodenentwicklung für aktive Sicherheit und automatisiertes Fahren, Kap. 1.3, S. 43; *Kompaß*, ZVS 2016, 266 (267); *Doderer/Hartwig*, IR 2016, 53 (54); *Lutz*, NJW 2015, 119; *Gratwohl/Putzke/Hieke*, InTeR 2014, 98 (100); so auch *Steininger* (Key Account Manager Automotive TÜV Süd) auf dem 1. Berliner Forum Automatisiertes Fahren am 30. September 2019, siehe dazu *Opper*, NZV 2020, 80.

11 Bericht zum Forschungsbedarf Runder Tisch Automatisiertes Fahren, 2015, 5; *Kompaß*, ZVS 2016, 266 (268); in diese Richtung auch *Bengler*, ZVS 2015, 169; *Bartels/To/Simon/Weiser*, ATZ 2011, 652 (653).

12 *Eichelberger*, Autonomes Fahren und Privatversicherungsrecht, in: Oppermann/Stender-Vorwachs (Hrsg.), Autonomes Fahren, Kap. 3.1.3, Rn. 1; *v. Bodungen*, Automatisiertes Fahren (Automotive), in: Sassenberg/Faber (Hrsg.), Rechtshandbuch Industrie 4.0 und Internet of Things, Kap. 5, § 16, Rn. 23; *Pehm*, IWRZ 2018, 259 (262); *Schubert*, PHi 2015, 46 (47 f.); *Fleck/Thomas*, NJOZ 2015, 1393 (1394); *Lutz*, NJW 2015, 119.

13 *Gold/Huesmann*, Beherrschbarkeit hochautomatisierter Fahrzeugführung – zwischen Übernahmezeit und Zeitbudget, in: Kompaß (Hrsg.), Methodenentwicklung für aktive Sicherheit und automatisiertes Fahren, Kap. 1.3, S. 44.

des automatisierten Fahrzeugs durch den menschlichen Fahrzeugführer,[14] der Interaktion zwischen Fahrzeug und Fahrer in Übergabesituationen[15] sowie aus technischen Schwachstellen, etwa der fehlenden Antizipationsfähigkeit der Systeme[16] oder der mangelnden Informationsaufnahme und deren Verarbeitung.[17] Schließlich kann ein fehlerfreies Arbeiten der Systeme bislang aus technischer Sicht nicht sichergestellt werden.[18]

Die zu erwartende verbesserte Verkehrssicherheit wiegt die hinzukommenden Risiken allerdings mindestens auf. Dies gilt nach Modellierungen sowohl für die Anzahl der Verkehrsunfälle als auch für die Schwere der Unfälle.[19] Verwirklichen sich Automatisierungsrisiken, haben diese in der Regel gegenüber einem konventionell gesteuerten Fahrzeug einen weniger schweren Unfall, meist im Bereich von Sachschäden, zur Folge.[20] Zudem ist in Bezug auf die Schwerverletzten und Toten das Unfallvermeidungspotential durch Automatisierung rund dreimal so hoch wie die hinzukommenden Automatisierungsrisiken,

---

14 *Steininger* (Key Account Manager Automotive TÜV Süd) auf dem 1. Berliner Forum Automatisiertes Fahren am 30. September 2019, siehe dazu *Opper*, NZV 2020, 80.

15 *Wolf*, Wechselwirkung Mensch und autonomer Agent, in: Maurer/Gerdes/Lenz/Winner (Hrsg.), Autonomes Fahren, Kap. 6, S. 105; *Dubois*, Zeitschrift für Versicherungswesen 2015, 513 (515).

16 *Steininger* (Key Account Manager Automotive TÜV Süd) auf dem 1. Berliner Forum Automatisiertes Fahren am 30. September 2019, siehe dazu *Opper*, NZV 2020, 80.

17 *Mazzega/Schöner*, Wie PEGASUS die Lücke im Bereich Testen und Freigabe von automatisierten Fahrzeugen schließt, in: Kompaß (Hrsg.), Methodenentwicklung für aktive Sicherheit und automatisiertes Fahren, Kap. 5.1, S. 167 f.; *Dubois*, Zeitschrift für Versicherungswesen 2015, 513 (515).

18 *Eichelberger*, Autonomes Fahren und Privatversicherungsrecht, in: Oppermann/Stender-Vorwachs (Hrsg.), Autonomes Fahren, Kap. 3.1.3, Rn. 1; *v. Bodungen*, Automatisiertes Fahren (Automotive), in: Sassenberg/Faber (Hrsg.), Rechtshandbuch Industrie 4.0 und Internet of Things, Kap. 5, § 16, Rn. 23; *Pehm*, IWRZ 2018, 259 (262); *Schubert*, PHi 2015, 46 (47 f.); *Fleck/Thomas*, NJOZ 2015, 1393 (1394); *Lutz*, NJW 2015, 119.

19 Eine anschauliche Darstellung des Unfallvermeidungspotentials automatisierter Fahrzeuge einerseits und der Erhöhung der Unfälle aufgrund von Automatisierungsrisiken andererseits findet sich bei *Gasser/Arzt/Ayoubi/Bartels/Bürkle/et al.*, Rechtsfolgen zunehmender Fahrzeugautomatisierung, Berichte der Bundesanstalt für Straßenwesen, 2012, 11; die gleiche Übersicht ist abgedruckt bei *Wachenfeld/Winner*, Die Freigabe des autonomen Fahrens, in: Maurer/Gerdes/Lenz/Winner (Hrsg.), Autonomes Fahren, Kap. 21, S. 441.

20 Eine nach der Unfallschwere differenzierende Darstellung findet sich bei *Wachenfeld/Winner*, Die Freigabe des autonomen Fahrens, in: Maurer/Gerdes/Lenz/Winner (Hrsg.), Autonomes Fahren, Kap. 21, S. 441.

sodass in der Bilanz das Potential zur Vermeidung von Unfällen deutlich überwiegt.[21]

Neben diesen gesellschaftspolitischen Aspekt tritt die rechtspolitische Dimension des hoch- und vollautomatisierten Fahrens. Bereits die Strategie der Bundesregierung „Automatisiertes und vernetztes Fahren" hat sich zu den rechtlichen Fragestellungen des automatisierten Fahrens verhalten und dazu ein Handlungsfeld „Recht" gebildet. Daran knüpft das 8. ÄndG zum StVG an. Allem voran steht die Bemühung, Rechtssicherheit zu schaffen.[22] Rechtssicherheit für alle Beteiligten, egal ob Hersteller, Fahrzeughalter oder Fahrzeugführer, ist Voraussetzung dafür, dass hoch- und vollautomatisiertes Fahren in der Realität umgesetzt wird. Herstellerseitig wird die Entwicklung überhaupt nur angestoßen, wenn Klarheit über die technischen Anforderungen und – damit zusammenhängend – über die Haftungsgefahr besteht. Da Verkehrsunfälle zwar verringert, aber nicht ganz ausgeschlossen werden können,[23] stellt sich die Frage nach der Haftungsverteilung zwischen Fahrzeugführer, Fahrzeughalter und Fahrzeughersteller weiterhin. Schließlich müssen solche Fahrzeuge auf dem Markt Zustimmung finden. Dies wiederum hängt zum einen von dem Vertrauen in die Technik und zum anderen von der Haftungsgefahr bei deren Nutzung ab. Voraussetzung zur Realisierung des Unfallvermeidungspotentials ist somit die Rechtssicherheit und als deren Teilbereich die Kenntnis der eigenen Haftungsrisiken. In diesem Sinne muss auf einer rechtlichen Ebene das Fundament für eine verbesserte Verkehrssicherheit gelegt werden.

Dass dieses Ziel durch das 8. ÄndG zum StVG erreicht wurde, wird in der Literatur wegen der häufigen Verwendung unbestimmter Rechtsbegriffe vielfach bestritten.[24] Es ist jedoch festzustellen, dass allein die Verwendung unbestimmter Rechtsbegriffe nicht notwendigerweise zu Rechtsunsicherheit führt. Rechtsklarheit kann auch erreicht werden, indem unbestimmten aber bestimmbaren Rechtsbegriffen Konturen gegeben werden.

---

21 Vgl. die Darstellung bei *Wachenfeld/Winner*, Die Freigabe des autonomen Fahrens, in: Maurer/Gerdes/Lenz/Winner (Hrsg.), Autonomes Fahren, Kap. 21, S. 441.

22 Begründung des Regierungsentwurfs für ein Gesetz zur Änderung des Straßenverkehrsgesetzes, BT-Drs. 18/11300, 13.

23 *Eichelberger*, Autonomes Fahren und Privatversicherungsrecht, in: Oppermann/Stender-Vorwachs (Hrsg.), Autonomes Fahren, Kap. 3.1.3, Rn. 1; *Christoph*, RAW 2018, 103 (104); *Gless/Janal*, JR 2016, 561.

24 *Freise*, VersR 2019, 65 (67); eine Klärung durch die Judikatur und der Rechtsdogmatik für möglich haltend *Buck-Heeb/Dieckmann*, NZV 2019, 113; *Greger*, NZV 2018, 1; *v. Kaler/Wieser*, NVwZ 2018, 369 (371); *Balke*, SVR 2018, 5 (7); *Schirmer*, NZV 2017, 253 (255); *Armbrüster*, ZRP 2017, 83 (84).

Dies haben bislang weder Rechtsprechung noch Rechtswissenschaft geschafft. Es existiert keine Rechtsprechung zum hoch- oder vollautomatisierten Fahren. Dagegen finden sich lediglich vereinzelte Urteile von Instanzgerichten, die sich mit Sorgfaltspflichten des Fahrers bei der Nutzung von Fahrerassistenzsystemen, also dem assistierten oder teilautomatisierten Fahren, beschäftigen. Diese Rechtsprechung ist aber, wie zu zeigen sein wird, nicht auf das hoch- und vollautomatisierte Fahren übertragbar und kann daher für die Arbeit nicht fruchtbar gemacht werden.[25] Die Kommentierungen zum Straßenverkehrsgesetz halten sich, in Bezug auf die durch das 8. ÄndG zum StVG neu eingeführten Vorschriften, kurz.[26] Es besteht daher besonderer Bedarf für eine wissenschaftliche Analyse des Gesetzestextes.

Diese Aufgabe zu bewältigen hat sich die vorliegende Arbeit zum Ziel gesetzt. Das Ziel soll erreicht werden, indem Inhalt und Reichweite der jeweiligen Regelung des 8. ÄndG zum StVG ausgehend von dem Gesetzestext anhand der juristischen Auslegungsmethoden bestimmt werden. Der Blick ist dabei auf das bestehende Haftungsmodell aus der Haftung des Fahrzeugführers für vermutetes Verschulden gem. § 18 Abs. 1 StVG, der Gefährdungshaftung des Fahrzeughalters nach § 7 Abs. 1 StVG und der verschuldensabhängigen Haftung des Fahrzeugherstellers aus § 1 Abs. 1 ProdHaftG sowie aus § 823 Abs. 1 BGB (Produzentenhaftung) gerichtet. Davon ausgehend wird untersucht, ob und inwieweit die mit dem 8. ÄndG zum StVG eingeführten Vorschriften die Haftung des Fahrzeugführers und des Fahrzeughalters beeinflussen.

Nicht thematisiert werden in dieser Arbeit die im Nachgang zum 8. ÄndG zum StVG mit dem Vierten Gesetz zur Änderung des Straßenverkehrsgesetzes und anderer straßenverkehrsrechtlicher Vorschriften (4. StVGuaÄndG) vom 12. Juli 2021 eingeführten Regelungen der §§ 1d–1l StVG zum „autonomen Fahren", bei dem das Fahrzeug lediglich in einem festgelegten Betriebsbereich ohne fahrzeugführende Person auskommt.[27] Vielmehr geht es nachfolgend ausschließlich um Fahrzeuge, in denen ein übernahmebereiter Fahrer im Fahrzeug anwesend sein muss, also ein arbeitsteiliges Zusammenwirken hinsichtlich der Fahraufgabe zwischen Fahrzeugführer und Fahrsystem verlangt wird.[28]

---

25 Siehe dazu Kap. 3 Ziff. C. II. 3.

26 Siehe beispielhaft *Heß*, in: Burmann/Heß/Hühnermann/Jahnke, Straßenverkehrsrecht, 27. Aufl., 2022, § 1a und 1b StVG.

27 Veröffentlicht in BGBL. 2021, Teil I, Nr. 48, 3091–3107, 3100 f.; zum 4. StVGuaÄndG siehe *Wagner*, InTeR 2021, 132 ff.; *Kleemann/Arzt*, RAW 2021, 99 ff.; *Steege*, SVR 2021, 128 ff.; *Koehl*, SVR 2021, 361 ff.; *Schrader*, ZRP 2021, 109 ff.; *Haupt*, NZV 2021, 172 ff.

28 Zur technischen Einteilung der Automatisierungsgrade siehe Kap. 2, Ziff. A. I. und II.

Die Auswirkungen des 8. ÄndG zum StVG auf die Haftung des Automobilherstellers und dessen Zulieferer werden in dieser Arbeit nicht untersucht. Die Behandlung dieses produkthaftungsrechtlichen Gebiets würde den Rahmen der Bearbeitung sprengen.

Zu Beginn der Arbeit werden die technischen Grundlagen zur Funktionsweise eines hoch- und vollautomatisierten Fahrzeugs (Kapitel 1) sowie die Begriffe der hoch- und vollautomatisierten Fahrzeugsteuerung i.S.d. Straßenverkehrsgesetzes (StVG) geklärt. Sodann werden die einzelnen fragestellungsrelevanten Vorschriften des 8. ÄndG zum StVG vorgestellt und deren Regelungsgehalt umrissen (Kapitel 2).

In Kapitel 3 werden die Sorgfaltsanforderungen des Fahrzeugführers eines hoch- oder vollautomatisierten Fahrzeugs dargestellt. Neben der zulässigen bestimmungsgemäßen Verwendung der hoch- oder vollautomatisierten Fahrfunktion gem. § 1a Abs. 1 StVG, also der Öffnung des Gesetzes für die Verwendung dieser Technik, ist hier die Regelung des § 1b Abs. 1 HS. 1 StVG von zentraler Bedeutung. Diese gestattet es dem Fahrer erstmalig, sich vom Verkehrsgeschehen ab- und fahrfremden Nebentätigkeiten zuzuwenden, während die hoch- oder vollautomatisierte Fahrzeugsteuerung aktiviert ist. Begrenzt wird die Abwendungsbefugnis des Fahrers durch die Pflicht zur Wahrnehmungsbereitschaft, § 1b Abs. 1 HS. 2 StVG, die verlangt, dass der Fahrer so wahrnehmungsbereit bleiben muss, dass er die Rückübernahmepflichten des § 1b Abs. 2 StVG jederzeit erfüllen kann. Im Spannungsverhältnis zur Abwendungsbefugnis stehen ebenso die Rückübernahmepflichten selbst, die vom Fahrer verlangen, dass er die Fahrzeugsteuerung unverzüglich übernimmt, wenn er vom System dazu aufgefordert wird (§ 1b Abs. 2 Nr. 1 StVG), oder er erkennt oder aufgrund offensichtlicher Umstände erkennen muss, dass die Voraussetzungen einer bestimmungsgemäßen Verwendung der hoch- oder vollautomatisierten Fahrfunktion nicht mehr vorliegen (§ 1b Abs. 2 Nr. 2 StVG). Hier wird der Frage nachgegangen, welche Sorgfaltsanforderungen sich aus den §§ 1a, 1b StVG für den Fahrzeugführer im Einzelnen ergeben, insbesondere wie sich die Abwendungsbefugnis gem. § 1b Abs. 1 HS. 1 StVG zu der Pflicht zur Wahrnehmungsbereitschaft i.S.d. § 1b Abs. 1 HS. 2 StVG, den Rückübernahmepflichten gem. § 1b Abs. 2 Nr. 1 und 2 StVG und der „ausreichenden Zeitreserve" nach § 1a Abs. 2 S. 1 Nr. 5 StVG verhält.

§ 63a StVG enthält eine Regelung zur Speicherung und Verarbeitung von Daten, konkret von Positions- und Zeitangaben, wenn ein Wechsel der Fahrzeugsteuerung zwischen Fahrzeugführer und dem hoch- oder vollautomatisierten System erfolgt oder der Fahrzeugführer durch das System aufgefordert wird, die Fahrzeugsteuerung zu übernehmen oder eine technische Störung des

Systems auftritt. Mit dieser Regelung soll einerseits verhindert werden, dass sich der Fahrzeugführer unberechtigterweise auf ein Versagen des Fahrsystems berufen kann, obwohl er selbst für den Unfall verantwortlich ist, und es soll andererseits dem Fahrzeugführer ermöglicht werden, einen gegen ihn erhobenen Schuldvorwurf zu entkräften, wenn er das Fahrzeug zum Unfallzeitpunkt tatsächlich nicht gesteuert hat und auch nicht steuern musste.[29] Anknüpfend an die jeweilige Sorgfaltspflicht wird daher untersucht, ob mit Hilfe der nach § 63a Abs. 1 StVG gespeicherten Daten ein Verstoß gegen diese Sorgfaltspflicht tatsächlich belegt bzw. der Vorwurf der Missachtung der entsprechenden Sorgfaltspflicht widerlegt werden kann.

Kapitel 4 widmet sich der Haftung des Fahrzeughalters. Es steht die Frage im Zentrum, ob die Gefährdungshaftung nach § 7 Abs. 1 StVG im Falle eines Unfalls mit Beteiligung eines hoch- oder vollautomatisierten Fahrzeugs weiterhin eingreift. Nachdem dies bejaht wird, wird der Frage nachgegangen, ob diese weitreichende Haftung noch gerechtfertigt ist. Neben dem Abgleich neuer Sachverhaltskonstellationen mit den Grundlagen der Gefährdungshaftung des Fahrzeughalters wird hierbei anhand von rechtsökonomischen Kriterien diskutiert, ob das Haftungsmodell in dieser Form optimale Anreize zur Prävention, also zur Verbesserung der Verkehrssicherheit, bietet oder ob es dafür einer Erweiterung der Haftung des Herstellers bedarf.

Schließlich werden die einzelnen Sorgfaltspflichten des Fahrzeughalters speziell bei der Unterhaltung und dem Betrieb hoch- und vollautomatisierter Fahrzeuge herausgearbeitet.

Kapitel 5 fasst zum Schluss die wesentlichen Ergebnisse in Form von Thesen zusammen, und zwar hinsichtlich des Standes der Technik und des Zulassungsrechts, der Haftung des Fahrzeugführers sowie des Fahrzeughalters.

---

29 So die Begründung des Regierungsentwurfs für ein Gesetz zur Änderung des Straßenverkehrsgesetzes, BT-Drs. 18/11300, 15, 24.

Kapitel 1: Technische Grundlagen

Da jede rechtliche Bewertung einer gesicherten Tatsachenbasis bedarf, werden in diesem Kapitel der zu bewertende Vorgang der automatisierten Fahrzeugsteuerung und seine technischen Grundlagen den rechtlichen Ausführungen in der gebotenen Kürze vorangestellt. So kann in Grundzügen aufgezeigt werden, wie ein automatisiertes Fahrsystem funktioniert oder – insbesondere bezogen auf die Verwendung Künstlicher Intelligenz und die Vernetzung der Fahrzeuge – entgegen einer weit verbreiteten Vorstellung gerade nicht funktioniert. Zudem wird dargestellt, welche Schwierigkeiten technischer und infrastruktureller Art derzeit noch bestehen. Zur „Standortbestimmung“ wird schließlich der Status quo des technisch Machbaren beschrieben. Dieser Schritt wird in der Literatur oftmals vernachlässigt, was dazu führt, dass aufgrund einer nicht angebundenen Tatsachenbasis gewissermaßen im „luftleeren Raum“ diskutiert wird.

Ein automatisiertes Fahrzeug muss, wie der menschliche Fahrer auch, die Umgebung wahrnehmen (A.), sie interpretieren, Folgerungen daraus ableiten (B.) und schließlich Einfluss auf die Bedienelemente des Fahrzeugs nehmen (C.).[30] Zur Umfeldwahrnehmung und Errechnung eines Fahrmanövers benötigt das Fahrzeug ein Verständnis über die aktuelle Fahrsituation und eine Abschätzung der daraus entstehenden Situation.[31]

A. Umfeldwahrnehmung

Um das Verständnis über die aktuelle Fahrsituation zu gewährleisten, bedarf es einer umfassenden Sensorik, die in der Lage ist, relevante Objekte wie andere

30 *Kleinschmidt/Wagner*, Technik autonomer Fahrzeuge, in: Oppermann/Stender-Vorwachs (Hrsg.), Autonomes Fahren, Kap. 1.1, Rn. 25; *Dietmayer*, Prädiktion von maschineller Wahrnehmungsleistung beim automatisierten Fahren, in: Maurer/Gerdes/Lenz/Winner (Hrsg.), Autonomes Fahren, Kap. 20, S. 420; *Wisselmann*, Technische Fahrzeugentwicklung – Hochautomatisiertes Fahren ab 2020?, in: Hilgendorf/Hötitzsch/Lutz (Hrsg.), Rechtliche Aspekte automatisierter Fahrzeuge, S. 12 f.

31 Hochautomatisiertes Fahren auf Autobahnen – industriepolitische Schlussfolgerungen, Studie des Frauenhofer Institus für Arbeitswirtschaft und Organisation IAO im Auftrag des Bundesministeriums für Wirtschaft und Energie vom 18. November 2015, 47.

Verkehrsteilnehmer, Verkehrszeichen oder Hindernisse wahrzunehmen sowie einer präzisen Positionsbestimmung des Fahrzeugs.[32] Hierfür kann gegebenenfalls auf Kartenmaterial und auf eine Vernetzung des Fahrzeugs mit der Infrastruktur oder anderen Verkehrsteilnehmern zurückgegriffen werden. So kann ein Modell von Umwelt und Fahrzeug erzeugt werden, das anschließend an das Steuergerät übermittelt wird.[33]

I. Sensortechnik

Technisch erfolgt die Wahrnehmung über Kamerasysteme und verschiedene Sensoren bzw. Sensortechniken.

1. Kamerasysteme

Kameras werden zur Erkennung von Verkehrsschildern, von Fahrbahnmarkierungen, als Rückfahrkamera oder zur Fußgängererkennung eingesetzt.[34] Mit Monokamerasystemen, bei denen nur eine Kamera implementiert ist, Stereokamerasystemen, bei denen mehrere Kameras verbaut sind, und TOF-Kameras (Time of Flight), bei denen mittels Laufzeitverfahren Distanzen gemessen und 3D-Bilder erstellt werden können,[35] existieren verschiedene Kamerasysteme.

---

32 Hochautomatisiertes Fahren auf Autobahnen – industriepolitische Schlussfolgerungen, Studie des Frauenhofer Institus für Arbeitswirtschaft und Organisation IAO im Auftrag des Bundesministeriums für Wirtschaft und Energie vom 18. November 2015, 47.

33 Hochautomatisiertes Fahren auf Autobahnen – industriepolitische Schlussfolgerungen, Studie des Frauenhofer Institus für Arbeitswirtschaft und Organisation IAO im Auftrag des Bundesministeriums für Wirtschaft und Energie vom 18. November 2015, 47.

34 *Kleinschmidt/Wagner*, Technik autonomer Fahrzeuge, in: Oppermann/Stender-Vorwachs (Hrsg.), Autonomes Fahren, Kap. 1.1, Rn. 26; Hochautomatisiertes Fahren auf Autobahnen – industriepolitische Schlussfolgerungen, Studie des Frauenhofer Institus für Arbeitswirtschaft und Organisation IAO im Auftrag des Bundesministeriums für Wirtschaft und Energie vom 18. November 2015, 56; *Bartels/To/Simon/Weiser*, ATZ 2011, 652 (656); eine Übersicht über die eingsetzten Sensortypen mit Ausnahme des Lidar-Sensors, deren Anwendungsbereich sowie deren Vor- und Nachteile findet sich bei *Dubois*, Zeitschrift für Versicherungswesen 2015, 460 (462).

35 Hochautomatisiertes Fahren auf Autobahnen – industriepolitische Schlussfolgerungen, Studie des Frauenhofer Institus für Arbeitswirtschaft und Organisation IAO im Auftrag des Bundesministeriums für Wirtschaft und Energie vom 18. November 2015, 56 f.

Vorteile der Kamerabilder gegenüber den verschiedenen, noch darzustellenden, Sensorarten sind die hohe Winkelauflösung, eine gute Objekterkennung und -klassifizierung, eine kompakte Bauweise und ein hoher Detailgrad.[36] Die derzeit in einer „vertretbaren Preisspanne" liegenden Kamerasysteme erreichen aber noch nicht die Auflösung und den Dynamikumfang des menschlichen Auges.[37] Bei Gegenlicht, sich plötzlich verändernden Lichtverhältnissen, spiegelnden Fahrbahnen und Dunkelheit kann das Umfeld von den modernen Kamerasystemen daher noch nicht in gleicher Weise wahrgenommen werden wie durch das menschliche Auge.[38] Zudem beträgt die Messreichweite der Kameras maximal 50 Meter. Bei größeren Distanzen sind die Daten wegen stark sinkender Genauigkeit nicht mehr nutzbar.[39]

2. *Lidar-Sensoren*

Die Lidar-Technik bezeichnet die aktuell teuerste Sensorkomponente.[40] Bei Lidar handelt es sich um einen in der Regel rotierenden, laserbasierten

---

36 Hochautomatisiertes Fahren auf Autobahnen – industriepolitische Schlussfolgerungen, Studie des Frauenhofer Institus für Arbeitswirtschaft und Organisation IAO im Auftrag des Bundesministeriums für Wirtschaft und Energie vom 18. November 2015, 56.

37 *Kleinschmidt/Wagner*, Technik autonomer Fahrzeuge, in: Oppermann/Stender-Vorwachs (Hrsg.), Autonomes Fahren, Kap. 1.1, Rn. 26.

38 *Kleinschmidt/Wagner*, Technik autonomer Fahrzeuge, in: Oppermann/Stender-Vorwachs (Hrsg.), Autonomes Fahren, Kap. 1.1, Rn. 26; Hochautomatisiertes Fahren auf Autobahnen – industriepolitische Schlussfolgerungen, Studie des Frauenhofer Institus für Arbeitswirtschaft und Organisation IAO im Auftrag des Bundesministeriums für Wirtschaft und Energie vom 18. November 2015, 56.

39 *Dietmayer*, Prädiktion von maschineller Wahrnehmungsleistung beim automatisierten Fahren, in: Maurer/Gerdes/Lenz/Winner (Hrsg.), Autonomes Fahren, Kap. 20, S. 422; so auch Hochautomatisiertes Fahren auf Autobahnen – industriepolitische Schlussfolgerungen, Studie des Frauenhofer Institus für Arbeitswirtschaft und Organisation IAO im Auftrag des Bundesministeriums für Wirtschaft und Energie vom 18. November 2015, 57.

40 *Kleinschmidt/Wagner*, Technik autonomer Fahrzeuge, in: Oppermann/Stender-Vorwachs (Hrsg.), Autonomes Fahren, Kap. 1.1, Rn. 26; Hochautomatisiertes Fahren auf Autobahnen – industriepolitische Schlussfolgerungen, Studie des Frauenhofer Institus für Arbeitswirtschaft und Organisation IAO im Auftrag des Bundesministeriums für Wirtschaft und Energie vom 18. November 2015, 52, 59 („80–250 Euro für einen Mehrstrahl-Lidar und 10.000–60.000 Euro für einen Lidar Laserscanner").

Entfernungsmesser.[41] Dieser vermisst die Entfernung zu Punkten mit hoher Geschwindigkeit, indem er in festen Winkelschritten die Reflektionen seines ausgesendeten Laserlichts aufnimmt.[42] Lidar-Sensoren dienen der Detektion von Objekten, der Entfernungsmessung sowie der Bestimmung der Eigengeschwindigkeit.[43] Sie ermöglichen eine schnelle und sehr genaue Bestimmung der Entfernung zu Objekten und der Relativgeschwindigkeit des Sensors, z.B. eines Fahrzeugs, zu diesen.[44] Ein weiterer Vorteil ist, dass sie unabhängig von Tageslichtverhältnissen funktionieren.[45] Dagegen ist der Lidar-Sensor bei Nebel, Regen, starker Staubentwicklung oder Schneefall nur bedingt geeignet, da das Laserlicht auch von kleinen Partikeln reflektiert wird.[46] Zudem hat er im Vergleich zur Radar-Technik eine geringe Reichweite.

Aktuell wird an sogenannten „Solid-State-Lidars“ geforscht. Bei diesen wird auf bewegliche Komponenten verzichtet oder es werden nur mikroelektronische

---

41 Mit Ausnahme von Tesla CEO *Elon Musk* halten Experten im Bereich des autonomen Fahrens Lidar-Sensoren für unabdingbar, *Kleinschmidt/Wagner*, Technik autonomer Fahrzeuge, in: Oppermann/Stender-Vorwachs (Hrsg.), Autonomes Fahren, Kap. 1.1, Rn. 26; *Canzler/Knie/Ruhrort*, Autonome Flotten. Mehr Mobilität mit weniger Fahrzeugen, S. 70; so auch Hochautomatisiertes Fahren auf Autobahnen – industriepolitische Schlussfolgerungen, Studie des Frauenhofer Institus für Arbeitswirtschaft und Organisation IAO im Auftrag des Bundesministeriums für Wirtschaft und Energie vom 18. November 2015, 52 f.

42 *Kleinschmidt/Wagner*, Technik autonomer Fahrzeuge, in: Oppermann/Stender-Vorwachs (Hrsg.), Autonomes Fahren, Kap. 1.1, Rn. 26.

43 Hochautomatisiertes Fahren auf Autobahnen – industriepolitische Schlussfolgerungen, Studie des Frauenhofer Institus für Arbeitswirtschaft und Organisation IAO im Auftrag des Bundesministeriums für Wirtschaft und Energie vom 18. November 2015, 51.

44 Hochautomatisiertes Fahren auf Autobahnen – industriepolitische Schlussfolgerungen, Studie des Frauenhofer Institus für Arbeitswirtschaft und Organisation IAO im Auftrag des Bundesministeriums für Wirtschaft und Energie vom 18. November 2015, 54.

45 Hochautomatisiertes Fahren auf Autobahnen – industriepolitische Schlussfolgerungen, Studie des Frauenhofer Institus für Arbeitswirtschaft und Organisation IAO im Auftrag des Bundesministeriums für Wirtschaft und Energie vom 18. November 2015, 54.

46 *Kleinschmidt/Wagner*, Technik autonomer Fahrzeuge, in: Oppermann/Stender-Vorwachs (Hrsg.), Autonomes Fahren, Kap. 1.1, Rn. 26; Hochautomatisiertes Fahren auf Autobahnen – industriepolitische Schlussfolgerungen, Studie des Frauenhofer Institus für Arbeitswirtschaft und Organisation IAO im Auftrag des Bundesministeriums für Wirtschaft und Energie vom 18. November 2015, 53.

bewegliche Komponenten eingebaut, was sich positiv auf Baugröße und Kosten auswirken würde.[47] Momentan werden lediglich zweidimensionale Lidar-Sensoren, sogenannte „Mehrstrahl-Lidar", verbaut, deren horizontaler Erfassungsbereich sehr begrenzt ist und die sich deshalb nur für die Längsführung des Fahrzeugs eignen.[48] Dreidimensionale Lidar-Sensoren, die auch Gegenstände im horizontalen Spektrum erfassen, sind aktuell noch nicht marktreif.[49]

3. *Radar-Sensoren*

Radar-Sensoren senden Millimeterwellen aus und messen die Laufzeit bis ein ausgesendetes Signal wieder beim Sender ankommt. So kann die Entfernung zu Objekten in der Umgebung bestimmt werden.[50] Auf der Basis des „Doppler-Effekts" lässt sich die Geschwindigkeit des Objektes ermitteln.[51]

In Fahrzeugen werden Nah- und Weitbereichsradar-Sensoren eingesetzt. Die Nahbereichsradar-Sensoren werden zur Erkennung einer unmittelbar bevorstehenden Kollision und bei Park- und Spurwechselassistenten genutzt.[52] Die Weitbereichsradar-Technik wird eingesetzt, um die eigene Geschwindigkeit an die eines vorausfahrenden Fahrzeugs anzupassen. Sie wird im Bereich der Abstandsregelautomaten eingesetzt.[53] Radar-Sensoren liefern sehr genaue

---

47 *Kleinschmidt/Wagner*, Technik autonomer Fahrzeuge, in: Oppermann/Stender-Vorwachs (Hrsg.), Autonomes Fahren, Kap. 1.1, Rn. 26.

48 Hochautomatisiertes Fahren auf Autobahnen – industriepolitische Schlussfolgerungen, Studie des Frauenhofer Institus für Arbeitswirtschaft und Organisation IAO im Auftrag des Bundesministeriums für Wirtschaft und Energie vom 18. November 2015, 52.

49 Hochautomatisiertes Fahren auf Autobahnen – industriepolitische Schlussfolgerungen, Studie des Frauenhofer Institus für Arbeitswirtschaft und Organisation IAO im Auftrag des Bundesministeriums für Wirtschaft und Energie vom 18. November 2015, 52.

50 *Kleinschmidt/Wagner*, Technik autonomer Fahrzeuge, in: Oppermann/Stender-Vorwachs (Hrsg.), Autonomes Fahren, Kap. 1.1, Rn. 26; *Bartels/To/Simon/Weiser*, ATZ 2011, 652 (656).

51 *Kleinschmidt/Wagner*, Technik autonomer Fahrzeuge, in: Oppermann/Stender-Vorwachs (Hrsg.), Autonomes Fahren, Kap. 1.1, Rn. 26.

52 Hochautomatisiertes Fahren auf Autobahnen – industriepolitische Schlussfolgerungen, Studie des Frauenhofer Institus für Arbeitswirtschaft und Organisation IAO im Auftrag des Bundesministeriums für Wirtschaft und Energie vom 18. November 2015, 50.

53 *Kleinschmidt/Wagner*, Technik autonomer Fahrzeuge, in: Oppermann/Stender-Vorwachs (Hrsg.), Autonomes Fahren, Kap. 1.1, Rn. 26.

und distanzunabhängige Entfernungsmessdaten.[54] Sie können – anders als Lidar-Sensoren – auch bei schlechten Sichtverhältnissen eingesetzt werden.[55] Nachteilig sind dagegen die im Vergleich zur Lidar-Technik deutlich weniger scharfen Messwerte, insbesondere die geringere Winkelauflösung.[56]

4. *Ultraschallsensoren*

Auch bei Ultraschallsensoren wird die Entfernung durch Laufzeitmessung eines ausgesendeten, reflektierenden und anschließend empfangenen Signals gemessen.[57] Diese Technik wird für die Parkassistenten und Totwinkelassistenten benutzt.[58] Ihr Vorteil besteht in einer kompakten Bauweise, der Funktionsfähigkeit unabhängig von Tageslichtverhältnissen und einer Robustheit gegenüber Nebel, Dampf und Schmutz, nicht aber gegenüber Regen und Schnee.[59] Ihr Anwendungsbereich ist allerdings auf wenige Meter

---

54 *Dietmayer*, Prädiktion von maschineller Wahrnehmungsleistung beim automatisierten Fahren, in: Maurer/Gerdes/Lenz/Winner (Hrsg.), Autonomes Fahren, Kap. 20, S. 422.

55 *Kleinschmidt/Wagner*, Technik autonomer Fahrzeuge, in: Oppermann/Stender-Vorwachs (Hrsg.), Autonomes Fahren, Kap. 1.1, Rn. 26; Hochautomatisiertes Fahren auf Autobahnen – industriepolitische Schlussfolgerungen, Studie des Frauenhofer Institus für Arbeitswirtschaft und Organisation IAO im Auftrag des Bundesministeriums für Wirtschaft und Energie vom 18. November 2015, 50.

56 *Kleinschmidt/Wagner*, Technik autonomer Fahrzeuge, in: Oppermann/Stender-Vorwachs (Hrsg.), Autonomes Fahren, Kap. 1.1, Rn. 26; Hochautomatisiertes Fahren auf Autobahnen – industriepolitische Schlussfolgerungen, Studie des Frauenhofer Institus für Arbeitswirtschaft und Organisation IAO im Auftrag des Bundesministeriums für Wirtschaft und Energie vom 18. November 2015, 50.

57 *Kleinschmidt/Wagner*, Technik autonomer Fahrzeuge, in: Oppermann/Stender-Vorwachs (Hrsg.), Autonomes Fahren, Kap. 1.1, Rn. 26; Hochautomatisiertes Fahren auf Autobahnen – industriepolitische Schlussfolgerungen, Studie des Frauenhofer Institus für Arbeitswirtschaft und Organisation IAO im Auftrag des Bundesministeriums für Wirtschaft und Energie vom 18. November 2015, 54.

58 Hochautomatisiertes Fahren auf Autobahnen – industriepolitische Schlussfolgerungen, Studie des Frauenhofer Institus für Arbeitswirtschaft und Organisation IAO im Auftrag des Bundesministeriums für Wirtschaft und Energie vom 18. November 2015, 55.

59 Hochautomatisiertes Fahren auf Autobahnen – industriepolitische Schlussfolgerungen, Studie des Frauenhofer Institus für Arbeitswirtschaft und Organisation IAO im Auftrag des Bundesministeriums für Wirtschaft und Energie vom 18. November 2015, 55.

beschränkt,[60] die Genauigkeit ist vergleichsweise gering und die Messung langsam.[61]

5. *Raddrehzahlsensoren*

Mit Hilfe von Raddrehzahlsensoren kann die gesamte Bewegung des Fahrzeugs nachvollzogen werden. Insbesondere in Verbindung mit den Lenkwinkeln können die gefahrenen Kurven verfolgt werden.[62] Liegt kein Satellitensignal vor (z.B. bei Tunnelfahrten), berechnet das Navigationssystem die zurückgelegte Wegstrecke über diese Sensoren. Wegen des unvermeidbaren Schlupfes, d.h. einer Abweichung zwischen Radumdrehungen und zurückgelegter Strecke bei Kurvenfahrten oder bei losem Untergrund, kommt es allerdings zu Messfehlern.[63] Raddrehzahlsensoren können daher lediglich ergänzend eingesetzt werden. Sie werden für Fahrerassistenzsysteme wie ABS (Anti-Blockier-System), ASR (Antriebsschlupfregelung), ESP (Elektronisches Stabilitätsprogramm) und ACC (Adaptive Cruise Control) benötigt.[64]

6. *Interialsensoren*

Mit Interialsensoren wird die Beschleunigung der Fahrzeugkarosserie und deren Rotationsgeschwindigkeit, also Fliehkräfte, gemessen.[65] In Kombination mit weiteren Daten, etwa dem Lenkwinkel oder der Raddrehzahl, werden diese für Fahrdynamiksysteme wie ESP oder ABS eingesetzt.[66]

---

60 *Bartels/To/Simon/Weiser*, ATZ 2011, 652 (656).

61 *Kleinschmidt/Wagner*, Technik autonomer Fahrzeuge, in: Oppermann/Stender-Vorwachs (Hrsg.), Autonomes Fahren, Kap. 1.1, Rn. 26; Hochautomatisiertes Fahren auf Autobahnen – industriepolitische Schlussfolgerungen, Studie des Frauenhofer Institus für Arbeitswirtschaft und Organisation IAO im Auftrag des Bundesministeriums für Wirtschaft und Energie vom 18. November 2015, 55.

62 *Kleinschmidt/Wagner*, Technik autonomer Fahrzeuge, in: Oppermann/Stender-Vorwachs (Hrsg.), Autonomes Fahren, Kap. 1.1, Rn. 26.

63 *Kleinschmidt/Wagner*, Technik autonomer Fahrzeuge, in: Oppermann/Stender-Vorwachs (Hrsg.), Autonomes Fahren, Kap. 1.1, Rn. 26.

64 Hochautomatisiertes Fahren auf Autobahnen – industriepolitische Schlussfolgerungen, Studie des Frauenhofer Institus für Arbeitswirtschaft und Organisation IAO im Auftrag des Bundesministeriums für Wirtschaft und Energie vom 18. November 2015, 49.

65 *Kleinschmidt/Wagner*, Technik autonomer Fahrzeuge, in: Oppermann/Stender-Vorwachs (Hrsg.), Autonomes Fahren, Kap. 1.1, Rn. 26.

66 *Kleinschmidt/Wagner*, Technik autonomer Fahrzeuge, in: Oppermann/Stender-Vorwachs (Hrsg.), Autonomes Fahren, Kap. 1.1, Rn. 26.

7. GPS-Sensoren

Schließlich sind GPS-Sensoren zur Positionsbestimmung erforderlich. Die Genauigkeit der Positionsbestimmung hängt von der Anzahl verfügbarer Satelliten, Umgebungseinflüssen und der verwendeten Hard- und Software ab.[67] Grundsätzlich ist bei GPS-Sensoren eine Abweichung von mehreren Metern möglich. Mittels zusätzlicher Referenzstationen kann eine Genauigkeit von mehreren Zentimetern erreicht werden.[68] In Städten reicht sie wegen der Verdeckung der Sichtverbindung zwischen Sender und Empfänger und der Mehrwegeausbreitung, d.h. einem von anderen Objekten abgelenkten und daher verzerrten Signal, für ein spurgenaues Fahren allerdings nicht aus. Um dies sicherzustellen, bedarf es zusätzlicher Sensoren, die die relative Position des Fahrzeugs im Verhältnis zu anderen Objekten bestimmen.[69]

8. Zusammenspiel verschiedener Sensoren

Nach allgemeiner Auffassung sind sich gegenseitig ergänzende Sensoren erforderlich, um automatisiertes Fahren zu ermöglichen.[70] Die Fähigkeiten eines Sensors allein reichen dafür nicht aus.[71] Auf diese Weise können die Schwächen

---

67 *Kleinschmidt/Wagner*, Technik autonomer Fahrzeuge, in: Oppermann/Stender-Vorwachs (Hrsg.), Autonomes Fahren, Kap. 1.1, Rn. 26.

68 *Kleinschmidt/Wagner*, Technik autonomer Fahrzeuge, in: Oppermann/Stender-Vorwachs (Hrsg.), Autonomes Fahren, Kap. 1.1, Rn. 26.

69 *Kleinschmidt/Wagner*, Technik autonomer Fahrzeuge, in: Oppermann/Stender-Vorwachs (Hrsg.), Autonomes Fahren, Kap. 1.1, Rn. 26; *Dubois*, Zeitschrift für Versicherungswesen 2015, 460 (463).

70 *Kleinschmidt/Wagner*, Technik autonomer Fahrzeuge, in: Oppermann/Stender-Vorwachs (Hrsg.), Autonomes Fahren, Kap. 1.1, Rn. 28; *Dietmayer*, Prädiktion von maschineller Wahrnehmungsleistung beim automatisierten Fahren, in: Maurer/Gerdes/Lenz/Winner (Hrsg.), Autonomes Fahren, Kap. 20, S. 422, „*Sensordatenfusion*"; so auch *Wisselmann*, Technische Fahrzeugentwicklung – Hochautomatisiertes Fahren ab 2020?, in: Hilgendorf/Hötitzsch/Lutz (Hrsg.), Rechtliche Aspekte automatisierter Fahrzeuge, S. 13; Hochautomatisiertes Fahren auf Autobahnen – industriepolitische Schlussfolgerungen, Studie des Frauenhofer Institus für Arbeitswirtschaft und Organisation IAO im Auftrag des Bundesministeriums für Wirtschaft und Energie vom 18. November 2015, 47, 58; *Steege*, NZV 2019, 459 (461); *Kompaß*, ZVS 2016, 266 (271); *Bartels/To/Simon/Weiser*, ATZ 2011, 652 (656).

71 Hochautomatisiertes Fahren auf Autobahnen – industriepolitische Schlussfolgerungen, Studie des Frauenhofer Institus für Arbeitswirtschaft und Organisation IAO im Auftrag des Bundesministeriums für Wirtschaft und Energie vom 18. November 2015, 58.

eines Sensors durch die Stärken eines anderen innerhalb eines Einsatzbereichs ausgeglichen werden und es wird sichergestellt, dass bei unterschiedlichen Einsatzbereichen überhaupt ein passender Sensor zur Verfügung steht.

II. Kartenmaterial

Zur Vervollständigung des durch die Sensordaten erzeugten Bildes, insbesondere hinsichtlich des statischen Umfelds,[72] wird hochgenaues digitales Kartenmaterial genutzt.[73] Das Kartenmaterial wirkt dabei wie ein zusätzlicher Sensor jenseits der physikalischen Grenzen der im Fahrzeug verbauten Sensoren.[74] So erlangt das Fahrzeug Informationen über den Streckenverlauf, der außerhalb der Reichweite der Sensoren liegt. Zudem kann damit eine Plausibilitätskontrolle der Sensordaten durchgeführt werden.[75]

Für vollautomatisiertes Fahren werden hochgenaue und aktuelle Karten benötigt.[76] In diesen Karten müssen Landmarken wie Fahrbahnmarkierungen oder die Geometrie von Gebäuden auf wenige Zentimeter genau eingetragen sein.[77] So kann neben der absoluten Ortung, also der Bestimmung der globalen Position, auch eine relative Ortung, also eine Positionsbestimmung in Relation zu anderen Objekten, durchgeführt werden.[78] Neben der Positionsbestimmung

---

72 *Dietmayer*, Prädiktion von maschineller Wahrnehmungsleistung beim automatisierten Fahren, in: Maurer/Gerdes/Lenz/Winner (Hrsg.), Autonomes Fahren, Kap. 20, S. 420.

73 Hochautomatisiertes Fahren auf Autobahnen – industriepolitische Schlussfolgerungen, Studie des Frauenhofer Institus für Arbeitswirtschaft und Organisation IAO im Auftrag des Bundesministeriums für Wirtschaft und Energie vom 18. November 2015, 69; *Kompaß*, ZVS 2016, 266 (271).

74 Hochautomatisiertes Fahren auf Autobahnen – industriepolitische Schlussfolgerungen, Studie des Frauenhofer Institus für Arbeitswirtschaft und Organisation IAO im Auftrag des Bundesministeriums für Wirtschaft und Energie vom 18. November 2015, 83.

75 Siehe dazu Hochautomatisiertes Fahren auf Autobahnen – industriepolitische Schlussfolgerungen, Studie des Frauenhofer Institus für Arbeitswirtschaft und Organisation IAO im Auftrag des Bundesministeriums für Wirtschaft und Energie vom 18. November 2015, 86; *Bartels/To/Simon/Weiser*, ATZ 2011, 652 (656).

76 *Kleinschmidt/Wagner*, Technik autonomer Fahrzeuge, in: Oppermann/Stender-Vorwachs (Hrsg.), Autonomes Fahren, Kap. 1.1, Rn. 30.

77 *Kleinschmidt/Wagner*, Technik autonomer Fahrzeuge, in: Oppermann/Stender-Vorwachs (Hrsg.), Autonomes Fahren, Kap. 1.1, Rn. 30.

78 Hochautomatisiertes Fahren auf Autobahnen – industriepolitische Schlussfolgerungen, Studie des Frauenhofer Institus für Arbeitswirtschaft und Organisation IAO

soll das Kartenmaterial auch Informationen über die Beschaffenheit der Straße, typischerweise gefahrene Geschwindigkeit, geltende Verkehrsregeln und Ampeln, aber auch dynamische Informationen wie Staus, Baustellen oder andere Hindernisse enthalten.[79]

Solche Karten sind gegenwärtig noch nicht öffentlich und auch nicht für größere Gebiete verfügbar.[80] Die Lokalisierung des Fahrzeugs mittels digitaler Karten erfolgt derzeit noch über Satellitensysteme, deren Signalverfügbarkeit – wie bereits beschrieben – nicht immer garantiert werden kann und die auch nicht ausreichend präzise sind.[81]

III. Vernetzung mit anderen Fahrzeugen und Infrastruktur

Zukünftig sollen die Fahrzeuge sowohl miteinander als auch mit der Infrastruktur kommunizieren. So sollen verdeckte oder aus anderen Gründen nicht frühzeitig für bildgebende Sensoren erkennbare Gefahren oder eine geänderte Verkehrsführung[82] übermittelt werden können. So ließen sich gefahrenträchtige Situationen einige Kilometer „vorausschauen".[83]

---

im Auftrag des Bundesministeriums für Wirtschaft und Energie vom 18. November 2015, 83.

79 *Bitter/Uphues*, Verkehrswesen, in: Kolany-Reiser/Heil/Orwat/Hoeren (Hrsg.), Big Data. Gesellschaftliche Herausforderungen und rechtliche Lösungen, Kap. E., S. 126; Hochautomatisiertes Fahren auf Autobahnen – industriepolitische Schlussfolgerungen, Studie des Frauenhofer Institus für Arbeitswirtschaft und Organisation IAO im Auftrag des Bundesministeriums für Wirtschaft und Energie vom 18. November 2015, 85.

80 *Kleinschmidt/Wagner*, Technik autonomer Fahrzeuge, in: Oppermann/Stender-Vorwachs (Hrsg.), Autonomes Fahren, Kap. 1.1, Rn. 30; Hochautomatisiertes Fahren auf Autobahnen – industriepolitische Schlussfolgerungen, Studie des Frauenhofer Institus für Arbeitswirtschaft und Organisation IAO im Auftrag des Bundesministeriums für Wirtschaft und Energie vom 18. November 2015, 85.

81 Hochautomatisiertes Fahren auf Autobahnen – industriepolitische Schlussfolgerungen, Studie des Frauenhofer Institus für Arbeitswirtschaft und Organisation IAO im Auftrag des Bundesministeriums für Wirtschaft und Energie vom 18. November 2015, 84, 88.

82 *Kleinschmidt/Wagner*, Technik autonomer Fahrzeuge, in: Oppermann/Stender-Vorwachs (Hrsg.), Autonomes Fahren, Kap. 1.1, Rn. 30; zur Vernetzung siehe auch *Stender-Vorwachs/Steege*, MMR 2018, 212 (213); *Dubois*, Zeitschrift für Versicherungswesen 2015, 460 (463); *Weisser/Färber*, MMR 2015, 506 (507).

83 Vgl. *Schuster*, Providerhaftung und der Straßenverkehr der Zukunft, in: Hilgendorf (Hrsg.), Autonome Systeme und neue Mobilität, S. 50; so auch Projektkoordinator des Forschungsprojekts Ko-HAF (Kooperatives hochautomatisiertes Fahren)

Zur Vernetzung der Fahrzeuge mit der Infrastruktur und der Fahrzeuge untereinander findet sich im 8. ÄndG zum StVG keine Grundlage. Als Grundlage hierfür hat der Gesetzgeber im Nachgang zum 8. ÄndG zum StVG mit dem Vierten Gesetz zur Änderung des Straßenverkehrsgesetzes und anderer straßenverkehrsrechtlicher Vorschriften (4. StVGuaÄndG) vom 12. Juli 2021 mit § 63e StVG eine Rechtsgrundlage für das „Verkehrsmanagement", also der dynamischen Regelung des Verkehrsflusses beispielsweise durch Stauinformationen, Alternativrouten oder Beeinflussung der zulässigen Höchstgeschwindigkeit in Abhängigkeit des Verkehrsaufkommens, geschaffen.[84] Nach § 63e Abs. 1 StVG kann der Straßenbaulastträger oder die nach Landesrecht für das Verkehrsmanagement zuständige Behörde eine Vielzahl an automatisiert an andere Kraftfahrzeuge oder an die informationstechnische Straßeninfrastruktur versendeten Daten zum Zwecke des Verkehrsmanagements erheben, speichern und verwenden. Hierunter fallen etwa die Position des Fahrzeugs (Nr. 1), die Zeitangabe (Nr. 2), die Fahrtrichtung (Nr. 3), die gefahrene Geschwindigkeit (Nr. 4) etc. Mit diesen Informationen soll die Verkehrsstärke und die sonstige Verkehrssituation einschließlich sicherheitsrelevanter Umfeldsituationen anhand verschiedener Merkmale erfasst werden, um den Verkehr zu lenken und den Verkehrsfluss und die Verkehrssicherheit zu verbessern, vgl. § 63e Abs. 2 Nr. 1 und 2 StVG.

Da bei dieser Arbeit ausschließlich Haftungsfragen bearbeitet werden und zudem die infrastrukturellen Voraussetzungen zur Vernetzung in weiter Zukunft liegen,[85] soll diesem Aspekt nicht weiter nachgegangen werden.

Dr. Andree Hohm, dass sich mit der Übermittlung von Umfeldinformationen zur Herstellung eines „künstlichen Horizonts" befasst, abrufbar unter: https://www.ko-haf.de/presse-media/ (zuletzt abgerufen am 15. November 2022).

84 Veröffentlicht in BGBL. 2021, Teil I, Nr. 48, 3091–3107, 3100 f.; zum 4. StVGuaÄndG siehe auch *Wagner*, InTeR 2021, 132 ff.; *Kleemann/Arzt*, RAW 2021, 99 ff.; *Steege*, SVR 2021, 128 ff.; *Koehl*, SVR 2021, 361 ff.; *Schrader*, ZRP 2021, 109 ff.; *Haupt*, NZV 2021, 172 ff.

85 Noch werden die Innovationen der sogenannten Mobilität 4.0 erprobt und weiterentwickelt, wie das „Digitale Testfeld Autobahn" auf der A9 zwischen München und Nürnberg zeigt, siehe dazu https://www.bmvi.de/SharedDocs/DE/Artikel/DG/digitales-testfeld-autobahn.html (zuletzt abgerufen am 15. November 2022) und der Schlussbericht Testfeldmonitoring der Bundesanstalt für Straßenwesen, 2021, ebenfalls abrufbar unter: https://www.bmvi.de/SharedDocs/DE/Artikel/DG/digitales-testfeld-autobahn.html (zuletzt abgerufen am 15. November 2022); *Hotz*, Automatisiertes Fahren – Bewertung eines Gesetzentwurfs zur Änderung des Straßenverkehrsgesetzes, in: Koch (Hrsg.), Aktuelle Probleme des Versicherungsvertrags-, Versicherungsaufsichts- und Vermittlerrechts, S. 65 f.; *Schuster*, Providerhaftung

B. Datenanalyse (Interpretation und Schlussfolgerung)

Die Interpretation der und die Schlussfolgerung aus den zur Verfügung stehenden Daten übernimmt ein in das Fahrzeug eingebauter Computer. Dieser leitet über digitale Signalleitungen die von ihm „ausgerechneten" Steuereingriffe an das sogenannte „Drive-by-Wire-System" weiter.[86] Dabei handelt es sich um kleine Elektromotoren, die entweder die mechanische Bewegung des Fahrers oder die digitalen Signale des Fahrcomputers auf die Bedienelemente des Fahrzeugs übertragen[87] und so eine mechanische Verbindung zwischen der Betätigungseinrichtung und den Laufrädern ersetzen. Der Computer übernimmt also die Aufgabe der Schnittstelle zwischen Sensordaten und Bedienelementen und „übersetzt" die Sensordaten in konkrete Befehle.[88] Der Wahrnehmung folgend, werden dann verschiedene zeitliche Entwicklungen der Szene vorausberechnet und hinsichtlich der Wahrscheinlichkeit ihres Auftretens bewertet (Prädiktion).[89] Der Zeithorizont beträgt dabei zwei bis drei Sekunden.[90]

---

und der Straßenverkehr der Zukunft, in: Hilgendorf (Hrsg.), Autonome Systeme und neue Mobilität, S. 63, *„das vernetzte Fahren wird erst in mehreren Jahrzehnten Realität werden"*; *Langer*, RAW 2017, 103 (107).

86 Siehe dazu *Kleinschmidt/Wagner*, Technik autonomer Fahrzeuge, in: Oppermann/Stender-Vorwachs (Hrsg.), Autonomes Fahren, Kap. 1.1, Rn. 25; Hochautomatisiertes Fahren auf Autobahnen – industriepolitische Schlussfolgerungen, Studie des Frauenhofer Institus für Arbeitswirtschaft und Organisation IAO im Auftrag des Bundesministeriums für Wirtschaft und Energie vom 18. November 2015, 47; *Kompaß*, ZVS 2016, 266 (271).

87 *Kleinschmidt/Wagner*, Technik autonomer Fahrzeuge, in: Oppermann/Stender-Vorwachs (Hrsg.), Autonomes Fahren, Kap. 1.1, Rn. 24; Hochautomatisiertes Fahren auf Autobahnen – industriepolitische Schlussfolgerungen, Studie des Frauenhofer Institus für Arbeitswirtschaft und Organisation IAO im Auftrag des Bundesministeriums für Wirtschaft und Energie vom 18. November 2015, 61 f.

88 Hochautomatisiertes Fahren auf Autobahnen – industriepolitische Schlussfolgerungen, Studie des Frauenhofer Institus für Arbeitswirtschaft und Organisation IAO im Auftrag des Bundesministeriums für Wirtschaft und Energie vom 18. November 2015, 68.

89 *Dietmayer*, Prädiktion von maschineller Wahrnehmungsleistung beim automatisierten Fahren, in: Maurer/Gerdes/Lenz/Winner (Hrsg.), Autonomes Fahren, Kap. 20, S. 421; *Wisselmann*, Technische Fahrzeugentwicklung – Hochautomatisiertes Fahren ab 2020?, in: Hilgendorf/Hötitzsch/Lutz (Hrsg.), Rechtliche Aspekte automatisierter Fahrzeuge, S. 13; *Kompaß*, ZVS 2016, 266 (271).

90 *Dietmayer*, Prädiktion von maschineller Wahrnehmungsleistung beim automatisierten Fahren, in: Maurer/Gerdes/Lenz/Winner (Hrsg.), Autonomes Fahren, Kap. 20, S. 421.

Basierend darauf wird eine Handlungsplanung ermittelt und diese hinsichtlich Sicherheit, Komfort und Effizienz bewertet.[91] Um diese Aufgabe zu bewältigen, bedarf es einer hohen Rechenkapazität.[92]

Für die Datenverarbeitung finden sich derzeit in Fahrzeugen, entgegen einer auch in der Rechtswissenschaft weit verbreiteten Vorstellung, nur gelernte Systeme, die sich nach dem Test und der Freigabe nicht mehr ändern.[93] Künstliche Intelligenz, also ein sich selbst fortschreibender „Lernalgorithmus", wird zur Zeit nicht verwendet.[94] Das liegt zum einen daran, dass selbstlernende Systeme in der jeweiligen Situation zu lange nach Lösungen suchen und sich dementsprechend nicht für Echtzeit-Systeme eignen.[95] Zum anderen kann derzeit noch nicht sichergestellt werden, dass das Fahrzeug die „richtige" Verhaltensweise

---

91 *Dietmayer*, Prädiktion von maschineller Wahrnehmungsleistung beim automatisierten Fahren, in: Maurer/Gerdes/Lenz/Winner (Hrsg.), Autonomes Fahren, Kap. 20, S. 421; Hochautomatisiertes Fahren auf Autobahnen – industriepolitische Schlussfolgerungen, Studie des Frauenhofer Institus für Arbeitswirtschaft und Organisation IAO im Auftrag des Bundesministeriums für Wirtschaft und Energie vom 18. November 2015, 70.

92 Hochautomatisiertes Fahren auf Autobahnen – industriepolitische Schlussfolgerungen, Studie des Frauenhofer Institus für Arbeitswirtschaft und Organisation IAO im Auftrag des Bundesministeriums für Wirtschaft und Energie vom 18. November 2015, 71.

93 *Lutz*, Haftung am Beispiel automatisierter Fahrzeuge, in: Hartmann (Hrsg.), KI & Recht Kompakt, Kap. 3, S. 118, der auf die vergleichsweise geringe Datenmenge im Realbetrieb und zusätzliche zulassungsrechtliche Hürden eines sich selbst veränderlichen Systems verweist; *Sturm*, Zukünftige Rechtsfragen beim autonomen Fahren, in: Hartung/Regula/Schaeuffelen (Hrsg.), Rechtsfragen in der Automobil- und Zulieferindustrie, Kap. 12, S. 291; *Wachenfeld/Winner*, Lernen autonome Fahrzeuge?, in: Maurer/Gerdes/Lenz/Winner (Hrsg.), Autonomes Fahren, Kap. 22, S. 484; in diese Richtung auch *Steininger* (Key Account Manager Automotive TÜV Süd) auf dem 1. Berliner Forum Automatisiertes Fahren am 30. September 2019, siehe dazu *Opper*, NZV 2020, 80 (81), der von der in Zukunft zu klärenden Frage der Zulassungsfähigkeit nicht-deterministischer Systeme mittels künstlicher Intelligenz spricht; *Reichwald/Pfisterer*, CR 2016, 208 (210 f.); so auch *Ebert*, VersicherungsPraxis 2016, 13 (15), die die künstliche Intelligenz als Zukunftsfrage ansieht; in diesem Sinne auch *Sträter* (tätig im Bereich Business Development Executive Automotive bei IBM) auf der 2. Fachkonferenz "Automatisiertes und autonomes Fahren" am 13. November 2018, siehe dazu *Hoffmann*, NZV 2019, 177 (179).

94 Vgl. *Wachenfeld/Winner*, Lernen autonome Fahrzeuge?, in: Maurer/Gerdes/Lenz/Winner (Hrsg.), Autonomes Fahren, Kap. 22, S. 485, *„fehlen eines validen Maßes"*.

95 *Steege*, NZV 2019, 459 (461).

erlernt.[96] Es fehlt folglich an einem verlässlichen „Lernvorgang" des Algorithmus.

C. Übertragung des errechneten Steuerungsbefehls auf Bedienelemente des Fahrzeugs

Da das Fahrzeug sowohl von einem System als auch von einem menschlichen Fahrer gesteuert werden kann,[97] muss die computergestützte Selbststeuerung auf die Bedienelemente des Fahrers, wie Lenkrad, Brems- und Gaspedal, Schalthebel und Blinker etc. Einfluss nehmen können.[98] Das wird durch sogenannte Drive-by-Wire-Systeme erreicht.[99] Die nach vorgegebenen Kriterien vorausberechnete optimale Handlung (Trajektorie) wird dann von der Fahrzeugführung ausgeführt.[100] Dieser Vorgang wird, „schritthaltend" mit der sensorischen

---

96 *Kleinschmidt/Wagner*, Technik autonomer Fahrzeuge, in: Oppermann/Stender-Vorwachs (Hrsg.), Autonomes Fahren, Kap. 1.1, Rn. 35.

97 *Kleinschmidt/Wagner*, Technik autonomer Fahrzeuge, in: Oppermann/Stender-Vorwachs (Hrsg.), Autonomes Fahren, Kap. 1.1, Rn. 24.

98 *Kleinschmidt/Wagner*, Technik autonomer Fahrzeuge, in: Oppermann/Stender-Vorwachs (Hrsg.), Autonomes Fahren, Kap. 1.1, Rn. 24; *Wisselmann*, Technische Fahrzeugentwicklung – Hochautomatisiertes Fahren ab 2020?, in: Hilgendorf/Hötitzsch/Lutz (Hrsg.), Rechtliche Aspekte automatisierter Fahrzeuge, S. 13; davon ausgehend auch Hochautomatisiertes Fahren auf Autobahnen – industriepolitische Schlussfolgerungen, Studie des Frauenhofer Institus für Arbeitswirtschaft und Organisation IAO im Auftrag des Bundesministeriums für Wirtschaft und Energie vom 18. November 2015, 47, 61 f.

99 *Kleinschmidt/Wagner*, Technik autonomer Fahrzeuge, in: Oppermann/Stender-Vorwachs (Hrsg.), Autonomes Fahren, Kap. 1.1, Rn. 25; Hochautomatisiertes Fahren auf Autobahnen – industriepolitische Schlussfolgerungen, Studie des Frauenhofer Institus für Arbeitswirtschaft und Organisation IAO im Auftrag des Bundesministeriums für Wirtschaft und Energie vom 18. November 2015, 61; dazu wurde jüngst die UN-ECE-Regel 79 bezüglich der Lenkanlage reformiert, sodass nun keine *„formschlüssige mechanische Verbindung zwischen der Betätigungseinrichtung und den Laufrädern"* mehr nötig ist, UN-ECE-Regel 79, Revision 3 vom 16. Oktober 2018, deutsche Fassung, ABL. EU, L 318, 14. Dezember 2018, 1–50, 2; siehe dazu auch *Will*, in: BeckOK Straßenverkehrsrecht, 17. Edition, Stand: 15. Oktober 2022, § 1a StVG, Rn. 5j; *Will*, NZV 2020, 163 (167); *Josipovic*, InTeR 2019, 179 (180).

100 *Dietmayer*, Prädiktion von maschineller Wahrnehmungsleistung beim automatisierten Fahren, in: Maurer/Gerdes/Lenz/Winner (Hrsg.), Autonomes Fahren, Kap. 20, S. 421.

Wahrnehmung, laufend erneut durchgeführt, um auf veränderte Situationen adäquat reagieren zu können.[101]

D. Status quo der technischen Entwicklung

In Deutschland wurde bislang kein hoch- oder vollautomatisiertes Fahrzeug zugelassen.[102] Selbst eine Ausnahmetypgenehmigung im Sinne des § 1a Abs. 3 Nr. 2 StVG wurde von Seiten der Hersteller bislang nicht beantragt.[103] Der Status quo der Fahrzeuge auf Deutschlands Straßen besteht derzeit im assistierten und teilautomatisierten Fahren.[104] In Serienfahrzeugen werden lediglich

---

101 *Dietmayer*, Prädiktion von maschineller Wahrnehmungsleistung beim automatisierten Fahren, in: Maurer/Gerdes/Lenz/Winner (Hrsg.), Autonomes Fahren, Kap. 20, S. 421.

102 Antwort der Bundesregierung auf eine kleine Anfrage der Abgeordneten Stephan Kühn, Stefan Gelbhaar, Dr. Konstantin von Notz, und weiterer Abgeordneter der Fraktion BÜNDNIS 90/DIE GRÜNEN, BT-Drs. 19/16420 vom 14. Februar 2020, 2 f.; zuvor bereits Antwort der Bundesregierung auf eine kleine Anfrage der Abgeordneten Thomas Lutze, Ingrid Remmers, Jörg Cezanne, weiterer Abgeordneter und der Fraktion DIE LINKE, BT-Drs. 19/9544 vom 17. April 2019, 1; so auch *Klink-Straub/Keber*, NZV 2020, 113 (114); *Vogel/Althoff*, InTeR 2020, 89 (93).

103 Unterrichtung durch die Bundesregierung. Bericht über die Ergebnisse der Evaluation der Regelungen zum automatisierten Fahren, BT-Drs. 19/28800, 14. April 2021, 3.

104 *Will*, in: BeckOK Straßenverkehrsrecht, 17. Edition, Stand: 15. Oktober 2022, Einleitung zu § 1a StVG; *Will*, NZV 2020, 163 (117); *Buck-Heeb/Dieckmann*, Zivilrechtliche Haftung von Halter und Fahrer beim Einsatz (teil) automatisierter Fahrfunktionen, in: Oppermann/Stender-Vorwachs (Hrsg.), Autonomes Fahren, Kap. 3.1.1, Rn. 2; *Armbrüster*, Automatisiertes und autonomes Fahren – Eine Herausforderung für Haftung und Haftpflichtversicherung?, in: Danzl/Dauner-Lieb/Wittwer (Hrsg.), Festschrift für Christian Huber, S. 33; *Canzler/Knie/Ruhrort*, Autonome Flotten. Mehr Mobilität mit weniger Fahrzeugen, S. 63; *Vaid*, Selbst ist das Auto – automatisiertes und autonomes Fahren. Die Zukunft der Mobilität, S. 72; *Schartel/Stadler*, Autonomes Fahren aus haftungs- und versicherungsrechtlicher Perspektive, in: Kompaß (Hrsg.), Methodenentwicklung für aktive Sicherheit und automatisiertes Fahren, Kap. 6.3, S. 230; *Wachenfeld/Winner*, Der Sicherheitsnachweis für autonome Fahrzeuge, in: Hilgendorf/Hötitzsch/Lutz (Hrsg.), Rechtliche Aspekte automatisierter Fahrzeuge, S. 56; *Freise*, VersR 2019, 65 (73); *Schlamp*, InTeR 2018, 116 (117); so auch *Wisselmann* (Referent für das „Automatisierte Fahren" der BMW Group) auf der „interdisziplinären Fachtagung Autonomes Fahren" an der Leibniz Universität Hannover am 28. November 2017, siehe dazu *Theissen*, NZV 2018, 67; *Fleck/Thomas*, NJOZ 2015, 1393; unzutreffend daher *Schirmer*, NZV 2017, 253 (255).

Fahrerassistenzsysteme angeboten, die ein teilautomatisiertes Fahren unter menschlicher Kontrolle ermöglichen.[105] Auch die im Oktober 2020 von Tesla vorgestellte Funktion „Full Self Driving“ (FSD), die die Funktion des „Autopiloten“ ablöst, ist nicht in der Lage, ohne menschliche Eingriffe über einen längeren Zeitraum das Fahrzeug selbstständig zu führen.[106]

Allerdings hat das Kraftfahrt-Bundesamt jüngst und weltweit erstmalig eine ECE-Typgenehmigung gem. Ziff. 4 der UN-ECE-Regel 157 für den Mercedes „Drive Pilot“, der in der „S-Klasse“ und später im „EQS“ angeboten werden soll, erteilt.[107] Mit dieser Genehmigung wurde dem „Drive Pilot“ die Übereinstimmung mit den technischen Voraussetzungen der Ziff. 5 bis 9 der UN-ECE-Regel 157 bescheinigt, in denen Anforderungen an ein hoch- und vollautomatisiertes Fahrzeug geregelt sind.

Die technische Entwicklung befindet sich demzufolge gerade am Übergang vom teilautomatisierten zum hoch- und vollautomatisierten Fahren.

---

105 *Walter*, in: BeckOGK Straßenverkehrsrecht, Stand: 01. Januar 2022, § 18 StVG, Rn. 14; *Kleinschmidt/Wagner*, Technik autonomer Fahrzeuge, in: Oppermann/Stender-Vorwachs (Hrsg.), Autonomes Fahren, Kap. 1.1, Rn. 11, die begrifflich lediglich zwischen vollautomatisiert und teilautomatisiert unterscheiden, wobei sie die Begriffe vollautomatisiertes- und autonomes Fahren synonym verwenden und dem Fahrzeugführer beim teilautomatisierten Fahren eine Mitverantwortung zuweisen, vgl. Rn. 2; *Kreutz*, Autonomes Fahren: Produkt- und Produzentenhaftung, in: Oppermann/Stender-Vorwachs (Hrsg.), Autonomes Fahren, Kap. 3.1.2, Rn. 15; *Canzler/Knie/Ruhrort*, Autonome Flotten. Mehr Mobilität mit weniger Fahrzeugen, S. 63; *Vaid*, Selbst ist das Auto – automatisiertes und autonomes Fahren. Die Zukunft der Mobilität, S. 72; *Gold/Huesmann*, Beherrschbarkeit hochautomatisierter Fahrzeugführung – zwischen Übernahmezeit und Zeitbudget, in: Kompaß (Hrsg.), Methodenentwicklung für aktive Sicherheit und automatisiertes Fahren, Kap. 1.3, S. 43.

106 Siehe dazu *Gollrad*, InTeR 2020, 193.

107 Pressemitteilung 49/2021 des Kraftfahrt-Bundesamtes vom 9. Dezember 2021 „KBA erteilt erste Genehmigung zum automatisierten Fahren“, abrufbar unter: https://www.kba.de/DE/Presse/Pressemitteilungen/Allgemein/2021/pm49_2021_erste_Genehmigung_automatisiertes_Fahren.html (zuletzt abgerufen am 15. November 2022); siehe auch den Artikel unter https://group.mercedes-benz.com/innovation/produktinnovation/autonomes-fahren/systemgenehmigung-fuer-hochautomati siertes-fahren.html (zuletzt abgerufen am 15. November 2022).

Kapitel 2: Das 8. ÄndG zum StVG

A. Bestimmung der Automatisierungsgrade

Bevor die Neuerungen des 8. ÄndG zum StVG vorgestellt werden, sind zunächst die Begriffe der Hoch- sowie der Vollautomatisierung eines Fahrzeugs zu klären.

I. Für das 8. ÄndG zum StVG relevante Nomenklaturen

Zur Einteilung der Fahrzeuge in Automatisierungsgrade existieren mehrere Definitionen und verschiedene Begrifflichkeiten, von denen hier nur die für die StVG-Novelle bedeutsamen dargestellt werden.[108] In den Ingenieurswissenschaften wird häufig zwischen teilautonomen und autonomen Fahrzeugen unterschieden. Der Begriff der Autonomie in diesem technischen Sinne wird als „mehr oder weniger weitgehende Unabhängigkeit von menschlichen Eingaben im Einzelfall“ begriffen.[109] Ein fahrerloses Fahren ist damit nicht

---

108 Daneben existieren weitere Nomenklaturen, der NHTSA (US Department of Transportation, National Highway Traffic Safety Administration), Preliminary Statement of Policy Concerning Automated Vehicles, abrufbar unter: www.nhtsa.gov/staticfiles/rulemaking/pdf/Automated_Vehicles_Policy.pdf (zuletzt abgerufen am 15. November 2022), siehe dazu die Übersicht bei *Kleinschmidt/Wagner*, Technik autonomer Fahrzeuge, in: Oppermann/Stender-Vorwachs (Hrsg.), Autonomes Fahren, Kap. 1.1, Rn. 20; die Nomenklatur der SAE International, Taxonomy and Definitions for Terms Related to Driving Automation Systems for On-Road Motor Vehicles, Juni 2018, 19, abrufbar unter: www.sae.org/standards/content/j3016_201806 (zuletzt abgerufen am 15. November 2022), siehe dazu ebenfalls die Übersicht bei *Kleinschmidt/Wagner*, Technik autonomer Fahrzeuge, in: Oppermann/Stender-Vorwachs (Hrsg.), Autonomes Fahren, Kap. 1.1, Rn. 21; die Nomenklatur des Verbandes der Automobilindustrie (VDA), Automatisierung. Von Fahrerassistenzsystemen zum automatisierten Fahren, September 2015, 15, abrufbar unter: http://docplayer.org/8522457-Automatisierung-von-fahrerassistenzsystemen-zum-automatisierten-fahren.html (zuletzt abgerufen am 15. November 2022), siehe dazu *Schmid/Wessels*, NZV 2017, 357 (358); eine Einteilung nach sogenannten „Use-Cases“ nehmen *Wachenfeld/Winner/Gerdes/Lenz/Maurer/et al.*, Use-Cases des autonomen Fahrens, in: Maurer/Gerdes/Lenz/Winner (Hrsg.), Autonomes Fahren, Kap. 2, vor; in diesem Sinne auch jüngst *Gollrad*, RAW 2020, 103 (107 f.).

109 So ausdrücklich *Hilgendorf*, ZVR 2015, 469; siehe auch die Formulierung bei *Eichelberger*, Autonomes Fahren und Privatversicherungsrecht, in: Oppermann/Stender-Vorwachs (Hrsg.), Autonomes Fahren, Kap. 3.1.3, Rn. 1; *Heinze/Wendorf*,

notwendigerweise gemeint, sodass der so verstandene Begriff der Autonomie auch die arbeitsteilige Fahrzeugsteuerung von Mensch und Fahrsystem erfasst. Zudem wird bisweilen zwischen Hoch- und Vollautomatisierung unterschieden, wobei das vollautomatisierte Fahren schon als Endstadium der Automatisierung verstanden wird, in dem es keinen Fahrer mehr gibt.[110]

Angesichts der begrifflichen Unschärfen ist es notwendig, die Automatisierungsstufen näher zu beleuchten.[111] Im Zusammenhang mit dem StVG kann dies durch die im Gesetz verwendeten Begriffe des hoch- bzw. vollautomatisierten Fahrens erfolgen, die letztlich auf eine Nomenklatur zurückgehen.

Die nicht mit Gesetzesqualität ausgestattete[112] Nomenklatur der Bundesanstalt für Straßenwesen (BASt) kennt vier Automatisierungsstufen.[113] Diesen wird als Basis (Stufe 0) das konventionelle, vollständig manuelle Fahren („Driver Only") vorangestellt.[114] Assistiertes Fahren (Stufe 1) liegt vor, wenn das Fahrerassistenzsystem dauerhaft entweder die Längs- oder die Querführung vornehmen kann und der Fahrer entsprechend die verbleibende Tätigkeit ausführt. Der Fahrer muss das System dauerhaft überwachen und jederzeit

---

Immaterialgüterrechtliche Aspkete des autonomen Fahrens, in: Oppermann/Stender-Vorwachs (Hrsg.), Autonomes Fahren, Kap. 3.3, , Rn. 1; siehe auch *Maurer*, Einleitung, in: Maurer/Gerdes/Lenz/Winner (Hrsg.), Autonomes Fahren, Kap. 1, S. 3 f.

110 *v. Ungern-Sternberg*, Völker- und europarechtliche Implikationen autonomen Fahrens, in: Oppermann/Stender-Vorwachs (Hrsg.), Autonomes Fahren, Kap. 3.9, Rn. 2.

111 Grundsätzlich skeptisch gegenüber einer Einteilung in Automatisierungsstufen *Seeck/Gasser/Auerswald*, Erweiterung der Landkarte für Fahrzeugautomatisierung, in: Kompaß (Hrsg.), Methodenentwicklung für aktive Sicherheit und automatisiertes Fahren, Kap. 1.1, S. 2.

112 *v. Bodungen/Hoffmann*, NZV 2016, 449 (450).

113 Siehe zur technischen Einteilung auch *Heß*, in: Burmann/Heß/Hühnermann/Jahnke, Straßenverkehrsrecht, 27. Aufl., 2022, § 1a StVG, Rn. 4; *Kleinschmidt/Wagner*, Technik autonomer Fahrzeuge, in: Oppermann/Stender-Vorwachs (Hrsg.), Autonomes Fahren, Kap. 1.1, Rn. 18 f.; *v. Kaler/Wieser*, NVwZ 2018, 369 f.; *Balke*, SVR 2018, 5 f.; *Schmid/Wessels*, NZV 2017, 357 (358); *Lange*, NZV 2017, 345 (346); *Singler*, NZV 2017, 353 f.; *v. Bodungen/Hoffmann*, NZV 2016, 449 (450); *Schrader*, NJW 2015, 3537 (3540). *Schlanstein*, VD 2015, 131 (132 f.).

114 *Gasser/Arzt/Ayoubi/Bartels/Bürkle/et al.*, Rechtsfolgen zunehmender Fahrzeugautomatisierung, Berichte der Bundesanstalt für Straßenwesen, 2012, 9.

zur vollständigen Übernahme der Fahrzeugsteuerung bereit sein.[115] Zur Stufe 1 zählen etwa die Adaptive Cruise Control (ACC), bei der das Assistenzsystem die Längsführung mit adaptiver Geschwindigkeitsregelung ausführt, und der Parkassistent, bei dem das System die Lenkbewegung übernimmt.[116] Teilautomatisiertes Fahren (Stufe 2) liegt vor, wenn das System die Längs- und Querführung für einen gewissen Zeitraum oder in spezifischen Anwendungsfällen beherrschen kann. Der Fahrer muss das System dabei dauerhaft überwachen und jederzeit zur vollständigen Übernahme der Fahrzeugsteuerung bereit sein.[117] Als Beispiel ist hier der Stauassistent zu nennen, der die Quer- und Längsführung bis zu einer bestimmten Geschwindigkeitsgrenze übernimmt. Ein hochautomatisiertes Fahrsystem (Stufe 3) kann die Quer- und Längsführung in spezifischen Situationen für einen gewissen Zeitraum übernehmen, ohne dass der Fahrer es dauerhaft überwachen muss. Eine gelegentliche Überwachung durch den Fahrzeugführer ist aber weiterhin Voraussetzung. Der Fahrer kann sich anderen Dingen zuwenden und wird durch das System bei Verlassen des spezifischen Anwendungsfalls mit ausreichender Zeitreserve zur Übernahme der Fahrzeugsteuerung aufgefordert. Das System ist allerdings nicht in der Lage, im Notfall oder bei Nichtbefolgung der Rückübernahmepflichten einen risikominimalen Zustand herzustellen.[118] Dieser bestünde darin, entweder das Fahrzeug auf der eigenen Fahrspur oder auf dem Seitenstreifen nach vorangegangenem Fahrstreifenwechsel zum Stehen zu bringen.[119] Das vollautomatisierte System (Stufe 4) übernimmt die Quer- und Längsführung innerhalb eines definierten Anwendungsfalls vollständig. Der Fahrer hat dann keine Kontrollfunktion mehr. Das System muss ausnahmslos im Stande sein, alle Fahraufgaben zu übernehmen. Vor dem Verlassen des Anwendungsfalls fordert das System den Fahrer mit ausreichender Zeitreserve zur Übernahme der Fahrzeugsteuerung auf. Reagiert der Fahrer darauf nicht oder zu

---

115 *Gasser/Arzt/Ayoubi/Bartels/Bürkle/et al.*, Rechtsfolgen zunehmender Fahrzeugautomatisierung, Berichte der Bundesanstalt für Straßenwesen, 2012, 9; siehe auch *Gasser*, DAR 2015, 6 (7 f.).

116 *Gasser/Arzt/Ayoubi/Bartels/Bürkle/et al.*, Rechtsfolgen zunehmender Fahrzeugautomatisierung, Berichte der Bundesanstalt für Straßenwesen, 2012, 9.

117 *Gasser/Arzt/Ayoubi/Bartels/Bürkle/et al.*, Rechtsfolgen zunehmender Fahrzeugautomatisierung, Berichte der Bundesanstalt für Straßenwesen, 2012, 9.

118 Zu alldem *Gasser/Arzt/Ayoubi/Bartels/Bürkle/et al.*, Rechtsfolgen zunehmender Fahrzeugautomatisierung, Berichte der Bundesanstalt für Straßenwesen, 2012, 9.

119 *Balke*, SVR 2018, 5 (6); *Arzt/Ruth-Schumacher*, RAW 2017, 89 (90); *Singler*, NZV 2017, 353 f.

spät, ist das vollautomatisierte System im Stande, einen risikominimalen Zustand herzustellen.[120]

II. Einteilung der Automatisierungsgrade durch das StVG

Vor dem Hintergrund dieser technischen Einteilung in Automatisierungsgrade stellt sich die Frage, ob das StVG diese Einteilung übernimmt oder eine eigene Definition und Einstufung vornimmt.

Aus der Begründung des Regierungsentwurfs geht hervor, dass sich der Gesetzgeber an der Nomenklatur des durch das Bundesministerium für Verkehr und digitale Infrastruktur eingesetzten Runden Tisches „Automatisiertes Fahren" orientiert.[121] Diese geht allerdings wiederum zurück auf die Nomenklatur der BASt.[122]

Das 8. ÄndG zum StVG bezieht sich auf die beiden höchsten Automatisierungsstufen der Nomenklatur, also das hoch- und vollautomatisierte Fahren (§ 1a Abs. 1 StVG). Dabei unterwirft der Gesetzgeber das hochautomatisierte – und das vollautomatisierte Fahren den gleichen Vorschriften.[123] Vor dem Hintergrund der Definitionen der Nomenklatur sind die gesetzlichen Regelungen

---

120 Zu alldem *Gasser/Arzt/Ayoubi/Bartels/Bürkle/et al.*, Rechtsfolgen zunehmender Fahrzeugautomatisierung, Berichte der Bundesanstalt für Straßenwesen, 2012, 9.

121 Begründung des Regierungsentwurfs für ein Gesetz zur Änderung des Straßenverkehrsgesetzes, BT-Drs. 18/11300, 12 f.

122 Vgl. Bericht zum Forschungsbedarf Runder Tisch Automatisiertes Fahren, 2015, Anhang 5, 116 und *Gasser/Arzt/Ayoubi/Bartels/Bürkle/et al.*, Rechtsfolgen zunehmender Fahrzeugautomatisierung, Berichte der Bundesanstalt für Straßenwesen, 2012, 31; so ausdrücklich auch *Heß*, in: Burmann/Heß/Hühnermann/Jahnke, Straßenverkehrsrecht, 27. Aufl., 2022, § 1a StVG, Rn. 4.

123 Begründung des Regierungsentwurfs für ein Gesetz zur Änderung des Straßenverkehrsgesetzes, BT-Drs. 18/11300, 12 f.; siehe dazu auch *Buck-Heeb/Dieckmann*, Zivilrechtliche Haftung von Halter und Fahrer beim Einsatz (teil) automatisierter Fahrfunktionen, in: Oppermann/Stender-Vorwachs (Hrsg.), Autonomes Fahren, Kap. 3.1.1, Rn. 3 und 68; *v. Bodungen*, Automatisiertes Fahren (Automotive), in: Sassenberg/Faber (Hrsg.), Rechtshandbuch Industrie 4.0 und Internet of Things, Kap. 5, § 16, Rn. 9; *Freise*, VersR 2019, 65 (66); *Schrader*, DAR 2018, 314 (315), der einer Einteilung in Stufen mangels Trennschärfe skeptisch gegenübersteht; zu dem in dieser Hinsicht unverändert gebliebenen Regierungsentwurf *Armbrüster*, ZRP 2017, 83; kritisch, Rechtssicher Fahren mit automatisierten Fahrzeugen – Unaufgeforderte Stellungnahme des Verbraucherzentrale Bundesverbandes e.V. vom 16. März 2017, 7 und 56. Deutscher Verkehrsgerichtstag, Empfehlung des 2. Arbeitskreises, Nr. 1.

unscharf, weil sie die Stufen 3 und 4 nicht trennen, sie also den gleichen rechtlichen Voraussetzungen unterwerfen. Die Unterschiede zwischen den Stufen 3 und 4 liegen in der Überwachungspflicht des Fahrers und der Ausstattung des Fahrzeugs mit einem Überführungssystem, das das Fahrzeug in einen risikominimalen Zustand steuern kann. Beim hochautomatisierten Fahren muss der Fahrer das Fahrzeug nicht dauerhaft, also nur gelegentlich, überwachen, während er beim vollautomatisierten Fahren von der Überwachungspflicht befreit ist. Das Gesetz geht in § 1b StVG davon aus, dass den Fahrer keine Überwachungspflicht trifft. Damit ist der Fahrer eines hochautomatisierten Fahrzeugs von seiner nach der technischen Einteilung eigentlich bestehenden Überwachungspflicht befreit.[124] Die Regelungen reduzieren das fahrerseitige Pflichtenprogramm also stärker, als dies für das hochautomatisierte Fahren durch die Nomenklatur vorgesehen ist. Auf der anderen Seite entsprechen die Vorschriften aber noch nicht der Vollautomatisierung im Sinne der BASt-Nomenklatur, da dazu die Rückkehr in einen risikominimalen Zustand durch das Fahrzeug selbst erforderlich wäre. Dies sieht das Gesetz in § 1a Abs. 2 S. 1 Nr. 1–6 StVG jedoch nicht vor, sondern verlangt in § 1b Abs. 2 StVG eine Aktion des Fahrers.[125]

Für hochautomatisiertes Fahren sind die Regelungen also überschießend. Für das vollautomatisierte Fahren bleiben sie dagegen hinter der technischen Einteilung der Nomenklatur zurück.[126] Der Gesetzgeber hat in Bezug auf die Pflichten des Fahrers und der Ausstattung des Fahrzeugs also eine Mischform zwischen hochautomatisiertem und vollautomatisiertem Fahren gewählt.

Weil der Gesetzgeber das hoch- und vollautomatisierte Fahren gleichen Voraussetzungen und Fahrerpflichten unterworfen hat, wird zum Teil behauptet, es sei nur das hochautomatisierte Fahren geregelt worden.[127] Dies lässt jedoch

---

124 So ausdrücklich *Buck-Heeb/Dieckmann*, Zivilrechtliche Haftung von Halter und Fahrer beim Einsatz (teil) automatisierter Fahrfunktionen, in: Oppermann/Stender-Vorwachs (Hrsg.), Autonomes Fahren, Kap. 3.1.1, Rn. 68.

125 Vgl. *Buck-Heeb/Dieckmann*, Zivilrechtliche Haftung von Halter und Fahrer beim Einsatz (teil) automatisierter Fahrfunktionen, in: Oppermann/Stender-Vorwachs (Hrsg.), Autonomes Fahren, Kap. 3.1.1, Rn. 72; *Schrader*, DAR 2018, 314 (315); *Pataki*, DAR 2018, 133 (134).

126 So auch Rechtssicher Fahren mit automatisierten Fahrzeugen – Unaufgeforderte Stellungnahme des Verbraucherzentrale Bundesverbandes e.V. vom 16. März 2017, 13, *„Verkürzung des Wirkbereichs“*.

127 *Schrader*, DAR 2018, 314 (315 f.), der mangels Trennschärfe zwischen den Stufen einer Einteilung per se skeptisch gegenübersteht; so auch *Jänich*, siehe *Reck*,

das in § 1b Abs. 2 StVG geregelte reduzierte Pflichtenprogramm des Fahrers außer Acht, nach dem der Fahrer das Fahrsystem nicht mehr überwachen muss. Insoweit ist der Gesetzgeber von einem höheren Automatisierungsgrad als dem der Hochautomatisierung im technischen Sinn ausgegangen, bei dem der Fahrer nicht zur dauerhaften Überwachung verpflichtet ist. Nach dem Gesetz ist der Einsatz vollautomatisierter Fahrzeuge ausdrücklich gleichermaßen zulässig wie der von hochautomatisierten Fahrzeugen, vgl. § 1a Abs. 1 StVG. Ein Überführungssystem ist in dem Katalog des § 1a Abs. 2 S. 1 Nr. 1–6 StVG zwar nicht als Mindestvoraussetzung vorgesehen. Ist das Fahrzeug über diese Definitionsmerkmale und technischen Mindestvoraussetzung hinaus in der Lage, einen risikominimalen Zustand herzustellen, ist dessen Betrieb aber durch § 1a Abs. 1 StVG ebenfalls legalisiert worden.

Laut der Gesetzesbegründung war eine Differenzierung der für hoch- und vollautomatisierte Fahrzeuge jeweils geltenden Regelungen wegen der dynamischen Fahrzeugentwicklung und des zwischen den Herstellern variierenden Einbaus nicht notwendig und nicht zweckmäßig.[128] Diese Begründung überzeugt indes nicht. Die dynamische Fahrzeugentwicklung spricht für sich genommen für eine zukunftsoffene Regelung. Bezogen auf das vollautomatisierte Fahren hätte daher eine Regelung nahegelegen, die der Implementierung eines Überführungssystems dadurch Rechnung trägt, dass die Fahrerpflichten weiter reduziert werden.

Trotz dieser nicht überzeugenden Gesetzesbegründung ist gleichwohl zu berücksichtigen, dass es dem Gesetzgeber obliegt, seine eigene Terminologie zu prägen, die von den Rechtsanwendern hinzunehmen ist. Die technische Klassifizierung hat für den Gesetzgeber insoweit keine Bindungswirkung[129] und muss jedenfalls bezüglich der Bestimmung von Verkehrspflichten des Fahrzeugführers, um die es in Kapitel drei vertieft gehen wird, außer Betracht bleiben.[130]

ZD-Aktuell 2017, 04271, „*Handlungsbedarf bzgl. Level 4 und 5*"; 56. Deutscher Verkehrsgerichtstag, Empfehlung des 2. Arbeitskreises, Nr. 1.

128 Begründung des Regierungsentwurfs für ein Gesetz zur Änderung des Straßenverkehrsgesetzes, BT-Drs. 18/11300, 21.

129 *Schrader*, DAR 2018, 314 (315); *Pataki*, DAR 2018, 133 (134); *v. Bodungen/Hoffmann*, NZV 2016, 449 (450).

130 A.A. *Buck-Heeb/Dieckmann*, Zivilrechtliche Haftung von Halter und Fahrer beim Einsatz (teil) automatisierter Fahrfunktionen, in: Oppermann/Stender-Vorwachs (Hrsg.), Autonomes Fahren, Kap. 3.1.1, Rn. 4, die die BASt-Nomenklatur bei der Auslegung des StVG verbindlich zu Grunde legen wollen.

B. Die Regelungen des 8. ÄndG zum StVG im Überblick

Durch das 8. ÄndG hat das StVG an mehreren Stellen neue Regelungen mit Bezug zu hoch- und vollautomatisierten Fahrzeugen erhalten, die hier zunächst nur skizziert werden sollen.

I. § 1a StVG

1. Betrieb eines hoch- und vollautomatisierten Fahrzeugs

An prominenter Stelle wurde die Zulässigkeit des Betriebs eines Kraftfahrzeugs mittels hoch- oder vollautomatisierter Fahrfunktion geregelt, wenn diese bestimmungsgemäß verwendet wird, vgl. § 1a Abs. 1 StVG.

Zum Teil wird die Norm als zulassungsrechtliche Vorschrift verstanden.[131] § 1a Abs. 1 StVG enthält allerdings keine Aussage über die Zulassungsfähigkeit von Fahrzeugen mit hoch- oder vollautomatisierter Fahrfunktion.[132] Dass es sich bei § 1a Abs. 1 StVG nicht um eine zulassungsrechtliche Vorschrift handeln kann, wird deutlich, wenn man sich vor Augen führt, dass das Fahrzeug im Falle einer bestimmungswidrigen Verwendung seine Zulassung verlöre.[133] Die Zulassung eines Kraftfahrzeugs kann aber nicht von der Art seiner Verwendung abhängen. Zudem verweist § 1a Abs. 3 StVG auf das Zulassungsrecht und nimmt dabei § 1 Abs. 1 StVG – und gerade nicht § 1a Abs. 1 StVG – in Bezug. Die Regelung zielt daher nur auf den Nutzer ab und erlaubt diesem den Einsatz hoch- oder vollautomatisierter Fahrfunktionen.[134] Mit dem 8. ÄndG zum StVG

---

131 So zum gleichlautenden Regierungsentwurf *Hotz*, Automatisiertes Fahren – Bewertung eines Gesetzentwurfs zur Änderung des Straßenverkehrsgesetzes, in: Koch (Hrsg.), Aktuelle Probleme des Versicherungsvertrags-, Versicherungsaufsichts- und Vermittlerrechts, S. 69 f.; *Huber*, Automatisiertes und autonomes Fahren – wer haftet?, in: Frenz (Hrsg.), Handbuch Industrie 4.0: Recht, Technik, Gesellschaft, S. 704; bezüglich § 1a Abs. 2 S. 1 Nr. 2 StVG auch *Tergan*, Automatisiertes Fahren. Gegenwärtiges und zukünftiges Zulassungsrecht, S. 68.

132 *v. Bodungen/Hoffmann*, InTeR 2017, 85 (90).

133 So zutreffend *Berndt*, SVR 2017, 121 (122).

134 *Will*, in: BeckOK Straßenverkehrsrecht, 17. Edition, Stand: 15. Oktober 2022, § 1a StVG, Rn. 7; *Heß*, in: Burmann/Heß/Hühnermann/Jahnke, Straßenverkehrsrecht, 27. Aufl., 2022, § 1a StVG, Rn. 7; *Dauer*, in: Hentschel/König/Dauer Straßenverkehrsrecht, 46. Aufl., 2021, § 1 StVG, Rn. 34; *Preuß*, Haftungsrecht beim Einsatz hoch- und vollautomatisierter sowie vollautonomer Fahrzeuge, S. 22; *v. Bodungen*, Automatisiertes Fahren (Automotive), in: Sassenberg/Faber (Hrsg.), Rechtshandbuch Industrie 4.0 und Internet of Things, Kap. 5, § 16, Rn. 19.

wurde folglich nur geregelt, wie der Fahrer das hoch- und vollautomatisierte Fahrzeug nutzen darf und nicht, wie das Fahrzeug auf die Straße kommt.[135] Der Gesetzgeber setzt die Zulassung in § 1a StVG vielmehr voraus.

2. *Definition hoch- und vollautomatisierter Fahrzeuge*

In § 1a Abs. 2 StVG werden Kraftfahrzeuge mit hoch- oder vollautomatisierter Fahrfunktion definiert.[136]

- Nach § 1a Abs. 2 S. 1 Nr. 1 StVG muss das Fahrzeug über eine technische Ausrüstung verfügen, die zur Bewältigung der Fahraufgabe – einschließlich Längs- und Querführung – das jeweilige Kraftfahrzeug nach Aktivierung steuern kann.
- Gem. § 1a Abs. 2 S. 1 Nr. 2 StVG muss das Fahrzeug technisch in der Lage sein, während der hoch- oder vollautomatisierten Fahrzeugsteuerung den an die Fahrzeugführung gerichteten Verkehrsvorschriften zu entsprechen.
- Nach § 1a Abs. 2 S. 1 Nr. 3 StVG muss das Fahrzeug über eine technische Ausrüstung verfügen, die jederzeit durch den Fahrzeugführer manuell übersteuerbar oder deaktivierbar ist.
- Zudem muss das Fahrzeug nach § 1a Abs. 2 S. 1 Nr. 4 StVG technisch in der Lage sein, die Erforderlichkeit der Fahrzeugführung durch den menschlichen Fahrzeugführer, folglich seine eigenen Grenzen, zu erkennen.
- § 1a Abs. 2 S. 1 Nr. 5 StVG verlangt, dass das Fahrzeug über eine technische Ausrüstung verfügt, die dem Fahrzeugführer das Erfordernis der eigenhändigen Fahrzeugsteuerung mit ausreichender Zeitreserve vor der Abgabe der Fahrzeugsteuerung an den Fahrzeugführer optisch, akustisch, taktil oder sonst wahrnehmbar anzeigen kann.[137]

---

135 *Lange*, NZV 2017, 345 (348).

136 Begründung des Regierungsentwurfs für ein Gesetz zur Änderung des Straßenverkehrsgesetzes, BT-Drs. 18/11300, 20; *Heß*, in: Burmann/Heß/Hühnermann/Jahnke, Straßenverkehrsrecht, 27. Aufl., 2022, § 1a StVG, Rn. 9; *König*, in: Hentschel/König/Dauer Straßenverkehrsrecht, 46. Aufl., 2021, § 1a StVG, Rn. 9; *Josipovic*, Die Einhaltung von Verkehrsvorschriften durch automatisierte Fahrzeuge, in: Hagebölling (Hrsg.), Mobilitätswende in Deutschland. Perspektven und rechtliche Herausforderungen, Kap. 5, S. 70; siehe dazu auch *Wolfers*, RAW 2017, 86 (87).

137 So auch die Forderung der Ethik-Kommission, siehe den Bericht der Ethik-Kommission Automatisiertes und vernetztes Fahren, Juni 2017, 13 (Regel 17), keine „*abrupte Übergabe der Kontrolle*".

- Nach § 1a Abs. 2 S. 1 Nr. 6 StVG muss das Fahrzeug schließlich über eine technische Ausrüstung verfügen, die auf eine der Systembeschreibung zuwiderlaufende Verwendung hinweist.

Es stellt sich die Frage, ob das Fahrzeug seinen Status als hoch- oder vollautomatisiertes Fahrzeug verliert, wenn infolge eines Defekts eine dieser Eigenschaften wegfällt. Dagegen spricht die Regelung des § 1a Abs. 2 S. 2 StVG, wonach der Hersteller eines hoch- oder vollautomatisierten Fahrzeugs in der Systembeschreibung verbindlich erklären muss, dass das Fahrzeug den Voraussetzungen des § 1a Abs. 2 S. 1 StVG entspricht. Maßgeblich ist also lediglich, ob das Fahrzeug die Voraussetzungen zum Zeitpunkt seiner Inverkehrgabe erfüllt. Die Vorschriften sind abstrakt zu verstehen, heben also auf die grundsätzliche Fähigkeit des Fahrzeugs ab.[138] Eine spätere Beeinträchtigung dieser Eigenschaften, etwa durch einen technischen Defekt, ist bei der Beurteilung der Frage, ob es sich um ein hoch- oder vollautomatisiertes Fahrzeug handelt, außer Betracht zu lassen.[139]

3. *Verhältnis des § 1a Abs. 3 StVG zum Zulassungsrecht*

Gem. § 1a Abs. 3 StVG sind die Absätze 1 und 2 nur auf solche Fahrzeuge anzuwenden, die nach § 1 Abs. 1 zugelassen sind, den in Abs. 2 S. 1 enthaltenen Vorgaben entsprechen und deren hoch- oder vollautomatisierte Fahrfunktionen in internationalen Vorschriften beschrieben sind und diesen entsprechen, § 1a Abs. 3 Nr. 1 StVG, oder eine EG-Ausnahmetypgenehmigung nach Art. 20 RL 2007/46/EG erteilt bekommen haben, § 1a Abs. 3 Nr. 2 StVG.

Mit dem ersten Halbsatz hat der Gesetzgeber klargestellt, dass Kraftfahrzeuge mit hoch- oder vollautomatisierter Fahrfunktion – wie alle anderen Kraftfahrzeuge auch – die in § 1 Abs. 1 StVG geregelten Voraussetzungen zur Zulassung erfüllen müssen, um am öffentlichen Straßenverkehr teilnehmen zu dürfen.[140] Dazu bedarf es einer Betriebserlaubnis, Einzelgenehmigung oder Typgenehmigung, § 1 Abs. 1 S. 2 StVG.

---

138 *Kütük-Markendorf*, CR 2017, 349 (352).

139 Das bedeutet jedoch nicht, dass der Fahrer die automatisierte Fahrfunktion in defektem Zustand uneingeschränkt nutzen und sich trotz Defekts „sehenden Auges" vom Fahrgeschehen abwenden dürfte. Zu den Sorgfaltsanforderungen des Fahrzeugführers, die Verkehrssicherheit des Fahrzeugs vor Fahrtantritt zu überprüfen und auf erkennbare Mängel zu reagieren siehe Kap. 3 Ziff. C. I.

140 Siehe zum damaligen weitgehend inhaltsgleichen § 1a Abs. 4 StVG (neu) die Begründung des Regierungsentwurfs für ein Gesetz zur Änderung des Straßenverkehrsgesetzes, BT-Drs. 18/11300, 21; ohne nähere Auseinandersetzung *Heß*,

Durch den Wortlaut des § 1a Abs. 3 StVG, der zum einen die Voraussetzungen eines hoch- und vollautomatisierten Fahrzeugs additiv aufzählt, und zum anderen zwischen Zulassung einerseits und technischen Voraussetzungen andererseits trennt, wird deutlich, dass es sich bei § 1a Abs. 3 StVG nicht um eine zulassungsrechtliche Vorschrift handelt, sondern diese anderen Vorschriften unterworfen ist.[141] Dass es sich bei § 1a Abs. 3 StVG in Abgrenzung zum Zulassungsrecht um technische Voraussetzungen handelt, geht im Übrigen auch aus der Gesetzesbegründung hervor.[142]

Dennoch ist festzustellen, dass das Gesetz in § 1a Abs. 3 StVG für die Definition eines hoch- und vollautomatisierten Fahrzeugs auf zulassungsrechtliche Regelwerke, nämlich das Wiener Übereinkommen über den Straßenverkehr vom 8. November 1968 (WÜ) und die Richtlinie 2007/47/EG („internationale Vorschriften"), verweist. Diese Verweisung macht es erforderlich, das Verhältnis zwischen dem Zulassungsrecht und den Definitionsmerkmalen des § 1a Abs. 3 StVG, insbesondere den in Bezug genommenen internationalen Vorschriften, zu beleuchten. Dabei stellt sich die Frage, ob zugelassene Fahrzeuge existieren, die nicht den internationalen Vorschriften i.S.d. § 1a Abs. 3 Nr. 1 StVG entsprechen bzw. die Frage, ob § 1a Abs. 3 StVG überhaupt einen eigenständigen Regelungsgehalt aufweist.

a) Regelung in „internationalen Vorschriften"

Alle Kraftfahrzeuge bedürfen in einem ersten Schritt der Zulassung, § 1 Abs. 1 S. 1 StVG i.V.m. § 3 Abs. 1 S. 1 Fahrzeugzulassungsverordnung (FZV). Dazu bedarf es bei Serienfahrzeugen nach § 3 Abs. 2 S. 2 FZV und § 20 Abs. 1 Straßenverkehrszulassungsordnung (StVZO) einer Typgenehmigung. Die Zulassung von Kraftfahrzeugen erfolgt heute praktisch in der Regel über eine EU-Typgenehmigung.[143] Das deutsche Zulassungsrecht spielt nur eine

---

in: Burmann/Heß/Hühnermann/Jahnke, Straßenverkehrsrecht, 27. Aufl., 2022, § 1a StVG, Rn. 13.

141 So zum gleichlautenden Regierungsentwurf des § 1a Abs. 4 (neu) auch *v. Bodungen/Hoffmann*, InTeR 2017, 85 (90); anders *Hotz*, Automatisiertes Fahren – Bewertung eines Gesetzentwurfs zur Änderung des Straßenverkehrsgesetzes, in: Koch (Hrsg.), Aktuelle Probleme des Versicherungsvertrags-, Versicherungsaufsichts- und Vermittlerrechts, S. 100, die § 1a Abs. 3 StVG als zulassungsrechtliche Vorschrift begreift.

142 Begründung des Regierungsentwurfs für ein Gesetz zur Änderung des Straßenverkehrsgesetzes, BT-Drs. 18/11300, 13, *„technische Ausrüstung"*.

143 *Will*, in: BeckOK Straßenverkehrsrecht, 17. Edition, Stand: 15. Oktober 2022, Einleitung zu § 1a StVG; *v. Bodungen*, Automatisiertes Fahren (Automotive),

untergeordnete Rolle, da die Bundesrepublik diesbezüglich durch das europäische Zulassungsrecht und das völkerrechtliche WÜ gebunden ist.[144] Bei der EU-Typgenehmigung handelt es sich gem. § 2 Nr. 4 FZV um eine von einem Mitgliedstaat der Europäischen Union in Anwendung verschiedener Richtlinien erteilte Bestätigung, dass der zur Prüfung vorgestellte Typ eines Fahrzeugs, eines Systems, eines Bauteils oder einer selbstständigen technischen Einheit die einschlägigen Vorschriften und technischen Anforderungen erfüllt. Die Typgenehmigung setzt nach § 19 StVZO voraus, dass entweder die Vorgaben der StVZO (S. 1) oder die der in S. 2 Ziff. 1 bis 4 genannten europäischen Richtlinien erfüllt sind. Erst in einem zweiten Schritt stellt sich die Frage nach der zulässigen Nutzung eines hoch- oder vollautomatisierten Fahrzeugs und dessen Definition. Denn die Frage nach der Definition stellt sich im Hinblick auf die veränderten Sorgfaltsanforderungen des Fahrzeugführers gem. § 1b StVG erst, wenn das Fahrzeug genutzt wird. Dem muss allerdings eine Zulassung vorausgegangen sein. Auf den ersten Blick liegt es daher nahe, dass es sich bei einem hoch- oder vollautomatisierten Fahrzeug i.S.d. § 1a StVG um ein als solches zugelassenes Fahrzeug handelt, wenn es für den öffentlichen Straßenverkehr freigegeben wurde. Die Gesetzesbegründung unterscheidet allerdings zwischen hoch- und vollautomatisierten Fahrzeugen im Sinne der §§ 1a, 1b StVG, die in internationalen technischen Vorschriften, etwa denen der Europäischen

---

in: Sassenberg/Faber (Hrsg.), Rechtshandbuch Industrie 4.0 und Internet of Things, Kap. 5, § 16, Rn. 10.

144 *Lutz*, Zulassung – eine Frage des Verhaltensrechts?, in: Hilgendorf/Hötitzsch/Lutz (Hrsg.), Rechtliche Aspekte automatisierter Fahrzeuge, S. 33; *Lutz*, DAR 2021, 182; *Lutz*, DAR 2016, 55; *Lutz*, NJW 2015, 119 (124); *Lutz*, NZV 2014, 67; siehe dazu auch *Rodi*, Die Zuassung autonomer Fahrzeuge zum Straßenverkehr aus rechtlicher und rechtspolitischer Sicht, in: Oppermann/Stender-Vorwachs (Hrsg.), Autonomes Fahren, Kap. 3.6.2, Rn. 10–30; *Hötitzsch/May*, Rechtliche Problemfelder beim Einsatz automatisierter Systeme im Straßenverkehr, in: Hilgendorf (Hrsg.), Robotik im Kontext von Recht und Moral, S. 195 f.; *Klink-Straub/Keber*, NZV 2020, 113; *Will*, NZV 2020, 163 (164); *Hartmann*, PHi 2017, 42 (47); *Hartmann*, PHi 2016, 114 (115); bezüglich des WÜ *Wolfers*, RAW 2017, 2 (12), der auf den praktisch bedeutsamsten Fall der EG-Typgenehmigung hinweist; so auch *Solmecke/Jockisch*, MMR 2016, 359 (360); *Doderer/Hartwig*, IR 2016, 32 (34); *Frenz/Casimir-van den Broek*, NZV 2009, 529 (530); *Bewersdorf*, NZV 2003, 266 (267); *Vogt*, NZV 2003, 153 (160); aus technischer Perspektive *Gail/Bartels*, Entwicklung von Anforderungen an automatisches Lenken für fahrzeugtechnische Vorschriften, in: Kompaß (Hrsg.), Methodenentwicklung für aktive Sicherheit und automatisiertes Fahren, Kap. 2.3, S. 102.

Union oder der Wirtschaftskommission für Europa der Vereinten Nationen (United Nations Economic Commission for Europe – UN-ECE),[145] geregelt sind und sonstigen Fahrzeugen mit automatisierter Fahrfunktion, die in diesen Vorschriften nicht geregelt sind. Bei letzterer Kategorie von Fahrzeugen mit automatisierter Fahrzeugsteuerung sind die §§ 1a, 1b StVG nicht anwendbar, sodass die allgemeinen straßenverkehrsrechtlichen Vorschriften gelten.[146] Der Fahrzeugführer darf sich bei Fahrzeugen dieser Kategorie beispielsweise nicht vom Verkehrsgeschehen abwenden, vgl. § 1b Abs. 1 HS. 1 StVG. Der Gesetzgeber geht mit dieser Zweiteilung davon aus, dass eine Zulassung auch jenseits der Regelung in „internationalen Vorschriften" möglich ist.

Ist die Zulassung eines hoch- oder vollautomatisierten Fahrzeugs also auch außerhalb internationaler Vorschriften möglich, erfolgt aber die Zulassung praktisch in aller Regel über eine EU-Typgenehmigung, stellt sich die Frage, ob in jedem dieser Fälle automatisch auch die Definitionsmerkmale des § 1a Abs. 3 Nr. 1 StVG vorliegen oder ob und gegebenenfalls wann kein Gleichlauf zwischen den (internationalen) Zulassungsvorschriften und den Definitionsmerkmalen des § 1a Abs. 3 Nr. 1 StVG vorliegt. Damit verbunden ist die Frage nach dem Aussagegehalt des § 1a Abs. 3 StVG. Lägen die Definitionsmerkmale des § 1a Abs. 3 Nr. 1 StVG automatisch immer vor, würde es sich bei dieser Vorschrift um eine inhaltsleere Regelung handeln.

Ein Auseinanderfallen zwischen Zulassungsrecht und dem Regelungsgehalt des § 1a Abs. 3 Nr. 1 StVG kann in solchen Fällen vorkommen, in denen hoch- oder vollautomatisierte Fahrzeugsteuerungen zugelassen wurden, obwohl derartige Systeme nicht in internationalen Vorschriften beschrieben sind. Ein solcher Zustand kann nur aufgrund von erteilten Ausnahmegenehmigungen auftreten. Im Anwendungsbereich des Unionsrechts ist das beim Vorliegen einer EU-Ausnahmetypgenehmigung gem. Art. 39 der Verordnung (EU) 2018/858 der Fall.[147] Außerhalb des Unionsrechts kann eine Betriebserlaubnis für in Kleinserie produzierte Fahrzeuge (nationale Typgenehmigung), Art. 42 der Verordnung (EU) 2018/858, oder eine Einzelgenehmigung, Art. 45 der Verordnung (EU) 2018/858, erteilt werden. Das WÜ lässt hier im Anhang V

---

145 Begründung des Regierungsentwurfs für ein Gesetz zur Änderung des Straßenverkehrsgesetzes, BT-Drs. 18/11300, 13.

146 Begründung des Regierungsentwurfs für ein Gesetz zur Änderung des Straßenverkehrsgesetzes, BT-Drs. 18/11300, 14, 22; *Heß*, in: Burmann/Heß/Hühnermann/Jahnke, Straßenverkehrsrecht, 27. Aufl., 2022, § 1a StVG, Rn. 11; *König*, in: Hentschel/König/Dauer Straßenverkehrsrecht, 46. Aufl., 2021, § 1a StVG, Rn. 13.

147 So ausdrücklich auch *Klink-Straub/Keber*, NZV 2020, 113 (114).

Kapitel IV Ziff. 60 c) Ausnahmegenehmigungen für Fahrzeuge „zur Durchführung von Versuchen zur technischen Weiterentwicklung und Hebung der Verkehrssicherheit" zu.[148] Sie können auf nationaler Ebene gem. § 21 i.V.m. § 70 Straßenverkehrs-Zulassungs-Ordnung (StVZO) zugelassen werden[149] und nach § 46 StVO eine Ausnahmegenehmigung zur Nutzung der Straße erhalten.[150] Die Betriebserlaubnis erhält das Fahrzeug auf Grundlage des § 19 Abs. 6 StVZO.[151]

aa) Stand der europäischen Zulassungsvorschriften

Die mit § 1a Abs. 3 StVG in Bezug genommenen „internationalen Vorschriften" lassen sich in europäische und völkerrechtliche Zulassungsvorschriften unterteilen.

Soweit die hoch- oder vollautomatisierte Fahrzeugsteuerung im europäischen Zulassungsrecht geregelt ist, liegen auch die Voraussetzungen des § 1a Abs. 3 Nr. 1 StVG vor. Insoweit besteht ein Gleichlauf von Zulassungsrecht und § 1a Abs. 3 StVG.

---

148 Siehe BGBL. 1977, Teil II, Nr. 39, 11. Oktober 1977, 809–1111, 878.

149 *Hingst*, Zulassungsrechtliche Herausforderungen bei autonomen Fahrzeugen – eine Analyse de lege lata und de lege ferenda, S. 128 f.; siehe dazu auch *Gatzke*, Verkehrszulassung von autonomen Forschungsfahrzeugen unter besonderer Berücksichtigung einer Ausnahmegenehmigung nach § 70 StVZO, in: Josipovic (Hrsg.), Erprobung autonomer Fahrzeuge, S. 20 ff.; *Hötitzsch/May*, Rechtliche Problemfelder beim Einsatz automatisierter Systeme im Straßenverkehr, in: Hilgendorf (Hrsg.), Robotik im Kontext von Recht und Moral, S. 204; gem. § 47 FZV kann auch eine Ausnahme von den Vorschriften über die Zulassung erteilt werden.

150 Siehe dazu auch *Rodi*, Die Zuassung autonomer Fahrzeuge zum Straßenverkehr aus rechtlicher und rechtspolitischer Sicht, in: Oppermann/Stender-Vorwachs (Hrsg.), Autonomes Fahren, Kap. 3.6.2, Rn. 14; *Klink-Straub/Keber*, NZV 2020, 113 (115); *Solmecke/Jockisch*, MMR 2016, 359 (361); *Dubois*, Zeitschrift für Versicherungswesen 2015, 513; *Jänich/Schrader/Reck*, NZV 2015, 313 (315); konkret auf § 70 StVZO bezogen *Frenz/Casimir-van den Broek*, DAR 2009, 625 (631).

151 Nach dieser Vorschrift bleibt die Betriebserlaubnis bestehen, wenn die Fahrzeughersteller Inhaber einer Typgenehmigung für das jeweilige Fahrzeug sind, das Fahrzeug ausschließlich zur Erprobung verwendet wird und die Zulassungsbehörde im Fahrzeugschein bestätigt hat, dass das Erprobungsfahrzeug gemeldet worden ist; Antwort der Bundesregierung auf eine kleine Anfrage der Abgeordneten Stephan Kühn, Stefan Gelbhaar, Dr. Konstantin von Notz, und weiterer Abgeordneter der Fraktion BÜNDNIS 90/DIE GRÜNEN; Drucksache 19/16420 vom 14. Februar 2020, 7; *Schlanstein*, VD 2015, 131 (134) mit Verweis auf die Antwort der Bundesregierung auf die kleine Anfrage einiger Abgeordneter der Fraktion DIE LINKE, Drs. 18/4239 vom 5. März 2015; so auch *Dubois*, Zeitschrift für Versicherungswesen 2015, 513; *Frenz/Casimir-van den Broek*, DAR 2009, 625 (631).

(1) Verordnung (EU) 2018/858

Für die Erteilung der EG-Typengenehmigung galt bis September 2020[152] die Richtlinie 2007/46/EG, die durch die EG-Fahrzeuggenehmigungsverordnung (EG-FGV) in deutsches Recht umgesetzt wurde.[153] Die Richtlinie 2007/46/EG wurde zum September 2020 durch die Verordnung (EU) 2018/858 aufgehoben und durch diese ersetzt.[154] Nach Art. 29 Abs. 1 der Verordnung (EU) 2018/858 wird die EU-Typgenehmigung für ein System, ein Bauteil oder eine selbstständige technische Einheit erteilt, wenn es unter anderem die technischen Anforderungen der in Anhang II der Verordnung aufgeführten einschlägigen Rechtsakte erfüllt. Nach Art. 57 Abs. 1 der Verordnung sind UN-ECE-Regelungen oder deren Änderungen, denen die Union zugestimmt hat oder die sie anwendet und die in Anhang II aufgeführt sind, Bestandteil der Anforderungen für die EU-Typgenehmigung für Fahrzeuge, Systeme, Bauteile und selbstständige technische Einheiten.[155] Die UN-ECE-Regeln werden vom World Forum for Harmonization of Vehicle Regulations (WP.29) der Economic Comission for Europe, also der Wirtschaftskommission der Vereinten Nationen für Europa, auf der Grundlage des Genfer Fahrzeugteileübereinkommens (FTÜ) vom 20. März 1958 erarbeitet.[156] Es handelt sich dabei um fahrzeugspezifische Bauvorschriften.[157] Von ihrer Einhaltung hängt die EU-Typengenehmigung nach Art. 57 Abs. 1 der Verordnung ab.[158]

152 Siehe Art. 88 der Verordnung (EU) 2018/858 des Europäischen Parlaments und des Rates vom 30. Mai 2018, deutsche Fassung, ABL. EU, L 151, 14. Juni 2018, 1–218, 62.

153 Veröffentlicht in BGBL. 2011, Teil I, Nr. 5, 126–138; vgl. auch § 1 Nr. 1 EG-FGV.

154 Verordnung (EU) 2018/858 des Europäischen Parlaments und des Rates vom 30. Mai 2018, deutsche Fassung, ABL. EU, L 151, 14. Juni 2018, 1–218, 9 (Ziff. 60), Art. 88, 62.

155 Verordnung (EU) 2018/858 des Europäischen Parlaments und des Rates vom 30. Mai 2018, deutsche Fassung, ABL. EU, L 151, 14. Juni 2018, 1–218, 47.

156 *Will*, in: BeckOK Straßenverkehrsrecht, 17. Edition, Stand: 15. Oktober 2022, § 1a StVG, Rn. 5g und 5h.

157 So explizit *v. Bodungen*, Automatisiertes Fahren (Automotive), in: Sassenberg/Faber (Hrsg.), Rechtshandbuch Industrie 4.0 und Internet of Things, Kap. 5, § 16, Rn. 12.

158 *Will*, in: BeckOK Straßenverkehrsrecht, 17. Edition, Stand: 15. Oktober 2022, § 1a StVG, Rn. 5 f; *Will*, NZV 2020, 163 (166); *Josipovic*, InTeR 2019, 179 (180); *v. Bodungen/Hoffmann*, InTeR 2017, 85 (91); so zur alten Rechtslage bereits *Jänich/Schrader/Reck*, NZV 2015, 313 (315); *Lutz/Tang/Lienkamp*, NZV 2013, 57 (58).

Ausnahmetypgenehmigungen für neue Techniken oder neue Konzepte sind nun in Art. 39 der Verordnung (EU) 2018/858 geregelt.[159] Eine Ausnahmetypgenehmigung gem. Art. 39 der Verordnung (EU) 2018/858 kommt nur in Betracht, wenn wegen entgegenstehender technischer Bestimmungen keine reguläre Typgenehmigung erteilt werden kann.

(2) UN-ECE-Regelung 79

Für das automatisierte Fahren von zentraler Bedeutung ist die UN-ECE-Regelung Nr. 79 zu Lenkanlagen,[160] die gem. der Tabelle in Teil 1 des Anhang II der Verordnung für die Fahrzeugklasse M_1, also für Personenkraftwagen,[161] gilt.[162] Die UN-ECE-Regel 79 ist gem. Art. 57 Abs. 1 der Verordnung (EU) 2018/858 Bestandteil der Verordnung.[163] Auch die UN-ECE-Regel 79 wurde mit Wirkung zum 16. Oktober 2018 reformiert.[164]

Die Begrenzung des Einsatzes einer automatisierten Lenkanlage im Geschwindigkeitsbereich von über 10 km/h ist durch die Änderung vom 16. Oktober 2018 weitgehend aufgehoben worden.[165] Die Regel 79 teilt die

---

159 Verordnung (EU) 2018/858 des Europäischen Parlaments und des Rates vom 30. Mai 2018, deutsche Fassung, ABL. EU, L 151, 14. Juni 2018, 1–218, 38.

160 *Lutz/Tang/Lienkamp*, NZV 2013, 57 (59 f.); daneben spielen die Regeln 6 (Fahrtrichtungsanzeiger) und 13 (Bremsen) eine Rolle; da ohne automatisierte Lenkanlage kein hoch- oder vollautomatisiertes Fahren möglich ist, beschränkt sich die Darstellung auf diese Regel.

161 Vgl. Art. 4 Abs. 1 a) der Verordnung (EU) 2018/858 des Europäischen Parlaments und des Rates vom 30. Mai 2018, deutsche Fassung, ABL. EU, L 151, 14. Juni 2018, 1–218, 14.

162 Verordnung (EU) 2018/858 des Europäischen Parlaments und des Rates vom 30. Mai 2018, deutsche Fassung, ABL. EU, L 151, 14. Juni 2018, 1–218, 87.

163 Vgl. die Tabelle im Anhang II Teil II der Verordnung (EU) 2018/858 des Europäischen Parlaments und des Rates vom 30. Mai 2018, deutsche Fassung, ABL. EU, L 151, 14. Juni 2018, 1–218, 140 f.

164 Siehe UN-ECE-Regel 79, Revision 3 vom 16. Oktober 2018, deutsche Fassung, ABL. EU, L 318, 14. Dezember 2018, 1–50.

165 Mit Ausnahme der automatisierten Lenkanlage der Kategorie „A" (siehe Ziff. 5.6.1.1.1.), vgl. auch die UN-ECE-Regel 79, Revision 3 vom 16. Oktober 2018, deutsche Fassung, ABL. EU, L 318, 14. Dezember 2018, 1–50, 8 (Ziff. 5.1.6.1.) und UN-ECE-Regel 79, Revision 2 vom 04. April 2005, deutsche Fassung, ABL. EU, L 137, 27. Mai 2008, 25–51, 33 (Ziff. 5.1.6.1.); siehe zur alten Rechtslage *v. Ungern-Sternberg*, Völker- und europarechtliche Implikationen autonomen Fahrens, in: Oppermann/Stender-Vorwachs (Hrsg.), Autonomes Fahren, Kap. 3.9, Rn. 8; *Hotz*, Automatisiertes Fahren – Bewertung eines Gesetzentwurfs

Lenkanlagen nun abhängig von ihrem Automatisierungsgrad in verschiedene Kategorien („Automatically commanded steering functions" (ACSF)) ein, die jeweils gesonderten Voraussetzungen unterliegen. Die Kategorien reichen von A über B1 und B2 bis E.[166] Autonome Lenkanlagen, also Lenkanlagen, die durch Signale beeinflusst werden, die außerhalb des Fahrzeugs ausgelöst und von dort übertragen werden,[167] sind aus der Regelung ganz ausgenommen und daher nicht zulässig.[168]

Zwar sind in der UN-ECE-Regel 79 automatisierte Lenkanlagen bis zur Kategorie E definiert, die Regel sieht aber nur bis zur Kategorie C besondere Vorschriften vor.[169] Sie gilt ausdrücklich nicht für Lenkanlagen der Kategorien B2, D und E bis dazu in dieser UN-ECE-Regel besondere Bestimmungen eingeführt werden (Ziff. 1.2.3). Eine automatische Lenkfunktion der Kategorie C ist eine Funktion, die vom Fahrzeugführer aktiviert wird und auf Anweisung des Fahrzeugführers ein einzelnes seitliches Manöver (z.B. Spurwechsel) ausführen kann (Ziff. 2.3.4.1.4.).[170] Für den sicheren Spurwechsel und die adäquate Verkehrsumgebung trägt aber allein der Fahrer die Verantwortung.[171]

---

zur Änderung des Straßenverkehrsgesetzes, in: Koch (Hrsg.), Aktuelle Probleme des Versicherungsvertrags-, Versicherungsaufsichts- und Vermittlerrechts, S. 71; *v. Bodungen/Hoffmann*, InTeR 2017, 85 (91 f.); *Arzt/Ruth-Schumacher*, NZV 2017, 57 (60); *Lutz*, NJW 2015, 119 (124); siehe zu den damaligen, jetzt verwirklichten, Reformüberlegungen *v. Ungern-Sternberg*, Völker- und europarechtliche Implikationen autonomen Fahrens, in: Oppermann/Stender-Vorwachs (Hrsg.), Autonomes Fahren, Kap. 3.9, Rn. 12; *v. Bodungen/Hoffmann*, InTeR 2017, 85 (87); *Wolfers*, RAW 2017, 2 (6).

166 UN-ECE-Regel 79, Revision 3 vom 16. Oktober 2018, deutsche Fassung, ABL. EU, L 318, 14. Dezember 2018, 1–50, 3 f. (Ziff. 2.3.4.1.1.–Ziff. 2.3.4.1.6).

167 UN-ECE-Regel 79, Revision 3 vom 16. Oktober 2018, deutsche Fassung, ABL. EU, L 318, 14. Dezember 2018, 1–50, 3 (Ziff. 2.3.3.).

168 UN-ECE-Regel 79, Revision 3 vom 16. Oktober 2018, deutsche Fassung, ABL. EU, L 318, 14. Dezember 2018, 1–50, 2.

169 Siehe Ziff. 5.6.1.-5.6.4.8.4. der UN-ECE-Regel 79, Revision 3 vom 16. Oktober 2018, deutsche Fassung, ABL. EU, L 318, 14. Dezember 2018, 1–50, 13–20; so auch *v. Bodungen*, in: Haus/Krumm/Quarch (Hrsg.), Gesamtes Verkehrsrecht, 3. Aufl. 2022, Anhang I zu §§ 1a–1c StVG, Rn. 11; *Lutz*, DAR 2021, 182 (183).

170 UN-ECE-Regel 79, Revision 3 vom 16. Oktober 2018, deutsche Fassung, ABL. EU, L 318, 14. Dezember 2018, 1–50, 3.

171 *Gail/Bartels*, Entwicklung von Anforderungen an automatisches Lenken für fahrzeugtechnische Vorschriften, in: Kompaß (Hrsg.), Methodenentwicklung für aktive Sicherheit und automatisiertes Fahren, Kap. 2.3, S. 108.

Erst eine Lenkfunktion der Kategorie E würde allerdings hoch- und vollautomatisiertem Fahren i.S.d. StVG entsprechen, da keine ständige Überwachung durch den Fahrer mehr vorgesehen ist und die automatisierte Lenkanlage die Fahrzeugführung über einen längeren Zeitraum übernehmen kann (Ziff. 2.3.4.1.6.).[172] Die Reform der UN-ECE-Regel 79 hat sich somit nur auf das teilautomatisierte Fahren bezogen, bei dem der Fahrer jederzeit in der Verantwortung für die Fahrzeugführung bleibt.[173] Hoch- und vollautomatisierte Fahrzeuge sind nach der UN-ECE-Regel 79 also derzeit nicht zulassungsfähig.[174]

(3) UN-ECE-Regelung 157

Zuletzt wurde eine neue UN-ECE-Regel 157 für automatische Spurhalteassistenten (Automated Lane Keeping System, ALKS) erlassen.[175] Dabei handelt

---

172 So auch *Will*, in: BeckOK Straßenverkehrsrecht, 17. Edition, Stand: 15. Oktober 2022, § 1a StVG, Rn. 5j; *Will*, NZV 2020, 163 (167).

173 Unterrichtung durch die Bundesregierung. Bericht über die Ergebnisse der Evaluation der Regelungen zum automatisierten Fahren, BT-Drs. 19/28800, 14. April 2021, 7.

174 Davon geht auch das Bundesministerium für Verkehr und digitale Infrastruktur aus, wenn es darauf hinweist, dass sich Deutschland für eine Erweiterung der UN-ECE Regelung einsetzt, die die Spurwechselfähigkeit ermöglichen soll, siehe www.bmvi.de/SharedDocs/DE/Artikel/DG/gesetz-zum-autonomen-fahren.html (zuletzt abgerufen am 15. November 2022); *Will*, in: BeckOK Straßenverkehrsrecht, 17. Edition, Stand: 15. Oktober 2022, § 1a StVG, Rn. 5k; *Will*, NZV 2020, 163; *v. Bodungen*, Automatisiertes Fahren (Automotive), in: Sassenberg/Faber (Hrsg.), Rechtshandbuch Industrie 4.0 und Internet of Things, Kap. 5, § 16, Rn. 14; *Wolfers/Schlenkhoff*, RAW 2022, 24 (26); *Lutz*, DAR 2021, 182 (183); *Josipovic*, InTeR 2019, 179 (180); so im Ergebnis auch *v. Bodungen/Hoffmann*, InTeR 2017, 85 (87) zum damaligen Beschlussvorschlag, „*Zulässigkeit von Spurhalteassistenten*“; *Klink-Straub/Keber*, NZV 2020, 113 (114); *Wolfers*, RAW 2017, 2 (6); *Gail/Bartels*, Entwicklung von Anforderungen an automatisches Lenken für fahrzeugtechnische Vorschriften, in: Kompaß (Hrsg.), Methodenentwicklung für aktive Sicherheit und automatisiertes Fahren, Kap. 2.3, S. 106; für eine den Fahrer lediglich „*unterstützende*“ Automatisierung *Rodi*, Die Zuassung autonomer Fahrzeuge zum Straßenverkehr aus rechtlicher und rechtspolitischer Sicht, in: Oppermann/Stender-Vorwachs (Hrsg.), Autonomes Fahren, Kap. 3.6.2, Rn. 21; ohne nähere Auseinandersetzung *Wolfers*, RAW 2018, 94 (97), der allgemein auf das Fehlen einer Beschreibung hoch- oder vollautomatisierter Fahrzeuge in internationalen Vorschriften verweist; *Arzt/Ruth-Schumacher*, NZV 2017, 57 (61), „*Fahrerassistenz-Lenkanlage*“.

175 Rechtsverbindliche Originalfassung in englischer Sprache ECE/TRANS/WP.29/2020/81; UN-ECE-Regel 157 vom 24. Juni 2020, deutsche Fassung, ABL. EU, L 82 vom 9. März 2021, 75–137; instruktiv *Will*, in: BeckOK Straßenverkehrsrecht,

es sich um eine Spezialvorschrift für automatische Spurhalteassistenten. Darin sind nicht mehr spezifische Anforderungen bestimmter Fahrzeugteile geregelt, sondern die Regelung orientiert sich an der praktischen Anwendbarkeit automatisierter Fahrfunktionen. Konkret soll durch die neue Regel der „Use-Case" des Spurhalteassistenten geregelt werden.[176] Durch weitere Revisionen der Regelung sollen dann nach und nach weitere spezifische Anwendungsfälle des hoch- und vollautomatisierten Fahrens zugelassen werden.[177] Diese UN-ECE-Regel hat von vornherein einen auf den automatischen Spurhalteassistenten begrenzten Anwendungsbereich. Es sind nur Spurhalteassistenten erfasst, die das Fahrzeug bei einer Geschwindigkeit bis zu 60 km/h über einen längeren Zeitraum in Längs- und Querrichtung steuern und so in der Fahrspur halten, dass es keiner weiteren Eingaben bedarf (Ziff. 2.1.). Der Spurhalteassistent darf zudem nur bis zu einer Geschwindigkeit von 60 km/h betrieben werden (Ziff. 5.2.3.1), weshalb diese Funktion auch als „Stau-Chauffeur" bezeichnet wird.[178] Zudem gilt die UN-ECE-Regel 157 nur auf Straßen, auf denen keine Fußgänger oder Fahrradfahrer zugelassen sind und auf denen die entgegengesetzten Fahrbahnen physisch voneinander getrennt sind.[179] Sie gilt nur für Fahrzeuge der Klasse M_1, also für Personenkraftwagen (Ziff. 1.1.).

Über zwei von der Bundesregierung Deutschlands hierzu beim World Forum for Harmonization of Vehicle Regulations (WP.29) eingebrachte Ergänzungsvorschläge wurde bislang nicht entschieden. Diese richten sich auf die

---

17. Edition, Stand: 15. Oktober 2022, § 1a StVG, Rn. 5l–5n; *Will*, NZV 2020, 163 (168 ff.); *Sturm*, Zukünftige Rechtsfragen beim autonomen Fahren, in: Hartung/Regula/Schaeuffelen (Hrsg.), Rechtsfragen in der Automobil- und Zulieferindustrie, Kap. 12, S. 284; zu der damals im Entwurfsstadium befindlichen UN-ECE-Regel bereits *Josipovic*, InTeR 2019, 179 (181 ff.).

176 *Will*, NZV 2020, 163 (167); *Josipovic*, InTeR 2019, 179 (180), *„eigene Regelung über Automated Lane Keeping Systeme"*.

177 *Will*, NZV 2020, 163 (168).

178 Unterrichtung durch die Bundesregierung. Bericht über die Ergebnisse der Evaluation der Regelungen zum automatisierten Fahren, BT-Drs. 19/28800, 14. April 2021, 3.

179 Einleitung zu UN-ECE-Regel 157 vom 24. Juni 2020, deutsche Fassung, ABL. EU, L 82 vom 09. März 2021, 75–137, 76; siehe zu den Voraussetzungen eines ALKS auch die Unterrichtung durch die Bundesregierung. Bericht über die Ergebnisse der Evaluation der Regelungen zum automatisierten Fahren, BT-Drs. 19/28800, 14. April 2021, 18.

Aufnahme einer Spurwechselfunktion und die Anhebung der maximal zulässigen Höchstgeschwindigkeit auf 130 km/h.[180]

Zwischen den Vertragsstaaten des Fahrzeugteileübereinkommens ist die UN-ECE-Regel 157 am 22. Januar 2021 in Kraft getreten. In der Europäische Union entfaltet die UN-ECE-Regel 157 aber erst ab dem Zeitpunkt Wirkung, ab dem die für die EU-Typgenehmigung maßgeblichen Verordnungen auf sie verweisen,[181] was bislang noch nicht der Fall ist,[182] da weder die Verordnung (EU) 2019/2144[183] noch die Verordnung (EU) 2018/858 in ihrer jetzigen Fassung die UN-ECE-Regel 157 in Bezug nehmen.[184]

bb) Stand der völkerrechtlichen Zulassungsvorschriften

Völkerrechtliche Zulassungsvorschriften ergeben sich aus dem Wiener Übereinkommen über den Straßenverkehr (WÜ). Es handelt sich dabei um einen völkerrechtlichen Vertrag mit 80 ratifizierten Vertrags-Staaten, darunter auch Deutschland.[185] Mit Wirkung vom 23. April 2016 ist eine Änderung des WÜ in Kraft getreten.[186] Damit wurden Art. 8 und Art. 39 reformiert, um Zulassungshindernisse für Fahrerassistenzsysteme und automatische Lenkfunktionen zu beseitigen.[187] Nach Art. 8 Abs. 5bis des WÜ gelten nun solche

---

180 Unterrichtung durch die Bundesregierung. Bericht über die Ergebnisse der Evaluation der Regelungen zum automatisierten Fahren, BT-Drs. 19/28800, 14. April 2021, 5; siehe dazu auch *Wolfers/Schlenkhoff*, RAW 2022, 24 (26).

181 *v. Bodungen*, in: Haus/Krumm/Quarch (Hrsg.), Gesamtes Verkehrsrecht, 3. Aufl. 2022, Anhang I zu §§ 1a–1c StVG, Rn. 3.

182 *Lutz*, DAR 2021, 182 (183).

183 vgl. die Tabellen in Anhang I, II und III der Verordnung (EU) 2019/2144 des europäischen Parlaments und des Rates vom 27. November 2019, deutsche Fassung, ABL. EU, L 325, 16. Dezember 2019, 1–40, 18–39.

184 Für die Verordnung (EU) 2018/858 *Wolfers/Schlenkhoff*, RAW 2022, 24 (26); *Lutz*, DAR 2021, 182 (183).

185 *Will*, in: BeckOK Straßenverkehrsrecht, 17. Edition, Stand: 15. Oktober 2022, § 1a StVG, Rn. 5a; *Beck*, in: Leupold/Wiebe/Glossner (Hrsg.), IT-Recht, 4. Aufl., 2021, Teil 9, Rn. 48; nicht aber z.B. die USA und China, *Lange*, NZV 2017, 345 (347).

186 Das Zustimmungsgesetz dazu ist am 13. Dezember 2016 in Kraft getreten, vgl. BGBl. 2016, Teil II, Nr. 34, 1306–1308, 1306.

187 Vgl. Art. 8 Abs. 5bis und Art. 39 Abs. 1 S. 3 WÜ; so ausdrücklich auch *v. Bodungen/Hoffmann*, InTeR 2017, 85 (86); mit dem Verweis auf die zulassungsrechtlichen Vorgaben der UN-ECE-Regeln ist zugleich die Auffassung, Art. 8 WÜ gelte nicht für Zulassungsfragen, sondern nur für Verkehrsregeln, hinfällig, so noch *Bewersdorf*, Zulassung und Haftung bei Fahrerassistenzsystemen im Straßenverkehr, S. 52 f.; *Bewersdorf*, NZV 2003, 266 (270 f.).

automatischen Fahrzeugsteuerungssysteme als mit Art. 8 Abs. 5 WÜ, also mit der Fahrerpflicht, das Fahrzeug ständig zu beherrschen, vereinbar, die entweder den UN-ECE-Regelungen entsprechen (Alt. 1) oder durch den Fahrzeugführer jederzeit manuell übersteuerbar oder deaktivierbar sind (Alt. 2). Nach Art. 39 Abs. 1 S. 1 WÜ muss jedes Kraftfahrzeug, […] im internationalen Verkehr den Vorgaben des Anhang 5 entsprechen. Gem. Art. 39 Abs. 1 S. 3 WÜ gelten Fahrzeuge, in die Systeme, Teile und Ausrüstungsgegenstände eingebaut sind, die den UN-ECE-Regeln entsprechen, als mit Anhang 5 vereinbar. Das WÜ ist also hinsichtlich der UN-ECE-Regeln in der Weise gekoppelt, dass Vorgaben der UN-ECE-Regeln zugleich dem Standard des WÜ entsprechen.[188]

Umgekehrt enthält Art. 8 Abs. 5bis aber keine Begrenzung in die andere Richtung, sodass das WÜ auch technikoffenere Regeln als die UN-ECE vorsehen kann. Art. 8 Abs. 5bis des WÜ geht mit der Voraussetzung der Übersteuerung und Deaktivierung über das hinaus, was nach der UN-ECE-Regel 79 zulässig ist.[189] Auch gegenüber der UN-ECE-Regel 157 zu ALKS enthält das WÜ schon wegen deren beschränktem Anwendungsbereich (Begrenzung auf

---

188 So auch *Will*, in: BeckOK Straßenverkehrsrecht, 17. Edition, Stand: 15. Oktober 2022, § 1a StVG, Rn. 5c; *Will*, NZV 2020, 163 (165); *Lutz*, DAR 2014, 446 (449).

189 *Will*, in: BeckOK Straßenverkehrsrecht, 17. Edition, Stand: 15. Oktober 2022, § 1a StVG, Rn. 5d und 5e; *Will*, NZV 2020, 163 (165), „*Hintertürchen*"; *Preuß*, Haftungsrecht beim Einsatz hoch- und vollautomatisierter sowie vollautonomer Fahrzeuge, S. 41; *Huber*, Automatisiertes und autonomes Fahren – wer haftet?, in: Frenz (Hrsg.), Handbuch Industrie 4.0: Recht, Technik, Gesellschaft, S. 704; *Reusch/Weidner*, Future Law. Blockchain, Industrie 4.0, Internet of Things, Robotik, Rn. 105; *Hingst*, Zulassungsrechtliche Herausforderungen bei autonomen Fahrzeugen – eine Analyse de lege lata und de lege ferenda, S. 68 f.; *Tergan*, Automatisiertes Fahren. Gegenwärtiges und zukünftiges Zulassungsrecht, S. 43; *Günther/Lutz*, Rechtliche und technische Aspekte autonom agierender Systeme. Automatisiertes Fahren – Drohnen – Serviceroboter, in: Baumgärtel/Scholz (Hrsg.), DGRI-Jahrbuch 2015, S. 158; *Balke*, SVR 2018, 5 (6), der hoch- und vollautomatisierte Fahrzeuge als vom WÜ erfasst ansieht; *Singler*, Freilaw 2017, 14 (15); *Lange*, NZV 2017, 345 (348); *Hartmann*, PHi 2016, 114 (115); *Ternig*, ZfS 2016, 303 (304); *Ebert*, VersicherungsPraxis 2016, 13; unter dem Blickwinkel des autonomen Parkens auch *Siebert/Gaden*, InTeR 2016, 65 (67); a.A. *v. Bodungen/Hoffmann*, InTeR 2017, 85 (88 f.), die auf die Unvereinbarkeit automatisierter Fahrfunktionen mit dem Fahrzeugführererfordernis gem. Art. 8 Abs. 1 WÜ verweisen; *v. Bodungen/Hoffmann*, NZV 2015, 521; skeptisch wegen anderen Anforderungen an den Fahrer gem. Art. 8 Abs. 6 und Art. 7 Abs. 3 WÜ *Lutz*, DAR 2016, 55; *Lutz*, NJW 2015, 119 (123); *Lutz*, DAR 2014, 446 (449); in diese Richtung auch *v. Kaler/Wieser*, NVwZ 2018, 369 (372).

eine Maximalgeschwindigkeit von 60 km/h und Beschränkung auf Autobahnen bzw. autobahnähnlichen Bundesstraßen) abgesenkte Voraussetzungen, also technikoffenere Vorgaben. Gem. Art. 39 Abs. 1 S. 3 WÜ erfüllen Systeme, die nicht den UN-ECE-Regeln entsprechen, nicht automatisch die Voraussetzungen des Anhang 5. D.h. für Fahrzeugsysteme, die jederzeit übersteuerbar oder deaktivierbar sind, sind die Voraussetzungen des Anhang 5 weiterhin zu erfüllen.[190] Die Entsprechungsfiktion des Art. 39 Abs. 1 S. 3 WÜ gilt hier nicht.

Nach Ziff. 46 des Anhang 5 zum WÜ muss jedes Kraftfahrzeug über eine widerstandsfähige Lenkvorrichtung verfügen, mit der der Fahrzeugführer die Richtung seines Fahrzeugs leicht, schnell und sicher ändern kann.

Angesichts dieser vagen Formulierung in Ziff. 46 des Anhang 5 wird zum Teil in Frage gestellt, dass übersteuerbare oder deaktivierbare automatisierte Lenkanlagen nach dem WÜ zulässig sind.[191] Damit verbunden ist die Frage, ob automatisierte Lenkanlagen, die den UN-ECE-Regeln nicht entsprechen, im WÜ i.S.d. § 1a Abs. 3 StVG „beschrieben sind". Das WÜ enthält mit Ziff. 46 des Anhang 5 zwar technische Vorgaben, diese sind aber weniger ausdifferenziert als die UN-ECE-Regeln. Dass sie nicht so konkret wie in den UN-ECE-Regeln beschrieben sind, kann aber nicht bedeuten, dass Lenkanlagen im WÜ nicht beschrieben wären. Zudem geht eine andere Auslegung an dem klaren Wortlaut des Art. 8 Abs. 5bis WÜ vorbei, der Steuerungssysteme unter der Prämisse der Übersteuerbarkeit und Deaktivierbarkeit ausdrücklich zulässt. Die Voraussetzung der Ziff. 46 des Anhang 5 ist somit auch bei automatisierten Lenkanlagen gegeben, wenn diese manuell übersteuerbar sind.

Dieses Verständnis des WÜ wurde jüngst bestätigt. Das Weltforum für Straßenverkehrssicherheit hat eine Resolution der WP.1 (Resolution on the Deployment of Highly and Fully Automated Vehicles in Road Traffic) verabschiedet, indem sie Empfehlungen zur Entwicklung regulatorischer Vorschriften zur Einführung automatisierter und autonomer Fahrzeuge aufgestellt hat, die den Vertragsstaaten als Leitfaden dienen sollen.[192] Darin zeigt sich das Verständnis,

---

190 *Hingst*, Zulassungsrechtliche Herausforderungen bei autonomen Fahrzeugen – eine Analyse de lege lata und de lege ferenda, S. 70.

191 *v. Bodungen/Hoffmann*, InTeR 2017, 85 (87), die darauf hinweisen, dass die Sicherheit solcher Lenkanlagen mangels Einhaltung technischer Standards nicht gewährleistet sei; so im Ergebnis auch *Wolfers*, RAW 2018, 94 (97), der allgemein auf das Fehlen einer Beschreibung hoch- oder vollautomatisierter Fahrzeuge in internationalen Vorschriften verweist; *Wolfers*, RAW 2017, 2 (10), der Zweifel an der einzigen Voraussetzung der Übersteuerbarkeit hat und der Praxis davon abrät, sich darauf zu berufen; skeptisch auch *Schlanstein*, VD 2015, 131 (135).

192 Deutsche Übersetzung in Vkbl. 2018, 866 (868–870).

dass hoch- und vollautomatisierte sowie autonome Fahrzeuge mit dem WÜ vereinbar sein müssen. Ansonsten liefe die Empfehlung ins Leere.[193]

Außerdem wurde im September 2020 die Einführung eines neuen Art. 34bis beschlossen.[194] Dieser sieht vor, dass das Erfordernis, dass jedes Fahrzeug einen Fahrzeugführer haben muss, bei automatisierten Fahrsystemen als erfüllt gilt, wenn diese den nationalen und anwendbaren internationalen technischen Bauvorschriften sowie nationalen Vorschriften für den Betrieb entsprechen.[195]

Lenkanlagen, die die Voraussetzungen der Ziff. 46 des Anhang 5 des WÜ erfüllen, sind damit auch i.S.d. § 1a Abs. 3 StVG in internationalen Vorschriften beschrieben.[196]

cc) Verhältnis zwischen europäischen und völkerrechtlichen Zulassungsvorschriften

Da sich aus den europäischen und völkerrechtlichen Zulassungsvorschriften unterschiedliche Maßgaben ergeben, ist deren Verhältnis zueinander bzw. das Verhältnis zwischen dem Unionsrecht und dem durch Völkerrecht geprägten nationalen Zulassungsrecht zu klären.

Nach den Erwägungsgründen 1 und 2 der Verordnung (EU) 2018/858 dient diese dazu, ein einheitliches Zulassungsregime für Kraftfahrzeuge und Kraftfahrzeuganhänger sowie für Systeme, Bauteile und selbstständige technische Einheiten für diese Fahrzeuge zu schaffen, um so den Binnenmarkt zu stärken.[197] Die Verordnung gilt bei Kraftfahrzeugen der Klasse M, also für Personenkraftwagen (Art. 2 Abs. 1).[198] Neben einer EU-Typgenehmigung (Art. 41)

---

193 So auch *Lutz*, DAR 2021, 182 (184).

194 ECE/TRANS/WP.1/173, 4, Ziff.: C. 4., 8, abrufbar unter: https://unece.org/fileadmin/DAM/trans/doc/2020/wp1/ECE-TRANS-WP1-173.pdf (zuletzt abgerufen am 15. November 2022).

195 Diese Vorschrift ist mangels Zustimmungsgesetzes in Deutschland momentan noch nicht anwendbar; eine Übersicht über die gesamten Rechtsvorschriften betreffend das WÜ findet sich unter: https://www.ris.bka.gv.at/GeltendeFassung.wxe?Abfrage=Bundesnormen&Gesetzesnummer=10011542 (zuletzt abgerufen am 15. November 2022).

196 In diesem Sinne auch *Kremer*, RDV 2014, 240 (242 f.); *Solmecke/Jockisch*, MMR 2016, 359 (360).

197 Verordnung (EU) 2018/858 des Europäischen Parlaments und des Rates vom 30. Mai 2018, deutsche Fassung, ABL. EU, L 151, 14. Juni 2018, 1–218, 1.

198 Vgl. Art. 4 Abs. 1 a) i) der Verordnung (EU) 2018/858 des Europäischen Parlaments und des Rates vom 30. Mai 2018, deutsche Fassung, ABL. EU, L 151, 14. Juni 2018, 1–218, 14.

besteht die Möglichkeit, eine nationale Typgenehmigung für Kleinserienfahrzeuge (Art. 42 Abs. 1) sowie neben einer EU-Fahrzeug-Einzelgenehmigungen (Art. 44) auch eine nationale Einzelgenehmigung zu beantragen (Art. 45 Abs. 1). Aus einer Gesamtschau mit den Art. 41–45 der Verordnung (EU) 2018/858 wird deutlich, dass Art. 2 bei Kraftfahrzeugen aus einer Serienproduktion ausschließliche Geltung beansprucht.[199] Gemessen an den Erwägungsgründen 1 und 2 der Verordnung (EU) 2018/858 ergibt sich das gleiche Ergebnis. Da nicht alle EU-Mitgliedsstaaten dem WÜ beigetreten sind,[200] wäre der Binnenmarkt bereits beeinträchtigt, wenn Mitgliedsstaaten, die zugleich dem WÜ beigetreten sind, technikoffenere Fahrzeugsteuerungen auf der Grundlage des WÜ zulassen würden. Hieraus folgt, dass bei der Zulassung von in Großserie produzierter Personenkraftwagen eine der Verordnung (EU) 2018/858 entgegenstehende nationale Vorschrift aufgrund des Anwendungsvorrangs des Unionsrechts[201] unangewendet bleiben muss.[202] Die Verordnung enthält aber nur ausschließliche Vorgaben für in Großserie produzierte Kraftfahrzeuge. Für Kleinserienproduktionen oder Einzelgenehmigungen lässt die Verordnung somit Spielraum für nationales Zulassungsrecht.[203]

b) „EG-Ausnahmetypgenehmigung nach Art. 20 der Richtlinie 2007/46/EG"

Es handelt sich auch dann um ein hoch- oder vollautomatisiertes Fahrzeug, wenn es eine EG-Ausnahmetypgenehmigung hat, also insbesondere keiner

---

199 Ab wann eine Großserienproduktion vorliegt ergibt sich aus einem Gegenschluss aus der begrenzten Stückzahl bei einer Kleinserienproduktion, siehe Anhang V der Verordnung (EU) 2018/858 des Europäischen Parlaments und des Rates vom 30. Mai 2018, deutsche Fassung, ABL. EU, L 151, 14. Juni 2018, 1–218, 189 (mehr als 250 Stück, wenn eine nationale Typgenehmigung angestrebt wird, Art. 41, und mehr als 1500 Stück, wenn eine EU-Typgenehmigung angestrebt wird, Art. 42).

200 Malta, Zypern und Irland sind dem WÜ nicht beigetreten, siehe dazu auch *Lutz*, Zulassung – eine Frage des Verhaltensrechts?, in: Hilgendorf/Hötitzsch/Lutz (Hrsg.), Rechtliche Aspekte automatisierter Fahrzeuge, S. 50.

201 EuGH, Rs. 6/64, Slg. 194, 1251 (1269 f.), ECLI:EU:C:1964:66 – *Costa/E.N.E.L.*; mit ausführlichen Nachweisen bei *Ruffert*, in: Caliess/Ruffert (Hrsg.), EUV/AEUV, 6. Aufl., 2022, Art. 1 AEUV, Rn. 16 ff.

202 *Hingst*, Zulassungsrechtliche Herausforderungen bei autonomen Fahrzeugen – eine Analyse de lege lata und de lege ferenda, S. 82.

203 So zur alten Rechtslage bereits *Roubik*, ZVR 2019, 154 (155), die darauf verweist, dass von der Richtlinie 2007/46/EG nur selbstständig durch Privatpersonen entwickelte und nachträglich eingebaute Systeme ausgeschlossen werden sollten.

UN-ECE-Regelung zu einer automatisierten Fahrfunktion entspricht (§ 1a Abs. 3 Nr. 2 StVG).[204]

Eine Ausnahmetypgenehmigung wird für einen Typ eines Systems, eines Bauteils oder einer selbstständigen technischen Einheit erteilt, bei dem neue Techniken oder Konzepte verwirklicht sind, die mit einem oder mehreren der in Anhang IV Teil I aufgeführten Rechtsakte unvereinbar sind, sofern die Kommission nach dem in Artikel 40 Abs. 3 genannten Verfahren die Erlaubnis dazu erteilt hat (Abs. 1 des Art. 20 der RL 2007/46/EG).

Nach Art. 88 der Verordnung (EU) 2018/858 gelten Bezugnahmen auf die Richtlinie 2007/46/EG nach deren Ablösung nunmehr als Bezugnahmen auf die vorliegende Verordnung und sind nach Maßgabe der Entsprechungstabelle in Anhang XI Nummer 3 der Verordnung[205] zu lesen. Daraus ergibt sich, dass sich der Verweis des § 1a Abs. 3 Nr. 2 StVG gem. Art. 88 der Verordnung nunmehr auf Art. 39 der Verordnung (EU) 2018/858 bezieht, anstatt auf Art. 20 der Richtlinie 2007/46/EG.[206]

Die Regelung des § 1a Abs. 3 Nr. 2 StVG trägt damit dem Umstand Rechnung, dass mangels Regelung hoch- und vollautomatisierter Fahrzeugsteuerungen in den UN-ECE-Regeln eine EU-Typgenehmigung nicht erteilt werden kann.[207]

---

204 Siehe zum damaligen weitgehend inhaltsgleichen § 1a Abs. 4 StVG (neu) die Begründung des Regierungsentwurfs für ein Gesetz zur Änderung des Straßenverkehrsgesetzes, BT-Drs. 18/11300, 21; Beschlussempfehlung und Bericht des Ausschusses für Verkehr und digitale Infrastruktur zum Entwurf eines Gesetzes zur Änderung des Straßenverkehrsgesetzes vom 29. März 2017, BT-Drs. 18/11776, 10.

205 Verordnung (EU) 2018/858 des Europäischen Parlaments und des Rates vom 30. Mai 2018, deutsche Fassung, ABL. EU, L 151, 14. Juni 2018, 1–218, 212–218.

206 Siehe die Tabelle in Anhang XI der Verordnung (EU) 2018/858 des Europäischen Parlaments und des Rates vom 30. Mai 2018, deutsche Fassung, ABL. EU, L 151, 14. Juni 2018, 1–218, 215.

207 Ausarbeitung der wissenschaftlichen Dienste des Deutschen Bundestags Autonomes und automatisiertes Fahren auf der Straße – rechtlicher Rahmen vom 22. Mai 2018, WD 7 - 3000 - 111/18, 7; *v. Bodungen*, in: Haus/Krumm/Quarch (Hrsg.), Gesamtes Verkehrsrecht, 3. Aufl. 2022, Anhang I zu §§ 1a–1c StVG, Rn. 6; *Dauer*, in: Hentschel/König/Dauer Straßenverkehrsrecht, 46. Aufl., 2021, § 1a StVG, Rn. 7, der die Vorschriften der §§ 1a ff. StVG deshalb als „*lex imperfecta*" bezeichnet; *v. Bodungen*, Automatisiertes Fahren (Automotive), in: Sassenberg/Faber (Hrsg.), Rechtshandbuch Industrie 4.0 und Internet of Things, Kap. 5, § 16, Rn. 15; *Lange*, NZV 2017, 345 (349); bislang wurde seitens der Automobilhersteller auch kein Antrag auf Erteilung einer solchen EG-Ausnahmetypgenehmigung

c) Zusammenfassung

Sind hoch- oder vollautomatisierte Fahrzeugsteuerungen für Personenkraftwagen in europäischen Zulassungsvorschriften beschrieben, können sie im Falle einer angestrebten EU-Typgenehmigung für Kleinserienproduktionen oder Einzelgenehmigungen bzw. müssen sie im Falle von Großserienproduktionen eine EU-Typgenehmigung erhalten. Auf dieser Basis können sie zugelassen werden und gelten dann gem. § 1a Abs. 3 Nr. 1 StVG als hoch- oder vollautomatisierte Fahrzeuge im Sinne des StVG.

Sind hoch- oder vollautomatisierte Fahrzeugsteuerungen nicht in europäischen Zulassungsvorschriften beschrieben, versperrt die Verordnung (EU) 2018/858 in ihrem ausschließlichen Anwendungsbereich (Personenkraftfahrzeuge aus Serienproduktion) bereits die Zulassung aufgrund nationaler, durch Völkerrecht geprägter, Vorschriften. Das betrifft beinahe alle in der europäischen Union neu zugelassenen Fahrzeuge.[208] Die Frage, ob es sich um hoch- oder vollautomatisierte Fahrzeuge handelt, stellt sich dann nicht, da diese erst gar nicht auf die Straße kommen. Eine Ausnahme dazu bildet die EU-Ausnahmetypgenehmigung. Ist diese erteilt worden, kann das Fahrzeug zugelassen werden und ist zugleich gem. § 1a Abs. 3 Nr. 2 StVG ein hoch- oder vollautomatisiertes Fahrzeug i.S.d. StVG.

Sind hoch- oder vollautomatisierte Fahrzeugsteuerungen (nur) im WÜ beschrieben, können solche Fahrzeuge lediglich außerhalb des ausschließlichen Anwendungsbereichs des europäischen Zulassungsrechts (Kleinserienproduktionen oder Einzelgenehmigungen) zugelassen werden. Sie gelten dann gem. § 1a Abs. 3 Nr. 1 StVG als hoch- oder vollautomatisierte Fahrzeuge i.S.d. StVG.

Sind hoch- oder vollautomatisierte Fahrzeugsteuerungen im WÜ nicht beschrieben, können solche Fahrzeuge auch außerhalb des ausschließlichen Anwendungsbereichs der Verordnung (EU) 2018/858 nur aufgrund einer Ausnahmegenehmigung zugelassen werden. Diese Ausnahmegenehmigung vermittelt dem Fahrzeug aber nicht den Status eines hoch- oder vollautomatisierten Fahrzeugs i.S.d. StVG, da eine § 1a Abs. 3 Nr. 2 StVG entsprechende Vorschrift für Ausnahmegenehmigungen nach dem WÜ fehlt. Damit kommt

---

gestellt, Unterrichtung durch die Bundesregierung. Bericht über die Ergebnisse der Evaluation der Regelungen zum automatisierten Fahren, BT-Drs. 19/28800, 14. April 2021, 3.

208 *Will*, NZV 2020, 163 (165 f.).

dem Fahrzeugführer die Abwendungsbefugnis gem. § 1b Abs. 1 HS. 1 StVG nicht zugute.

4. *Fahrzeugführer*

In § 1a Abs. 4 StVG wurde geregelt, dass der Fahrer auch beim Einsatz einer automatischen Fahrfunktion Fahrzeugführer im Sinne des StVG bleibt.[209]

II. § 1b StVG

§ 1b Abs. 1 HS. 1 StVG gewährt dem Fahrzeugführer das Recht, sich während der Fahrzeugführung mittels hoch- oder vollautomatisierter Fahrfunktion gemäß § 1a StVG vom Verkehrsgeschehen und der Fahrzeugsteuerung abzuwenden.

Der Fahrzeugführer muss aber derart wahrnehmungsbereit bleiben, dass er seiner Pflicht nach Abs. 2 jederzeit nachkommen kann (§ 1b Abs. 1 HS. 2 StVG).[210]

Ihn trifft die Pflicht, die Fahrzeugführung unverzüglich wieder zu übernehmen, wenn das System ihn dazu auffordert (§ 1b Abs. 2 Nr. 1 StVG).[211]

Der Fahrzeugführer muss die Fahrzeugsteuerung auch dann wieder unverzüglich übernehmen, wenn er erkennt oder auf Grund offensichtlicher Umstände erkennen muss, dass die Voraussetzungen für eine bestimmungsgemäße Verwendung der hoch- oder vollautomatisierten Fahrfunktionen nicht mehr vorliegen (§ 1b Abs. 2 Nr. 2 StVG).[212]

III. Evaluationsauftrag (§ 1c StVG)

Gem. § 1c StVG wird das Bundesministerium für Verkehr und digitale Infrastruktur die Anwendung der geänderten bzw. eingeführten Regelungen nach Ablauf des Jahres 2019 auf wissenschaftlicher Grundlage evaluieren. Eine Evaluierung erschien im Gesetzgebungsverfahren notwendig, weil es sich um „ein in die Zukunft gerichtetes Gesetz“ handelt.[213] Damit soll der Neuartigkeit der Regelungsmaterie und der technischen Entwicklung Rechnung getragen

---

209 Zur dogmatischen Einordnung dieser Vorschrift siehe Kap. 3 Ziff. A.

210 Zu diesem Spannungsverhältnis näher in Kap. 3 Ziff. C. II. 7.

211 Siehe dazu Kap. 3 Ziff. C. II. 4. a) aa).

212 Siehe dazu Kap. 3 Ziff. C. II. 4. b) aa).

213 Begründung des Regierungsentwurfs für ein Gesetz zur Änderung des Straßenverkehrsgesetzes, BT-Drs. 18/11300, 23; *Lange*, NZV 2017, 345 (351).

werden.[214] Der ursprünglich für das Jahr 2020 vorgesehene[215] Evaluationsbericht wurde schließlich im April 2021 vorgestellt.[216]

IV. Verordnungsermächtigungen

In § 6 Abs. 1 Nr. 14a StVG wurde durch das 8. ÄndG zum StVG eine Verordnungsermächtigung für das Bundesministerium für Verkehr und digitale Infrastruktur geschaffen, die eine Regelung zum fahrerlosen Parken im niedrigen Geschwindigkeitsbereich und in baulich abgetrenntem Gelände ermöglichen soll.[217] Durch das 4. Gesetz zur Änderung des Straßenverkehrsgesetzes und anderer straßenverkehrsrechtlicher Vorschriften (4. StVGuaÄndG) vom 12. Juli 2021, in Kraft getreten am 28. Juli 2021,[218] wurde § 6 Abs. 1 Nr. 14a StVG wieder gestrichen und die Regelung mit inhaltlichen Änderungen stattdessen in § 6 Abs. 1 Nr. 17 StVG verortet. Nach dieser neuen Vorschrift können Rechtsverordnungen zur Einrichtung und Nutzung von fahrzeugführerlosen Parksystemen im niedrigen Geschwindigkeitsbereich auf Parkflächen auch erlassen werden, wenn sich diese nicht auf einem „baulich abgetrennten Gelände" befinden.[219]

Mit der Einführung des § 6 Abs. 4a StVG durch das 8. ÄndG zum StVG wurde die Verordnungsermächtigung gem. § 6 Abs. 1 Nr. 1–3 StVG erweitert. Danach konnten Verordnungen erlassen werden, soweit dies erforderlich war, um den besonderen Anforderungen der Teilnahme von Kraftfahrzeugen mit hoch- oder vollautomatisierter Fahrfunktion am Straßenverkehr Rechnung

214 *Lange*, NZV 2017, 345 (351).

215 Antwort der Bundesregierung auf eine kleine Anfrage der Abgeordneten Stephan Kühn, Stefan Gelbhaar, Dr. Konstantin von Notz, und weiterer Abgeordneter der Fraktion BÜNDNIS 90/DIE GRÜNEN; Drucksache 19/16420 vom 14. Februar 2020, 3; nach *Will*, in: BeckOK Straßenverkehrsrecht, 17. Edition, Stand: 15. Oktober 2022, § 1c StVG, Rn. 7 enthält die Vorschrift lediglich das Gebot, nach Ablauf des Jahres 2019 mit dem Evalulationsprozess zu beginnen.

216 Unterrichtung durch die Bundesregierung. Bericht über die Ergebnisse der Evaluation der Regelungen zum automatisierten Fahren, BT-Drs. 19/28800, 14. April 2021.

217 Siehe zum fahererlosen Parken *Siebert/Gaden*, InTeR 2016, 65 ff. und *Siebert/Gaden*, InTeR 2016, 194 ff.

218 Veröffentlicht in BGBL. 2021, Teil I, Nr. 48, 3091–3107.

219 Zulassungsrechtlich ist das fahrerlose Einparken für in Großserie produzierte Personenkraftwagen in Art. 29 Abs. 1, Art. 57 Abs. 1 der Verordnung (EU) 2018/858 i.V.m. Anhang II der Verordnung i.V.m. Ziff. 5.6.1.2.–5.6.1.2.8. der UN-ECE-Regel 79 auf europäischer Ebene verankert.

zu tragen. Mit dem 4. StVGuaÄndG vom 12. Juli 2021 wurde diese Vorschrift wieder gestrichen.[220] Nach Auffassung der Bundesregierung habe es sich dabei ohnehin um eine lediglich klarstellende Vorschrift gehandelt, der es aufgrund der Entwicklung der hoch- und vollautomatisierten Fahrfunktionen „zu einer etablierten Form der Fahrfunktionen" nicht mehr bedürfe. Stattdessen könnten Vorschriften zur Gefahrenabwehr auch auf Grundlage der allgemeinen Ermächtigungen des § 6 Abs. 1 oder 2 StVG erlassen werden.[221]

V. Erhöhung der Haftungshöchstbeträge

In § 12 Abs. 1 S. 1 Nr. 1 Alt. 2 und Nr. 2 Alt. 2 StVG wurden die Haftungshöchstsummen pauschal um 100 % angehoben. Bei Personenschäden auf 10 Mio. Euro und bei Sachschäden auf 2 Mio. Euro.

Die Bundesregierung hat das zum einen mit dem Opferschutz und mit der mangelnden Erfahrung mit Unfällen bei der Nutzung von hoch- oder vollautomatisierten Fahrzeugen[222] und zum anderen mit dem Wegfall der der Höhe nach unbegrenzten verschuldensabhängigen Haftung des Fahrzeugführers im Falle eines unvermeidbaren Unfalls begründet.[223]

Diese Regelung ist auf unterschiedliche Resonanz gestoßen: Zum Teil wird dem Gesetzgeber vorgeworfen, er widerlege seine Vorstellung von einer verbesserten Verkehrssicherheit hoch- und vollautomatisierter Fahrzeuge selbst, indem er die Haftungshöchstbeträge anhebt.[224] Zum Teil wird auch bestritten, dass hoch- und vollautomatisierte Fahrzeuge höhere Schadenssummen

---

220 Veröffentlicht in BGBL. 2021, Teil I, Nr. 48, 3091–3107.

221 Begründung des Regierungsentwurfs für das Vierte Gesetz zur Änderung des Straßenverkehrsgesetzes und anderer straßenverkehrsrechtlicher Vorschriften, BT-Drs. 19/28684, 41.

222 Begründung des Regierungsentwurfs für ein Gesetz zur Änderung des Straßenverkehrsgesetzes, BT-Drs. 18/11300, 15.

223 Begründung des Regierungsentwurfs für ein Gesetz zur Änderung des Straßenverkehrsgesetzes, BT-Drs. 18/11300, 24.

224 *Huber*, Automatisiertes und autonomes Fahren – wer haftet?, in: Frenz (Hrsg.), Handbuch Industrie 4.0: Recht, Technik, Gesellschaft, S. 707; *Greger*, NZV 2018, 1 (2), *„schwer verständlich und systemwidrig"*; *Schrader*, DAR 2018, 314; *Grünvogel*, MDR 2017, 973 (974), *„kaum nachvollziehbar"*; *König*, NZV 2017, 123 (126), *„nicht recht nachzuvollziehen"*; *Wagner/Goeble*, ZD 2017, 263 (266 f.), *„überraschend"*; so bereits im Gesetzgebungsverfahren, Rechtssicher Fahren mit automatisierten Fahrzeugen – Unaufgeforderte Stellungnahme des Verbraucherzentrale Bundesverbandes e.V. vom 16. März 2017, 17.

verursachen.[225] Andere Stimmen kritisieren den fehlenden Gleichlauf zwischen der Haftungshöchstsumme und der Mindestversicherungssumme.[226] Wiederum andere kritisieren die dadurch entstehende Ungleichbehandlung zwischen Unfallgeschädigten.[227] Um die Erhöhung der Haftungshöchstsummen bewerten zu können, sollen im Folgenden die rechtlichen Kritikpunkte näher untersucht werden.

1. *Kein Gleichlauf mit der Mindestversicherungssumme*

Zunächst ist in Bezug auf den fehlenden Gleichlauf zwischen der Haftungshöchstsumme und der Mindestversicherungssumme festzustellen, dass die erhöhte Haftungshöchstsumme praktisch kaum relevant ist, da diese selten erreicht wird.[228] Zudem ist der Anteil der Fahrzeuge mit Mindestversicherungsschutz gem. § 114 VVG, § 4 Abs. 1 und 2 PflVG mit 0,7 % sehr gering.[229] Die

---

225 *Eichelberger*, Autonomes Fahren und Privatversicherungsrecht, in: Oppermann/Stender-Vorwachs (Hrsg.), Autonomes Fahren, Kap. 3.1.3, Rn. 11.

226 *Lutz*, Haftung am Beispiel automatisierter Fahrzeuge, in: Hartmann (Hrsg.), KI & Recht Kompakt, Kap. 3, S. 127; *Huber*, Automatisiertes und autonomes Fahren – wer haftet?, in: Frenz (Hrsg.), Handbuch Industrie 4.0: Recht, Technik, Gesellschaft, S. 707 f.; *Huber*, NZV 2017, 545, der auf die Zuständigkeit des Bundesministeriums für Justiz und für Verbraucherschutz und die Gefahr einer Privatinsolvenz hinweist; so auch der 56. Deutscher Verkehrsgerichtstag, Empfehlung des 2. Arbeitskreises, Nr. 4; *Eichelberger*, Autonomes Fahren und Privatversicherungsrecht, in: Oppermann/Stender-Vorwachs (Hrsg.), Autonomes Fahren, Kap. 3.1.3, Rn. 89; *v. Bodungen*, Automatisiertes Fahren (Automotive), in: Sassenberg/Faber (Hrsg.), Rechtshandbuch Industrie 4.0 und Internet of Things, Kap. 5, § 16, Rn. 25.

227 *Reusch/Weidner*, Future Law. Blockchain, Industrie 4.0, Internet of Things, Robotik, Rn. 120 ff., die diese Regelung daher wegen Verstoßes gegen Art. 3 Abs. 1 GG für verfassungswidrig halten; dem ist auch der Bundesrat im Gesetzgebungsverfahren entgegengetreten. Aus Sicht der Geschädigten spiele es keine Rolle, auf welche Ursache der Schadenseintritt zurückzuführen sei. Die Einführung spezieller Haftungshöchstbeträge würde so für ein uneinheitliches Haftungssystem sorgen, indem faktisch nach Fahrzeugtyp sowie einzelfallbezogen nach der Schadensursache differenziert würde, Stellungnahme des Bundesrates und Gegenäußerung der Bundesregierung zum Entwurf eines Gesetzes zur Änderung des Straßenverkehrsgesetzes vom 15. März 2017, BT-Drs.18/11534, 6, Ziff. 9; in diesem Sinne auch *Armbrüster*, ZRP 2017, 83 (84).

228 *Greger*, NZV 2018, 1 (3); *König*, NZV 2017, 123 (126, Fußnote 47).

229 *Christoph*, RAW 2018, 103 (107), die eine Versicherungssumme von 100 Mio. Euro als in Deutschland üblich ansieht; *Huber*, NZV 2017, 545 (546).

Mindestdeckungssumme liegt bei 7,5 Mio. Euro. Die übliche Versicherungssumme liegt dagegen deutlich über 10 Mio. Euro,[230] nämlich bei 50 Mio. oder sogar 100 Mio. Euro.[231] Der fehlende Gleichlauf des Haftungshöchstbetrags und der Mindestversicherungssumme wird sich also praktisch kaum auswirken.

2. Gesetzgeberische Leitgedanken

Hinter dem vom Gesetzgeber angebrachten Argument des Opferschutzes steht wohl die Annahme, hoch- oder vollautomatisierte Fahrzeuge würden höhere Schadenssummen durch schwerere Unfälle bzw. Unfälle mit schwereren Folgen verursachen. Höhere Schadenssummen können einerseits durch schwerere Unfälle mit Personenschäden und tödlichem Ausgang und andererseits durch höherwertige Fahrzeuge, zu denen hoch- und vollautomatisierte Fahrzeuge aller Voraussicht nach gehören, zustande kommen. Hierzu ist anzumerken, dass der erhöhte Haftungshöchstbetrag dem durch ein hoch- oder vollautomatisiertes Fahrzeug Geschädigten und nicht dem Schädiger zu Gute kommt. Auf die Höhe des an einem hoch- oder vollautomatisierten Fahrzeug verursachten Sachschadens kann es daher nicht ankommen, es sei denn, es ist noch ein weiteres hoch- oder vollautomatisiertes Fahrzeug auf Geschädigtenseite am Unfall beteiligt. Der erhöhte Haftungshöchstbetrag kann daher nicht mit höheren Schadenssummen beim automatisierten Fahrzeug begründet werden. Vielmehr bemisst sich der Sachschaden weiterhin regelmäßig auf der Grundlage der herkömmlichen Reparaturkosten.

Warum hoch- oder vollautomatisierte Fahrzeuge Unfälle mit schwereren Folgen als konventionelle Fahrzeuge verursachen sollen, geht weder aus der Gesetzesbegründung[232] noch aus der Unfallforschung[233] hervor. Potentiell können extreme Schadenssummen von jedem Fahrzeug, egal ob konventionell oder automatisiert gesteuert, verursacht werden.[234] Zwar sind Unfälle mit schwereren Folgen durch zunehmende Automatisierung nicht auszuschließen. Dass sie aber im Vergleich zu konventionellen Fahrzeugen schwerere Unfälle

---

230 *Pataki*, DAR 2018, 133 (136).

231 *Huber*, NZV 2017, 545 (546).

232 Vgl. die Begründung des Regierungsentwurfs für ein Gesetz zur Änderung des Straßenverkehrsgesetzes, BT-Drs. 18/11300, 15, 24.

233 Dazu bereits in der Einleitung.

234 Der bislang höchste von einem konventionellen Kraftfahrzeug verursachte Haftpflichtschaden betrug unter 50 Mio. Euro *Christoph*, RAW 2018, 103 (110, Fußnote 52).

verursachen, liegt nach bisherigem Erkenntnisstand fern. Die Gesetzesbegründung trägt daher insoweit nicht.

Wie gezeigt werden konnte, korreliert die (erhöhte) Verkehrssicherheit nicht mit den zu erwartenden Schadenssummen, sodass kein Widerspruch zwischen der Annahme einer verbesserten Verkehrssicherheit und der Anhebung der Haftungshöchstbeträge besteht. Zudem ist den Kritikern insoweit zu entgegnen, nicht ausreichend zwischen der Menge an Schadensfällen und der Schadenshöhe zu unterscheiden. Bei den Haftungshöchstbeträgen geht es um die Höhe des Schadens, nicht um die Menge an Schadensfällen. Soweit sie einen Widerspruch zwischen der erwarteten verbesserten Verkehrssicherheit und den erhöhten Haftungshöchstbeträgen sehen, liegen sie falsch. Sie lassen außer Acht, dass ein hoch- oder vollautomatisiertes Fahrzeug durchaus sicherer ist als ein konventionelles Fahrzeug und infolgedessen die Schadensfälle abnehmen.[235]

Die Kritik beschränkt sich dementsprechend auf die Ungleichbehandlung der Unfallgeschädigten sowie auf den fehlenden Bedarf eines erhöhten Schutzes des Unfallopfers. Obwohl die Gesetzesbegründung an dieser Stelle nicht überzeugt, ist die von Seiten der Literatur angebrachte Kritik überzogen.[236]

3. *Anwendungsbereich der erhöhten Haftungshöchstbeträge*

Es stellt sich bei § 12 Abs. 1 Nr. 1 Alt. 2 und Nr. 2 Alt. 2 StVG grundsätzlich die Frage, wie weit der Anwendungsbereich der erhöhten Haftungshöchstsummen reicht, in welchen Fällen also der erhöhte- und in welchen Fällen der reguläre Haftungshöchstbetrag eingreift. Unklar ist bislang nämlich, ob der Anwendungsbereich des § 12 Abs. 1 Nr. 1 Alt. 2 und Nr. 2 Alt. 2 StVG auf Unfälle beschränkt ist, die sich ausschließlich aufgrund eines Systemversagens

235 *Schubert*, PHi 2015, 46 (47); *Dubois*, Zeitschrift für Versicherungswesen 2015, 513 (516); dazu bereits in der Einleitung.

236 Die Erhöhung der Haftungshöchstbeträge befürwortend *Eichelberger*, Autonomes Fahren und Privatversicherungsrecht, in: Oppermann/Stender-Vorwachs (Hrsg.), Autonomes Fahren, Kap. 3.1.3, Rn. 11, „*gewisse Plausibilität*"; für eine Erhöhung plädierte schon vor der StVG-Novelle *Stadler*, Versicherungsrechtliche Fragen zu Fahrerassistenzsystemen, in: Hilgendorf/Hötitzsch/Lutz (Hrsg.), Rechtliche Aspekte automatisierter Fahrzeuge, S. 90; *Armbrüster*, ZRP 2017, 83 (84), „*angemessener Weg*"; bereits vor der StVG-Novelle *Schubert*, PHi 2015, 46 (48); so auch *Lutz*, NJW 2015, 119 (120); entweder für eine Erhöhung der Mindestversicherungssumme oder für die Streichung der erhöhten Haftungshöchstbeträge *Christoph*, RAW 2018, 103 (110).

ereignen und in denen ein Verschulden des Fahrzeugführers ausgeschlossen ist, oder ob auch Unfälle erfasst sind, die nur mit der Verwendung hoch- oder vollautomatisierter Fahrzeuge in Zusammenhang stehen, also etwa auch sorgfaltswidriges Verhalten des Fahrzeugführers zumindest mitursächlich sein kann. Die Formulierung in § 12 Abs. 1 StVG „auf Grund der Verwendung einer hoch- oder vollautomatisierten Fahrfunktion" wirft die Frage auf, ob ein strenges Kausalitätserfordernis zwischen Systemversagen und Unfall verlangt wird.

a) Auslegung anhand des Wortlauts

Nach dem Wortlaut erfasst der erhöhte Haftungshöchstbetrag alle Schäden, die mit der Verwendung hoch- oder vollautomatisierter Fahrzeuge in Zusammenhang stehen. Die Formulierung „auf Grund der Verwendung" geht über ein Schadensszenario während des automatisierten Fahrmodus hinaus und umfasst den gesamten Akt von der Aktivierung bis zur Rückübernahme der Fahrzeugsteuerung. Dementsprechend sind vom Wortlaut auch Schäden erfasst, die aufgrund des Zusammenwirkens von Mensch und Maschine einschließlich eines sorgfaltswidrigen Verhaltens des Fahrzeugführers entstehen.

b) Teleologische Auslegung

Bei teleologischer Auslegung ist zunächst festzustellen, dass der erhöhte Haftungshöchstbetrag das Unfallopfer dafür „entschädigen" soll, dass den Fahrer kein für einen der Höhe nach unbeschränkten Anspruch aus § 823 Abs. 1 BGB relevanter (nachgewiesener) Verschuldensvorwurf trifft, wenn der Unfall auf einem technischen Versagen beruht und deshalb für den Fahrer unvermeidbar war.[237] Die erhöhten Haftungshöchstbeträge sollen also nicht bereits bei jeder Verwendung einer hoch- oder vollautomatisierten Fahrfunktion eingreifen, sondern nur, wenn der Unfall durch eine Fehlfunktion des Fahrsystems verursacht wurde.[238] Dass der Gesetzgeber in diesen Fällen auch von dem Ausscheiden eines Anspruchs gem. § 18 Abs. 1 StVG ausgeht,[239] bestärkt diese

237 Begründung des Regierungsentwurfs für ein Gesetz zur Änderung des Straßenverkehrsgesetzes, BT-Drs. 18/11300, 24; so ausdrücklich auch *Buck-Heeb/Dieckmann*, Zivilrechtliche Haftung von Halter und Fahrer beim Einsatz (teil) automatisierter Fahrfunktionen, in: Oppermann/Stender-Vorwachs (Hrsg.), Autonomes Fahren, Kap. 3.1.1, Rn. 126.

238 Begründung des Regierungsentwurfs für ein Gesetz zur Änderung des Straßenverkehrsgesetzes, BT-Drs. 18/11300, 15, 24, „*Unfall durch einen Systemfehler*".

239 Begründung des Regierungsentwurfs für ein Gesetz zur Änderung des Straßenverkehrsgesetzes, BT-Drs. 18/11300, 24.

Lesart. Sowohl der Anspruch aus § 823 Abs. 1 BGB als auch der Anspruch aus § 18 Abs. 1 StVG implizieren zumindest die Möglichkeit des Fahrers zur Übersteuerung der automatisierten Fahrzeugsteuerung. Schließt der Gesetzgeber die Haftung des Fahrers aus § 823 Abs. 1 BGB wegen fehlendem Verschulden kategorisch aus, sieht er keine Anhaltspunkte für ein vorwerfbares Verhalten. Die gleiche Vorstellung schließt zugleich einen Anspruch aus § 18 Abs. 1 StVG nur aus, wenn keine Anhaltspunkte für ein Verschulden verbleiben, an die die Verschuldensvermutung gem. § 18 Abs. 1 S. 2 StVG anknüpfen könnte. Das wiederum ist nur bei einem ausschließlich auf technischem Versagen beruhenden Unfall vorstellbar. Damit hat der Gesetzgeber zum Ausdruck gebracht, dass die erhöhten Haftungsbeträge nur Anwendung finden sollen, wenn der Unfall auf einem Systemversagen beruht und der Fahrzeugführer nicht sorgfaltswidrig gehandelt hat.

c) Zwischenergebnis

Das hat zur Konsequenz, dass § 12 Abs. 1 Nr. 1 Alt. 2 und Nr. 2 Alt. 2 StVG nach dem gesetzgeberischen Willen ein enges Kausalitätserfordernis enthält, bei dem alle anderen Unfallursachen außer technisches Versagen ausgeschlossen sind. In diesen Fällen verbleibt dann nur noch die Gefährdungshaftung des Halters gem. § 7 Abs. 1 StVG.[240] Nur auf sie können sich die erhöhten Haftungshöchstbeträge auswirken.

Der Gedanke des Opferschutzes, auf den die Gesetzesbegründung ausdrücklich abstellt,[241] gilt daher nur bedingt. Denn Opferschutzgesichtspunkte sind nicht nur zu berücksichtigen, wenn der Unfall aufgrund eines Systemfehlers verursacht wurde, sondern auch in Fällen, in denen ein Verhalten des menschlichen Fahrers, das im Zusammenhang mit dem Einsatz der automatisierten Fahrzeugsteuerung steht, zu dem Unfall geführt hat.[242]

240 *Buck-Heeb/Dieckmann*, Zivilrechtliche Haftung von Halter und Fahrer beim Einsatz (teil) automatisierter Fahrfunktionen, in: Oppermann/Stender-Vorwachs (Hrsg.), Autonomes Fahren, Kap. 3.1.1, Rn. 127; *Armbrüster*, ZRP 2017, 83 (84).

241 Begründung des Regierungsentwurfs für ein Gesetz zur Änderung des Straßenverkehrsgesetzes, BT-Drs. 18/11300, 15.

242 So auch *Buck-Heeb/Dieckmann*, Zivilrechtliche Haftung von Halter und Fahrer beim Einsatz (teil) automatisierter Fahrfunktionen, in: Oppermann/Stender-Vorwachs (Hrsg.), Autonomes Fahren, Kap. 3.1.1, Rn. 125.

4. *Auswirkung auf die Fahrzeughersteller*

Mit der Erhöhung der Haftungshöchstbeträge geht zudem voraussichtlich ein – vermeintlich ungeplanter[243] – positiver Anreizeffekt zur Herstellung sicherer Fahrzeuge durch den Hersteller aus. Dem liegt die Vorstellung des Gesetzgebers zu Grunde, dass der Haftpflichtversicherer den Hersteller in Regress nehmen wird.[244] Mit einem Anstieg der Haftungshöchstsummen kann die Regressforderung bei 99,3 % der über die Mindestversicherungssumme hinaus versicherten Kraftfahrzeuge entsprechend steigen, wodurch der Hersteller zu erhöhten Sorgfaltsaufwendungen veranlasst wird. Auf diesen Effekt weist *Grundmann* zu Recht hin.[245]

5. *Zusammenfassung*

Zusammenfassend ist festzuhalten, dass die erhöhten Haftungshöchstbeträge nicht im Widerspruch zu der erwarteten verbesserten Verkehrssicherheit von hoch- und vollautomatisierten Fahrzeugen stehen. Sie lassen sich aber, entgegen der Gesetzesbegründung, nicht mit erwarteten höheren Schadenssummen bei derartigen Fahrzeugen begründen, da es bei § 12 StVG um die Deckelung des Schadens des Geschädigten und nicht des Schädigers geht. Der Anwendungsbereich der erhöhten Haftungshöchstbeträge ist beschränkt auf Unfallschäden, die durch Systemversagen verursacht werden. Von der Erhöhung der Haftungshöchstbeträge geht ein unter Präventionsgesichtspunkten positiver Anreiz zur Herstellung sicherer Fahrzeuge aus, auf den noch einzugehen sein wird.[246]

VI. Datenverarbeitung bei Kraftfahrzeugen mit hoch- oder vollautomatisierter Fahrfunktion (§ 63a StVG)

§ 63a StVG regelt die Datenverarbeitung bei Kraftfahrzeugen mit hoch- oder vollautomatisierter Fahrfunktion. Angesichts der Vielzahl der in einem Fahrzeug zu erhebenden Daten, bedarf es zunächst einer Betrachtung des potentiellen Regelungsspektrums, in das dann die Regelung des § 63a Abs. 1 StVG

---

243 Die Gesetzesbegründung enthält nämlich insoweit keine Ausführungen.

244 Begründung des Regierungsentwurfs für ein Gesetz zur Änderung des Straßenverkehrsgesetzes, BT-Drs. 18/11300, 14.

245 *Grundmann*, in: Münchener Kommentar BGB, 9. Aufl., 2022, § 276, Rn. 147; Näheres zur Anreizwirkung auf den Hersteller unter diesem Gesichtspunkt unter Kap. 4 Ziff. IV. 2. e), bb) (2).

246 Siehe dazu Kap. 4 Ziff. IV. 2. e) bb) (2).

eingefügt werden. Sodann sind die einzelnen Regelungen des § 63a StVG genauer zu betrachten, bevor schließlich ihr Verhältnis zum europäischen Zulassungsrecht aufgezeigt wird.

1. In Kraftfahrzeugen potentiell zur Verfügung stehende Daten

Für eine Regelung zur Datenverarbeitung stehen vielfältige Datenarten als Anknüpfungspunkt für eine Regelung zur Verfügung. Zur besseren Einordnung der Regelung des § 63a StVG sollen zunächst die verschiedenen in Kraftfahrzeugen erhobenen Daten dargestellt werden.

a) Sensordaten

Als Datenquellen dienen Steuergeräte moderner, nicht notwendigerweise hoch- oder vollautomatisierter, Kraftfahrzeuge, die Daten unterschiedlicher Sensoren empfangen und verarbeiten. Moderne Kraftfahrzeuge verfügen über bis zu 80 Steuergeräte.[247] Diese bekommen ihre Daten von entsprechenden Sensoren zur Verfügung gestellt, die alle steuerungsrelevanten Fahrzeuggrößen wie etwa Reifen-, Motordrehzahl, Geschwindigkeit, Lenkradeinschlag und Achslast[248] sowie Ortsangaben, Beschleunigung in Längs- und Querrichtung, Bremsvorgänge, Motorlast, Reifendruck, Kraftstoffverbrauch, Sitzbelegung, die Betätigung von Sicherheitsgurten und vereinzelt auch die Betätigung der elektrischen Sitzverstellung[249] etc. erfassen. Klassische Unfalldatenspeicher zeichnen diese Sensordaten auf, um den Informationsbedarf der Betroffenen eines

---

247 *Reichart*, „Wie wird die Fahrzeugautomatisierung die Rollen von Fahrzeugherstellern und Zulieferern verändern?" Eigene Einschätzungen und Ergebnisse einer Umfrage im Auftrag der Continental AG, in: Kompaß (Hrsg.), Methodenentwicklung für aktive Sicherheit und automatisiertes Fahren, Kap. 3.1, S. 121; sogar von über 100 Steuergeräten spricht Hochautomatisiertes Fahren auf Autobahnen – industriepolitische Schlussfolgerungen, Studie des Frauenhofer Institus für Arbeitswirtschaft und Organisation IAO im Auftrag des Bundesministeriums für Wirtschaft und Energie vom 18. November 2015, 68; *Vaid*, Selbst ist das Auto – automatisiertes und autonomes Fahren. Die Zukunft der Mobilität, S. 48; *Langer*, RAW 2017, 103; *Lüdemann*, ZD 2015, 247; *Mielchen*, SVR 2014, 81 (82); zur umfangreichen Datennutzung auch *Conrad*, in: Auer-Reinsdorff/Conrad (Hrsg.), Handbuch IT- und Datenschutzrecht, 3. Aufl., 2019, § 34, Rn. 873.

248 *Lüdemann*, ZD 2015, 247; *Langer*, RAW 2017, 103.

249 *Balzer/Nugel*, NJW 2016, 193; *Schlanstein*, NZV 2016, 201 (203); *Lüdemann*, ZD 2015, 247; *Kremer*, RDV 2014, 240 (241); *Kinast/Kühnl*, NJW 2014, 3057.

Verkehrsunfalls zu befriedigen.[250] In den USA müssen bereits seit dem Ende der 1990er Jahre alle neu zugelassenen Kraftfahrzeuge mit solchen Unfalldatenspeichern ausgestattet sein.[251]

b) Umgebungsdaten

Hoch- und vollautomatisierte Fahrzeuge verfügen im Gegensatz zu konventionellen Fahrzeugen über Umgebungsdaten, die sie zur Bewältigung der Fahraufgabe benötigen. Bei hoch- und vollautomatisierten Fahrzeugen kommt somit eine weitere Dimension von Daten hinzu. Deshalb wird zum Teil erwogen, das Kamerabild zum Zwecke der Unfallrekonstruktion heranzuziehen,[252] ähnlich wie dies bei Aufnahmen einer sogenannten „Dashcam", also einer privat eingebauten Kamera, geschieht. Dafür enthält § 63a StVG allerdings keine Grundlage.

c) Ereignisbezogene Daten

Eine weitere Kategorie bilden ereignisbezogene Daten. Dabei werden Daten nur in bestimmten Fällen gespeichert.[253] Dies bedeutet, dass eine Speicherung

---

250 Vgl. *Schmidt-Cotta*, Event-Data-Recording – Fluch oder Segen?, in: Hilgendorf/Hötitzsch/Lutz (Hrsg.), Rechtliche Aspekte automatisierter Fahrzeuge, S. 75; *Schmidt-Cotta*, ZRP 2000, 518 ff.; allgemein zu der Wirkung von Event Data Recordern *Winkelbauer/Erenli*, ZVR 2010, 342 (343 f.); *Graeger*, NZV 2004, 16 ff.; zum Auslesen der (allgemeinen) Fahrzeugdaten zur Unfallrekonstruktion *Brisch/Müller-ter Jung*, CR 2016, 411 (412 ff.).

251 Siehe dazu *Hüttinger/Lauterwasser/Trinitis*, Standardisierter Datenschreiber bei hochtautomatisierten Fahrzeugen: Anforderungen der Versicherungswirtschaft und Modell eines Datentreuhänders, in: Kompaß (Hrsg.), Methodenentwicklung für aktive Sicherheit und automatisiertes Fahren, Kap. 6.2, S. 219; in den USA sind dementsprechend 95 % der neu zugelassenen Fahrzeuge mit einem Unfalldatenspeicher ausgestattet, Hochautomatisiertes Fahren auf Autobahnen – industriepolitische Schlussfolgerungen, Studie des Frauenhofer Institus für Arbeitswirtschaft und Organisation IAO im Auftrag des Bundesministeriums für Wirtschaft und Energie vom 18. November 2015, 66; *Balzer/Nugel*, NJW 2016, 193 (194); *Schlanstein*, NZV 2016, 201 (204); *Dubois*, Zeitschrift für Versicherungswesen 2015, 556 (558).

252 Dazu *Schlamp*, InTeR 2018, 116 ff.; *Balzer/Nugel*, NJW 2016, 193.

253 *Weber*, in: Berz/Burmann, Handbuch des Straßenverkehrsrechts, Stand: Juni 2022, 45. EL, Kap. 21, A. X., Rn. 65, der zwischen Permanentschreiber und Restwegschreiber unterscheidet; ebenso *Balzer/Nugel*, NJW 2016, 193 (194), *„Event-Data-Recorder"* und *„Unfalldatenschreiber"*; unzutreffend daher *Reusch/Weidner*, Future

nur erfolgt, wenn ein bestimmtes, vorher festgelegtes Ereignis eintritt. Dieses Ereignis kann sowohl ein Systemvorgang als auch ein von Sensoren aufgenommenes äußeres Geschehen sein.

2. *Regelungen des § 63a StVG*

a) *Speicherpflicht*

Nach § 63a Abs. 1 StVG speichern Kraftfahrzeuge gemäß § 1a StVG die durch ein Satellitennavigationssystem ermittelten Positions- und Zeitangaben, wenn ein Wechsel der Fahrzeugsteuerung zwischen Fahrzeugführer und dem hoch- oder vollautomatisierten System erfolgt. Eine derartige Speicherung erfolgt auch, wenn der Fahrzeugführer durch das System aufgefordert wird, die Fahrzeugsteuerung zu übernehmen oder eine technische Störung des Systems auftritt.[254] Es werden also lediglich die Wechsel der Fahrzeugsteuerung, die Aufforderung zur Rückübernahme der Fahrzeugsteuerung sowie die zugehörigen Orts- und Zeitangaben gespeichert.[255] Zudem wird eine Systemstörung sowie der Zeitpunkt und Ort ihres Auftretens gespeichert. Es handelt sich also nicht um einen Unfalldatenschreiber, der Sensordaten im oben beschriebenen Sinn permanent aufzeichnet. Trotz des bestehenden Interesses an solchen Daten,[256] soll mit § 63a StVG kein Unfalldatenschreiben in diesem umfassenden Sinn eingeführt werden.[257] Vielmehr geht es um die Einführung eines Fahrmodusspeichers, der

---

Law. Blockchain, Industrie 4.0, Internet of Things, Robotik, Rn. 132, die von einer Aufzeichnung „*jedes Griffs des Fahrers*" ausgehen.

254 Siehe dazu auch *Schirmer*, NZV 2017, 253 (256).

255 Unzutreffend daher *Czychowski/Siesmayer*, in: Taeger/Pohle (Hrsg.), Computerrechts-Handbuch, 36. EL., Stand: Februar 2021, Teil 20, Rn. 13, die auch Daten über die Fahrtrichtung und die Fahrweise als erfasst ansehen.

256 Diese werden von Kfz-Versicherungen in sogenannten Telematik-Tarifen genutzt, bei denen die Versicherungsprämie vom Fahrverhalten abhängig ist („Pay as you Drive"). Dazu wird eine spezielle Speichereinheit im Fahrzeug installiert, die diese Daten erfasst und an den Kfz-Versicherer sendet, damit einerseits das Fahrverhalten und das Unfallrisiko, aus dem sich die konkrete Versicherungsprämie ergibt, analysiert werden kann und andererseits eine bessere Unfallrekonstruktion ermöglich wird, siehe dazu *Brand*, VersR 2019, 725 ff.; *Klimke*, r+s 2015, 217 ff.; *Maier/Todte*, ZfV 2013, 776 ff.; *Haller*, Zeitschrift für Versicherungswesen 2013, 782 ff.; *Janker*, DAR 1995, 472 ff.

257 Stellungnahme des Bundesrates und Gegenäußerung der Bundesregierung zum Entwurf eines Gesetzes zur Änderung des Straßenverkehrsgesetzes vom 15. März 2017, BT-Drs.18/11534, 15; so auch ausdrücklich *Schmid/Wessels*, NZV 2017, 357 (360); mit der Einführung des § 63e Abs. 1 StVG durch das 4. StVGuaÄndG wurde

im Wesentlichen ereignisbezogen aufzeichnet, wann und an welchem Ort sich das Fahrzeug in welchem Fahrmodus befindet.[258] Damit müssen nach § 63a Abs. 1 StVG nur ereignisbezogene Daten gespeichert werden.

Mit der Aufzeichnung dieser Daten soll sichergestellt werden, dass der Fahrzeugführer sich nach einem Verkehrsunfall nicht pauschal auf ein Versagen des automatisierten Systems berufen kann.[259] Umgekehrt soll der Fahrzeugführer in die Lage versetzt werden, einen gegen ihn erhobenen Schuldvorwurf positiv zu entkräften, wenn das Fahrsystem den Unfall verursacht hat und er nicht zum Eingreifen verpflichtet war.[260]

Aufgrund der beschränkten Datenaufzeichnung ist der Fahrmodusspeicher kein Instrument zur vollständigen Unfallaufklärung.[261] Der Gesetzgeber hatte allerdings auch nicht den Anspruch, einen Unfalldatenschreiber einzuführen, der eine vollständige Unfallrekonstruktion ermöglicht.[262] Diese gesetzgeberische

---

eine Rechtsgrundlage zur Speicherung einer Vielzahl von Daten geschaffen. Diese Vorschrift steht allerdings nicht in systematischem Zusammenhang mit § 63a StVG, da letzterer speziell für hoch- und vollautomatisierte Fahrzeuge gilt und die Normen unterschiedliche Zielrichtungen haben. § 63e StVG hat die Verbesserung des Verkehrsflusses und der Verkehrssicherheit bezüglich aller Straßenverkehrsteilnehmer im Blick, siehe die Begründung des Regierungsentwurfs für das Vierte Gesetz zur Änderung des Straßenverkehrsgesetzes und anderer straßenverkehrsrechtlicher Vorschriften, BT-Drs. 19/28684, 59, während § 63a StVG im Wesentlichen dem Beweisproblem des Verschuldens das Fahrers bei der Nutzung hoch- und vollautomatisierter Fahrzeugsteuerungen Rechnung tragen will. Zur besseren Lösung des Beweisproblems können die nach § 63e Abs. 1 StVG gespeicherten Daten nicht herangezogen werden, da diese ausschließlich zum Zwecke des Verkehrsmanagements erhoben, gespeichert und verwendet werden dürfen, § 63e Abs. 2 S. 2 StVG.

258 So die zutreffende Formulierung von *Lutz*, DAR 2019, 125 (126).

259 So die Begründung des Regierungsentwurfs für ein Gesetz zur Änderung des Straßenverkehrsgesetzes, BT-Drs. 18/11300, 15.

260 Begründung des Regierungsentwurfs für ein Gesetz zur Änderung des Straßenverkehrsgesetzes, BT-Drs. 18/11300, 24; siehe dazu auch *Schmid/Wessels*, NZV 2017, 357 (358 f.); kritisch wegen auch in Fällen einer Systemstörung als richtig anerkannten Daten *Schirmer*, NZV 2017, 253 (257), der den Daten deshalb nur die Qualität eines Anscheinsbeweises zukommen lassen will.

261 *Lutz*, DAR 2019, 125 (127); *Christoph*, RAW 2018, 103 (111, Fußnote 62); *Schmid/Wessels*, NZV 2017, 357 (360); *Wagner/Goeble*, ZD 2017, 263 (267).

262 Nach *Weber*, in: Berz/Burmann, Handbuch des Straßenverkehrsrechts, Stand: Juni 2022, 45. EL, Kap. 21, A. X., Rn. 71 würde ein solcher in nahezu allen Fällen zur Unfallrekonstruktion ausreichen.

Entscheidung ist nur konsequent, weil es sich bei den vorgenannten Sensordaten, Systemprotokollen und Fehlerspeichern nicht um spezifisch für das hoch- oder vollautomatisierten Fahren erforderliche Daten, sondern um aufgrund einer parallel zum automatisierten Fahren ablaufenden Digitalisierung des Fahrzeugs verfügbare Daten, handelt. Wenn sich der Gesetzgeber gegen die Einführung eines klassischen Unfalldatenspeichers entscheidet, ist es konsequent, wenn er lediglich die spezifisch durch das hoch- und vollautomatisierte Fahren entstehenden (Beweis-) Probleme, nämlich die Verhinderung eines pauschalen Berufens auf ein Systemversagen und der Möglichkeit zur Führung eines Entlastungsbeweises in den Fällen, in denen das System gelenkt hat, regelt.[263] Denn nur hinsichtlich dieser Beweisprobleme unterscheidet sich das hoch- und vollautomatisierte Fahren vom konventionellen Fahren.[264]

b) Übermittlung der Daten an Behörden

Gem. § 63a Abs. 2 S. 1 StVG dürfen die gemäß Abs. 1 gespeicherten Daten den nach Landesrecht für die Ahndung von Verkehrsverstößen zuständigen Behörden auf deren Verlangen übermittelt werden. Die übermittelten Daten dürfen durch diese gespeichert und verwendet werden (S. 2). Der Umfang der Datenübermittlung ist dabei auf das Maß zu beschränken, das für den Zweck der Feststellung des Absatzes 1 im Zusammenhang mit dem durch diese Behörden geführten Verfahren der eingeleiteten Kontrolle notwendig ist (S. 3). Davon unberührt bleiben die allgemeinen Regelungen zur Verarbeitung personenbezogener Daten (S. 4).

Es handelt sich bei § 63a Abs. 2 StVG um eine datenschutzrechtliche Ermächtigung zur Übermittlung der Daten. Der Herausgabeanspruch der Behörden

---

263 So bereits vor der StVG-Novelle die Forderung von *Hüttinger/Lauterwasser/Trinitis*, Standardisierter Datenschreiber bei hochtautomatisierten Fahrzeugen: Anforderungen der Versicherungswirtschaft und Modell eines Datentreuhänders, in: Kompaß (Hrsg.), Methodenentwicklung für aktive Sicherheit und automatisiertes Fahren, Kap. 6.2, S. 216 ff.; *Schlanstein*, NZV 2016, 201 (202); *Schlanstein*, VD 2015, 131 (136); *Doderer/Hartwig*, IR 2016, 32 (35); *Schmidt-Cotta*, ZRP 2000, 518 (519), „*Aufrechterhaltung einer funktionsfähigen, wirksamen Rechtspflege*"; so auch die Forderung der Ethik Kommission, siehe den Bericht der Ethik-Kommission Automatisiertes und vernetztes Fahren, Juni 2017, 13 (Regel 16).

264 *Walter*, in: BeckOGK Straßenverkehrsrecht, Stand: 01. Januar 2022, § 18 StVG, Rn. 16; *Lutz*, DAR 2019, 125 (126), der § 63a StVG als zwingend erforderliche Regelung ansieht, die im allgemeinen Interesse liegt und zu mehr materieller Gerechtigkeit führt.

richtet nach den Vorschriften der StPO bzw. dem OWIG,[265] insbesondere nach den §§ 94, 98 StPO.[266] Vor diesem Hintergrund sind die in der Literatur zum Teil geäußerten Bedenken, mit § 63a Abs. 2 StVG ginge ein Verstoß gegen das strafrechtliche Selbstbelastungsverbot einher, weil der Täter durch die Herausgabe der Daten bei seiner Überführung mitwirke,[267] von vornherein unbegründet. Denn § 63a Abs. 3 StVG stellt nicht die Rechtsgrundlage für staatliche Eingriffe dar.

c) Übermittlung der Daten an Unfallbeteiligte

Nach § 63a Abs. 3 StVG ist der Fahrzeughalter eines Kraftfahrzeugs mit automatisierter Fahrfunktion zur Übermittlung der Daten an Dritte verpflichtet, wenn diese zur Geltendmachung, Befriedigung oder Abwehr von Rechtsansprüchen im Zusammenhang mit einem in § 7 Abs. 1 StVG geregelten Ereignis erforderlich sind (Nr. 1) und das entsprechende Kraftfahrzeug mit automatisierter Fahrfunktion an diesem Ereignis beteiligt war (Nr. 2).

Bereits nach den §§ 142 und 144 ZPO kann die Offenlegung der Fahrzeugdaten im Zivilprozess durch den Halter und Hersteller auf Anordnung des Gerichts erfolgen.[268] Nach § 142 Abs. 1 ZPO sind die Daten aus dem

---

265 Begründung des Regierungsentwurfs für ein Gesetz zur Änderung des Straßenverkehrsgesetzes, BT-Drs. 18/11300, 24 f., „*daneben bleibt das Zugangsregime nach anderen Vorschriften, wie zum Beispiel der Strafprozessordnung (StPO) unberührt*"; *Will*, in: BeckOK Straßenverkehrsrecht, 17. Edition, Stand: 15. Oktober 2022, § 63a StVG, Rn. 25; *Dauer*, in: Hentschel/König/Dauer Straßenverkehrsrecht, 46. Aufl., 2021, § 63a StVG, Rn. 4; *Reibach*, Black Box und Datenschutz beim automatisierten Fahren, in: Taeger (Hrsg.), Recht 4.0 – Innovationen aus den rechtswissenschaftlichen Laboren. Tagungsband Herbstakademie 2017, S. 166; zutreffend daher auch *Lutz*, DAR 2019, 125 (127 f.).

266 *Heß*, in: Burmann/Heß/Hühnermann/Jahnke, Straßenverkehrsrecht, 27. Aufl., 2022, § 1b StVG, Rn. 12, „*Erhebungsbefugnis aus der StPO und OWiG*"; *Schmid/Wessels*, NZV 2017, 357 (361); *Schlanstein*, NZV 2016, 201 (206); *Schmidt-Cotta*, ZRP 2000, 518 (519).

267 Rechtssicher Fahren mit automatisierten Fahrzeugen – Unaufgeforderte Stellungnahme des Verbraucherzentrale Bundesverbandes e.V. vom 16. März 2017, 14; *Wagner/Goeble*, ZD 2017, 263 (268); *Mielchen*, SVR 2014, 81 (85).

268 *Siebert/Gaden*, InTeR 2016, 194 (199); *Balzer/Nugel*, NJW 2016, 193 (199); *Schlanstein*, NZV 2016, 201 (206); *Mielchen*, SVR 2014, 81 (85); *Graeger*, NZV 2004, 16 (18); zweifelnd wegen eines Zeugnisverweigerungsrechts des Herstellers gem. §§ 144 Abs. 2 i.V.m. 384 Abs. 2 ZPO, da diesem mit der Offenlegung eine straf- oder ordnungswidrigkeitenrechtliche Verfolgung drohe *Wolf/Eslami*, Autonomes

Unfalldatenspeicher als Unterlagen im Sinne dieser Vorschrift zu qualifizieren, da davon auch Bilder, Daten und Tonträger erfasst sind.[269] § 63a Abs. 3 StVG tritt nun neben diese Vorschriften und erweitert das Auskunftsbegehren auf den Bereich außerhalb eines Zivilprozesses. Zudem bedarf es bei § 63a Abs. 3 StVG keiner Anordnung des Gerichts.

Nach der Begründung des Regierungsentwurfs war für das Übermittlungsbegehren die Glaubhaftmachung eines Anspruchs aus einem Verkehrsunfall erforderlich.[270] Davon hat die Bundesregierung im Laufe des Gesetzgebungsverfahrens Abstand genommen und die Voraussetzung der Glaubhaftmachung gestrichen, da die Frage der Glaubhaftmachung das prozessuale Beweismaß und nicht die materiellen Voraussetzungen betreffe.[271] § 63a Abs. 3 StVG enthält somit keine Aussage über die prozessuale Geltendmachung des Auskunfts- bzw. Übermittlungsanspruchs. Daraus lässt sich jedoch nicht schließen, dass das Beweismaß etwa auf ein bloßes Behaupten reduziert werden sollte.[272] Es gelten vielmehr die allgemein zu Auskunftsbegehren geltenden Grundsätze. Durch die Regelung des 63a Abs. 3 StVG wurde die schuldrechtliche Sonderverbindung konkretisiert, die als allgemeine Voraussetzung für einen Auskunftsanspruch gem. § 242 BGB verlangt wird. Über die Voraussetzungen des Ereignisses gem. § 7 Abs. 1 StVG, der Unfallbeteiligung eines hoch- oder vollautomatisierten Fahrzeugs und der Erforderlichkeit der Daten zur Geltendmachung, Befriedigung oder Abwehr von Rechtsansprüchen, ist demnach gegebenenfalls der Vollbeweis zu erbringen.[273]

Fahren – Autonome Rechtsprechung?, in: Oppermann/Stender-Vorwachs (Hrsg.), Autonomes Fahren, Kap. 3.8, Rn. 22.

269 *Balzer/Nugel*, NJW 2016, 193 (198 f.).

270 Begründung des Regierungsentwurfs für ein Gesetz zur Änderung des Straßenverkehrsgesetzes, BT-Drs. 18/11300, 11, 25.

271 Siehe die Stellungnahme des Bundesrates und Gegenäußerung der Bundesregierung zum Entwurf eines Gesetzes zur Änderung des Straßenverkehrsgesetzes vom 15. März 2017, BT-Drs.18/11534, 17; *Dauer*, in: Hentschel/König/Dauer Straßenverkehrsrecht, 46. Aufl., 2021, § 63a StVG, Rn. 5.

272 So aber *Reibach*, Black Box und Datenschutz beim automatisierten Fahren, in: Taeger (Hrsg.), Recht 4.0 – Innovationen aus den rechtswissenschaftlichen Laboren. Tagungsband Herbstakademie 2017, S. 168.

273 Vgl. BGH NJW 1978, 1002; BGHZ 95, 274 (279); so ausdrücklich *Putzki/Sesing*, MMR-Aktuell 2017, 388288; unzutreffend daher *Wolf/Eslami*, Autonomes Fahren – Autonome Rechtsprechung?, in: Oppermann/Stender-Vorwachs (Hrsg.), Autonomes Fahren, Kap. 3.8, Rn. 15; *Hoeren*, NZV 2018, 153.

Wer Inhaber des Anspruchs aus § 63a Abs. 3 StVG ist, regelt das Gesetz nicht ausdrücklich. Die systematische Auslegung ergibt aber, dass derjenige anspruchsberechtigt ist, der die Ansprüche aus dem Unfallereignis geltend macht oder abwehrt.[274]

d) Nutzung der Daten für die Unfallforschung

Der auf Vorschlag des Ausschusses für Verkehr und digitale Infrastruktur eingefügte[275] Abs. 5 der Vorschrift regelt, dass die gespeicherten Daten im Falle eines Verkehrsunfalls in anonymisierter Form zu Zwecken der Unfallforschung an Dritte übermittelt werden können. Diese Vorschrift soll wohl der Produktverbesserung dienen.[276] Nach § 63a Abs. 1 StVG wird nur gespeichert, dass ein Systemfehler vorliegt sowie wann und wo er aufgetreten ist. Welche Gestalt dieser Fehler hat, wird auf der Grundlage des § 63a Abs. 1 StVG nicht erfasst.[277] Damit verbleibt für den Hersteller als Ansatzpunkt zur Fehlersuche nur die Tatsache, dass ein Systemfehler vorgelegen hat. Er sucht also die sprichwörtliche „Nadel im Heuhaufen". Zudem handelt es sich bei § 63a Abs. 5 StVG lediglich um eine Übermittlungsbefugnis, nicht um eine Übermittlungspflicht. Ob sich auf dieser Basis genügend Informationen sammeln lassen, die eine effektive Unfallforschung ermöglichen, ist fraglich.[278]

e) Löschung der Daten

Nach § 63a Abs. 4 HS. 1 StVG sind die Daten nach sechs Monaten zu löschen, wenn das Fahrzeug nicht an einem Verkehrsunfall beteiligt war. War das Fahrzeug an einem Verkehrsunfall beteiligt, sind die Daten nach drei Jahren zu löschen, § 63a Abs. 4 HS. 2 StVG.

Mit dem Zeitpunkt, an dem die Daten spätestens gelöscht werden müssen, ist jedoch noch nichts darüber ausgesagt, wie lange die Daten, etwa für eine Übermittlung an andere Unfallbeteiligte (§ 63a Abs. 3 StVG) oder an

---

274 So *Will*, in: BeckOK Straßenverkehrsrecht, 17. Edition, Stand: 15. Oktober 2022, § 63a StVG, Rn. 31; *Wolf/Eslami*, Autonomes Fahren – Autonome Rechtsprechung?, in: Oppermann/Stender-Vorwachs (Hrsg.), Autonomes Fahren, Kap. 3.8, Rn. 15.

275 Ohne nähere Begründung siehe Beschlussempfehlung und Bericht des Ausschusses für Verkehr und digitale Infrastruktur zum Entwurf eines Gesetzes zur Änderung des Straßenverkehrsgesetzes vom 29. März 2017, BT-Drs. 18/11776, 4.

276 So *Schmid/Wessels*, NZV 2017, 357 (359).

277 *Schmid/Wessels*, NZV 2017, 357 (363).

278 In diesem Sinne auch *Schmid/Wessels*, NZV 2017, 357 (363).

Behörden (§ 63a Abs. 2 StVG), mindestens vorzuhalten sind. Die Dauer der Speicherpflicht gem. § 63a Abs. 1 StVG ist damit nicht geregelt. Der Bundesrat hatte zu Recht angemerkt, dass eine Speicherpflicht nach § 63a Abs. 1 StVG nur Sinn ergebe, wenn begleitend geregelt wird, wie lange diese Daten vorzuhalten sind. Ansonsten könne der Fahrzeughalter oder der Fahrzeugführer die Daten im Anschluss an die Nutzung sofort wieder löschen und so den Gesetzeszweck der §§ 63a Abs. 1 und Abs. 3 StVG konterkarieren, indem sich der Fahrzeugführer doch pauschal auf ein Versagen des automatisierten Systems berufen könnte und Dritte keinen Zugang zu den Daten erhielten.[279] Um dieses Vorgehen zu unterbinden, hat der Bundesrat vorgeschlagen, Mindestspeicherfristen zu regeln und deren Einhaltung mittels Ordnungswidrigkeitstatbestand abzusichern.[280] Diesem Vorschlag hat die Bundesregierung zugestimmt und sich bereit erklärt zu prüfen, dem Deutschen Bundestag zu empfehlen, mit § 24d StVG einen neuen Ordnungswidrigkeitstatbestand für den Fall des vorsätzlichen und fahrlässigen vorzeitigen Löschens oder Veränderns der Daten aufzunehmen.[281] Dieses Vorhaben wurde bislang jedoch nicht umgesetzt.

3. *Verhältnis zum europäischen Zulassungsrecht*

Es fragt sich, in welchem Verhältnis die Nutzung der Daten zur Unfallrekonstruktion zwischen Privaten, also als Beweismittel, wie dies § 63a Abs. 3 StVG vorsieht, zu den neuen europäischen Zulassungsregelungen steht. Hierfür kommt es darauf an, was die Verordnung (EU) 2019/2144 vom 27. November 2019 im

---

279 Stellungnahme des Bundesrates und Gegenäußerung der Bundesregierung zum Entwurf eines Gesetzes zur Änderung des Straßenverkehrsgesetzes vom 15. März 2017, BT-Drs.18/11534, 9, Ziff. 11; in diesem Sinne auch der Ausschuss für Verkehr und digitale Infrastruktur, Beschlussempfehlung und Bericht des Ausschusses für Verkehr und digitale Infrastruktur zum Entwurf eines Gesetzes zur Änderung des Straßenverkehrsgesetzes vom 29. März 2017, BT-Drs. 18/11776, 12; so auch *König*, NZV 2017, 123 (128), der bemängelt, dass ein Verstoß gegen die Aufzeichnungspflicht des § 63a Abs. 1 StVG und eine vorzeitige Löschung wegen der Drittnützigkeit der Vorschrift nicht sanktionsbewehrt sind.

280 Stellungnahme des Bundesrates und Gegenäußerung der Bundesregierung zum Entwurf eines Gesetzes zur Änderung des Straßenverkehrsgesetzes vom 15. März 2017, BT-Drs.18/11534, 9 f., Ziff. 11.

281 Stellungnahme des Bundesrates und Gegenäußerung der Bundesregierung zum Entwurf eines Gesetzes zur Änderung des Straßenverkehrsgesetzes vom 15. März 2017, BT-Drs.18/11534, 17.

Einzelnen regelt und ob deren Regelungen gegenüber nationalem Recht vorrangig anwendbar sind und § 63a Abs. 3 StVG verdrängen.

Wie ausgeführt, enthält die Verordnung (EU) 2019/2144 vom 27. November 2019 Regelungen zu ereignisbezogenen Datenspeichern.[282] Die Verordnung gilt, von wenigen Ausnahmen abgesehen, gem. Art. 19 ab dem 06. Juli 2022.[283] Hinsichtlich der ereignisbezogenen Datenaufzeichnung in Personenkraftwagen wird die EU-Typgenehmigung aber erst ab dem 7. Juli 2024 verweigert, wenn die Fahrzeuge die Anforderungen der Verordnung nicht erfüllen.[284]

Nach Art. 6 Abs. 1 g) müssen alle Fahrzeuge (ohne Rücksicht auf eine Automatisierung) mit einer ereignisbezogenen Datenaufzeichnung ausgerüstet sein. Speziell für automatisierte Fahrzeuge stellt dies Art. 11 Abs. 1 d) noch einmal klar.[285] Bei „ereignisbezogener Datenaufzeichnung" handelt es sich um ein System, das ausschließlich dem Zweck dient, kritische unfallbezogene Parameter und Informationen kurz vor, während und unmittelbar nach einem Aufprall aufzuzeichnen und zu speichern (Art. 3 Abs. 13). Die ereignisbezogene Datenaufzeichnung muss Fahrzeuggeschwindigkeit, Abbremsen, Position und Neigung des Fahrzeugs auf der Straße, Zustand und Grad der Aktivierung aller Sicherheitssysteme an Bord, das auf dem 112-Notruf basierende bordeigene eCall-System, Aktivierung der Bremsen sowie sonstige relevante Eingabeparameter für die bordseitigen aktiven Sicherheits- und Unfallvermeidungssysteme erfassen (Art. 6 Abs. 4 a)). Die Datenaufzeichnung soll dazu dienen, die Effektivität von Sicherheitsmaßnahmen im Straßenverkehr analysieren zu können (Erwägungsgrund 13).[286] Dieser Zweck wird in Art. 6 Abs. 4 d) der Verordnung näher konkretisiert. Danach muss die Speicherung so erfolgen, dass sie

---

282 Für eine europäische Lösung plädieren *Bitter/Uphues*, Verkehrswesen, in: Kolany-Reiser/Heil/Orwat/Hoeren (Hrsg.), Big Data. Gesellschaftliche Herausforderungen und rechtliche Lösungen, Kap. E., S. 162; ebenso *Schlanstein*, NZV 2016, 201 (202); auch *Graeger*, NZV 2004, 16 hält die europäische Union für zuständig.

283 Verordnung (EU) 2019/2144 des europäischen Parlaments und des Rates vom 27. November 2019, deutsche Fassung, ABL. EU, L 325, 16. Dezember 2019, 1–40, 17.

284 Siehe Anhang II der Verordnung (EU) 2019/2144 des europäischen Parlaments und des Rates vom 27. November 2019, deutsche Fassung, ABL. EU, L 325, 16. Dezember 2019, 1–40, 30 f. (Kategorie „B").

285 Siehe dazu auch*Vogel/Althoff*, InTeR 2020, 89 (91 f.).

286 Verordnung (EU) 2019/2144 des europäischen Parlaments und des Rates vom 27. November 2019, deutsche Fassung, ABL. EU, L 325, 16. Dezember 2019, 1–40, 3.

den nationalen Behörden über eine Standardschnittstelle ausschließlich zum Zwecke der Unfallforschung und -analyse, einschließlich für die Zwecke der Typgenehmigung, zur Verfügung gestellt werden. Die Datennutzung ist also hinsichtlich des Begünstigten auf Behörden und hinsichtlich des Zwecks auf die Unfallforschung und -analyse beschränkt. Die Nutzung der Daten zur Unfallrekonstruktion zwischen Privaten, also als Beweismittel, ist dort nicht vorgesehen.

Ergänzend zu Art. 6 der Verordnung (EU) 2019/2144 existiert mit Ziff. 8 der UN-ECE-Regel 157 eine weitere Regelung zu ereignisbezogenen Datenspeichern bei Fahrzeugen mit automatischem Spurhalteassistenten, sogenannten DSSAD (Data Storage System for Automated Driving). Der Datenspeicher im Sinne der UN-ECE-Regel 157 speichert allerdings erheblich mehr Daten, als dies nach § 63a Abs. 1 StVG zulässig ist, z.B. die Nichtverfügbarkeit oder die Abwesenheit des Fahrzeugführers oder Lösen seines Sicherheitsgurts, den Beginn und das Ende eines Notfallmanövers sowie ein Eingriff des Systems durch ein risikominimierendes Manöver, vgl. Ziff. 8.2.1. Eine Einschränkung hinsichtlich des Begünstigten und des Zwecks der Speicherung enthält diese Regelung nicht.

Bei § 63a Abs. 1 StVG handelt es sich um eine Konstruktionsanforderung des Fahrzeugs, indem vorgeschrieben wird, dass hoch- und vollautomatisierte Fahrzeuge über eine Speichereinheit verfügen müssen, die in der Lage ist, die dort genannten Daten zu speichern.[287] Konstruktionsanforderungen ergeben sich aber gleichermaßen aus der Verordnung (EU) 2019/2144. Diese geht in ihrem Anwendungsbereich nationalem Recht vor, sodass letzteres – soweit es entgegensteht – unangewendet bleiben muss.[288] Der Anwendungsvorrang europäischer Regelungen gegenüber weiteren nationalen Bestimmungen hängt davon ab, ob die Verordnung zwingende Vorgaben macht, also insoweit vollharmonisierend wirkt.[289] Ist mit der Verordnung (EU) 2019/2144 eine Vollharmonisierung beabsichtigt, gelten diese Vorschriften ausschließlich und nationales Recht darf nicht davon abweichen. Ob eine Maßnahme der Union eine abschließende Regelung beabsichtigt, ist durch Auslegung unter

287 So auch *Lutz*, DAR 2019, 125 (126).

288 *Hingst*, Zulassungsrechtliche Herausforderungen bei autonomen Fahrzeugen – eine Analyse de lege lata und de lege ferenda, S. 82; zum Anwendungsvorrang bereits unter Kap. 2 Ziff. B. I. 3. a) cc).

289 *M. Schröder*, in: Streinz (Hrsg.), EUV/AEUV, 3. Aufl., 2018, Art. 114 AEUV, Rn. 46.

Berücksichtigung ihres Wortlauts, ihrer Zielsetzung und ihrer Regelungssystematik zu ermitteln.[290]

Art. 6 Abs. 4 d) der Verordnung (EU) 2019/2144 sieht die Datenspeicherung, Erhebung und Nutzung „ausschließlich für den Zweck der Unfallforschung und -analyse, einschließlich für die Zwecke der Typgenehmigung von Systemen und Bauteilen" vor. Die Auslegung nach dem Wortlaut spricht daher für eine abschließende Regelung. Nach dem Erwägungsgrund 1 soll die Verordnung das Funktionieren des Binnenmarktes durch einheitliche technische Anforderungen sicherstellen.[291] Eine teleologische Auslegung ergibt somit das gleiche Ergebnis.

Zweifel an einer abschließenden Regelung der Verordnung (EU) 2019/2144 könnten wegen des Verweises auf Ziff. 8 der UN-ECE-Regel 157 bestehen. Gem. Ziff. 8.1. der UN-ECE-Regel 157 gilt diese nämlich unbeschadet nationaler Vorschriften über den Zugang zu Daten, was Ziff. 8.4.1. ausdrücklich klarstellt. Dem könnte entnommen werden, dass die Vorschriften der § 63a Abs. 2 und 3 StVG zur Übermittlung der Daten an Behörden und Unfallbeteiligte unberührt bleiben, Ziff. 8 der UN-ECE-Regel 157 also insoweit eine Öffnungsklausel zu Gunsten des nationalen Rechts enthält, die auch den zwingenden Charakter der Verordnung aufhebt.

Eine Öffnung zu Gunsten des nationalen Rechts würde bestehen, wenn Ziff. 8 der UN-ECE-Regel 157 auf die Verordnung zurückwirkt und ihren zwingenden Charakter beseitigt, indem die Beschränkung auf die Datennutzung durch Behörden und auf die Verwendung zur Unfallforschung und -analyse entfällt und die Daten auch als Beweismittel verwendet werden dürfen. Dabei ist zu berücksichtigen, dass die Verordnung die für die EU-Typgenehmigung maßgebliche Vorschrift ist. An ihr müssen sich die Fahrzeuge bzw. einzelne Bauteile messen lassen. Lediglich sekundär wird zur Konkretisierung einzelner Anforderung auf einzelne UN-ECE-Regeln verwiesen. Systematisch ist die Verordnung den UN-ECE-Regeln, auf die sie verweist, übergeordnet. Eine Rückwirkung von der nachgeordneten auf die übergeordnete Norm lässt sich nur schwer begründen. Maßgeblich für die Frage, ob die Verordnung zwingende Vorgaben macht, muss daher in erster Linie die Verordnung selbst sein. Ziff. 8

290 EuGH, Rs. C-374/05, Slg. 2007, I-9541, (9557–9559, Rn. 25–33), ECLI: EU:C:2007:654 – *Gintec International*; EuGH, Rs. C-468/10, ECLI:EU:C:2011:777, Rn. 28 ff. – *ASNEF*; *M. Schröder*, in: Streinz (Hrsg.), EUV/AEUV, 3. Aufl., 2018, Art. 114 AEUV, Rn. 46.

291 Der Binnenmarkt wäre insbesondere für nach Deutschland importierte Fahrzeuge beeinträchtigt, die über die europäischen Anforderungen hinaus die Vorgaben des § 63a StVG erfüllen müssten.

der UN-ECE-Regel 157 beeinflusst daher nicht die Frage, ob Art. 6 der Verordnung innerhalb seines Anwendungsbereichs zwingende Vorgaben macht.

Bei den Vorgaben der Verordnung handelt es sich demnach insoweit um abschließende Regelungen.

Vor dem Hintergrund der Verordnung (EU) 2019/2144 bedeutet dies, dass die nach § 63a Abs. 1 StVG zu speichernden Daten hinsichtlich des Umfangs der Datenspeicherung hinter den Vorgaben der Verordnung zurückbleiben. Umgekehrt geht die nationale Regelung über die Anforderungen der harmonisierten zulassungsrechtlichen Vorschriften bezüglich des Zwecks der Speicherung hinaus. Während § 63a Abs. 1 und 3 StVG die Beweisprobleme am Unfall beteiligter Personen im Blick hat, ist die Datenspeicherung nach der Verordnung (EU) 2019/2144 nur für Zwecke der Unfallforschung und -analyse zulässig.

Die Vorschrift des § 63a StVG wird daher abgesehen von Abs. 5, der die Datenverarbeitung zu Zwecken der Unfallforschung vorsieht, nicht zur Anwendung kommen. Soweit die für diese Arbeit im Fokus stehenden in Großserie produzierten Personenkraftwagen in Rede stehen, genießt die Verordnung (EU) 2019/2144 Anwendungsvorrang vor entgegenstehendem nationalem Recht. Da sich im vollharmonisierten Bereich sowohl eine Überschreitung als auch eine Unterschreitung der unionsrechtlichen Vorgaben verbietet, dürfen die Daten daher nicht als Beweismittel zur Geltendmachung zivilrechtlicher Ansprüche erhoben werden.

Das hat folgenschwere Konsequenzen, da damit die zentrale Vorschrift zur Klärung der Unfallverantwortlichkeit *de lege lata* unanwendbar ist. Das Ziel des Gesetzgebers, einerseits ein pauschales Berufen auf ein technisches Versagen durch den Fahrer zu vermeiden[292] und andererseits dem Fahrer die Möglichkeit zur Entlastung im Falle eines technischen Versagens zu eröffnen,[293] ist nach derzeitigem Stand nicht zu erreichen.

4. *Zusammenfassung*

Mit § 63a StVG wurde kein Unfalldatenspeicher, sondern lediglich ein Fahrmodusspeicher eingeführt, der im Wesentlichen lediglich Positions- und Zeitangaben bei einem Wechsel der Fahrzeugsteuerung sowie eine Rückübernahmeaufforderung gem. § 1b Abs. 2 Nr. 1 StVG erhebt und speichert. Das mit

292 So die Begründung des Regierungsentwurfs für ein Gesetz zur Änderung des Straßenverkehrsgesetzes, BT-Drs. 18/11300, 15.

293 Begründung des Regierungsentwurfs für ein Gesetz zur Änderung des Straßenverkehrsgesetzes, BT-Drs. 18/11300, 24; siehe dazu auch *Schmid/Wessels*, NZV 2017, 357 (358 f.).

einer Vielzahl an Sensordaten zur besseren Unfallrekonstruktion zur Verfügung stehende Potential wurde nicht ausgeschöpft.

Mit § 63a Abs. 2 StVG wurde eine datenschutzrechtliche Ermächtigung zur Übermittlung der Daten an die zuständige Behörde geschaffen. Eine Übermittlungspflicht ergibt sich daraus nicht. Deren Grundlage richtet sich nach strafprozessrechtlichen bzw. ordnungswidrigkeitsrechtlichen Vorschriften.

Dass § 63a Abs. 5 StVG zu einer verbesserten Unfallforschung beiträgt, darf angesichts der insoweit lediglich bestehenden Übermittlungsbefugnis und der rudimentären Daten bezweifelt werden.

Mit § 63a Abs. 3 StVG wurde ein Auskunfts- bzw. Übermittlungsanspruch eines Unfallbeteiligten bezüglich der gespeicherten Daten zur Geltendmachung, Befriedigung oder Abwehr von Rechtsansprüchen eingeführt. Dieses zentrale Instrument zur Abgrenzung der Verantwortungsbereiche von Fahrzeugführer einerseits und Hersteller und Halter andererseits ist aufgrund zwingender europarechtlicher Zulassungsvorschriften für in Serie produzierte Personenkraftwagen derzeit unanwendbar. Hier besteht dringender gesetzgeberischer Handlungsbedarf.

Kapitel 3: Haftung des Fahrzeugführers

Wie bereits dargestellt,[294] eröffnet der arbeitsteilige Prozess der Fahrzeugführung bei hoch- und vollautomatisierten Fahrzeugen eine neue Fehlerquelle als Unfallursache. Das Zusammenspiel zwischen dem Fahrzeug und dem Fahrzeugführer setzt entsprechende Fähigkeiten des Fahrzeugführers aber auch rechtliche Maßgaben zur Übergabe der Fahrzeugsteuerung an das Fahrzeug und zur Rückübernahme der Fahrzeugsteuerung voraus. Solange der Fahrzeugführer an der Fahrzeugführung beteiligt ist, besteht aus Sicht des Rechtsverkehrs weiterhin ein Bedürfnis nach der Haftung des Fahrzeugführers. Wann der Fahrzeugführer eines hoch- oder vollautomatisierten Fahrzeugs haftet, hängt wiederum von den ihn treffenden Sorgfaltspflichten ab, die in diesem Kapitel aufgezeigt werden sollen.

Für den Fahrzeugführer kommen im Wesentlichen zwei Haftungstatbestände in Betracht. Er kann aus § 18 Abs. 1 StVG und aus § 823 Abs. 1 BGB haften. Aufgrund der geringen praktischen Bedeutung des Anspruchs aus § 823 Abs. 1 BGB[295] soll hier nur auf § 18 Abs. 1 StVG Bezug genommen werden. Die Ausführungen hinsichtlich der Sorgfaltsanforderungen gelten aber entsprechend für § 823 Abs. 1 BGB.

Nach der Gesetzesbegründung zum 8. ÄndG des StVG soll die Haftung für vermutetes Verschulden für den Fahrzeugführer gem. § 18 Abs. 1 StVG grundsätzlich beibehalten werden.[296] Haftungsauslösend sind danach das Ereignis gem. § 7 Abs. 1 StVG, die schadensursächliche Rechtsgutsverletzung bei Betrieb eines Kraftfahrzeugs, § 18 Abs. 1 S. 1 StVG, und das Verschulden des Fahrzeugführers. Das Verschulden wird gem. § 18 Abs. 1 S. 2 StVG vermutet.[297] Der Fahrzeugführer kann einer Inanspruchnahme also die anspruchshindernde Einwendung seines fehlenden Verschuldens entgegenhalten. Dafür muss der

---

294 Siehe dazu die Einleitung.

295 *Jänich/Schrader/Reck*, NZV 2015, 313 (316).

296 Begründung des Regierungsentwurfs für ein Gesetz zur Änderung des Straßenverkehrsgesetzes, BT-Drs. 18/11300, 14.

297 *Grüneberg*, in: Berz/Burmann, Handbuch des Straßenverkehrsrechts, Stand: Juni 2022, 45. EL, Kap. 4, A. II., Rn. 75; *Kuhn*, in: Buschbell/Höke (Hrsg.), Münchener Anwaltshandbuch Straßenverkehrsrecht, 5. Aufl., 2020, § 23, Rn. 112 f., „*Verschuldenshaftung mit umgekehrter Beweislast*"; ebenso *König*, in: Hentschel/König/Dauer Straßenverkehrsrecht, 46. Aufl., 2021, § 18 StVG, Rn. 1a; *Böhmer*, NJW 1970, 1724, „*Haftung aus vermutetem Verschulden*".

Fahrer darlegen, wie sich der Unfall ereignet und wie er sich dabei verhalten hat.[298] Den Fahrer trifft die Beweislast hinsichtlich sämtlicher Tatsachen, die als Verschulden in Betracht kommen.[299] Um der Vermutung des Verschuldens entgegenzutreten, muss der Fahrzeugführer beweisen, dass er alles einem ordentlichen Kraftfahrer Zumutbare zur Vermeidung des Unfalls getan hat.[300] Konkret muss der Fahrzeugführer eine nicht von ihm zu vertretende Unfallursache, etwa einen unfallursächlichen technischen Defekt, beweisen oder belegen, dass keine „verbotene" Verhaltensweise zu dem Unfall geführt hat.[301]

Ausgehend von diesen allgemein geltenden Obersätzen ist im Folgenden zu untersuchen, wie die Besonderheiten des hoch- und vollautomatisierten Fahrens in dieses Haftungskonzept eingepasst werden können.

A. Fahrzeugführer bei Verwendung der hoch- oder vollautomatisierten Fahrzeugsteuerung

Fahrzeugführer ist, wer das Kraftfahrzeug im Unfallzeitpunkt in eigener Verantwortung leitet und lenkt und mithin jene Verrichtungen ausübt, derer es bedarf, damit die bestimmungsgemäßen Betriebskräfte des Fahrzeugs zum Zwecke seiner Fortbewegung auf dieses einwirken können.[302] Die

---

298 *Kaufmann*, in: Geigel, Der Haftpflichtprozess, 28. Aufl., 2020, Kap. 25, Rn. 320.

299 BGH NJW 1974, 1510 (1511); *Grüneberg*, in: Berz/Burmann, Handbuch des Straßenverkehrsrechts, Stand: Juni 2022, 45. EL, Kap. 4, A., II., Rn. 82; *Walter*, in: BeckOGK Straßenverkehrsrecht, Stand: 01. Januar 2022, § 18 StVG, Rn. 27; *König*, in: Hentschel/König/Dauer Straßenverkehrsrecht, 46. Aufl., 2021, § 18 StVG, Rn. 1a; *Kaufmann*, in: Geigel, Der Haftpflichtprozess, 28. Aufl., 2020, Kap. 25, Rn. 320; *Buck-Heeb/Dieckmann*, Zivilrechtliche Haftung von Halter und Fahrer beim Einsatz (teil) automatisierter Fahrfunktionen, in: Oppermann/Stender-Vorwachs (Hrsg.), Autonomes Fahren, Kap. 3.1.1, Rn. 135.

300 *König*, in: Hentschel/König/Dauer Straßenverkehrsrecht, 46. Aufl., 2021, § 18 StVG, Rn. 4; *Jänich/Schrader/Reck*, NZV 2015, 313 (316); *Frenz/Casimir-van den Broek*, DAR 2009, 625 (628).

301 *Heß*, in: Burmann/Heß/Hühnermann/Jahnke, Straßenverkehrsrecht, 27. Aufl., 2022, § 18 StVG, Rn. 8; *Buck-Heeb/Dieckmann*, NZV 2019, 113 (114 f.); *Greger*, NZV 2018, 1 (2); *Schrader*, DAR 2016, 242 (245); *Schrader*, NJW 2015, 3537 (3538); *Berz/Dedy/Granich*, DAR 2000, 545 (547); *Böhmer*, NJW 1970, 1724.

302 BGH NJW 1963, 43; BGH NJW 1990, 1245; *Walter*, in: BeckOGK Straßenverkehrsrecht, Stand: 01. Januar 2022, § 18 StVG, Rn. 6; *Heß*, in: Burmann/Heß/Hühnermann/Jahnke, Straßenverkehrsrecht, 27. Aufl., 2022, § 18 StVG, Rn. 3; *Just/Quarch*, in: Balke/Reisert/Schulz-Merkel (Hrsg.), Regulierung von Verkehrsunfällen, 2. Aufl., 2021, Kap. 35, Rn. 1; *Buck-Heeb/Dieckmann*, Zivilrechtliche

Fahrzeugführereigenschaft muss sich nicht auf eine Person beschränken, sondern kann auch von zwei Personen ausgeführt werden.[303] Damit ist zugleich ausgedrückt, dass es nicht darauf ankommen kann, dass eine Person alle zur Fortbewegung erforderlichen Betriebseinrichtungen des Fahrzeugs betätigt.[304] Bei geteilter Fahraufgabe kommt es darauf an, ob die Person zumindest einen Teil der wesentlichen Betriebseinrichtungen bedient, also solche Aufgaben übernimmt, ohne die eine zielgerichtete Fortbewegung unmöglich wäre.[305] Nimmt jemand nur Hilfsdienste vor oder übernimmt kurzzeitig die Fahrfunktionen, ist dennoch nur derjenige Fahrzeugführer, der die Entscheidungen im Hinblick auf den Fahrtverlauf trifft.[306] Ob jemand nur Hilfsdienste vornimmt oder Fahrzeugführer ist, bemisst sich daran, ob die Person Entscheidungsmacht über die Fahrtrichtung und Bewegung des Fahrzeugs hat, also einen Entscheidungsspielraum wahrnimmt.[307] So hat etwa derjenige, der bedingungslos den Anweisungen eines anderen folgt, keine Entscheidungsmacht über den Fahrtverlauf. In einem solchen Fall ist nur der andere Fahrzeugführer.[308]

Gem. § 1a Abs. 4 StVG ist Fahrzeugführer auch derjenige, der eine hoch- oder vollautomatisierte Fahrfunktion im Sinne des Absatzes 2 aktiviert und zur Fahrzeugsteuerung verwendet, auch wenn er im Rahmen der bestimmungsgemäßen Verwendung dieser Funktion das Fahrzeug nicht eigenhändig steuert.[309]

Haftung von Halter und Fahrer beim Einsatz (teil) automatisierter Fahrfunktionen, in: Oppermann/Stender-Vorwachs (Hrsg.), Autonomes Fahren, Kap. 3.1.1, Rn. 26; *Franke*, DAR 2016, 61 (62); *v. Bodungen/Hoffmann*, NZV 2016, 449 (452); *Hans*, GWR 2016, 393 (394).

303 BGH NJW 1990, 1245; BGH NJW 2015, 1124 (1125).

304 So auch *Schrader*, NJW 2015, 3537 (3539).

305 BGH NJW 1990, 1245; *Walter*, in: BeckOGK Straßenverkehrsrecht, Stand: 01. Januar 2022, § 18 StVG, Rn. 7; *Koch*, VersR 2018, 901 (908); *Schrader*, NJW 2015, 3537 (3539).

306 BGH, Urteil vom 22. März 1977 – VI ZR 80/75, BeckRS 1977, 2968, Rn. 9; *Walter*, in: BeckOGK Straßenverkehrsrecht, Stand: 01. Januar 2022, § 18 StVG, Rn. 6; *Schrader*, DAR 2016, 242 (245); *Schrader*, NJW 2015, 3537 (3539).

307 BGH, Urteil vom 22. März 1977 – VI ZR 80/75, BeckRS 1977, 2968, Rn. 9; *Walter*, in: BeckOGK Straßenverkehrsrecht, Stand: 01. Januar 2022, § 18 StVG, Rn. 7; *Schrader*, NJW 2015, 3537 (3539).

308 BGH, Urteil vom 22. März 1977 – VI ZR 80/75, BeckRS 1977, 2968, Rn. 9.

309 Diese Regelung ist erst recht auf die Fahrzeugführereigenschaft während einer bestimmungswidrigen Verwendung zu beziehen, *Hinze*, Haftungsrisiken des automatisierten und autonomen Fahrens, S. 45; a.A. *König*, in: Hentschel/König/Dauer Straßenverkehrsrecht, 46. Aufl., 2021, § 1a StVG, Rn. 15 der meint, die Fiktion

I. Rechtsnatur des § 1 Abs. 4 StVG

Trotz dieser Klarstellung wird in der Literatur kontrovers diskutiert, ob sich die Eigenschaft als Fahrzeugführer bereits aus der vorangestellten Definition oder erst aus § 1a Abs. 4 StVG ergibt.[310] Dahinter steht die Frage, welche Rechtsnatur § 1a Abs. 4 StVG zukommt. Unklar ist, ob der Vorschrift lediglich deklaratorischer Charakter beigemessen wird oder ihr konstitutive Wirkung zukommt, es sich letztlich also um eine Fiktion handelt. Wie zu zeigen sein wird, hat diese Frage auch Auswirkungen auf die Fahrzeugführereigenschaft des Herstellers. Denn begreift man § 1a Abs. 4 StVG als Fiktion, muss eine andere Person die originäre Rolle des Fahrzeugführers ausfüllen, damit das Fahrzeug nicht in tatsächlicher Hinsicht unbeherrscht und daher führerlos ist.

Nach einer Ansicht ist der menschliche Fahrer eines hoch- und vollautomatisierten Fahrzeugs auch ohne die Regelung des § 1a Abs. 4 StVG Fahrzeugführer.[311] § 1a Abs. 4 StVG habe deshalb nur klarstellende Funktion.[312] Zur Begründung der originären Fahrzeugführereigenschaft wird auf die Möglichkeit zum Eingriff in die Fahrzeugsteuerung verwiesen. Dementsprechend wird angenommen, die Vorschrift des § 1a Abs. 2 S. 1 Nr. 3 StVG, also die jederzeitige Möglichkeit zur Übersteuerung oder zum Abschalten, führe dazu, dass der menschliche Fahrer die tatsächliche Gewalt über das hoch- oder vollautomatisiert fahrende Fahrzeug habe.[313] Der Fahrzeugführer nehme bei seiner

---

greife nur ein, wenn der Nutzer die automatisierte Fahrfunktion bestimmungsgemäß nutze; andernfalls entfalle seine Fahrzeugführereigenschaft.

310 Siehe zum Streitstand die ausführliche Übersicht bei *v. Bodungen/Hoffmann*, NZV 2016, 449 (452).

311 *Walter*, in: BeckOGK Straßenverkehrsrecht, Stand: 01. Januar 2022, § 18 StVG, Rn. 14, der die Fahrzeugführereigenschaft so lange bejaht, bis ein „*Verantwortlicher zur Steuerung erforderlich ist*"; *Hötitzsch/May*, Rechtliche Problemfelder beim Einsatz automatisierter Systeme im Straßenverkehr, in: Hilgendorf (Hrsg.), Robotik im Kontext von Recht und Moral, S. 197; *Bewersdorf*, Zulassung und Haftung bei Fahrerassistenzsystemen im Straßenverkehr, S. 105 f.; Hochautomatisiertes Fahren auf Autobahnen – industriepolitische Schlussfolgerungen, Studie des Frauenhofer Institus für Arbeitswirtschaft und Organisation IAO im Auftrag des Bundesministeriums für Wirtschaft und Energie vom 18. November 2015, 340 f.; ohne nähere Auseinandersetzung auch *Jänich/Schrader/Reck*, NZV 2015, 313 (316); *Frenz/Casimir-van den Broek*, DAR 2009, 625 (628).

312 *Buck-Heeb/Dieckmann*, NZV 2019, 113 (114).

313 *Walter*, in: BeckOGK Straßenverkehrsrecht, Stand: 01. Januar 2022, § 18 StVG, Rn. 14; in diese Richtung auch *Semrau*, in: BeckOK Straßenverkehrsrecht, 17. Edition, Stand: 15. Oktober 2022, § 18 StVG, Rn. 5; *Buck-Heeb/Dieckmann*,

Entscheidung, ob er das Fahrsystem aktiviert und wann er es übersteuert, einen eigenen Entscheidungsspielraum war, was für die Fahrzeugführereigenschaft ausreiche.[314] Bereits nach der herkömmlichen Definition des Fahrzeugführers verliere dieser seine Eigenschaft nicht dadurch, dass er die Hände vom Lenkrad bzw. die Füße von den Pedalen nimmt. Die ständige Beherrschbarkeit und das „in den Händen halten“ der Betriebseinrichtungen des Fahrzeugs sei also keine zwingende Voraussetzung für die Stellung als Fahrzeugführer. Ansonsten könnte sich der Fahrer seiner Stellung entledigen und so die Haftung umgehen.[315]

Eine andere Ansicht in der Literatur spricht sich gegen die Fahrzeugführerstellung während des automatisierten Fahrbetriebs aus. Befindet sich das Fahrzeug im automatisierten Fahrmodus, berechne und treffe die Software die relevanten Steuerungsentscheidungen. Die Beherrschung des Fahrgeschehens erfolge daher ausschließlich maschinell. Fahrzeugführer sei daher nur

---

Zivilrechtliche Haftung von Halter und Fahrer beim Einsatz (teil) automatisierter Fahrfunktionen, in: Oppermann/Stender-Vorwachs (Hrsg.), Autonomes Fahren, Kap. 3.1.1, Rn. 35; *Buck-Heeb/Dieckmann*, NZV 2019, 113 (114); *Reusch/Weidner*, Future Law. Blockchain, Industrie 4.0, Internet of Things, Robotik, Rn. 109; *Hötitzsch/May*, Rechtliche Problemfelder beim Einsatz automatisierter Systeme im Straßenverkehr, in: Hilgendorf (Hrsg.), Robotik im Kontext von Recht und Moral, S. 197 f.; Hochautomatisiertes Fahren auf Autobahnen – industriepolitische Schlussfolgerungen, Studie des Frauenhofer Institus für Arbeitswirtschaft und Organisation IAO im Auftrag des Bundesministeriums für Wirtschaft und Energie vom 18. November 2015, 341; in diesem Sinne bereits vor der StVG-Novelle *Sosnitza*, CR 2016, 764 (769); *Schrader*, NJW 2015, 3537 (3541), der damals noch Fahrzeugnutzer und Hersteller als Fahrzeugführer ansah; bei mittels elektronischer Deichsel verbundener Fahrzeuge die Fahrzeugführereigenschaft für das nachfolgende Fahrzeug wegen dessen Überwachungsfunktion bejahend *Bewersdorf*, Zulassung und Haftung bei Fahrerassistenzsystemen im Straßenverkehr, S. 105 f.

314 *Buck-Heeb/Dieckmann*, Zivilrechtliche Haftung von Halter und Fahrer beim Einsatz (teil) automatisierter Fahrfunktionen, in: Oppermann/Stender-Vorwachs (Hrsg.), Autonomes Fahren, Kap. 3.1.1, Rn. 36; *Buck-Heeb/Dieckmann*, NZV 2019, 113 (114); ähnlich argumentiert *Greger*, NZV 2018, 1 (2), der auf die Bereitschaftspflicht des Fahrzeugführers gem. § 1b StVG, nach der der Fahrzeugführer bei Betrieb des Fahrzeugs tätig sei, rekurriert.

315 *Buck-Heeb/Dieckmann*, Zivilrechtliche Haftung von Halter und Fahrer beim Einsatz (teil) automatisierter Fahrfunktionen, in: Oppermann/Stender-Vorwachs (Hrsg.), Autonomes Fahren, Kap. 3.1.1, Rn. 36; *Buck-Heeb/Dieckmann*, NZV 2019, 113 (114); *Greger*, NZV 2018, 1 (2).

das Fahrsystem.[316] Der Fahrzeugnutzer könne sich deshalb nur gem. § 823 Abs. 1 BGB wegen unterlassenen Eingriffs in die Fahrzeugsteuerung haftbar machen.[317]

Konsequenz der zuletzt genannten Ansicht ist zugleich die Annahme der Fahrzeugführereigenschaft des Herstellers, da das Fahrzeug ansonsten führerlos wäre.[318] Daran ändert auch § 1a Abs. 4 StVG nichts, da die Vorschrift– gegebenenfalls im Zuge einer Fiktion – lediglich zu einer Doppelrolle der Fahrzeugführer führt, bei der die Fahrzeugführereigenschaft des menschlichen Fahrzeugführers zusätzlich fingiert wird.

Ob der Hersteller Fahrzeugführer sein kann, ist durch Auslegung zu ermitteln.

1. Auslegung anhand des Wortlauts

Eine Auslegung anhand des Wortlauts des § 1a Abs. 4 StVG bringt für diese Frage keine Klarheit. Vereinzelt wird vertreten, durch die Formulierung

---

316 *König*, in: Hentschel/König/Dauer Straßenverkehrsrecht, 46. Aufl., 2021, § 1a StVG, Rn. 14; implizit auch *Niehaus*, in: Berz/Burmann, Handbuch des Straßenverkehrsrechts, Stand: Juni 2022, 45. EL, Kap. 14, A., I., Rn. 8, der von einer „*Lücke*" aufgrund der Anwendung der allgemeinen Definition des Fahrzeugführers ausgeht, die durch § 1a Abs. 4 StVG geschlossen werden soll; die Fahrzeugführereigenschaft des Nutzers verneinend *Hinze*, Haftungsrisiken des automatisierten und autonomen Fahrens, S. 44; *v. Bodungen*, Automatisiertes Fahren (Automotive), in: Sassenberg/Faber (Hrsg.), Rechtshandbuch Industrie 4.0 und Internet of Things, Kap. 5, § 16, Rn. 29; *v. Bodungen/Hoffmann*, NZV 2016, 449 (452); die Fahrzeugführereigenschaft des Nutzers ebenfalls verneinend *Wigger*, Automatisiertes Fahren und strafrechtliche Verantwortlichkeit wegen Fahrlässigkeit, S. 73 f.; ebenso *Staub*, NZV 2019, 392 (394); *Berndt*, SVR 2017, 121 (123); *Schrader*, DAR 2016, 242 (245); *Schrader*, NJW 2015, 3537 (33538 und 33541); *Borges*, CR 2016, 272 (276) hat Sympathien für die Haftung des Herstellers als Fahrzeugführer, gleichwohl lehnt er diese Ansicht im Ergebnis ab.

317 *v. Bodungen/Hoffmann*, NZV 2016, 449 (452); so für autonome Fahrzeuge auch *Schrader*, DAR 2016, 242 (245), der allerdings den Hersteller als Fahrzeugführer begreift; ablehnend aufgrund mangelnden Einflusses auf die Fahrzeugsteuerung *Grigorian/Tribess*, Robots on the Road, in: Taeger (Hrsg.), Den Wandel Begleiten. IT-rechtliche Herausforderungen der Digitalisierung, S. 655.

318 Dass die Führerlosigkeit keine Option darstellt, ergibt sich bereits aus internationalen Vorgaben. Nach Art. 8 Abs. 1 WÜ muss jedes Fahrzeug einen Fahrzeugführer haben. Die Fahrzeugführereigenschaft des Herstellers wäre auch aus diesem Grund zwingend.

„Fahrzeugführer ist auch derjenige, …" werde ausgedrückt, dass der menschliche Fahrer neben dem Hersteller „auch" Fahrzeugführer sei und es zu einem Nebeneinander der Fahrzeugführereigenschaft komme.[319] Die Formulierung „auch" darf aber nicht überstrapaziert werden. Damit ist lediglich zum Ausdruck gebracht, dass derjenige, der hoch- oder vollautomatisierte Systeme einsetzt, wie der herkömmliche („analoge") Fahrzeugführer „auch" Fahrzeugführer ist. Eine Lesart, wonach sich das „auch" auf die Fahrzeugführereigenschaft des Systems oder sogar des Herstellers auswirkt, findet im Gesetz keine Stütze.[320]

2. *Systematische Auslegung*

Gegen den Hersteller als Fahrzeugführer sprechen eine Reihe systematischer Gründe.

a) *Menschlicher Fahrzeugführer als gesetzgeberisches Leitbild*

Dagegen spricht bereits, dass das Gesetz mit dem StVG und der StVO ansonsten einen menschlichen Fahrzeugführer voraussetzt.[321] So bestimmt § 2 Abs. 4 S. 1 StVG etwa, dass zum Führen von Kraftfahrzeugen nur geeignet ist, wer die notwendigen körperlichen und geistigen Anforderungen erfüllt und nicht erheblich oder nicht wiederholt gegen verkehrsrechtliche Vorschriften oder gegen Strafgesetze verstoßen hat und § 23 StVO sieht vor, dass „Sicht und das Gehör nicht durch die Besetzung, Tiere, die Ladung, Geräte oder den Zustand des Fahrzeugs beeinträchtigt werden" dürfen. Eine Gesellschaft oder juristische Person sind erkennbar nicht Adressaten dieser Pflichten und werden demnach nicht als Fahrzeugführer angesehen.

b) *Systemwidrige Folgen bei Annahme der Fahrzeugführereigenschaft des Herstellers*

Die Fahrerhaftung des Herstellers würde des Weiteren dazu führen, dass sich der Hersteller wegen der durch § 18 Abs. 3 StVG i.V.m. den Vorschriften des § 17 StVG vorgegebenen Haftungseinheit von Fahrzeugführer und Halter die

---

319 *Buck-Heeb/Dieckmann*, Zivilrechtliche Haftung von Halter und Fahrer beim Einsatz (teil) automatisierter Fahrfunktionen, in: Oppermann/Stender-Vorwachs (Hrsg.), Autonomes Fahren, Kap. 3.1.1, Rn. 38.

320 So auch *Koch*, VersR 2018, 901 (908).

321 *Koch*, VersR 2018, 901 (908); *Singler*, Freilaw 2017, 14 (17).

Betriebsgefahr des Fahrzeugs zurechnen lassen müsste.[322] Hieraus ergäben sich auf versicherungsrechtlicher Ebene mehrere systemwidrige Folgen.

Die Fahrereigenschaft des Herstellers würde dazu führen, dass der Hersteller in der Kfz-Haftpflichtversicherung mitversichert wäre.[323] Das würde bedeuten, dass der Hersteller im Falle seiner auf § 18 Abs. 1 StVG gestützten Inanspruchnahme einen Freistellungsanspruch gegen die Kfz-Haftpflichtversicherung hätte[324] und die Kfz-Haftpflichtversicherung dem Hersteller gegenüber nach § 116 Abs. 1 S. 1 VVG allein einstandspflichtig wäre.[325] Damit wäre dem Kfz-Haftpflichtversicherer die Möglichkeit eines Regresses beim Hersteller – entgegen der Vorstellung des Gesetzgebers[326] – genommen.[327] Der von den Prämien des Halters finanzierte Versicherer müsste infolgedessen für Produktfehler des Herstellers einstehen.[328] Der Hersteller wäre also durch die Belastung mit einem Haftungstatbestand letztlich auf Kosten der Versichertengemeinschaft entlastet, was ein in sich widersprüchliches Ergebnis wäre.[329]

---

322 BGH NJW 1966, 1262 (1263); BGHZ 54, 283 (285); *Heß*, in: Burmann/Heß/Hühnermann/Jahnke, Straßenverkehrsrecht, 27. Aufl., 2022, § 18 StVG, Rn. 12; *Kaufmann*, in: Geigel, Der Haftpflichtprozess, 28. Aufl., 2020, Kap. 25, Rn. 336; *Sosnitza*, CR 2016, 764 (769).

323 *Heß*, in: Burmann/Heß/Hühnermann/Jahnke, Straßenverkehrsrecht, 27. Aufl., 2022, § 18 StVG, Rn. 14; *Steege*, in: Haus/Krumm/Quarch (Hrsg.), Gesamtes Verkehrsrecht, 3. Aufl. 2022, Anhang III zu §§ 1a–1c StVG, Rn. 2; *Eichelberger*, Autonomes Fahren und Privatversicherungsrecht, in: Oppermann/Stender-Vorwachs (Hrsg.), Autonomes Fahren, Kap. 3.1.3, Rn. 81.

324 *Eichelberger*, Autonomes Fahren und Privatversicherungsrecht, in: Oppermann/Stender-Vorwachs (Hrsg.), Autonomes Fahren, Kap. 3.1.3, Rn. 81.

325 *Eichelberger*, Autonomes Fahren und Privatversicherungsrecht, in: Oppermann/Stender-Vorwachs (Hrsg.), Autonomes Fahren, Kap. 3.1.3, Rn. 81; *Borges*, CR 2016, 272 (277).

326 Begründung des Regierungsentwurfs für ein Gesetz zur Änderung des Straßenverkehrsgesetzes, BT-Drs. 18/11300, 14.

327 *Eichelberger*, Autonomes Fahren und Privatversicherungsrecht, in: Oppermann/Stender-Vorwachs (Hrsg.), Autonomes Fahren, Kap. 3.1.3, Rn. 81.

328 Vgl. *Eichelberger*, Autonomes Fahren und Privatversicherungsrecht, in: Oppermann/Stender-Vorwachs (Hrsg.), Autonomes Fahren, Kap. 3.1.3, Rn. 81 f.; *Christoph*, RAW 2018, 103 (109).

329 Um dieses Ergebnis zu vermeiden, wird zum Teil versucht, die Haftungseinheit aufgrund der Fahrerhaftung und die Produkthaftung gedanklich voneinander zu trennen und entsprechende Haftungsquoten zu bilden, ohne aber eine Antwort darauf geben zu können, wie eine Haftungsquote für einen Produktfehler bemessen werden kann, *Eichelberger*, Autonomes Fahren und Privatversicherungsrecht, in: Oppermann/Stender-Vorwachs (Hrsg.), Autonomes Fahren, Kap. 3.1.3, Rn. 83;

3. *Teleologische Auslegung*

Unter dem Blickwinkel des Sinn und Zwecks des § 1a Abs. 4 StVG ist festzustellen, dass der Gesetzeber das Haftungsregime des Herstellers von hoch- und vollautomatisierten Fahrzeugen für nicht novellierungsbedürftig hält.[330] Er geht ausweislich der Gesetzesbegründung davon aus, dass der menschliche Fahrzeugführer während der automatisierten Phase nicht durch das hoch- oder vollautomatisierte System ersetzt wird[331] und die Vorschrift lediglich klarstellende Funktion hat.[332] § 1a Abs. 4 StVG eine Fahrereigenschaft des Systems oder des Herstellers zu entnehmen, geht weit über eine „klarstellende Funktion" hinaus. Ein solches Verständnis hätte vielmehr die bahnbrechende Folge, dass ein Haftungstatbestand des StVG auf den Hersteller ausgeweitet würde. Zudem geht der Gesetzgeber davon aus, dass die Fahrerhaftung bei aktvierter automatisierter Fahrzeugsteuerung bei einem durch technisches Versagen verursachten Unfall entfallen kann, weshalb die Haftungshöchstbeträge angehoben wurden.[333] Wäre der Hersteller Fahrzeugführer, würde die Fahrerhaftung im Falle eines technischen Versagens gerade nicht entfallen. Der Erhöhung der Haftungshöchstbeträge hätte es dann nicht bedurft.

4. *Zwischenergebnis*

Im Ergebnis ist die Fahrzeugführereigenschaft des Herstellers daher abzulehnen[334] und allein dem menschlichen Fahrzeugführer zuzusprechen. Bei § 1a Abs. 4 StVG handelt es sich dementsprechend nicht um eine Fiktion.[335]

---

in diese Richtung auch *Schubert*, PHi 2015, 46 (50), der allerdings den Hersteller an der Versicherungssumme beteiligen will, wodurch dieser von der Haftung für Produkthaftungsfälle freigestellt würde.

330 *Schrader*, DAR 2018, 314 (316).

331 Begründung des Regierungsentwurfs für ein Gesetz zur Änderung des Straßenverkehrsgesetzes, BT-Drs. 18/11300, 14.

332 Begründung des Regierungsentwurfs für ein Gesetz zur Änderung des Straßenverkehrsgesetzes, BT-Drs. 18/11300, 21.

333 Begründung des Regierungsentwurfs für ein Gesetz zur Änderung des Straßenverkehrsgesetzes, BT-Drs. 18/11300, 24.

334 *Koch*, VersR 2018, 901 (908 f.); *Singler*, Freilaw 2017, 14 (17).

335 *König*, NZV 2017, 123 (125); a.A. *v. Bodungen*, Automatisiertes Fahren (Automotive), in: Sassenberg/Faber (Hrsg.), Rechtshandbuch Industrie 4.0 und Internet of Things, Kap. 5, § 16, Rn. 29; *Ostrop*, HRN 2018, 30 (32); *Berndt*, SVR 2017, 121 (123 f.); zum strafrechtlichen Fahrzeugführerbegriff *Franke*, DAR 2016, 61 (62).

II. Anpassungsbedarf in der Rechtsprechung

Nachdem der Hersteller als Fahrzeugführer ausscheidet, muss also der menschliche Fahrzeugnutzer als Fahrzeugführer begriffen werden, damit das Fahrzeug nicht führerlos ist. Die Rechtsprechung, wonach allein die Möglichkeit des Eingriffs in die Fahrzeugsteuerung keine Stellung als Fahrzeugführer begründet und eine Fahrzeugführereigenschaft erst angenommen wird, wenn tatsächlich in die Fahrzeugsteuerung eingegriffen werde,[336] ist vor diesem Hintergrund bei hoch- und vollautomatisierten Fahrzeugen nicht mehr zu halten. Würde an dieser Rechtsprechung festgehalten, müsste die Fahrzeugführereigenschaft des Fahrzeugnutzers – mit den aufgezeigten Konsequenzen – verneint werden. Es bedarf daher insoweit einer Rechtsprechungsänderung. Für die Kontrolle über das Fahrzeug bzw. die Ausübung der Verrichtungen, derer es bedarf, damit die bestimmungsgemäßen Betriebskräfte des Fahrzeugs zum Zwecke seiner Fortbewegung auf dieses einwirken, muss daher bereits die Aktivierung der automatisierten Fahrzeugsteuerung und die Möglichkeit zur Übersteuerung bzw. Deaktivierung ausreichen. Diese Tätigkeiten dürfen also nicht nur als Hilfsdienste abgetan werden, bei denen keine Entscheidungsmacht über die Fahrtrichtung und Bewegung des Fahrzeugs besteht.

B. Im Straßenverkehr geltender Sorgfaltsmaßstab

Für den Fahrer gilt der Verschuldensbegriff des § 276 BGB und damit der Sorgfaltsmaßstab des § 276 Abs. 2 BGB.[337] Der Fahrzeugführer hat für die Unfallursache also nur einzustehen, wenn er vorsätzlich oder fahrlässig handelt. Nach § 276 Abs. 2 BGB handelt derjenige fahrlässig, der die im Verkehr erforderliche Sorgfalt außer Acht lässt. Von dem Fahrzeugführer wird im Verkehr die Sorgfalt eines besonnenen und gewissenhaften Kraftfahrers,[338] nicht jedoch die

---

336 BGH NJW 1959, 1883; BGH NJW 1963, 43; BGH NJW 2015, 1124 (1125) m.w.N.; *Schrader*, NJW 2015, 3537 (3538 f.).

337 *Grüneberg*, in: Berz/Burmann, Handbuch des Straßenverkehrsrechts, Stand: Juni 2022, 45. EL, Kap. 4, A., II., Rn. 80; *Walter*, in: BeckOGK Straßenverkehrsrecht, Stand: 01. Januar 2022, § 18 StVG, Rn. 18; *König*, in: Hentschel/König/Dauer Straßenverkehrsrecht, 46. Aufl., 2021, § 18 StVG, Rn. 4; *Kaufmann*, in: Geigel, Der Haftpflichtprozess, 28. Aufl., 2020, Kap. 25, Rn. 320; *Buck-Heeb/Dieckmann*, NZV 2019, 113 (115).

338 OLG Hamm NZV 2000, 376; *Walter*, in: BeckOGK Straßenverkehrsrecht, Stand: 01. Januar 2022, § 18 StVG, Rn. 18; *Kaufmann*, in: Geigel, Der Haftpflichtprozess, 28. Aufl., 2020, Kap. 25, Rn. 321; *Buck-Heeb/Dieckmann*, NZV 2019, 113 (115).

Sorgfalt eines Idealfahrers verlangt.[339] Der Fahrer hat demnach nicht fahrlässig gehandelt, wenn er diejenige Sorgfalt beachtet hat, die von einem wenigstens durchschnittlich geübten Fahrer erwartet werden darf.[340] Erst wenn der Unfall für einen solchen Fahrer vorhersehbar und vermeidbar war, trifft den Fahrer der Vorwurf der Fahrlässigkeit.[341]

Es kommt außerdem allein auf das individuelle Verschulden des Fahrzeugführers an, da sich der Fahrer ein Fehlverhalten des Fahrsystems nicht nach § 278 BGB zurechnen lassen muss, da dieses nicht einsichts- und urteilsfähig, mithin nicht deliktsfähig, ist.[342] Ebenso muss sich der Fahrer das Verschulden des Herstellers bei einer Fehlfunktion des Fahrsystems nicht zurechnen lassen, weil es an einem (vor)vertraglichen Schuldverhältnis zwischen dem Fahrer und dem Hersteller fehlt.[343]

C. Sorgfaltsanforderungen an den Fahrzeugführer eines hoch- oder vollautomatisierten Fahrzeugs

Die Verhaltensregeln des Fahrzeugführers ergeben sich im Wesentlichen aus der StVO und darüber hinaus aus den konkreten Umständen und Gefahren

339 BGH NJW 1983, 1326 (1327); BGH NJW-RR 1987, 150; *Grüneberg*, in: Berz/Burmann, Handbuch des Straßenverkehrsrechts, Stand: Juni 2022, 45. EL, Kap. 4, A., II., Rn. 80; *Kaufmann*, in: Geigel, Der Haftpflichtprozess, 28. Aufl., 2020, Kap. 25, Rn. 321.

340 BGH NJW 1976, 1504 (1505); *Grüneberg*, in: Berz/Burmann, Handbuch des Straßenverkehrsrechts, Stand: Juni 2022, 45. EL, Kap. 4, A., II., Rn. 80, *„gewöhnliche verkehrserforderliche Sorgfalt"*; *Kaufmann*, in: Geigel, Der Haftpflichtprozess, 28. Aufl., 2020, Kap. 25, Rn. 321.

341 *Walter*, in: BeckOGK Straßenverkehrsrecht, Stand: 01. Januar 2022, § 18 StVG, Rn. 18; *Buck-Heeb/Dieckmann*, NZV 2019, 113 (115).

342 *Buck-Heeb/Dieckmann*, Zivilrechtliche Haftung von Halter und Fahrer beim Einsatz (teil) automatisierter Fahrfunktionen, in: Oppermann/Stender-Vorwachs (Hrsg.), Autonomes Fahren, Kap. 3.1.1, Rn. 53; *Schwartz*, Betriebsgefahr und Unabwendbarkeit bei selbstfahrenden Fahrzeugen, in: Taeger (Hrsg.), Den Wandel begleiten. IT-rechtliche Herausforderungen der Digitalisierung, S. 675; *Horner/Kaulartz*, CR 2016, 7.

343 Vgl. *Grüneberg*, in: Grüneberg BGB, 81. Aufl., 2022, § 278, Rn. 2; *Buck-Heeb/Dieckmann*, Zivilrechtliche Haftung von Halter und Fahrer beim Einsatz (teil) automatisierter Fahrfunktionen, in: Oppermann/Stender-Vorwachs (Hrsg.), Autonomes Fahren, Kap. 3.1.1, Rn. 53; auch eine analoge Anwendung des § 278 BGB ist mangels vergleichbarer Interessenlage abzulehnen, *Leupold/Wiesner*, in: Leupold/Wiebe/Glossner (Hrsg.), IT-Recht, 4. Aufl., 2021, Teil 9.6.4, Rn. 34.

des Verkehrs sowie nach dem, was den Verkehrsteilnehmern zumutbar ist, um diese Gefahren möglichst gering zu halten.[344] Die daraus abgeleiteten, für Fahrzeugführer von konventionellen Fahrzeugen bereits geltenden, Sorgfaltsanforderungen werden im Ausgangspunkt auch beim Führen eines hoch- oder vollautomatisierten Fahrzeugs zu Grunde gelegt. Sie lassen sich in Sorgfaltsanforderungen vor und nach Fahrtantritt einteilen. Durch das 8. ÄndG zum StVG wurden diese jedoch an zentralen Stellen modifiziert.[345] Diese neuen Sorgfaltsanforderungen werden im Folgenden dargestellt.

Da die Regelung zur Datenverarbeitung bei hoch- und vollautomatisierten Fahrzeugen eine Feststellung darüber ermöglichen soll, ob der Fahrzeugführer oder das Fahrsystem für den Unfall verantwortlich ist,[346] ist zudem zu klären, in welchen Fällen sich der Anspruchsberechtigte auf die nach § 63a Abs. 1 StVG gespeicherten Daten zur Begründung eines Anspruchs stützen kann und wann er dazu ausschließlich auf herkömmliche Beweismittel zurückgreifen muss. Dafür kommt es darauf an, inwieweit sich die gespeicherten Daten zur Abgrenzung der Verantwortungsbereiche von Fahrer und Hersteller eignen. Um dies zu beantworten, sind die jeweiligen Pflichten des Fahrers eines hoch- oder vollautomatisierten Fahrzeugs mit den nach § 63a Abs. 1 StVG gespeicherten Daten abzugleichen. Aufgrund des Zuschnitts der Regelung des § 63a Abs. 1 StVG auf die Speicherung von Ort und Zeit der Übergabe der Fahrzeugsteuerung, ist eine Unfallaufklärung bereits lediglich auf Vorgänge während der Fahrt beschränkt. Die Daten können also für Einhaltung bzw. Missachtung der Sorgfaltsanforderungen vor Fahrtantritt nichts beitragen.

---

344 BGH NJW 1979, 1363 (1364); *Walter*, in: BeckOGK Straßenverkehrsrecht, Stand: 01. Januar 2022, § 18 StVG, Rn. 26; *Engel*, in: Münchener Kommentar Straßenverkehrsrecht, § 18 StVG, Rn. 4 f.; für die Maßgeblichkeit der Verkehrsregeln der StVO *Lutz*, Haftung am Beispiel automatisierter Fahrzeuge, in: Hartmann (Hrsg.), KI & Recht Kompakt, Kap. 3, S. 121.

345 *Schaub*, in: BeckOGK BGB, Stand: 01. September 2022, § 276, Rn. 81, 88.11 und 88.13; *Kaufmann*, in: Geigel, Der Haftpflichtprozess, 28. Aufl., 2020, Kap. 25, Rn. 320; *Buck-Heeb/Dieckmann*, NZV 2019, 113 (114); allgemein zu automatisiertem Fahren, Automatisiertes Fahren im Straßenverkehr – Herausforderungen für die zukünftige Verkehrspolitik, Gutachten des wissenschaftlichen Beirats beim Bundesminister für Verkehr und digitale Infrastruktur, April 2017, 13.

346 Dazu bereits in Kap. 2 Ziff. B. VI. 2. a).

I. Sorgfaltsanforderungen vor Fahrtantritt

Vor Fahrtantritt hat sich der Fahrzeugführer gem. § 23 Abs. 1 S. 2 StVO zu vergewissern, dass das Fahrzeug keine erkennbaren Mängel aufweist und verkehrstauglich ist.[347] Bezogen auf das automatisierte Fahren bedeutet das, dass der Fahrzeugführer das Fahrsystem auf seine Verkehrstauglichkeit und erkennbare Mängel zu prüfen hat.[348]

Da der Fahrer die automatisierte Fahrzeugsteuerung nach § 1a Abs. 1 StVG nur bestimmungsgemäß verwenden darf, hat er sich vor Fahrtantritt mit dem Funktionsumfang des Systems vertraut zu machen, damit er weiß, was es leisten kann[349] und wann er es dementsprechend aktivieren darf. Er muss sich zudem

---

347 BGH NZV 1995, 310; *Walter*, in: BeckOGK Straßenverkehrsrecht, Stand: 01. Januar 2022, § 18 StVG, Rn. 21; *Heß*, in: Burmann/Heß/Hühnermann/Jahnke, Straßenverkehrsrecht, 27. Aufl., 2022, § 23 StVO, Rn. 6; *König*, in: Hentschel/König/Dauer Straßenverkehrsrecht, 46. Aufl., 2021, § 23 StVO, Rn. 16; *Kaufmann*, in: Geigel, Der Haftpflichtprozess, 28. Aufl., 2020, Kap. 25, Rn. 321; *Kettler*, in: Münchener Kommentar Straßenverkehrsrecht, § 23 StVO, Rn. 7; *Buck-Heeb/Dieckmann*, NZV 2019, 113 (115); *Singler*, Freilaw 2017, 14 (17); *Frenz/Casimir-van den Broek*, DAR 2009, 625 (628); zu Fahrerassistenzsystemen bereits *Frenz*, ZfS 2003, 381 (384).

348 So auch *Leupold/Wiesner*, in: Leupold/Wiebe/Glossner (Hrsg.), IT-Recht, 4. Aufl., 2021, Teil 9.6.4, Rn. 33, die gegebenenfalls Testeinsätze fordern; *Buck-Heeb/Dieckmann*, Zivilrechtliche Haftung von Halter und Fahrer beim Einsatz (teil) automatisierter Fahrfunktionen, in: Oppermann/Stender-Vorwachs (Hrsg.), Autonomes Fahren, Kap. 3.1.1, Rn. 52; *v. Bodungen*, Automatisiertes Fahren (Automotive), in: Sassenberg/Faber (Hrsg.), Rechtshandbuch Industrie 4.0 und Internet of Things, Kap. 5, § 16, Rn. 31; *v. Bodungen/Hoffmann*, NZV 2016, 449 (454); allgemein zu autonomen Systemen *Horner/Kaulartz*, CR 2016, 7 (9); zur strafrechtlichen Relevanz der Pflicht, die Funktionsfähgkeit des autonomen Fahrzeugs zu prüfen *Valerius*, Sorgfaltspflichten beim autonomen Fahren, in: Hilgendorf (Hrsg.), Autonome Systeme und neue Mobilität, S. 15.

349 *Leupold/Wiesner*, in: Leupold/Wiebe/Glossner (Hrsg.), IT-Recht, 4. Aufl., 2021, Teil 9.6.4, Rn. 97; *v. Bodungen*, Automatisiertes Fahren (Automotive), in: Sassenberg/Faber (Hrsg.), Rechtshandbuch Industrie 4.0 und Internet of Things, Kap. 5, § 16, Rn. 31; *Buck-Heeb/Dieckmann*, Zivilrechtliche Haftung von Halter und Fahrer beim Einsatz (teil) automatisierter Fahrfunktionen, in: Oppermann/Stender-Vorwachs (Hrsg.), Autonomes Fahren, Kap. 3.1.1, Rn. 54; *Buck-Heeb/Dieckmann*, NZV 2019, 113 (115); *Greger*, NZV 2018, 1 (2); *Lüdemann/Sutter/Vogelpohl*, NZV 2018, 411 (412); *Singler*, Freilaw 2017, 14 (17); *Kütük-Markendorf*, CR 2017, 349 (351); in diese Richtung auch *Grünvogel*, MDR 2017, 973 (974); *Jänich/Schrader/Reck*, NZV 2015, 313 (316); zu Fahrerassistenzsystemen bereits *Bewersdorf*, Zulassung und Haftung bei Fahrerassistenzsystemen im Straßenverkehr, S. 108; *Frenz*, ZfS 2003, 381 (384); *Vogt*, NZV 2003, 153 (157).

darüber informieren, wie er übersteuernd eingreifen kann.[350] Dazu muss er sich durch Lektüre der Systembeschreibung über das Fahrsystem informieren[351] oder beim Hersteller geeignetes Informationsmaterial abfragen.[352]

Dies gilt auch dann, wenn das Fahrsystem entgegen § 1a Abs. 2 Nr. 6 StVG den Fahrer nicht auf eine der Systembeschreibung zuwiderlaufende Verwendung hinweist. Der Fahrer hat von sich aus darauf zu achten, dass er die Funktion nur entsprechend der Systembeschreibung des Herstellers verwendet.[353] § 1a Abs. 1 StVG wirkt somit bereits auf die Sorgfaltsanforderungen vor Fahrtantritt ein.

II. Sorgfaltsanforderungen nach Fahrtantritt

1. Keine Benutzungspflicht

§ 1a Abs. 1 StVG zielt mit der Legalisierung hoch- oder vollautomatisierter Fahrzeugsteuerungen[354] darauf ab, dem Fahrzeugführer die Möglichkeit zur modernen Fortbewegung mittels hoch- oder vollautomatisierter Fahrfunktion

---

350 *Bewersdorf*, Zulassung und Haftung bei Fahrerassistenzsystemen im Straßenverkehr, S. 108, 111 und 120; *Singler*, Freilaw 2017, 14 (17); *Jänich/Schrader/Reck*, NZV 2015, 313 (316); *Berz/Dedy/Granich*, DAR 2000, 545 (549).

351 *König*, in: Hentschel/König/Dauer Straßenverkehrsrecht, 46. Aufl., 2021, § 1a StVG, Rn. 8 und § 23 StVO, Rn. 16; *v. Bodungen*, Automatisiertes Fahren (Automotive), in: Sassenberg/Faber (Hrsg.), Rechtshandbuch Industrie 4.0 und Internet of Things, Kap. 5, § 16, Rn. 31; *Klink-Straub/Keber*, NZV 2020, 113 (114); *Buck-Heeb/Dieckmann*, NZV 2019, 113 (115 f.); *Lüdemann/Sutter/Vogelpohl*, NZV 2018, 411 (412).

352 *v. Bodungen/Hoffmann*, NZV 2016, 449 (454).

353 *Buck-Heeb/Dieckmann*, Zivilrechtliche Haftung von Halter und Fahrer beim Einsatz (teil) automatisierter Fahrfunktionen, in: Oppermann/Stender-Vorwachs (Hrsg.), Autonomes Fahren, Kap. 3.1.1, Rn. 73; *Buck-Heeb/Dieckmann*, NZV 2019, 113 (116); *v. Bodungen*, Automatisiertes Fahren (Automotive), in: Sassenberg/Faber (Hrsg.), Rechtshandbuch Industrie 4.0 und Internet of Things, Kap. 5, § 16, Rn. 32; so auch *Lüdemann/Sutter/Vogelpohl*, NZV 2018, 411 (412).

354 Vgl. *Buck-Heeb/Dieckmann*, Zivilrechtliche Haftung von Halter und Fahrer beim Einsatz (teil) automatisierter Fahrfunktionen, in: Oppermann/Stender-Vorwachs (Hrsg.), Autonomes Fahren, Kap. 3.1.1, Rn. 73, „*der Einsatz stellt keine Sorgfaltswidrigkeit des Fahrers dar*"; *Meyer-Seitz*, Auf dem 56. Deutschen Verkehrsgerichtstag gehaltenes Referat, in: Deutscher Verkehrsgerichtstag – Deutsche Akademie für Verkehrswissenschaft e.V. (Hrsg.), 56. Deutscher Verkehrsgerichtstag, S. 64; *Schubert*, SVR 2019, 124 (126); *Balke*, SVR 2018, 5 (7); *Schirmer*, NZV 2017, 253 (255).

zur Verfügung zu stellen. Grundlegend ist in diesem Zusammenhang festzustellen, dass hieraus keine Benutzungspflicht der automatisierten Fahrzeugsteuerung resultiert.

Hierfür spricht die Leitentscheidung des Gesetzgebers, die bereits Eingang in die Strategie der Bundesregierung „automatisiertes und vernetztes Fahren“ gefunden hatte[355] und sich auch an anderen Vorschriften veranschaulichen lässt. Aus den § 1a Abs. 2 S. 1 Nr. 3, 4 und 5 StVG ergibt sich eine strukturelle Überordnung des Fahrzeugführers. Danach muss die automatisierte Fahrzeugsteuerung jederzeit manuell übersteuerbar oder deaktivierbar sein (Nr. 3), sie muss in der Lage sein, die Erforderlichkeit der eigenhändigen Fahrzeugsteuerung zu erkennen (Nr. 4) und dies dem Fahrzeugführer mit ausreichender Zeitreserve anzuzeigen (Nr. 5). Die strukturelle Überordnung des Fahrzeugführers besteht zum einen darin, die automatisierte Fahrzeugsteuerung jederzeit manuell übersteuern oder deaktivieren zu können[356] und zum anderen darin, dass der Fahrzeugführer eine Rückfallebene für das Fahrsystem darstellt. Denn das Gesetz geht davon aus, dass eine manuelle Fahrzeugsteuerung erforderlich ist, wenn die automatisierte Fahrzeugsteuerung an ihre Grenzen stößt. Der Fahrer hat damit gewissermaßen die Letztentscheidungsbefugnis inne, nicht das Fahrsystem.

Diese Sichtweise ergibt sich auch aus den in § 1b Abs. 2 StVG geregelten Rückübernahmepflichten. Übernimmt der Fahrzeugführer die Fahrzeugführung, ohne dass deren Voraussetzungen vorliegen, handelt er überobligatorisch und damit umsichtiger, als es das Gesetz von ihm verlangt. Dazu kommt, dass der weniger vorsichtig agierende Fahrer, der die manuelle Fahrzeugsteuerung erst bei Vorliegen der Voraussetzungen der Rückübernahmepflicht gem. § 1b Abs. 2 Nr. 2 StVG übernimmt, in den Genuss des darin enthaltenen Haftungsprivilegs kommt,[357] während dem vorsichtigeren Fahrer bei permanenter manueller Steuerung im Falle einer Nutzungspflicht einfache Fahrlässigkeit zur Last gelegt werden müsste. Eine Sorgfaltswidrigkeit kann in der manuellen Fahrzeugsteuerung daher ohne Wertungswiderspruch nicht gesehen werden.

---

355 Bundesregierung, Strategie automatisiertes und vernetztes Fahren, September 2015, 17.

356 So auch *Buck-Heeb/Dieckmann*, Zivilrechtliche Haftung von Halter und Fahrer beim Einsatz (teil) automatisierter Fahrfunktionen, in: Oppermann/Stender-Vorwachs (Hrsg.), Autonomes Fahren, Kap. 3.1.1, Rn. 75, die von einem Recht zur Übersteuerung und zur Deaktivierung sprechen.

357 Dazu Ziff. C. II. 4. b) aa) dieses Kapitels.

Eine Benutzungspflicht der automatisierten Fahrzeugsteuerung existiert daher ebenso wenig[358] wie eine entsprechende Obliegenheit des Fahrzeugführers.[359] Eine Begrenzung der herkömmlichen Fahrzeugführung geht mit der Legalisierung hoch- und vollautomatisierter Fahrzeuge nicht einher. Das hat zur Konsequenz, dass es keine Rolle spielt, ob der Unfall bei aktivierter automatisierter Steuerung hätte vermieden werden können.[360] Außerdem kann ein Mitverschulden eines Unfallbeteiligten nicht darin gesehen werden, dass sein Fahrzeug kein automatisiertes Fahrsystem enthält oder dieses zum Unfallzeitpunkt nicht aktiviert war.

2. *Bestimmungsgemäße Verwendung der hoch- oder vollautomatisierten Fahrzeugsteuerung*

§ 1a Abs. 1 StVG lässt die Verwendung hoch- und vollautomatisierter Fahrzeugsteuerungen zu, wenn diese bestimmungsgemäß verwendet werden. Um den Begriff der bestimmungsgemäßen Verwendung und die daraus folgenden Sorgfaltsanforderungen zu verstehen, ist zunächst zu untersuchen, welche Regelungssystematik hinter der Regelung des § 1a Abs. 1 StVG steht. In einem zweiten Schritt wird der Frage nachgegangen, ob sich die nach § 63a Abs. 1

358 Stellungnahme des Bundesrates und Gegenäußerung der Bundesregierung zum Entwurf eines Gesetzes zur Änderung des Straßenverkehrsgesetzes vom 15. März 2017, BT-Drs.18/11534, 13; eine solche wäre wegen der „*Unterwerfung des Menschen unter technische Imperative*" auch ethisch bedenklich, siehe dazu den Bericht der Ethik-Kommission Automatisiertes und vernetztes Fahren, Juni 2017, 11 (Regel 6); *König*, in: Hentschel/König/Dauer Straßenverkehrsrecht, 46. Aufl., 2021, § 1b StVG, Rn. 11; eine Benutzungspflicht bereits vor der StVG-Novelle ablehnend *Singler*, Freilaw 2017, 14 (17); a.A. für Fahrerassistenzsysteme *Bewersdorf*, Zulassung und Haftung bei Fahrerassistenzsystemen im Straßenverkehr, S. 110 f.

359 *Steege*, in: Haus/Krumm/Quarch (Hrsg.), Gesamtes Verkehrsrecht, 3. Aufl. 2022, Anhang III zu §§ 1a–1c StVG, Rn. 40; *Buck-Heeb/Dieckmann*, Zivilrechtliche Haftung von Halter und Fahrer beim Einsatz (teil) automatisierter Fahrfunktionen, in: Oppermann/Stender-Vorwachs (Hrsg.), Autonomes Fahren, Kap. 3.1.1, Rn. 131 f.; a.A. bei Ausschluss von Funktionsmämgeln und rechtlicher Klarheit über das Verhalten in Dilemma-Situationen *Sander/Hollering*, NStZ 2017, 193 (200).

360 *Buck-Heeb/Dieckmann*, Zivilrechtliche Haftung von Halter und Fahrer beim Einsatz (teil) automatisierter Fahrfunktionen, in: Oppermann/Stender-Vorwachs (Hrsg.), Autonomes Fahren, Kap. 3.1.1, Rn. 74; *Buck-Heeb/Dieckmann*, NZV 2019, 113 (116); *Greger*, NZV 2018, 1 (4); a.A. *Freise*, VersR 2019, 65 (74 f.).

StVG gespeicherten Daten zum Beweis der bestimmungsgemäßen bzw. bestimmungswidrigen Verwendung eignen.

a) *Regelung der bestimmungsgemäßen Verwendung durch den Hersteller*

Nach § 1a Abs. 1 StVG ist die Verwendung hoch- oder vollautomatisierter Fahrsysteme nur zulässig, wenn sie bestimmungsgemäß verwendet werden. Den Fahrzeugführer trifft daher die Pflicht, die automatisierte Fahrfunktion nicht bestimmungswidrig zu verwenden.[361] Die bestimmungsgemäße Nutzung stellt hingegen keine Sorgfaltspflichtverletzung dar. Das hat zur Folge, dass dem Fahrer bei bestimmungsgemäßer Verwendung – vorbehaltlich einer etwaigen Rückübernahmepflicht – kein Fahrlässigkeitsvorwurf gemacht werden kann, wenn der Unfall bei Steuerung durch einen Menschen verhindert worden wäre.[362]

Nach der Gesetzesbegründung muss die Systembeschreibung des Fahrzeugs daher unmissverständlich über die Art der Ausstattung mit automatisierter Fahrfunktion und über den Grad der Automatisierung Auskunft geben, um dem Fahrer über den Rahmen der bestimmungsgemäßen Verwendung zu informieren.[363] Obwohl das System den Fahrer nach § 1a Abs. 2 S. 1 Nr. 6 StVG auf die bestimmungswidrige Verwendung hinweisen muss, darf sich der Fahrer darauf nicht verlassen. Er hat vor der Aktivierung eigenständig zu prüfen, ob er das Fahrsystem bestimmungsgemäß verwendet.[364]

---

361 So bereits Bundesregierung, Strategie automatisiertes und vernetztes Fahren, September 2015, 17; *v. Bodungen*, Automatisiertes Fahren (Automotive), in: Sassenberg/Faber (Hrsg.), Rechtshandbuch Industrie 4.0 und Internet of Things, Kap. 5, § 16, Rn. 32; *Buck-Heeb/Dieckmann*, Zivilrechtliche Haftung von Halter und Fahrer beim Einsatz (teil) automatisierter Fahrfunktionen, in: Oppermann/Stender-Vorwachs (Hrsg.), Autonomes Fahren, Kap. 3.1.1, Rn. 73; *Buck-Heeb/Dieckmann*, NZV 2019, 113 (115); *Feldmann*, GA 2020, 678 (681); *Freise*, VersR 2019, 65 (73 f.); *Greger*, NZV 2018, 1 (2); *Lüdemann/Sutter/Vogelpohl*, NZV 2018, 411 (412); *Balke*, SVR 2018, 5 (6); so vor der StVG-Novelle bereits *Doderer/Hartwig*, IR 2016, 53 (54).

362 *Reusch/Weidner*, Future Law. Blockchain, Industrie 4.0, Internet of Things, Robotik, Rn. 126; *Buck-Heeb/Dieckmann*, NZV 2019, 113 (116); *Freise*, VersR 2019, 65 (73 f.); *Greger*, NZV 2018, 1 (4).

363 Begründung des Regierungsentwurfs für ein Gesetz zur Änderung des Straßenverkehrsgesetzes, BT-Drs. 18/11300, 20.

364 *Buck-Heeb/Dieckmann*, Zivilrechtliche Haftung von Halter und Fahrer beim Einsatz (teil) automatisierter Fahrfunktionen, in: Oppermann/Stender-Vorwachs (Hrsg.), Autonomes Fahren, Kap. 3.1.1, Rn. 73; *v. Bodungen*, Automatisiertes Fahren (Automotive), in: Sassenberg/Faber (Hrsg.), Rechtshandbuch Industrie 4.0 und

Was unter bestimmungsgemäßer Verwendung zu verstehen ist, ist gesetzlich nicht definiert. Aus der Gesetzesbegründung wird jedoch deutlich, dass die bestimmungsgemäße Verwendung vom vorgesehenen Einsatz abhängt und dieser in der Systembeschreibung des Herstellers geregelt sein muss.[365] Damit ist ausgedrückt, dass es dem Automobilhersteller obliegt, den Rahmen des zulässigen Einsatzes der automatisierten Fahrfunktion durch die Systembeschreibung zu bestimmen.[366]

Die Regelungstechnik wird mitunter stark kritisiert. Dagegen werden im Wesentlichen zwei Argumente angeführt: Zum einen trete der Hersteller als Ersatzgesetzgeber auf, indem er die Sorgfaltsanforderungen des Fahrzeugführers definiere.[367] Der Fahrzeugnutzer werde so mit Informationen überfrachtet,

---

Internet of Things, Kap. 5, § 16, Rn. 32; *Feldmann*, GA 2020, 678 (681); so auch *Lüdemann/Sutter/Vogelpohl*, NZV 2018, 411 (412).

365 Vgl. Begründung des Regierungsentwurfs für ein Gesetz zur Änderung des Straßenverkehrsgesetzes, BT-Drs. 18/11300, 20.

366 Dieses Verständnis legt auch der Bundesrat zu Grunde, siehe Stellungnahme des Bundesrates und Gegenäußerung der Bundesregierung zum Entwurf eines Gesetzes zur Änderung des Straßenverkehrsgesetzes vom 15. März 2017, BT-Drs.18/11534, 2, Ziff. 4 a); *Heß*, in: Burmann/Heß/Hühnermann/Jahnke, Straßenverkehrsrecht, 27. Aufl., 2022, § 1a StVG, Rn. 8; *König*, in: Hentschel/König/Dauer Straßenverkehrsrecht, 46. Aufl., 2021, § 1a StVG, Rn. 3; *Feldmann*, GA 2020, 678 (681); *Klink-Straub/Keber*, NZV 2020, 113 (114); *Lüdemann/Sutter/Vogelpohl*, NZV 2018, 411 (412); *Kütük-Markendorf*, CR 2017, 349 (351); *König*, NZV 2017, 123 (125); *Schirmer*, NZV 2017, 253 (255); *Grünvogel*, MDR 2017, 973; *Lange*, NZV 2017, 345 (349); *Grützmacher*, Legal Tribune Online 2017, Artikel vom 13. Januar 2017, abrufbar unter: https://www.lto.de/recht/hintergruende/h/autonomes-fahren-gesetzentwurf-haftung-fahrer-hersteller/ (zuletzt abgerufen am 15. November 2022); beispielhaft kann auf die Leistungsbeschreibung des Audi A4 Staupiloten hingewiesen werden, der auf Autobahnen und auf Bundesstraßen mit baulicher Trennung die Fahraufgabe im Kolonnenverkehr bis zu einer Geschwindigkeit von 65 km/h übernimmt, https://www.audi-technology-portal.de/de/elektrik-elektronik/fahrerassistenzsysteme/ (zuletzt abgerufen am 15. November 2022).

367 Stellungnahme des Bundesrates und Gegenäußerung der Bundesregierung zum Entwurf eines Gesetzes zur Änderung des Straßenverkehrsgesetzes vom 15. März 2017, BT-Drs.18/11534, 2, Ziff. 4 a) und b) und Rechtssicher Fahren mit automatisierten Fahrzeugen – Unaufgeforderte Stellungnahme des Verbraucherzentrale Bundesverbandes e.V. vom 16. März 2017, 9, die beide gefordert haben, den Begriff der bestimmungsgemäßen Verwendung aus Gründen der Rechtssicherheit im Gesetz selbst zu definieren; *Tergan*, Automatisiertes Fahren. Gegenwärtiges und zukünftiges Zulassungsrecht, S. 65; *Lüdemann/Sutter/Vogelpohl*, NZV 2018, 411 (412); *König*, NZV 2017, 123 (125); *Kütük-Markendorf*, CR 2017, 349 (351); *Arzt/*

deren mangelnde Kenntnisnahme zu seinen Lasten gehe.[368] Wegen der Komplexität der Anforderungen an den Fahrer sei die Lektüre der Systembeschreibung allein nicht mehr ausreichend, sondern es bedürfe eines Fahrtrainings durch pädagogisch-didaktisch versierte Fachkräfte.[369] Zum anderen sei der Hersteller damit in der Lage, sein Haftungsrisiko durch eine enge Formulierung der spezifischen Anwendungsfälle zu reduzieren.[370]

Den erstgenannten Bedenken ist insoweit zuzustimmen, dass der Gesetzgeber mit dem Begriff der bestimmungsgemäßen Verwendung eine Öffnungsklausel für den Hersteller geschaffen hat, mit der die Vorgaben der Systembeschreibung in den Rang einer gesetzlichen Sorgfaltspflicht gehoben werden. In praktischer Hinsicht ist diese Öffnungsklausel jedoch weniger relevant, als dies auf den ersten Blick erscheint. Zunächst bezieht sich die Öffnung des Gesetzes für die Systembeschreibung des Herstellers nur auf die Frage, wann die automatisierte Fahrfunktion aktiviert werden darf. Aus der Gesetzesbegründung geht hervor, dass sich die Vorschrift des § 1a Abs. 1 StVG nur auf „spezifische Anwendungsfälle" bezieht.[371] Begreift man die Regelung des § 1a Abs. 1 StVG also lediglich als Vorgabe hinsichtlich der Aktivierung der automatisierten Fahrzeugsteuerung in bestimmten Anwendungsfällen, endet ihr Anwendungsbereich, sobald das System aktiv ist. Danach geht der Gesetzgeber davon aus, dass den Fahrzeugführer neben den gesetzlich definierten Rückübernahmepflichten des § 1b Abs. 2 StVG keine Sorgfaltsanforderungen treffen.[372] Es verbleibt also kein Anwendungsbereich zur Regelung von Sorgfaltsanforderungen während des automatisierten Fahrbetriebs durch den Hersteller.[373]

Ruth-Schumacher, RAW 2017, 89 (96); *Wagner/Goeble*, ZD 2017, 263 (264 f.); in diese Richtung auch *Armbrüster*, ZRP 2017, 83 (84); *Wolfers*, RAW 2017, 2 (12), der meint, die Voraussetzungen zur Nutzung des technischen Systems nach § 1a Abs. 1 StVG würden zugleich die Überwachungs- und Übernahmeverantwortung des Fahrers markieren.

368 *Lüdemann/Sutter/Vogelpohl*, NZV 2018, 411 (413).

369 *Lüdemann/Sutter/Vogelpohl*, NZV 2018, 411 (413).

370 Vgl. *Lüdemann/Sutter/Vogelpohl*, NZV 2018, 411 (413).

371 Begründung des Regierungsentwurfs für ein Gesetz zur Änderung des Straßenverkehrsgesetzes, BT-Drs. 18/11300, 12 f.

372 Begründung des Regierungsentwurfs für ein Gesetz zur Änderung des Straßenverkehrsgesetzes, BT-Drs. 18/11300, 12–14.

373 Mangels dahingehender „Öffnungsklausel" ist auch die Ansicht von *v. Bodungen/Hoffmann*, NZV 2016, 449 (454) abzulehnen, die meinen, der Hersteller könne den Fahrzeugführer durch Erklärung in der Systembeschreibung mit Wirkung im Außenverhältnis von allen verkehrsbezogenen Aufgaben freistellen. Auf eine rein

Der Spielraum der Hersteller ist angesichts jüngster Entwicklungen auf internationaler Ebene zudem begrenzt worden. Nach der UN-ECE-Regel 79 können Lenkanlagen der Kategorien B2 und E nur aktiviert werden, wenn die Bedingungen „für einen sicheren Betrieb" erfüllt sind.[374] Nach Ziff. 5.1.9. der UN-ECE-Regel 157 zu ALKS darf die Aktivierung des Systems nicht möglich sein, wenn das System den Vorschriften dieser Regelung nicht mehr entsprechen kann.[375] Bezogen auf den Anwendungsfall der UN-ECE-Regel 157 bedeutet das, dass die Aktivierung des automatischen Spurhalteassistenten auf Straßen, in denen Fußgänger und Fahrradfahrer nicht ausgeschlossen und die Fahrbahnen nicht physisch voneinander getrennt sind sowie oberhalb von 60 km/h konstruktionsbedingt nicht möglich sein darf. Weitere Konkretisierungen enthält Ziff. 6.2.3. der UN-ECE-Regel 157.[376] Damit sind die Voraussetzungen einer zulässigen Aktivierung automatisierter Fahrsysteme – soweit

---

privatrechtliche Modifizierung der Sorgfaltsanforderungen durch Vereinbarung zwischen Hersteller und Fahrzeugführer kann sich der Fahrzeugführer gegenüber Dritten, namentlich anderen Unfallbeteiligten, nicht berufen. Zu den gesetzlichen Haftungsprivilegien der §§ 708 und 1359 BGB (BGHZ 46, 313 (317 f.) bzw. BGH NJW 2009, 1875 (1876)) hat der Bundesgerichtshof ausdrücklich festgestellt, dass für eine individuelle Herabsetzung des Sorgfaltsmaßstabs im Straßenverkehr kein Raum besteht. Die Gesellschafter und die Eheleute müssen sich also vom jeweils anderen nicht mit geringerer Sorgfalt behandeln lassen, als dies nach dem allgemein gültigen objektiven Maßstab erforderlich wäre. Dies muss erst recht für eine vertragliche Herabsetzung der Sorgfaltsanforderungen gelten.

374 UN-ECE-Regel 79, Revision 3 vom 16. Oktober 2018, deutsche Fassung, ABL. EU, L 318, 14. Dezember 2018, 1–50, 5 (Ziff. 2.4.14.); siehe dazu auch *Gail/Bartels*, Entwicklung von Anforderungen an automatisches Lenken für fahrzeugtechnische Vorschriften, in: Kompaß (Hrsg.), Methodenentwicklung für aktive Sicherheit und automatisiertes Fahren, Kap. 2.3, S. 110.

375 Zu der damals im Entwurfsstadium befindlichen UN-ECE-Regel bereits *Josipovic*, InTeR 2019, 179 (182).

376 Danach darf das System durch den Fahrzeugführer nur aktiviert werden können, wenn er sich auf dem Fahrersitz befindet und den Sicherheitsgurt angelegt hat (a), er für eine Übernahme der Fahrzeugsteuerung verfügbar ist (b), keine Störung vorliegt, die den sicheren Betrieb des Spurhalteassistenten beeinträchtigt (c), der Fahrmodusspeicher betriebsbereit ist (d), die Umgebungs- und Infrastrukturbedingungen den Einsatz zulassen (e), die Selbstprüfung des Systems ein positives Ergebnis ergeben hat (f) und sich das Fahrzeug auf einer Straße befindet, deren Nutzung durch Fußgänger und Radfahrer verboten ist und die so konzipiert ist, dass die Fahrbahnen für die entgegengesetzten Richtungen baulich voneinander getrennt sind.

diese, wie im Falle des automatischen Spurhalteassistenten, überhaupt zulassungsfähig sind – durch an den Hersteller gerichtete Konstruktionsanforderungen gesetzlich vorgegeben.[377] Der Hersteller ist insoweit von seiner Rolle als Ersatzgesetzgeber enthoben.

Die dargestellte Regelungstechnik der UN-ECE-Regel 157 hat für den Fahrer zur Konsequenz, dass er sich insoweit nicht sorgfaltswidrig verhalten kann, da das Fahrsystem eine bestimmungswidrige Verwendung konstruktionsbedingt nicht zulässt. Das Fahrsystem verhindert in den durch die UN-ECE Regel 157 aufgezählten Fällen selbst die bestimmungswidrige Verwendung der automatisierten Fahrzeugsteuerung.

Auch die zweite Überlegung, der Hersteller könne seine Haftungsgefahr durch eine restriktive Formulierung der Systembeschreibung unzulässig einschränken, geht fehl. Eine solche Praxis der Hersteller mag generell zu kritisieren sein, ist aber keine spezifische Folge des § 1a Abs. 1 StVG. Auch ohne eine solche Norm ist der Hersteller in der Lage, seine Haftungsgefahr durch ausführliche Instruktionen über den bestimmungsgemäßen Gebrauch des Produkts gegenüber jedermann in gewissem Rahmen einzugrenzen.[378] An diesem Umstand ändert § 1a Abs. 1 StVG nichts.

---

377 Zum Teil wird in Bezug auf alle hoch- und vollautomatisierten Fahrzeuge gefordert, die Aktivierbarkeit der automatisierten Fahrzeugsteuerung außerhalb des spezifischen Anwendungsfalls auszuschließen, *Hotz*, Automatisiertes Fahren – Bewertung eines Gesetzentwurfs zur Änderung des Straßenverkehrsgesetzes, in: Koch (Hrsg.), Aktuelle Probleme des Versicherungsvertrags-, Versicherungsaufsichts- und Vermittlerrechts, S. 74; so auch Hochautomatisiertes Fahren auf Autobahnen – industriepolitische Schlussfolgerungen, Studie des Frauenhofer Institus für Arbeitswirtschaft und Organisation IAO im Auftrag des Bundesministeriums für Wirtschaft und Energie vom 18. November 2015, 347; *Schrader*, DAR 2018, 314 (319), der dafür eine Kopplung an Standortdaten vorschlägt; bereits zum Temporary Auto Pilot von Volkswagen *Bartels/To/Simon/Weiser*, ATZ 2011, 652 (654).

378 *Oechsler*, in: Staudinger, Neubearbeitung 2018, § 3 ProdHaftG, Rn. 76; soweit es sich um nach dem Stand von Wissenschaft und Technik konstruktiv nicht oder nur mit unzumutbarem Aufwand zu vermeidenden Restgefahren bei der Benutzung eines Produkts handelt (Subsidiarität der Instruktionspflicht gegenüber der Konstruktionspflicht), BGHZ 181, 253 (262, Rn. 23) – Airbags; *Wagner*, in: Münchener Kommentar BGB, 8. Aufl., 2020, § 823, Rn. 973; § 3 ProdHaftG, Rn. 49; *Wagner*, Deliktsrecht, Kap. 9, Rn. 27; *Oechsler*, in: Staudinger, Neubearbeitung 2018, § 3 ProdHaftG, Rn. 46; *Wende*, Haftungsfragen bei vernetzten und autonomen Systemen, in: Sassenberg/Faber (Hrsg.), Rechtshandbuch Industrie 4.0 und Internet of Things, Kap. 2, § 4, Rn. 18; *Gasser*, Verkehrsunfall und Fahrzeugtechnik 2009,

Zum Teil wird gerade die Bestimmung des Einsatzbereichs der automatisierten Fahrzeugsteuerung durch den Hersteller als eine Voraussetzung des technischen Fortschritts gesehen, dem der Gesetzgeber offen gegenübersteht. Da die einzelnen Automobilhersteller unterschiedlich weit in der Entwicklung sind, konkretisiert der Gesetzgeber nicht die erlaubte Verwendung. Die Automobilhersteller können vielmehr selbst entscheiden, innerhalb welcher Grenzen sie ein automatisiertes Fahren zulassen, für das sie auch haftungsrechtlich die Verantwortung übernehmen.[379] Der Umfang der Systemverwendung kann so dynamisch an die technische Entwicklung angepasst werden.[380] Das ermöglicht ein erhebliches Differenzierungspotential für Automobilhersteller und eröffnet Chancen, sich von der Konkurrenz abzugrenzen,[381] wodurch der Wettbewerb hin zu mehr Verkehrssicherheit durch Automatisierung verstärkt wird.[382]

---

224 (226); vor Gefahren des bewussten oder äußerst leichtfertigen Missbrauchs eines Produkts muss der Hersteller von vornherein nicht aufklären, BGH NJW 1981, 2514 (2515 f.) – „Sniffing"; *Spindler*, in: BeckOGK BGB, Stand: 01. November 2022, § 823, Rn. 660; *Hager*, in: Staudinger, Neubearbeitung 2009, § 823 F, Rn. 36.

379 *Theissen*, Praxisüberblick – Besonderheiten beim Regress innerhalb der Lieferkette und neuartige Haftungsregelungen, in: Oppermann/Stender-Vorwachs (Hrsg.), Autonomes Fahren, Kap. 3.1.4, Rn. 11; in diesem Sinne auch *König*, NZV 2017, 123 (125); *Wagner/Goeble*, ZD 2017, 263 (265).

380 *Will*, in: BeckOK Straßenverkehrsrecht, 17. Edition, Stand: 15. Oktober 2022, §1a StVG, Rn. 8; *Hinze*, Haftungsrisiken des automatisierten und autonomen Fahrens, S. 47 f.; *Lüdemann/Sutter/Vogelpohl*, NZV 2018, 411 (412); *v. Bodungen/Hoffmann*, NZV 2018, 97 (99).

381 *Theissen*, Praxisüberblick – Besonderheiten beim Regress innerhalb der Lieferkette und neuartige Haftungsregelungen, in: Oppermann/Stender-Vorwachs (Hrsg.), Autonomes Fahren, Kap. 3.1.4, Rn. 11, „*Klassenunterschiede*" zwischen den Herstellern; *Grünvogel*, MDR 2017, 973 (974); in diese Richtung auch *Grützmacher*, Legal Tribune Online 2017, Artikel vom 13. Januar 2017, abrufbar unter: https://www.lto.de/recht/hintergruende/h/autonomes-fahren-gesetzentwurf-haftung-fahrer-hersteller/ (zuletzt abgerufen am 15. November 2022); *Kütük-Markendorf*, CR 2017, 349 (351), „*Flickenteppich*" von verschiedenen bestimmungsgemäßen Nutzungsarten.

382 Auf die Vermarktungschancen der Hersteller stellt auch die Bundesregierung ab, siehe Stellungnahme des Bundesrates und Gegenäußerung der Bundesregierung zum Entwurf eines Gesetzes zur Änderung des Straßenverkehrsgesetzes vom 15. März 2017, BT-Drs.18/11534, 14.

b) Aufklärung mit nach § 63a Abs. 1 StVG gespeicherten Daten

Ein Verstoß des Fahrers gegen die Pflicht, die automatisierte Fahrfunktion nur bestimmungsgemäß zu verwenden, kann mit den nach § 63a Abs. 1 StVG erhobenen Daten allein nicht festgestellt werden.[383] Dazu bedarf es noch der Systembeschreibung. Mit einem Abgleich des daraus hervorgehenden zulässigen Anwendungsbereichs der hoch- oder vollautomatisierten Fahrzeugsteuerung und den Daten über Zeit und Ort der Übergabe der Fahrzeugsteuerung kann erst rekonstruiert werden, ob der Fahrer die Fahrfunktion bestimmungswidrig verwendet hat.

Die Differenziertheit der Fahrzeuge im Markt wird sich auf die Beweisführung hinsichtlich der bestimmungsgemäßen Verwendung niederschlagen. Es muss für jedes Fahrzeug gesondert festgestellt werden, welcher spezifische Anwendungsfall der automatisierten Fahrzeugsteuerung in der Systembeschreibung jeweils festgelegt ist.

3. Keine Kontrollpflicht

Es stellt sich die Frage, ob der Fahrzeugführer die automatisierte Fahrzeugsteuerung ständig, nur gelegentlich oder gar nicht kontrollieren muss.

In der Literatur wird anknüpfend an die technische Einteilung der Automatisierungsgrade nach der BASt-Nomenklatur zum Teil eine Kontrollpflicht für den Fahrer diskutiert. Der Fahrer eines hochautomatisierten Fahrzeugs müsse das Verkehrsgeschehen hin und wieder, der Fahrer eines vollautomatisierten Fahrzeugs nur in größeren Zeitintervallen überwachen.[384] Es sollte daher dem Fahrer die Verpflichtung auferlegt werden, in Abständen den Blick auf die Straße und die Fahrzeugsteuerung zu richten.[385] Zudem wird mit dem noch unzureichenden technischen Fortschritt argumentiert. Weil eine vollautomatisierte Fahrfunktion noch nicht absehbar sei, sollten die Sorgfaltsanforderungen

---

383 *König*, NZV 2017, 123 (127).

384 So *Buck-Heeb/Dieckmann*, Zivilrechtliche Haftung von Halter und Fahrer beim Einsatz (teil) automatisierter Fahrfunktionen, in: Oppermann/Stender-Vorwachs (Hrsg.), Autonomes Fahren, Kap. 3.1.1, Rn. 103; *Wigger*, Automatisiertes Fahren und strafrechtliche Verantwortlichkeit wegen Fahrlässigkeit, S. 76.

385 *Jungbluth*, Auf dem 56. Deutschen Verkehrsgerichtstag gehaltenes Referat, in: Deutscher Verkehrsgerichtstag – Deutsche Akademie für Verkehrswissenschaft e.V. (Hrsg.), 56. Deutscher Verkehrsgerichtstag, S. 32, *„bei vollautomatisierten Systemen wird mehr erlaubt sein als bei nur hochautomatisierten Systemen"*; *Buck-Heeb/Dieckmann*, NZV 2019, 113 (116); *Greger*, NZV 2018, 1 (3); *Armbrüster*, ZRP 2017, 83.

des Fahrers bei hochautomatisierten Fahrzeugen gem. der BASt-Nomenklatur angewendet werden.[386] Dadurch bestünde eine Pflicht des Fahrers zur Überwachung des Verkehrsgeschehens und der Fahrzeugsteuerung.[387]

Dem ist zu entgegnen, dass sich der Gesetzgeber zwar an der BASt-Nomenklatur orientiert, jedoch eigene Sorgfaltsanforderungen an den Fahrer aufgestellt hat, die von der technischen Einteilung abweichen. Er hat die Sorgfaltspflichten des Fahrers nicht von der technischen Einstufung des Fahrzeugs abhängig gemacht.[388] Die Kontrollpflicht des Fahrzeugführers kann dementsprechend nicht in Abhängigkeit zur technischen Leistungsfähigkeit des Fahrsystems variieren. Die Gleichstellung des hochautomatisierten Fahrens mit vollautomatisiertem Fahren hinsichtlich der Kontrollpflicht würde *contra legem* negiert, wenn eine Kontrollpflicht des Fahrers eines hochautomatisierten Fahrzeugs eingeführt würde. Eine einschränkende Auslegung des Gesetzes aufgrund mangelnder technischer Umsetzbarkeit hat methodisch keine Grundlage. Das Recht gibt Sorgfaltsanforderungen an den Fahrer und Konstruktionsanforderungen an den Hersteller vor. Daran muss sich die technische Entwicklung messen lassen.

Aus einer teleologischen Auslegung ergibt sich, dass der Gesetzgeber des 8. ÄndG zum StVG sich gegen eine Kontrollpflicht des Fahrzeugführers bei hoch- und volllautomatisierten Fahrzeugen entschieden hat. In der Gesetzesbegründung heißt es: „Der Fahrzeugführer kann sich bei bestimmungsgemäßer Nutzung einer […] automatisierten Fahrfunktion auf deren Funktionsfähigkeit verlassen."[389] Es wird davon ausgegangen, dass das Fahrsystem während des

---

386 *Buck-Heeb/Dieckmann*, NZV 2019, 113 (116).

387 *Buck-Heeb/Dieckmann*, Zivilrechtliche Haftung von Halter und Fahrer beim Einsatz (teil) automatisierter Fahrfunktionen, in: Oppermann/Stender-Vorwachs (Hrsg.), Autonomes Fahren, Kap. 3.1.1, Rn. 87; für eine Kontrollpflicht auch *Hotz*, Automatisiertes Fahren – Bewertung eines Gesetzentwurfs zur Änderung des Straßenverkehrsgesetzes, in: Koch (Hrsg.), Aktuelle Probleme des Versicherungsvertrags-, Versicherungsaufsichts- und Vermittlerrechts, S. 107, die diese ohne Beachtung des Kriteriums der Offensichtlichkeit aus § 1b Abs. 2 Nr. 2 StVG herleitet, indem sie annimmt, der Fahrer müsse die Fahrzeugführung übernehmen, wenn die Voraussetzungen der bestimmungsgemäßen Verwendung nicht mehr vorliegen; *Sander/Hollering*, NStZ 2017, 193 (200 f.); für eine an den Grenzen der Systembeschreibung ausgerichtete Kontrollpflicht *Wolfers*, RAW 2017, 2 (11); *Wolfers*, RAW 2018, 94 (99).

388 Dazu bereits in Kap. 2 Ziff. A. II.

389 Begründung des Regierungsentwurfs für ein Gesetz zur Änderung des Straßenverkehrsgesetzes, BT-Drs. 18/11300, 13 f.

spezifischen Anwendungsfalls die Aufgabe der Fahrzeugsteuerung selbstständig bewältigen kann.[390] Das heißt, der Gesetzgeber geht davon aus, dass dem Fahrzeugführer während der automatisierten Fahrzeugsteuerung – abgesehen von den Rückübernahmepflichten und der diesbezüglichen Wahrnehmungsbereitschaft – keine Sorgfaltsanforderungen obliegen.[391] Den Fahrzeugführer trifft also keine Kontrollpflicht. Damit ist eine Leitentscheidung getroffen, die das hoch- und vollautomatisierte Fahren von assistiertem oder teilautomatisiertem Fahren unterscheidet.[392] Denn unterhalb der Schwelle der Hochautomatisierung ist der Fahrzeugführer bei der Nutzung von Assistenzsystemen zu deren Kontrolle verpflichtet und darf sich nicht auf die Funktion verlassen.[393]

4. *Rückübernahmepflichten*

Als Gegenstück zur Aktivierung der automatisierten Fahrzeugsteuerung enthält das Gesetz auch Pflichten des Fahrzeugführers zur Rückübernahme der Fahrzeugführung. Woraus sich diese ergeben und welchen Inhalt sie haben, wird nachfolgend aufgezeigt.

---

390 Begründung des Regierungsentwurfs für ein Gesetz zur Änderung des Straßenverkehrsgesetzes, BT-Drs. 18/11300, 12.

391 In diesem Sinne auch *Froitzheim*, in: BeckOK Straßenverkehrsrecht, 17. Edition, Stand: 15. Oktober 2022, § 823 BGB, Rn. 123; *Leupold/Wiesner*, in: Leupold/Wiebe/Glossner (Hrsg.), IT-Recht, 4. Aufl., 2021, Teil 9.6.4, Rn. 96; *Buck-Heeb/Dieckmann*, Zivilrechtliche Haftung von Halter und Fahrer beim Einsatz (teil) automatisierter Fahrfunktionen, in: Oppermann/Stender-Vorwachs (Hrsg.), Autonomes Fahren, Kap. 3.1.1, Rn. 54, *„hat der Fahrer die Kontrollpflichten vor Fahrtantritt erfüllt, darf er sich darauf verlassen, dass das Fahrsystem einwandfrei funktioniert"*; *Buck-Heeb/Dieckmann*, NZV 2019, 113 (116); *Schirmer*, NZV 2017, 253 (255); aus strafrechtlicher Perspektive *Steinert*, SVR 2019, 5 (6).

392 *Lutz*, Haftung am Beispiel automatisierter Fahrzeuge, in: Hartmann (Hrsg.), KI & Recht Kompakt, Kap. 3, S. 122 f.; a.A. *Hilgendorf*, RAW 2018, 85 (88), der davon ausgeht, dass die Sorgfaltsanforderungen des Fahrers gleich bleiben, egal welchen Automatisierungsgrad das Fahrzeug hat.

393 AG München, Urteil vom 19. Juli 2007, Az. 275 C 15658/07, Rn. 17, Zusammenfassung in AG München NJW-RR 2008, 40 f.; AG Hamburg, Urteil vom 24. Februar 2016, Az. 49 C 299/15, Rn. 22, BeckRS 2016, 12638; AG Gelsenkirchen, Urteil vom 3. Mai 2016, Az. 427 C 74/15, Rn. 21–25; siehe dazu auch *Buck-Heeb/Dieckmann*, NZV 2019, 113 (115 f.).

a) Rückübernahmepflicht gem. § 1b Abs. 2 Nr. 1 StVG

Gem. § 1b Abs. 2 Nr. 1 StVG ist der Fahrzeugführer verpflichtet, die Fahrzeugsteuerung unverzüglich wieder zu übernehmen, wenn das hoch- oder vollautomatisierte System ihn dazu auffordert. Wie das Kriterium der Unverzüglichkeit bemessen wird und ob die nach § 63a Abs. 1 StVG gespeicherten Daten geeignet sind, einen Verstoß gegen diese Rückübernahmepflicht zu belegen bzw. einen entsprechenden Vorwurf zu widerlegen, soll in diesem Abschnitt geklärt werden.

aa) Unverzüglichkeit der Reaktion

Zentrale Voraussetzung dieser Rückübernahmepflicht ist die Unverzüglichkeit des Handelns. Nach der Legaldefinition des § 121 Abs. 1 S. 1 BGB, auf die die Gesetzesbegründung verweist,[394] handelt derjenige unverzüglich, der nicht schuldhaft zögert. Diese Formel wurde durch die Rechtsprechung weiter konkretisiert. Unverzüglich bedeutet hiernach ein nach den Umständen des Falles zu bemessendes beschleunigtes, nicht vorwerfbar verzögertes Handeln.[395] Die Unverzüglichkeit ist also keine starre Frist, sondern bemisst sich nach dem, was in der jeweiligen Situation möglich und zumutbar ist.[396]

Bereits im Gesetzgebungsverfahren wurde versucht, diesen unbestimmten Rechtsbegriff in Bezug auf das hoch- und vollautomatisierte Fahren näher einzugrenzen.[397] Das hat die Bundesregierung unter Hinweis auf den vermeintlich „feststehenden Begriff der Unverzüglichkeit" abgelehnt.[398] In der Literatur wird vorgeschlagen, die unverzügliche Reaktionszeit mit „wenigen Sekunden" konkret festzulegen.[399] Die schematische Festlegung von Reaktionszeiten ohne

---

394 Stellungnahme des Bundesrates und Gegenäußerung der Bundesregierung zum Entwurf eines Gesetzes zur Änderung des Straßenverkehrsgesetzes vom 15. März 2017, BT-Drs.18/11534, 15.

395 BGH NJW 2012, 3305 (3306); *Greger*, NZV 2018, 1 (2); *König*, NZV 2017, 123 (125).

396 BGH NJW 2012, 3305 (3306); *Armbrüster*, in: Münchener Kommentar BGB, 9. Aufl., 2021, § 121, Rn. 7; *Greger*, NZV 2018, 1 (2).

397 Der Bundesrat hatte moniert, das Merkmal der Unverzüglichkeit sei zu weich formuliert und deshalb eine klarere Vorschrift gefordert, siehe Stellungnahme des Bundesrates und Gegenäußerung der Bundesregierung zum Entwurf eines Gesetzes zur Änderung des Straßenverkehrsgesetzes vom 15. März 2017, BT-Drs.18/11534, 4, Ziff. 6 b).

398 Stellungnahme des Bundesrates und Gegenäußerung der Bundesregierung zum Entwurf eines Gesetzes zur Änderung des Straßenverkehrsgesetzes vom 15. März 2017, BT-Drs.18/11534, 15.

399 So *Greger*, NZV 2018, 1 (3).

Berücksichtigung des Einzelfalls entspricht nicht der Auslegung des Begriffs der Unverzüglichkeit in § 121 Abs. 1 S. 1 BGB. Diese muss ausweislich der Gesetzesbegründung[400] auch bei der Anwendung des § 1b Abs. 2 Nr. 1 StVG maßgeblich sein. Eine starre Festlegung verbietet sich an dieser Stelle.

Durch Auslegung lässt sich das Kriterium der Unverzüglichkeit weitgehend eingrenzen und für den Rechtsanwender handhabbar machen.

Zentral für die Auslegung des Begriffs der Unverzüglichkeit ist seine Definition „ohne schuldhaftes Zögern", die eine Betrachtung ab einem bestimmten Ereignis verlangt. Im originären Kontext der Anfechtungsfrist stellt gem. § 121 Abs. 1 S. 1 BGB die Kenntnis von dem Anfechtungsgrund dieses Ereignis und somit den Beginn der Frist dar. Überträgt man diese Regelungssystematik auf § 1b Abs. 2 Nr. 1 StVG, ist zu untersuchen, ob der Fahrer direkt, d.h. ohne unnötigen Zeitverlust, nach der Übernahmeaufforderung die Fahrzeugsteuerung wieder übernommen hat. Das ergibt sich auch aus dem Begriff des „Zögerns", der nach einem vorausgegangenen Ereignis verlangt, nach dem Gelegenheit zur Verzögerung besteht.

Das hat zur Konsequenz, dass bei der Bemessung der Unverzüglichkeit Verhaltensweisen im Vorfeld der Rückübernahmeaufforderung sowie Gegebenheiten aus der Umwelt, wie etwa die Charakteristik der Straße, die aktuell gefahrene Geschwindigkeit, die Verkehrsdichte, Wetterbedingungen oder das Verhalten anderer Verkehrsteilnehmer, außer Acht zu lassen sind, da sich daraus nichts Relevantes für die Reaktionszeit ergibt. Umstände wie die durchschnittliche Reaktionszeit eines Menschen, die Interaktion zwischen Fahrer und Fahrzeug, also die Ausgestaltung des Übergabeprozesses, das Verhalten des Fahrers nach der Übernahmeaufforderung und die Komplexität der Übernahmesituation können und müssen hingegen berücksichtigt werden.[401]

Die zeitliche Limitierung des Begriffs der Unverzüglichkeit ergibt sich auch aus systematischen Erwägungen, und zwar aus einer Gegenüberstellung mit dem Kriterium der Wahrnehmungsbereitschaft i.S.d. § 1b Abs. 1 HS. 2 StVG. Die Wahrnehmungsbereitschaft ist ihrerseits zeitlich begrenzt auf die automatisierte Fahrphase bis zum pflichtenauslösenden Ereignis. Hier ist zu untersuchen, ob sich der Fahrer in eine Situation begeben hat, in der er trotz

---

400 Stellungnahme des Bundesrates und Gegenäußerung der Bundesregierung zum Entwurf eines Gesetzes zur Änderung des Straßenverkehrsgesetzes vom 15. März 2017, BT-Drs.18/11534, 15.

401 *Hotz*, Automatisiertes Fahren – Bewertung eines Gesetzentwurfs zur Änderung des Straßenverkehrsgesetzes, in: Koch (Hrsg.), Aktuelle Probleme des Versicherungsvertrags-, Versicherungsaufsichts- und Vermittlerrechts, S. 103.

sofortiger Reaktion zu lange braucht, um die Fahrzeugführung zu übernehmen. Für den Zeitraum vor der Übernahmeaufforderung hat der Gesetzgeber damit ein Kriterium implementiert, das ein zügiges Einschreiten des Fahrzeugführers sicherstellen soll. Damit besteht ein stimmiges Verhältnis zwischen der Unverzüglichkeit und der Wahrnehmungsbereitschaft, bei dem sich ihre Anwendungsbereiche klar voneinander abgrenzen lassen, gleichzeitig aber keine Zeitspanne unberücksichtigt bleibt.[402] Für eine Ausdehnung des Begriffs der Unverzüglichkeit in die Vergangenheit über den Zeitpunkt der Übernahmeaufforderung hinaus besteht somit auch kein Bedarf.[403] Die Merkmale der Unverzüglichkeit und der Wahrnehmungsbereitschaft haben also getrennte Anwendungsbereiche, die sich in zeitlicher Hinsicht durch das Ereignis der Rückübernahmeaufforderung voneinander abgrenzen lassen.

Wie das Kriterium der Unverzüglichkeit i.S.d. § 1b Abs. 2 Nr. 1 StVG zu verstehen ist, ergibt sich auch aus den spezifischen Gegebenheiten des Straßenverkehrs. Die Umstände des Einzelfalls im Sinne der Definition der Rechtsprechung können hier abstrakt zumindest insoweit bestimmt werden, als sie sich auf die Fahrzeugführung im öffentlichen Straßenverkehr beziehen. Aufgrund der Möglichkeit einer sich jederzeit schnell ändernden Fahrsituation, die nach einer zügigen Reaktion des Fahrzeugführers verlangt, ist grundsätzlich von einer Zeitspanne im Sekundenbereich auszugehen. Anders als bei Willenserklärungen kann dem Fahrzeugführer im Straßenverkehr jedenfalls keine Prüf- und Bedenkzeit von Tagen eingeräumt werden.[404]

Es muss zudem aufgrund des an einen Fahrer anzulegenden Sorgfaltsmaßstabs und des im Straßenverkehr geltenden Vertrauensgrundsatzes ein objektiver Maßstab gelten, der sich an den Fähigkeiten eines durchschnittlich geübten Fahrers orientiert.[405] Persönliche Merkmale, die die

---

402 So im Ergebnis auch *König*, NZV 2017, 123 (125 f.), der meint, von dem Tatbestandsmerkmal der Unverzüglichkeit gehe keine „*Vorwirkung*" aus; a.A. wohl *Feldmann*, GA 2020, 678 (682).

403 Näheres zur Rechtsnatur der Wahrnehmungsbereitschaft und ihrem Verhältnis zur Unverzüglichkeit unter Ziff. C. II. 6. a) dieses Kapitels.

404 *Greger*, NZV 2018, 1 (2).

405 So wohl *Buck-Heeb/Dieckmann*, Zivilrechtliche Haftung von Halter und Fahrer beim Einsatz (teil) automatisierter Fahrfunktionen, in: Oppermann/Stender-Vorwachs (Hrsg.), Autonomes Fahren, Kap. 3.1.1, Rn. 82–84, die auf die „*allgemeinen Aufmerksamkeitspflichten des Fahrers*" verweisen; *Hehl*, Das Verhältnis von Verschuldens- und Gefährdungshaftung, S. 16, „*typisierender Maßstab*".

Reaktionszeit individuell herabsetzen, können keine Berücksichtigung finden.[406]

Zentraler Aspekt der Unverzüglichkeit ist daher die durchschnittliche Reaktionszeit eines Menschen auf eine Rückübernahmeaufforderung, die das Mindestmaß der Zeitspanne bildet.[407] Daran hat sich auch der Bundesrat orientiert und vorgeschlagen, die Unverzüglichkeit an die Adaptionsgeschwindigkeit oder Reaktionsgeschwindigkeit eines Menschen anzupassen, wobei er von 1,5 bis 2 Sekunden ausgeht.[408] In der Kasuistik und Literatur reicht die Reaktionszeit je nach den Umständen des Einzelfalls von 0,8[409] über 1[410] – 1,5[411], 2[412] bis ca. 2,5[413] Sekunden. Dabei handelt es sich um eine Wertungsfrage, die das Gericht

406 BGH NJW 2000, 2812 (2813); *Lorenz*, in: BeckOK BGB, 63. Edition, Stand: 01. August 2022, § 276, Rn. 21; *Grundmann*, in: Münchener Kommentar BGB, 9. Aufl., 2022, § 276, Rn. 55 f.; besondere Kenntnisse und Fähigkeiten werden nur zu Lasten des Betroffenen berücksichtigt, *Hehl*, Das Verhältnis von Verschuldens- und Gefährdungshaftung, S. 16; a.A. *Hotz*, Automatisiertes Fahren – Bewertung eines Gesetzentwurfs zur Änderung des Straßenverkehrsgesetzes, in: Koch (Hrsg.), Aktuelle Probleme des Versicherungsvertrags-, Versicherungsaufsichts- und Vermittlerrechts, S. 103, die persönliche Merkmale wie etwa das Alter des Fahrers einbezieht.

407 Da das Gesetz vom Fahrer nichts Unmögliches verlangen darf, kann keine kürzere Zeitspanne angesetzt werden, *Heß*, in: Burmann/Heß/Hühnermann/Jahnke, Straßenverkehrsrecht, 27. Aufl., 2022, § 1 StVO, Rn. 53; *Ostrop*, HRN 2018, 30 (33).

408 Stellungnahme des Bundesrates und Gegenäußerung der Bundesregierung zum Entwurf eines Gesetzes zur Änderung des Straßenverkehrsgesetzes vom 15. März 2017, BT-Drs.18/11534, 4, Ziff. 6 b).

409 BGH NJW 1994, 941.

410 *Eriksson/Stanton*, Human Factors: The Journal of the Human Factors and Ergonomics Society 2017, 1 (3).

411 OLG Hamm VersR 2002, 1254, Rn. 2; *Damböck*, Automationseffekte im Fahrzeug – von der Reaktion zur Übernahme, S. 130, stellt eine Reaktionszeit von 0,08 Sekunden im kürzesten- und von 1,4 Sekunden im längsten Fall fest, wobei im Mittel eine Reaktionszeit von 0,5 Sekunden festzustellen war.

412 So der Arbeitskreis V „Optische und akustische Wahrnehmungsfähigkeit im Verkehr" des 32. Verkehrsgerichtstag am 28. Januar 1994, VersR 1994, 282; siehe dazu auch *Weber*, in: Berz/Burmann, Handbuch des Straßenverkehrsrechts, Stand: Juni 2022, 45. EL, Kap. 21, C., IV., Rn. 24–28; *Heß*, in: Burmann/Heß/Hühnermann/Jahnke, Straßenverkehrsrecht, 27. Aufl., 2022, § 1 StVO, Rn. 53–56; *Kaufmann*, in: Geigel, Der Haftpflichtprozess, 28. Aufl., 2020, Kap. 25, Rn. 123 f.

413 Bei der Nutzung von ACC mit Assistive Steering, also der Nutzung von Fahrzeugen des Automatisierungslevel 2, bei dem es dem Fahrer nicht gestattet ist, die Hände für längere Zeit vom Lenkrad zu nehmen und sich vom Fahrgeschehen abzuwenden, *Eriksson/Stanton*, Human Factors: The Journal of the Human Factors and

im jeweiligen Einzelfall zu treffen hat.[414] Im Falle der Rückübernahmeaufforderung werden allerdings in den meisten Fällen nahezu „Laborbedingungen" vorliegen, da die optischen oder akustischen Signale des Fahrsystems nicht von außerhalb des Fahrzeugs liegenden Umständen, wie etwa schwierigen Lichtverhältnissen, beeinflusst werden. Die durchschnittliche Reaktionszeit eines Fahrzeugführers ist daher bei der Frage des schuldhaften Zögerns als Mindestzeitspanne anzusetzen. Kommen erschwerende Umstände hinzu, ist die Zeitspanne entsprechend den Umständen des Einzelfalls zu verlängern.

bb) Aufklärung mit nach § 63a Abs. 1 StVG gespeicherten Daten

Mit der Aufzeichnung der Aufforderung zur Übernahme der Fahrzeugsteuerung mit Zeit und Ort (§ 63a Abs. 1 S. 2 Alt. 1 StVG) und der tatsächlichen Übernahme der Fahrzeugsteuerung (§ 63a Abs. 1 S. 1 StVG) kann rekonstruiert werden, ob der Fahrer zur Übernahme der Fahrzeugsteuerung aufgefordert wurde und die Fahrzeugsteuerung zum Unfallzeitpunkt übernommen hatte oder nicht.[415] Hat der Fahrer die Fahrzeugsteuerung zum Unfallzeitpunkt übernommen, handelt es sich entweder um einen herkömmlichen Verkehrsunfall mit manuell gesteuertem Kraftfahrzeug, für dessen Aufklärung § 63a StVG keinen Beitrag leisten kann, oder um einen Unfall, der infolge eines verzögerten Eingriffs passierte und der Unfall zu diesem Zeitpunkt nicht mehr vermeidbar war. In letzterem Fall und in solchen, in denen der Fahrer die Fahrzeugsteuerung zum Unfallzeitpunkt nicht übernommen hatte, muss geklärt werden, ob er sie bei Beachtung des Unverzüglichkeitserfordernisses früher hätte übernehmen müssen. Für eine zu lange Übernahmezeit kann sowohl eine mangelnde Wahrnehmungsbereitschaft als auch eine verzögerte Reaktion auf die Aufforderung zur Rückübernahme der Fahrzeugsteuerung verantwortlich sein. Die Beendigung der Nebentätigkeit und die Übernahme der Fahrzeugsteuerung kann länger als die dem Fahrzeugführer zur Übernahme der Fahrzeugsteuerung eingeräumte Zeitspanne dauern, selbst wenn der Fahrzeugführer unverzüglich

---

Ergonomics Society 2017, 1 (3); für eine Reaktionszeit in unfallkritischen Situationen von der Übernahmeaufforderung bis zur Einleitung einer Bremsreaktion von 1,6 bis 2,3 Sekunden *Lüke/Fochler/Schaller/Regensburger*, Stauassistenz und -automation, in: Winner/Hakuli/Lotz/Singer (Hrsg.), Handbuch Fahrerassistenzsysteme, Teil IX, Kap. 52, S. 1005.

414 *Weber*, in: Berz/Burmann, Handbuch des Straßenverkehrsrechts, Stand: Juni 2022, 45. EL, Kap. 21, C., IV., Rn. 22.

415 *Will*, in: BeckOK Straßenverkehrsrecht, 17. Edition, Stand: 15. Oktober 2022, § 63a StVG, Rn. 13.

reagiert hat. Vorstellbar sind auch Situationen, in denen die Nebentätigkeit schneller als in der dem Fahrzeugführer zur Übernahme der Fahrzeugsteuerung eingeräumten Zeitspanne beendet ist, obwohl sich der Fahrzeugführer nicht sofort daran gemacht hat, die Fahrzeugsteuerung zu übernehmen. In diesen Fällen wird der Verstoß gegen die Rückübernahmepflicht nicht aufgeklärt werden können. Ebenso denkbar ist das Nachgehen einer unzulässigen Nebentätigkeit bei Einhaltung des Unverzüglichkeitserfordernisses. Dann liegt kein Verstoß gegen die Rückübernahmepflichten, sondern ein Verstoß gegen die Pflicht zur Wahrnehmungsbereitschaft vor. Bei insgesamt zu langer Übergabephase gilt aber, dass der Fahrer entweder nicht ausreichend wahrnehmungsbereit war oder die Fahrzeugsteuerung nicht unverzüglich übernommen hat.

b) Rückübernahmepflicht gem. § 1b Abs. 2 Nr. 2 StVG

Gem. § 1b Abs. 2 Nr. 2 StVG ist der Fahrer verpflichtet, die Fahrzeugsteuerung unverzüglich wieder zu übernehmen, wenn er erkennt oder auf Grund offensichtlicher Umstände erkennen muss, dass die Voraussetzungen für eine bestimmungsgemäße Verwendung der hoch- oder vollautomatisierten Fahrfunktionen nicht mehr vorliegen. Der Fahrzeugführer handelt also sorgfaltswidrig, wenn er die Fahrzeugsteuerung nicht unverzüglich übernimmt, obwohl er erkannt hat oder auf Grund offensichtlicher Umstände erkennen musste, dass die Voraussetzungen für eine bestimmungsgemäße Verwendung der automatisierten Fahrfunktion nicht mehr vorliegen.

Wegen des Unverzüglichkeitserfordernisses ist dem Fahrzeugführer auch hier eine entsprechende Reaktionszeit einzuräumen.

aa) „Auf Grund offensichtlicher Umstände Erkennenmüssen" der fehlenden Voraussetzungen einer bestimmungsgemäßen Verwendung

Nach der Legaldefinition des § 122 Abs. 2 BGB bedeutet „Erkennenmüssen" fahrlässiges Nichterkennen. Wegen des Erfordernisses des „auf Grund offensichtlicher Umstände Erkennenmüssens" ist der Sorgfaltsmaßstab von einfacher Fahrlässigkeit nach unten verschoben.[416] Insoweit kommt der Fahrer in den Genuss eines Haftungsprivilegs.

---

416 Für grobe Fahrlässigkeit *König*, in: Hentschel/König/Dauer Straßenverkehrsrecht, 46. Aufl., 2021, § 1b StVG, Rn. 9; *Kaufmann*, in: Geigel, Der Haftpflichtprozess, 28. Aufl., 2020, Kap. 25, Rn. 323; *Meyer-Seitz*, Auf dem 56. Deutschen Verkehrsgerichtstag gehaltenes Referat, in: Deutscher Verkehrsgerichtstag – Deutsche Akademie für Verkehrswissenschaft e.V. (Hrsg.), 56. Deutscher Verkehrsgerichtstag, S. 64; *Kütük-Markendorf*, CR 2017, 349 (353); für eine „*Modifikation*

Unklar ist hingegen, wie weit das Haftungsprivileg reicht.[417] Das hängt davon ab, was unter offensichtlichen Umständen zu verstehen ist. Im Folgenden wird daher unter Zuhilfenahme der juristischen Auslegungsmethoden der Begriff der offensichtlichen Umstände ausgelegt, um ihn in der Rechtspraxis handhabbar zu machen.

(1) Auslegung anhand des Wortlauts
Offensichtlich bedeutet im allgemeinen Sprachgebrauch „klar erkennbar", „sehr deutlich" oder „offenkundig".[418] Eine am Wortlaut ausgerichtete Auslegung vermag an dieser Stelle daher kaum etwas zur Konkretisierung beizutragen.

(2) Systematische Auslegung
Aus systematischer Sicht müssen die offensichtlichen Umstände in Zusammenschau mit der Abwendungsbefugnis i.S.d § 1b Abs. 1 HS. 2 StVG[419] und der fehlenden Kontrollpflicht gesehen werden. Das bedeutet zum einen, dass die offensichtlichen Umstände nicht so großzügig ausgelegt werden dürfen, dass dadurch eine ständige Kontroll- und Überwachungspflicht statuiert wird.[420]

---

des Fahrlässigkeitsmaßstabs" Buck-Heeb/Dieckmann, Zivilrechtliche Haftung von Halter und Fahrer beim Einsatz (teil) automatisierter Fahrfunktionen, in: Oppermann/Stender-Vorwachs (Hrsg.), Autonomes Fahren, Kap. 3.1.1, Rn. 96; *Buck-Heeb/Dieckmann*, NZV 2019, 113 (118); ebenso *Greger*, NZV 2018, 1 (3); für eine *„Verschiebung des Fahrlässigkeitsmaßstabs" Wolfers*, RAW 2018, 94 (99).

417 Das wurde bereits im Gesetzgebungsverfahren diskutiert, siehe Rechtssicher Fahren mit automatisierten Fahrzeugen – Unaufgeforderte Stellungnahme des Verbraucherzentrale Bundesverbandes e.V. vom 16. März 2017, 11; der Bundesrat hat erfolglos gefordert, die offensichtlichen Umstände durch Regelbeispiele zu konkretisieren, Stellungnahme des Bundesrates und Gegenäußerung der Bundesregierung zum Entwurf eines Gesetzes zur Änderung des Straßenverkehrsgesetzes vom 15. März 2017, BT-Drs.18/11534, 4, Ziff. 5.

418 Duden-Online, abrufbar unter: www.duden.de/rechtschreibung/offensichtlich_klar_deutlich_offenkundig (zuletzt abgerufen am 15. November 2022).

419 Der Bundesrat hat ebenfalls auf eine Korrelation zwischen der durch die Abwendungsbefugnis verminderten Aufmerksamkeit des Fahrzeugführers und den offensichtlichen Umständen i.S.d. § 1b Abs. 2 Nr. 2 StVG hingewiesen, Stellungnahme des Bundesrates und Gegenäußerung der Bundesregierung zum Entwurf eines Gesetzes zur Änderung des Straßenverkehrsgesetzes vom 15. März 2017, BT-Drs.18/11534, 4, Ziff. 5.

420 Eine ständige Kontroll- und Überwachungspflicht bejahend *Berndt*, SVR 2017, 121 (125); sich anschließend *Huber*, Automatisiertes und autonomes Fahren – wer haftet?, in: Frenz (Hrsg.), Handbuch Industrie 4.0: Recht, Technik, Gesellschaft,

Eine solche hat der Gesetzgeber gerade nicht vorgesehen[421] und darf auch nicht „durch die Hintertür" eingeführt werden. Zum anderen müssen die Umstände so offensichtlich sein, dass diese auch erkennbar sind, wenn sich der Fahrer von der Fahrzeugführung und dem Verkehrsgeschehen abwendet.[422] Aus diesen Wertungen ergibt sich bereits im Grundsatz eine restriktive Auslegung der offensichtlichen Umstände.

Nach § 1a Abs. 2 S. 1 Nr. 2 StVG muss die hoch- oder vollautomatisierte Fahrfunktion über eine technische Ausrüstung verfügen, die in der Lage ist, während der hoch- oder vollautomatisierten Fahrzeugsteuerung den an die Fahrzeugführung gerichteten Verkehrsvorschriften zu entsprechen. Es stellt sich daher die Frage, ob die Missachtung der „an die Fahrzeugführung gerichteten Verkehrsvorschriften" als offensichtlicher Umstand herangezogen werden darf oder, ob diese aus systematischen Gründen außer Betracht bleiben muss.

Nach dem Wortlaut muss die automatisierte Fahrfunktion den an die Fahrzeugführung gerichteten Verkehrsvorschriften entsprechenden, also grundsätzlich alle während der Fahrt geltenden Vorschriften der StVO einhalten.[423]

S. 705; so auch zum gleichlautenden Gesetzentwurf *Armbrüster*, ZRP 2017, 83, der das im Sinne des Opferschutzes für richtig hält.

421 Dazu bereits Ziff. C. II. 3. dieses Kapitels.

422 *Grundmann*, in: Münchener Kommentar BGB, 9. Aufl., 2022, § 276, Rn. 147; *König*, in: Hentschel/König/Dauer Straßenverkehrsrecht, 46. Aufl., 2021, § 1b StVG, Rn. 9; *Buck-Heeb/Dieckmann*, Zivilrechtliche Haftung von Halter und Fahrer beim Einsatz (teil) automatisierter Fahrfunktionen, in: Oppermann/Stender-Vorwachs (Hrsg.), Autonomes Fahren, Kap. 3.1.1, Rn. 96; *Buck-Heeb/Dieckmann*, NZV 2019, 113 (118); *Lange*, NZV 2017, 345 (350).

423 Auch der wissenschaftliche Beirat beim Bundesminister für Verkehr und digitale Infrastruktur ist in seinem Gutachten zum automatisierten Fahren von der Einhaltung der StVO-Vorschriften durch das automatisierte Fahrzeug ausgegangen und hat auf die daraus resultierenden Probleme hingewiesen, Automatisiertes Fahren im Straßenverkehr – Herausforderungen für die zukünftige Verkehrspolitik, Gutachten des wissenschaftlichen Beirats beim Bundesminister für Verkehr und digitale Infrastruktur, April 2017, 12; in diesem Sinne auch *Will*, in: BeckOK Straßenverkehrsrecht, 17. Edition, Stand: 15. Oktober 2022, § 1a StVG, Rn. 16a; *Engelmann*, Hoch- und vollautomatisierte Fahrzeugsteuerung im Straßenverkehrsrecht, S. 38, 47 und 103 f., der von „*Vollzugsdefiziten*" durch mangelnde Leistungsfähigkeit der automatisierten Fahrzeugsteuerung spricht, also implizit § 1a Abs. 2 S. 1 Nr. 2 StVG die Vorgabe zur Einhaltung aller Straßenverkehrsvorschriften entnimmt; *Wagner*, Das neue Mobilitätsrecht. Der Rechtsrahmen zum automatisierten und vernetzten Fahren, S. 60; *Schwartz*, Betriebsgefahr und Unabwendbarkeit bei selbstfahrenden Fahrzeugen, in: Taeger (Hrsg.), Den Wandel begleiten.

Die Bundesregierung ist in ihrem Gesetzesentwurf davon ausgegangen, dass die Technik so ausgereift ist, dass Fahrsysteme in der automatisierten Phase die Aufgaben der Fahrzeugsteuerung für den gesamten Anwendungsfall selbstständig bewältigen.[424]

IT-rechtliche Herausforderungen der Digitalisierung, S. 679; *Tergan*, Automatisiertes Fahren. Gegenwärtiges und zukünftiges Zulassungsrecht, S. 66; instruktiv *Josipovic*, Die Einhaltung von Verkehrsvorschriften durch automatisierte Fahrzeuge, in: Hagebölling (Hrsg.), Mobilitätswende in Deutschland. Perspektven und rechtliche Herausforderungen, Kap. 5, S. 70 f.; *Gold/Huesmann*, Beherrschbarkeit hochautomatisierter Fahrzeugführung – zwischen Übernahmezeit und Zeitbudget, in: Kompaß (Hrsg.), Methodenentwicklung für aktive Sicherheit und automatisiertes Fahren, Kap. 1.3, S. 45; *Freise*, VersR 2019, 65 (69 f.); *Greger*, NZV 2018, 1 (4); *v. Bodungen/Hoffmann*, NZV 2018, 97 (99 f.); *v. Bodungen/Hoffmann*, NZV 2016, 503 (504 f.); *Ostrop*, HRN 2018, 30 (31); so grundsätzlich auch *Wolfers*, RAW 2018, 94 (96); *Wolfers*, RAW 2017, 86 (88), der aber eine Reaktion auf ein Martinshorn oder Handzeichen eines Polizisten ausklammern möchte; ebenso *Hilgendorf*, RAW 2018, 85 (88); *Hilgendorf*, JA 2018, 801 (802); *Lange*, NZV 2017, 345 (349); *Gasser/Arzt/Ayoubi/Bartels/Bürkle/et al.*, Rechtsfolgen zunehmender Fahrzeugautomatisierung, Berichte der Bundesanstalt für Straßenwesen, 2012, 22, *„Fahrsysteme müssen so konstruiert sein, dass sie in der Lage sind, alle Situationen zu bewältigen, die während einer automatisch geregelten Fahrphase auftreten können"*; so bereits vor der StVG-Novelle *Doderer/Hartwig*, IR 2016, 32 (33), die für eine zulassungsrechtliche Verankerung der StVO-konformen Fahrweise plädieren; aus produkthaftungsrechtlicher Sicht für die Anlegung eines Sicherheitsmaßstabs an automatisierte Fahrsysteme, der mindestens der Leistungsfähigkeit eines menschlichen Fahrers entspricht, *v. Bodungen*, Automatisiertes Fahren (Automotive), in: Sassenberg/Faber (Hrsg.), Rechtshandbuch Industrie 4.0 und Internet of Things, Kap. 5, § 16, Rn. 41; *v. Bodungen/Hoffmann*, NZV 2016, 503 (504); implizit auch *Wachenfeld/Winner*, Der Sicherheitsnachweis für autonome Fahrzeuge, in: Hilgendorf/Hötitzsch/Lutz (Hrsg.), Rechtliche Aspekte automatisierter Fahrzeuge, S. 58; ebenso *Freise*, VersR 2019, 65 (70); *Gomille*, JZ 2016, 76 (77); *Schrader*, DAR 2016, 242 (246); *Lutz*, NJW 2015, 119; *Geissl*, RAW/Sonderausgabe Betriebs-Berater 2013, 20 (26); a.A. dazu *Schrader*, DAR 2018, 314 (318); zum Versuch der Formalisierung des verhaltensrechtlichen Straßenverkehrsrechts *Siemann/Kaufmann*, RAW 2019, 58 ff.

424 Begründung des Regierungsentwurfs für ein Gesetz zur Änderung des Straßenverkehrsgesetzes, BT-Drs. 18/11300, 12; von dieser Maßgabe kann sich der Hersteller auch nicht ohne Widerspruch zu seiner ebenfalls in der Systembeschreibung abzugebenden Entsprechenserklärung gem. § 1a Abs. 2 S. 2 StVG freizeichnen, *König*, in: Hentschel/König/Dauer Straßenverkehrsrecht, 46. Aufl., 2021, § 1a StVG, Rn. 12; *Hinze*, Haftungsrisiken des automatisierten und autonomen Fahrens, S. 47; *v. Bodungen/Hoffmann*, NZV 2018, 97 (100 f.).

Diese Anforderung ist in Bezug auf ALKS mittlerweile bereits auf zulassungsrechtlicher Ebene verankert. Ziff. 5.1.2. der UN-ECE-Regel 157 sieht vor, dass das aktivierte System den im Einsatzland in Bezug auf die dynamische Fahraufgabe geltenden Straßenverkehrsvorschriften entsprechen muss.[425] Noch deutlicher drückt dies Ziff. 5.2.5. II der UN-ECE-Regel 157 aus, indem festgelegt wird, dass das Spurhaltesystem mindestens die Sicherheit bieten muss, die ein kompetenter und vorsichtiger menschlicher Fahrer an den Tag legen würde.[426] Davon geht die Bundesregierung auch nach wie vor aus, indem sie in dem Bericht über die Ergebnisse der Evaluation der Regelungen zum automatisierten Fahren formuliert, nach der UN-ECE-Regel 157 müsse das Fahrsystem „die Fahraufgabe anstelle der fahrzeugführenden Person ausführen, d. h. es muss alle Situationen einschließlich Fehlfunktionen und Ausfällen von Subsystemen bewältigen [...]".[427]

Damit ist auch eine Aussage über die Risikozuweisung getroffen. Den Fahrer trifft erst dann der Vorwurf einer Sorgfaltswidrigkeit, wenn eine offensichtliche Störung des Systems oder des Fahrbetriebs vorliegt. Unterhalb dieser Schwelle ist das Risiko für Fehlfunktionen und technische Unzulänglichkeiten ausweislich des § 1a Abs. 2 S. 2 Nr. 2 StVG dem Hersteller und dem Fahrzeughalter zugewiesen.

Diese Risikoaufteilung zwischen Hersteller und Fahrzeugführer darf nicht dadurch konterkariert werden, dass die Haftung für Systemfehler auf diesem Weg auf den Fahrzeugführer verlagert wird.[428] Das wäre aber der Fall, wenn er bei jedem Fahrfehler des Systems mit dem Vorwurf konfrontiert wäre, er hätte die Erforderlichkeit der eigenhändigen Fahrzeugsteuerung auf Grund offensichtlicher Umstände erkennen müssen.[429]

---

425 Zu der damals im Entwurfsstadium befindlichen UN-ECE-Regel bereits *Josipovic*, InTeR 2019, 179 (183).

426 Siehe dazu auch *Will*, NZV 2020, 163 (169 f.).

427 Unterrichtung durch die Bundesregierung. Bericht über die Ergebnisse der Evaluation der Regelungen zum automatisierten Fahren, BT-Drs. 19/28800, 14. April 2021, 18.

428 Abzulehnen ist daher die Ansicht von *Heß*, in: Burmann/Heß/Hühnermann/Jahnke, Straßenverkehrsrecht, 27. Aufl., 2022, § 1b StVG, Rn. 5, der eine Rückübernahmepflicht des Fahrers bereits bei „*Unregelmäßigkeiten im Fahrverhalten*" annimmt.

429 *Lüdemann/Sutter/Vogelpohl*, NZV 2018, 411 (416); a.A. *Wolfers*, RAW 2017, 86 (88); *Wolfers*, RAW 2018, 94 (99), der offensichtliche Umstände bereits bei Verkehrssituationen, die außerhalb des bestimmungsgemäßen Gebrauchs, also außerhalb der Leistungsfähigkeit der automatisierten Fahrzeugsteuerung, liegen, annimmt.

Verstöße gegen während der Fahrt geltende Straßenverkehrsvorschriften stellen damit keine offensichtlichen Umstände i.S.d. § 1b Abs. 2 Nr. 2 StVG dar.

Aus einer systematischen Perspektive stellt sich außerdem die Frage, wie sich ein Hinweis auf eine der Systembeschreibung zuwiderlaufende Verwendung gem. § 1a Abs. 2 S. 1 Nr. 6 StVG auf die offensichtlichen Umstände auswirkt. Nach § 1a Abs. 2 S. 1 Nr. 6 StVG muss das Fahrzeug über die technische Ausrüstung verfügen, auf eine der Systembeschreibung zuwiderlaufende Verwendung hinzuweisen. Dieser Hinweis könnte sich auf die Rückübernahmeverpflichtung des menschlichen Fahrzeugführers auswirken, wenn er ein Umstand wäre, der die Offensichtlichkeit im Sinne des § 1b Abs. 2 Nr. 2 StVG begründet.[430]

Dafür spricht, dass der Fahrer durch den Hinweis auf eine bestimmungswidrige Verwendung gem. § 1a Abs. 2 S. 1 Nr. 6 StVG denknotwendig auch auf die fehlenden Voraussetzungen einer bestimmungsgemäßen Verwendung i.S.d. § 1b Abs. 2 Nr. 2 StVG aufmerksam gemacht wird. Ob es sich dabei aber automatisch auch um einen offensichtlichen Umstand handelt, geht weder aus dem Wortlaut des § 1a Abs. 2 S. 1 Nr. 6 StVG noch des § 1b Abs. 2 Nr. 2 StVG hervor.

Aus systematischer Perspektive spricht der Umstand, dass der Hinweis im Sinne des § 1a Abs. 2 Nr. 6 StVG eine Systemleistung unterhalb der Schwelle der Aufforderung im Sinne des § 1b Abs. 2 Nr. 1 StVG ist, gegen eine Berücksichtigung als offensichtlicher Umstand. Daran zeigt sich, dass der Gesetzgeber den Hinweis i.S.d. § 1a Abs. 2 S. 1 Nr. 6 StVG nicht als maßgeblich für die Rückübernahmepflicht des § 1b Abs. 2 Nr. 1 StVG angesehen hat. Es wäre dann wertungsmäßig widersprüchlich, den niedrigschwelligen Warnhinweis als offensichtlichen Umstand i.S.d. § 1b Abs. 2 Nr. 2 StVG zu verstehen.[431]

Nach der Gesetzesbegründung soll die Regelung des § 1b Abs. 2 Nr. 2 StVG bei technischen Störungen, z.B. fahrzeugseitigen Warnungen jenseits der Rückübernahmeaufforderung nach § 1b Abs. 2 Nr. 1 StVG, eingreifen.[432] Es wird aber kein Bezug zwischen den „fahrzeugseitigen Warnungen" und § 1a Abs. 2 S. 1 Nr. 6 StVG hergestellt. Neben dem Hinweis gem. § 1a Abs. 2 S. 1 Nr. 6 StVG sind allerdings einige andere Warnhinweise des Fahrzeugs denkbar, die in unterschiedliche Kategorien, nämlich in Hinweise auf die bestimmungswidrige

430 Für eine *„besondere Bedeutung des Warnhinweises für die offensichtlichen Umstände"* *Kaufmann*, in: Geigel, Der Haftpflichtprozess, 28. Aufl., 2020, Kap. 25, Rn. 323.

431 So im Ergebnis auch *Feldmann*, GA 2020, 678 (682).

432 Begründung des Regierungsentwurfs für ein Gesetz zur Änderung des Straßenverkehrsgesetzes, BT-Drs. 18/11300, 22.

Verwendung und in sonstige fahrzeugseitige Warnungen, eingeteilt werden können. Für eine Aufteilung in unterschiedliche Kategorien und damit gegen eine Berücksichtigung des Hinweises gem. § 1a Abs. 2 S. 1 Nr. 6 StVG bei den offensichtlichen Umständen spricht, dass fahrzeugseitige Warnhinweise nur unspezifisch, also ohne Bezug zu § 1a Abs. 2 S. 1 Nr. 6 StVG, im Zusammenhang mit technischen Störungen des Fahrzeugs angesprochen sind.[433] Die Gesetzesbegründung gibt somit keine eindeutige Antwort auf die Frage, ob der Hinweis auf eine der Systembeschreibung zuwiderlaufende Verwendung als „fahrzeugseitige Warnung" zu verstehen ist.

Gegen eine Berücksichtigung des Hinweises gem. § 1a Abs. 2 S. 1 Nr. 6 StVG spricht ebenfalls, dass der Gesetzgeber mit einem Reifenplatzer,[434] dem Hupen anderer Verkehrsteilnehmer und der Vollbremsung des Fahrsystems ohne äußeren Anlass[435] zur Begründung offensichtlicher Umstände lediglich Fälle aufgezählt hat, in denen es sich – im Gegensatz zu einem aus dem Cockpit stammenden Hinweis – um äußere Umstände handelt, die auf den Fahrer einwirken. Der Hinweis gem. § 1a Abs. 2 S. 1 Nr. 6 StVG ist daher systematisch nicht § 1b Abs. 2 Nr. 2 StVG zuzuordnen. Ein Hinweis gem. § 1a Abs. 2 S. 1 Nr. 6 StVG vermag daher nach systematischer Auslegung ohne das Hinzutreten weiterer Umstände einen offensichtlichen Umstand i.S.d. § 1b Abs. 2 Nr. 2 StVG nicht zu begründen.

(3) Teleologische Auslegung

Eine teleologische Auslegung der offensichtlichen Umstände i.S.d. § 1b Abs. 2 Nr. 1 StVG muss einerseits die in der Gesetzesbegründung beispielhaft genannten offensichtlichen Umstände und andererseits die ebenfalls beispielhaft aufgezählten zulässigen Nebentätigkeiten ins Zentrum stellen, da diese auch erkennbar sein müssen, wenn sich der Fahrer von der Fahrzeugführung und dem Verkehrsgeschehen abgewendet hat. In der Gesetzesbegründung heißt es zu § 1b Nr. 2 StVG: „Der Fahrzeugführer muss insbesondere die in der Systembeschreibung aufgezeigten Grenzen für den Einsatz des hoch- oder vollautomatisierten Fahrsystems beherrschen und beachten, um bei Vorliegen

433 Begründung des Regierungsentwurfs für ein Gesetz zur Änderung des Straßenverkehrsgesetzes, BT-Drs. 18/11300, 22.

434 Begründung des Regierungsentwurfs für ein Gesetz zur Änderung des Straßenverkehrsgesetzes, BT-Drs. 18/11300, 23.

435 Beschlussempfehlung und Bericht des Ausschusses für Verkehr und digitale Infrastruktur zum Entwurf eines Gesetzes zur Änderung des Straßenverkehrsgesetzes vom 29. März 2017, BT-Drs. 18/11776, 10.

entsprechender offensichtlicher Umstände zu entscheiden, ob er die Fahrzeugsteuerung selbst übernimmt, auch wenn ihn das Fahrzeug dazu nicht auffordert."[436] Es genügt also nicht eine einfache Übertretung der Systembeschreibung, sondern diese muss durch „entsprechend offensichtliche Umstände"[437] zu Tage treten. Die Bundesregierung hat daher beispielhaft technische Störungen (z.B. fahrzeugseitige Warnungen) und sonstige Störungen im Betrieb des Fahrzeugs (z.B. Reifenplatzer) aufgezählt.[438] Dem Ausschuss für Verkehr und digitale Infrastruktur zufolge liegen offensichtliche Umstände beispielsweise erst vor, wenn der Fahrzeugführer durch das Hupen anderer Fahrzeuge auf Fahrfehler und damit auf technische Störungen des Systems aufmerksam gemacht wird oder wenn das System ohne äußeren Anlass eine Vollbremsung durchgeführt hat.[439] Den geschilderten Situationen ist damit ausnahmslos eine hohe Intensität zu entnehmen, bei denen sich die Erforderlichkeit der eigenhändigen Fahrzeugsteuerung geradezu aufdrängt.

Ausgehend von den in den Gesetzesmaterialien genannten zulässigen Nebentätigkeiten, nämlich dem Abwenden des Blickes von der Straße, der Wegnahme der Hände vom Lenkrad und des Lesens von E-Mails im Infotainmentsystem,[440] kann das Niveau der offensichtlichen Umstände bestimmt werden. Aus verkehrspsychologischer Sicht ist die Wahrnehmungsfähigkeit durch Fokussierung auf eine andere Sache herabgesetzt. Sobald der Fokus des Fahrzeugführers auf einen Reiz ausgerichtet ist, erhöht sich die Aufmerksamkeitsschwelle für andere Reize, wodurch deren Wahrnehmbarkeit erschwert ist.[441] Wendet sich der Fahrzeugführer also erlaubterweise anderen fahrfremden Tätigkeiten, etwa dem Infotainmentsystem, zu, ist die bewusste Verarbeitung visueller Reize in der Peripherie, also auf der Straße, vermindert. Das hat

436 Begründung des Regierungsentwurfs für ein Gesetz zur Änderung des Straßenverkehrsgesetzes, BT-Drs. 18/11300, 22.

437 Begründung des Regierungsentwurfs für ein Gesetz zur Änderung des Straßenverkehrsgesetzes, BT-Drs. 18/11300, 22.

438 Begründung des Regierungsentwurfs für ein Gesetz zur Änderung des Straßenverkehrsgesetzes, BT-Drs. 18/11300, 22 f.

439 Beschlussempfehlung und Bericht des Ausschusses für Verkehr und digitale Infrastruktur zum Entwurf eines Gesetzes zur Änderung des Straßenverkehrsgesetzes vom 29. März 2017, BT-Drs. 18/11776, 10; siehe dazu auch *Lange*, NZV 2017, 345 (350).

440 Beschlussempfehlung und Bericht des Ausschusses für Verkehr und digitale Infrastruktur zum Entwurf eines Gesetzes zur Änderung des Straßenverkehrsgesetzes vom 29. März 2017, BT-Drs. 18/11776, 10.

441 *Lüdemann/Sutter/Vogelpohl*, NZV 2018, 411 (414 f.).

zur Folge, dass ein sicheres Erkennen physiologisch nur möglich ist, wenn die peripheren visuellen Reize so herausstechen, dass sie sicher wahrnehmbar sind oder lediglich die bei fahrfremden Tätigkeiten nicht so stark ausgelasteten Sinnessysteme wie Hör-, Tast-, Gleichgewichtssinn ansprechen.[442] Der Fahrzeugführer muss nur für Reize dieses Niveaus empfänglich sein. Eine Reaktion auf unterhalb dieser Schwelle liegenden Reize ist physiologisch nicht möglich und kann vom Gesetz daher nicht verlangt werden.

Eine teleologische Auslegung ergibt daher, dass die offensichtlichen Umstände so intensiv sein müssen, dass sie trotz der wegen der Ausübung von Nebentätigkeiten herabgesetzten Wahrnehmungsfähigkeit erkannt werden können und sich daher geradezu aufdrängen müssen.

(4) Historische Auslegung

Dass Verstöße gegen während der Fahrt geltende Straßenverkehrsvorschriften für sich genommen keine offensichtlichen Umstände i.S.d. § 1b Abs. 2 Nr. 2 StVG darstellen, ergibt sich auch aus einer historischen Auslegung. Der Referentenentwurf sah noch die Verantwortlichkeit des Fahrers für die Einhaltung der straßenverkehrsrechtlichen Vorschriften vor. Nach damaligem § 1b Nr. 4 StVG war der Fahrzeugführer zur Rückübernahme der Fahrzeugsteuerung verpflichtet, wenn er erkennt oder auf Grund offensichtlicher Umstände erkennen musste, dass die Übernahme der Fahrzeugführung zum Zweck der Einhaltung der straßenverkehrsrechtlichen Vorschriften erforderlich ist.[443] Diese Passage wurde im Regierungsentwurf gestrichen und die Einhaltung der Straßenverkehrsvorschriften stattdessen in § 1a Abs. 2 Nr. 2 StVG bei den technischen Mindestvoraussetzungen der automatisierten Fahrzeugsteuerung, also auf Seiten des Herstellers, verortet.[444] Der Fahrer wurde entsprechend in Bezug auf die Verantwortlichkeit für die Einhaltung von Straßenverkehrsvorschriften entlastet. Ein Verstoß gegen während der Fahrt geltende Straßenverkehrsvorschriften als offensichtlichen Umstand zu begreifen, liefe diesem historischen

---

442 *Lüdemann/Sutter/Vogelpohl*, NZV 2018, 411 (415).

443 Referentenentwurf des Bundesministeriums für Verkehr und digitale Infrastruktur vom 20. Dezember 2016, Datenblattnummer: 18/12128, 5.

444 Vgl. Referentenentwurf des Bundesministeriums für Verkehr und digitale Infrastruktur vom 20. Dezember 2016, Datenblattnummer: 18/12128, 4 f. und Begründung des Regierungsentwurfs für ein Gesetz zur Änderung des Straßenverkehrsgesetzes, BT-Drs. 18/11300, 7; so auch *Jungbluth*, Auf dem 56. Deutschen Verkehrsgerichtstag gehaltenes Referat, in: Deutscher Verkehrsgerichtstag – Deutsche Akademie für Verkehrswissenschaft e.V. (Hrsg.), 56. Deutscher Verkehrsgerichtstag, S. 32.

Vorgang zuwider, da damit doch wieder dem Fahrer die Verantwortlichkeit für die Einhaltung der straßenverkehrsrechtlichen Vorschriften zugewiesen wäre.

(5) Zusammenfassung
Eine Auslegung am Wortlaut bringt keine Klarheit über das Verständnis der offensichtlichen Umstände.

Nach systematischer und teleologischer Auslegung sind die offensichtlichen Umstände insgesamt eng auszulegen.[445] Das gebieten die Befugnis des Fahrers, sich vom Verkehrsgeschehen abzuwenden und sich fahrfremden Nebentätigkeiten zuzuwenden (§ 1b Abs. 1 S. 1 HS. 1 StVG) sowie die Entscheidung des Gesetzgebers, während der automatisierten Fahrphase keine Kontrollpflicht vorzusehen. Diese Wertungen dürfen bei der Bestimmung eines offensichtlichen Umstands nicht unterlaufen werden.

Nach einer systematischen und historischen Auslegung stellen Verstöße gegen während der Fahrt geltende Straßenverkehrsvorschriften keine offensichtlichen Umstände dar. Die „an die die Fahrzeugführung gerichteten Verkehrsvorschriften" sind systemseitig einzuhalten und haben grundsätzlich keine Bedeutung für die Rückübernahmepflicht des Fahrzeugführers gem. § 1b Abs. 2 Nr. 2 StVG. Diese Aufgabe liegt während der automatisierten Fahrphase nicht in seinem Verantwortungsbereich.

Der Hinweis auf eine der Systembeschreibung zuwiderlaufende Verwendung gem. § 1a Abs. 2 S. 1 Nr. 6 StVG reicht für sich genommen ohne das Hinzutreten weiterer Umstände nicht aus, einen offensichtlichen Umstand zu begründen.

Zudem sind physiologische Grenzen zu beachten. Der offensichtliche Umstand muss in einem Maße markant sein, dass er die Aufmerksamkeitsschwelle erreicht, um vom Fahrzeugführer bei erlaubten Nebentätigkeiten wahrgenommen zu werden. Aus dem Grad der mit den nach der gesetzgeberischen Vorstellung zulässigen Nebentätigkeiten verbundenen Ablenkung kann diese Aufmerksamkeitsschwelle als Maßstab für die Beurteilung der

445 Restriktiv auch *Haus*, in: Haus/Krumm/Quarch (Hrsg.), Gesamtes Verkehrsrecht, 3. Aufl. 2022, § 1b StVG, Rn. 5; a.A. *Buck-Heeb/Dieckmann*, Zivilrechtliche Haftung von Halter und Fahrer beim Einsatz (teil) automatisierter Fahrfunktionen, in: Oppermann/Stender-Vorwachs (Hrsg.), Autonomes Fahren, Kap. 3.1.1, Rn. 96–99; *Buck-Heeb/Dieckmann*, NZV 2019, 113 (118 f.); *Greger*, NZV 2018, 1 (3), die von den in der Gesetzesbegründung genannten Fällen ausgehen und den Kreis der Umstände auf schlechte Wetterbedingungen, auf besondere Verkehrslagen, etwa ein sich bildender Stau oder einen schlechten Zustand der Fahrbahn, erweitern; *Lange*, NZV 2017, 345 (350), der das Heranfahren eines Einatzfahrzeugs mit Martinshorn als offensichtlichen Umstand begreift.

Offensichtlichkeit auch bei anderen zulässigen Nebentätigkeiten herangezogen werden.

Richtigerweise hat der Gesetzgeber daher Beispiele mit hoher Intensität aufgezählt, in denen sich offensichtliche Umstände geradezu aufdrängen und an denen sich der Rechtsanwender zu orientieren hat.

bb) Kenntnis von den fehlenden Voraussetzungen einer bestimmungsgemäßen Verwendung

Die erste Variante des § 1b Abs. 2 Nr. 2 StVG setzt Kenntnis von den fehlenden Voraussetzungen einer bestimmungsgemäßen Verwendung voraus. In materiell-rechtlicher Hinsicht sind bei der Anwendung dieser Vorschrift keine Schwierigkeiten erkennbar.[446] Klärungsbedürftig ist allerdings ihre prozessuale Handhabung, auf die im Folgenden noch einzugehen sein wird.[447]

cc) Aufklärung mit nach § 63a Abs. 1 StVG gespeicherten Daten

Über die Kenntnis bzw. Unkenntnis der fehlenden Voraussetzungen einer bestimmungsgemäßen Verwendung können die Daten von vornherein nichts beitragen, da sich aus ihnen nur der tatsächliche Vorgang und niemals die entsprechende persönliche Wahrnehmung des Fahrzeugführers ergeben kann.

Es fragt sich aber, ob aus den nach § 63a Abs. 1 StVG gespeicherten Daten hervorgeht, ob der Fahrzeugführer das Fehlen der Voraussetzungen der bestimmungsgemäßen Verwendung der automatisierten Fahrzeugsteuerung auf Grund offensichtlicher Umstände erkennen musste.

Die Daten sagen allerdings nichts darüber aus, ob der Fahrer die Erforderlichkeit der manuellen Fahrzeugsteuerung erkannt hat. Sie geben auch keinen Aufschluss über das Vorliegen offensichtlicher Umstände, die den Fahrer zur Rückübernahme der Fahrzeugsteuerung veranlassen mussten. Denn solche Umstände werden nach § 63a StVG nicht aufgezeichnet.[448] Das gilt auch für die nach § 63a Abs. 1 S. 2 Alt. 2 StVG gespeicherten Systemstörungen. Für die Darlegung der Verletzung der Rückübernahmepflicht aus § 1b Abs. 2 Nr. 2 StVG hilft § 63a Abs. 1 StVG daher nicht weiter. Entsprechend kann sich der Fahrer mit Hilfe der Daten auch nicht von dem Vorwurf der Missachtung des § 1b

---

446 Zu den daraus folgenden prozessualen Schwierigkeiten unter Ziff. C. II. 4. b) dd) dieses Kapitels.

447 Siehe Ziff. C. II. 4. b) dd) dieses Kapitels.

448 zur Bestimmung des Merkmals der offensichtlichen Umstände Kap. 3 Ziff. C. II. 4. b) aa).

Abs. 2 Nr. 2 StVG entlasten.[449] Die Daten helfen dem Fahrer aber dabei nachzuweisen, dass für ihn hinsichtlich der Rückübernahme nur die abgesenkten Sorgfaltsanforderungen des § 1b Abs. 2 Nr. 2 StVG gegolten haben, indem festgestellt werden kann, dass sich das Fahrzeug im automatisierten Fahrmodus befunden hat und eine systemseitige Aufforderung zur Rückübernahme unterblieben ist.[450]

dd) Reichweite der Verschuldensvermutung gem. § 18 Abs. 1 S. 2 StVG

Zu klären ist schließlich noch, ob sich die Verschuldensvermutung[451] auch auf die Kenntnis und das „auf Grund offensichtlicher Umstände Erkennenmüssen"

---

449 Vgl. *Buck-Heeb/Dieckmann*, Zivilrechtliche Haftung von Halter und Fahrer beim Einsatz (teil) automatisierter Fahrfunktionen, in: Oppermann/Stender-Vorwachs (Hrsg.), Autonomes Fahren, Kap. 3.1.1, Rn. 142; so wohl auch *Mielchen*, ZfS 2017, 541, die dafür Daten zum Fahrverhalten, der Beschleunigung, dem Bremseinsatz etc. für erforderlich hält.

450 *Buck-Heeb/Dieckmann*, Zivilrechtliche Haftung von Halter und Fahrer beim Einsatz (teil) automatisierter Fahrfunktionen, in: Oppermann/Stender-Vorwachs (Hrsg.), Autonomes Fahren, Kap. 3.1.1, Rn. 161.

451 Die Vermutungsregel ist grundsätzlich weiterhin anwendbar, *Gasser/Arzt/Ayoubi/Bartels/Bürkle/et al.*, Rechtsfolgen zunehmender Fahrzeugautomatisierung, Berichte der Bundesanstalt für Straßenwesen, 2012, 19; *Armbrüster*, Automatisiertes und autonomes Fahren – Eine Herausforderung für Haftung und Haftpflichtversicherung?, in: Danzl/Dauner-Lieb/Wittwer (Hrsg.), Festschrift für Christian Huber, S. 30; allgemein für die Beibehaltung der Fahrerhaftung in dieser Form *Foerster*, ZfPW 2019, 418 (434); *Schrader*, NJW 2015, 3537 (3541); a.A. *König*, NZV 2017, 123 (128); *König*, JR 2017, 323 (329, Fußnote 61), der eine Verschuldensvermutung angesichts der Datenerhebung gem. § 63a StVG nicht mehr für erforderlich hält. Da jenseits der nach § 63a Abs. 1 StVG gespeicherten Daten Anknüpfungspunkte für ein Verschulden des Fahrzeugführers verbleiben, trifft dies nicht zu, so auch *Buck-Heeb/Dieckmann*, Zivilrechtliche Haftung von Halter und Fahrer beim Einsatz (teil) automatisierter Fahrfunktionen, in: Oppermann/Stender-Vorwachs (Hrsg.), Autonomes Fahren, Kap. 3.1.1, Kap. 3.1.1, Rn. 48; *Buck-Heeb/Dieckmann*, NZV 2019, 113 (115); so im Ergebnis auch *Roshan*, NJW Spezial 2021, 137 (138). Erst bei weiter zunehmender Automatisierung entfallen die Anknüpfungspunkte für ein Verschuldensvermutung sukzessive, sodass die Haftung des Fahrzeugführers in der Form nicht mehr gerechtfertigt wäre, *Wolf/Eslami*, Autonomes Fahren – Autonome Rechtsprechung?, in: Oppermann/Stender-Vorwachs (Hrsg.), Autonomes Fahren, Kap. 3.8, Kap. 3.8, Rn. 5, *„aufgrund derVerlagerung der Unfallursache von einem menschlichen Fehlverhalten hin zu einer technischen Fehlfunktion werde der Verschuldensvermutung der Nährboden entzogen"*; in diese Richtung auch Hochautomatisiertes Fahren auf Autobahnen – industriepolitische

gem. § 1b Abs. 2 Nr. 2 StVG bezieht.[452] Zur Beantwortung dieser Frage kommt es maßgeblich auf die Reichweite der Verschuldensvermutung des § 18 Abs. 1 S. 2 StVG an.

Mit Verschulden i.S.d. § 18 Abs. 1 S. 2 StVG ist der Verschuldensbegriff des § 276 Abs. 1 BGB angesprochen, weshalb der Fahrzeugführer für Vorsatz und Fahrlässigkeit einzustehen hat. Dementsprechend wird auch der Vorsatz, also das Wissen und Wollen,[453] vermutet.[454] Insofern würde durch § 18 Abs. 1 S. 2 BGB grundsätzlich auch die positive Kenntnis von den fehlenden Voraussetzungen einer bestimmungsgemäßen Verwendung der hoch- oder vollautomatisierten Fahrfunktion vermutet.[455]

Ein von einfacher Fahrlässigkeit nach unten hin abweichender Sorgfaltsmaßstab ist dagegen in § 276 Abs. 1 BGB nicht angesprochen, woraus gefolgert werden könnte, dass eine solche Sorgfaltswidrigkeit auch durch § 18 Abs. 1 S. 2 StVG nicht vermutet wird. Eine solche Lesart würde allerdings zu kurz greifen. Sie würde einen Wertungswiderspruch erzeugen, da vorsätzliches, also auch absichtliches, Handeln vermutet würde, die Verwirklichung eines abgesenkten Fahrlässigkeitsmaßstabs hingegen nicht. Vor dem Hintergrund der von einem vorsätzlichen Handeln im Straßenverkehr ausgehenden massiven Gefahren leuchtet es nicht ein, die Gefahren, die beispielsweise aus grob fahrlässigem

---

Schlussfolgerungen, Studie des Frauenhofer Institus für Arbeitswirtschaft und Organisation IAO im Auftrag des Bundesministeriums für Wirtschaft und Energie vom 18. November 2015, 342, „*Anknüpfungspunkt für eine Vermutung existiert in diesen Fällen nicht*"; *Pehm*, IWRZ 2018, 259 (263); *Fleck/Thomas*, NJOZ 2015, 1393 (1395 f.).

452 Skeptisch *Theissen*, Praxisüberblick – Besonderheiten beim Regress innerhalb der Lieferkette und neuartige Haftungsregelungen, in: Oppermann/Stender-Vorwachs (Hrsg.), Autonomes Fahren, Kap. 3.1.4, Rn. 9; dafür *Meyer-Seitz*, Auf dem 56. Deutschen Verkehrsgerichtstag gehaltenes Referat, in: Deutscher Verkehrsgerichtstag – Deutsche Akademie für Verkehrswissenschaft e.V. (Hrsg.), 56. Deutscher Verkehrsgerichtstag, S. 64.

453 *Schulze*, in: Schulze BGB, 11. Aufl., 2022, § 276, Rn. 6; *Grundmann*, in: Münchener Kommentar BGB, 9. Aufl., 2022, § 276, Rn. 155 f.; *Stadler*, in: Jauernig BGB, 18. Aufl., 2021, § 276, Rn. 15.

454 *Grüneberg*, in: Berz/Burmann, Handbuch des Straßenverkehrsrechts, Stand: Juni 2022, 45. EL, Kap. 4, A., II., Rn. 80; *Walter*, in: BeckOGK Straßenverkehrsrecht, Stand: 01. Januar 2022, § 18 StVG, Rn. 18; *König*, in: Hentschel/König/Dauer Straßenverkehrsrecht, 46. Aufl., 2021, § 18 StVG, Rn. 4.

455 Ohne nähere Auseinandersetzung *Semrau*, in: BeckOK Straßenverkehrsrecht, 17. Edition, Stand: 15. Oktober 2022, § 18 StVG, Rn. 9.

Verhalten resultieren, nicht der Verschuldensvermutung zuzuweisen. Die zweite Alternative des § 1b Abs. 2 Nr. 2 StVG des „auf Grund offensichtlicher Umstände Kennenmüssens“ wird daher auch durch § 18 Abs. 1 S. 2 StVG vermutet.[456] Der in Anspruch genommene Fahrzeugführer muss daher das Fehlen offensichtlicher Umstände beweisen.

Da durch § 18 Abs. 1 S. 2 StVG grundsätzlich auch die Kenntnis von den etwaig fehlenden Voraussetzungen einer bestimmungsgemäßen Verwendung der hoch- oder vollautomatisierten Fahrfunktion vermutet wird, würde der Entlastungsbeweis hinsichtlich der inneren Tatsache der Kenntnis dem Fahrzeugführer obliegen, dem damit der Beweis des Nichtvorliegens einer inneren Tatsache aufgegeben wäre. Dazu steht ihm im Prozess kein Beweismittel zur Führung des unmittelbaren Beweises zur Verfügung. Es bleibt ihm nur, die Kenntnis von den fehlenden Voraussetzungen einer bestimmungsgemäßen Verwendung unter möglichst präziser Darlegung des Sachverhalts und damit von Indiztatsachen zu leugnen.[457] Reicht das – was in aller Regel der Fall sein wird – nicht aus, müsste der Fahrzeugführer praktisch für jede Fehlfunktion der automatisierten Fahrzeugsteuerung haften, was die Haftung für vermutetes Verschulden in die Nähe einer Gefährdungshaftung rücken würde.

Ob dieses Ergebnis aufrecht erhalten bleiben kann oder einer Korrektur bedarf, ist durch Auslegung zu ermitteln.

Der Wortlaut des § 1b Abs. 2 Nr. 2 Alt. 1 StVG spricht für die Vermutung der Kenntnis von dem Fehlen der Voraussetzungen einer bestimmungsgemäßen Verwendung.

Nach einer systematischen Auslegung ist festzustellen, dass die Tatbestandsalternative der Kenntnis von dem Fehlen der Voraussetzungen einer bestimmungsgemäßen Verwendung der Alternative des „auf Grund offensichtlicher Umstände Erkennenmüssens“ widersprechen würde, wenn die Kenntnis vermutet würde. Mit der zweiten Tatbestandsalternative geht eine Haftungsprivilegierung einher, die bewirkt, dass der Fahrzeugführer für eine nicht offensichtliche Fehlfunktion des Fahrsystems nicht einzustehen hat. Angesichts dessen wäre es widersprüchlich, die lediglich vermutete Kenntnis von

---

456 Zur Parallele der im Vertragsrecht geltenden Vermutung grob fahrlässigen Handelns gem. § 280 Abs. 1 S. 2 BGB *Grundmann*, in: Münchener Kommentar BGB, 9. Aufl., 2022, § 276, Rn. 96.

457 Zum Beweis innerer Tatsachen BGH NJW 2012, 2427 (2431); *Greger*, in: Zöller ZPO, 34. Aufl., 2022, vor § 284, Rn. 2c und 5; *Foerste*, in: Musielak/Voit (Hrsg.), ZPO, 19. Aufl., 2022, § 286, Rn. 46; *Saenger*, in: Saenger (Hrsg.), ZPO, 9. Aufl., 2021, § 284, Rn. 9.

den fehlenden Voraussetzungen einer bestimmungsgemäßen Verwendung für eine Haftung des Fahrzeugführers ausreichen zu lassen, ohne offensichtliche Umstände festgestellt zu haben. Im Ergebnis würde dies im Gegenteil zu einer Haftungsverschärfung führen.

Zudem spricht die Existenz der zweiten Tatbestandsalternative, dem „auf Grund offensichtlicher Umstände Erkennenmüssen", gegen eine uneingeschränkte Anwendung der Vermutung der Kenntnis. Würde die Kenntnis zu Lasten des Fahrzeugführers vermutet, hätte es der weiteren Alternative nicht bedurft, da diese praktisch nie zur Anwendung käme. Anspruchsteller würden sich dann ausschließlich auf Alternative 1 berufen. Soll die Alternative des „auf Grund offensichtlicher Umstände Erkennenmüssens" Bedeutung erhalten, darf die Vermutung der Kenntnis von den fehlenden Voraussetzungen einer bestimmungsgemäßen Verwendung nicht uneingeschränkt gelten.

Außerdem ist das Risiko eines nicht offensichtlichen Verstoßes gegen Straßenverkehrsvorschriften, wie bereits aufgezeigt,[458] dem Hersteller und Halter zugewiesen. Die Haftung des Fahrzeugführers auf Grund der vermuteten Kenntnis von dem Fehlen der Voraussetzungen der bestimmungsgemäßen Verwendung würde diese Risikozuweisung zu Ungunsten des Fahrzeugführers aufheben, indem der Fahrer in der Praxis oftmals für unfallursächliche Verstöße gegen „an die Fahrzeugführung gerichtete Verkehrsvorschriften" i.S.d. § 1a Abs. 2 S. 1 Nr. 2 StVG einstehen müsste.

Aufgrund der fehlenden Kontrollpflicht und der Abwendungsbefugnis gem. § 1b Abs. 1 HS. 1 StVG kann eine permanente Überwachung nicht gefordert werden. Faktisch wären diese Leitentscheidungen des Gesetzgebers aufgehoben, da der Fahrer einer Haftung nur entgehen könnte, wenn er das automatisierte Fahrsystem permanent überwachte und dafür Sorge trüge, dass während der automatisierten Fahrphase kein Unfall passiert.

Die Vermutung der Kenntnis von dem Fehlen der Voraussetzungen einer bestimmungsgemäßen Verwendung ist daher mit wesentlichen Grundgedanken der §§ 1a und 1b StVG nicht vereinbar und bedarf daher einer Korrektur.

Um nun Konsistenz zwischen § 1b Abs. 2 Nr. 2 Alt. 1 StVG und der prozessualen Seite herzustellen, bietet sich eine Einschränkung der Vermutung des § 18 Abs. 1 S. 2 StVG durch das Prozessrecht an. Grundsätzlich können innere Tatsachen, wie hier die Kenntnis des Fahrers, nie selbst belegt werden, sondern auf ihr Vorliegen muss mit Hilfe des Beweises von Indiztatsachen geschlossen

---

458 Ziff. C. II. 4. b) aa) (2) dieses Kapitels.

werden.[459] Unter Anwendung des § 18 Abs. 1 S. 2 StVG auf den vorliegenden Fall, obliegt es dem beklagten Fahrzeugführer, solche Indiztatsachen zu behaupten und unter Beweis zu stellen, aus denen auf seine fehlende Kenntnis von dem Nichtvorliegen der Voraussetzungen einer bestimmungsgemäßen Verwendung der automatisierten Fahrfunktion geschlossen werden kann. Gemessen an dem gefundenen Auslegungsergebnis muss ihm das bereits gelingen, wenn er einen Sachverhalt schildert, in dem eine Übertretung der Systembeschreibung nicht offensichtlich zu Tage getreten ist. Gelingt dies, obliegt es wiederum dem Anspruchsteller, Tatsachen vorzutragen, die doch wieder auf die Kenntnis von den fehlenden Voraussetzungen einer bestimmungsgemäßen Verwendung schließen lassen. Das kann ihm nur gelingen, wenn er offensichtliche Umstände vorträgt. Die Einschränkung der Vermutungsregel des § 18 Abs. 1 S. 2 StVG liegt also in der Erleichterung des Gegenbeweises durch den Fahrzeugführer. Dieser ist nicht erst dann geführt, wenn er seine fehlende Kenntnis unter Zuhilfenahme von Indiztatsachen belegen kann, sondern bereits dann, wenn der Fahrzeugführer einen Unfallhergang schildert, indem eine Übertretung der Systembeschreibung nicht offensichtlich war. Auf diesem Wege kann das austarierte System der substantiierten Darlegung, bei dem der Grad der Substantiierung davon abhängig ist, wie detailliert der Gegenvortrag ist,[460] fruchtbar gemacht werden, wodurch sich an den Einzelfall angepasste, sachgerechte Ergebnisse erzielen lassen.[461]

Im Ergebnis wird die Kenntnis von den fehlenden Voraussetzungen einer bestimmungsgemäßen Verwendung daher nicht uneingeschränkt vermutet. Sofern der Fahrzeugführer nicht selbst einen Unfallhergang schildert, aus dem sich offensichtliche Umstände ergeben oder er einen derartigen Vortrag des

---

459 BGH NJW 2012, 2427 (2431); *Greger*, in: Zöller ZPO, 34. Aufl., 2022, vor § 284, Rn. 2c und 5; *Foerste*, in: Musielak/Voit (Hrsg.), ZPO, 19. Aufl., 2022, § 286, Rn. 46; *Saenger*, in: Saenger (Hrsg.), ZPO, 9. Aufl., 2021, § 284, Rn. 9.

460 BGH NJW 2005, 2710 (2711); BGH NJW-RR 2014, 830 (831); BGH NJW 2014, 2797 (2798); *Bacher*, in: BeckOK ZPO, 46. Edition, Stand: 01. September 2022, § 284, Rn. 38.

461 Alternativ könnte der Beweis der Kenntnis von den fehlenden Voraussetzungen einer bestimmungsgemäßen Verwendung dem Anspruchsteller aufgegeben werden. Damit würde aber für die Vermutungsregel des § 18 Abs. 1 S. 2 StVG in systemwidriger Weise kein Anwendungsbereich mehr verbleiben. Zudem fällt der Beweis einer inneren Tatsache naturgemäß schwer. Das Unfallopfer als Anspruchsteller wäre dadurch im Vergleich zu konventionellen Fahrzeugen benachteiligt, da es regelmäßig an einer erfolgreichen Beweisführung hinsichtlich der Kenntnis fehlen wird.

Anspruchstellers unstreitig stellt, bedarf es der Feststellung, dass offensichtliche Umstände vorgelegen haben, auf die hin die Fahrzeugsteuerung hätte übernommen werden müssen, um eine Haftung des Fahrzeugführers auf der Basis des § 1b Abs. 2 Nr. 2 Alt. 1 StVG zu begründen.

Damit ist es für den Anspruchsteller wegen der Schwierigkeiten des Beweises des Nichtvorliegens einer inneren Tatsache durch den Fahrzeugführer nur im Ausgangspunkt günstiger, sein Begehren auf § 1b Abs. 2 Nr. 2 Alt. 1 StVG zu stützen. In der Praxis werden die Tatbestandsalternativen aber gleichwertig nebeneinanderstehen, da der Fahrzeugführer bei § 1b Abs. 2 Nr. 2 Alt. 1 StVG die Vermutung seiner Kenntnis unter erleichterten Voraussetzungen widerlegen kann, indem er einen Unfallhergang ohne offensichtliche Umstände darlegt und er bei § 1b Abs. 2 Nr. 2 Alt. 2 StVG das Fehlen offensichtlicher Umstände darlegen und gegebenenfalls beweisen muss. In beiden Fällen muss der Fahrzeugführer also fehlende offensichtliche Umstände vortragen. Gelingt dies, ist es in beiden Tatbestandsalternativen wieder Sache des Anspruchstellers, das Vorliegen offensichtlicher Umstände zu beweisen.

c) Keine Rückübernahmepflicht aus § 1a Abs. 1 StVG

Nach § 1a Abs. 1 StVG ist der Betrieb eines Kraftfahrzeugs mittels hoch- oder vollautomatisierter Fahrfunktion zulässig, wenn die Funktion bestimmungsgemäß verwendet wird. Unklar ist, ob der Regelung des § 1a Abs. 1 StVG *e contrario*, also im Umkehrschluss, zu entnehmen ist, dass der Fahrzeugführer das Fahrzeug außerhalb der bestimmungsgemäßen Verwendung selbst zu steuern hat. Hier geht es um Fälle, in denen die automatisierte Fahrfunktion bereits zulässigerweise aktiviert wurde und sich im Laufe der Fahrt die Fahrsituation derart ändert, dass die Voraussetzungen einer bestimmungsgemäßen Verwendung nicht mehr vorliegen, z.B. bei einem Wechsel von einer Autobahn bzw. autobahnähnlichen Bundesstraße auf eine einspurige Landstraße. Es stellt sich dann die Frage, ob § 1a Abs. 1 StVG neben § 1b Abs. 2 StVG eine weitere Rückübernahmepflicht des Fahrzeugführers statuiert. Das hätte zur Konsequenz, dass die Rückübernahmepflicht bereits durch das Überschreiten der Grenzen der Systembeschreibung ausgelöst würde. Der Fahrzeugführer wäre also unabhängig von einer Rückübernahmeaufforderung oder vom Vorliegen offensichtlicher Umstände, mithin unter gegenüber § 1b Abs. 2 Nr. 1 und Nr. 2 StVG abgesenkten Voraussetzungen, zur Rückübernahme der Fahrzeugsteuerung verpflichtet.

In erster Linie handelt es sich bei § 1a Abs. 1 StVG um eine Maßgabe für die Aktivierung der automatisierten Fahrzeugsteuerung.[462] Um dieser Vorschrift eine Rückübernahmepflicht entnehmen zu können, müsste ihr auch ein Aussagegehalt für die Rückübernahmesituation beigemessen werden. Der Wortlaut lässt einen auf die Rückübernahmesituation abzielenden Regelungsgehalt zu. Er differenziert nicht zwischen Aktivierung der automatisierten Fahrzeugsteuerung und Deaktivierung durch Rückübernahme der Fahrzeugsteuerung durch den Fahrzeugführer. Das Gesetz verwendet den neutralen Begriff der „bestimmungsgemäßen Verwendung". Aus diesem lässt sich sowohl ein Startpunkt als auch ein Endpunkt entnehmen.

Aus systematischer Sicht spricht die Existenz einer anderen Vorschrift zur Regelung von Rückübernahmepflichten dafür, dass der Anwendungsbereich des § 1a Abs. 1 StVG auf die zulässige Aktivierung der automatisierten Fahrzeugsteuerung beschränkt ist. § 1b Abs. 2 Nr. 2 StVG knüpft ausweislich seines klaren Wortlauts („nicht mehr vorliegen") an die Voraussetzungen einer bestimmungsgemäßen Verwendung an, die bei Aktivierung gem. § 1a Abs. 1 StVG vorgelegen haben (müssen). Insofern ergibt sich auch aus dem Wortlaut des § 1b Abs. 2 Nr. 2 StVG eine Zweiteilung zwischen den Regelungsbereichen für die zulässige Aktivierung einerseits und die Rückübernahmepflicht andererseits.

Systematisch für eine Übernahmepflicht aus § 1a Abs. 1 StVG spricht allerdings die Vorschrift des § 1a Abs. 2 S. 1 Nr. 6 StVG, nach der das Fahrzeug auf eine der Systembeschreibung zuwiderlaufende Verwendung hinweisen muss. Man könnte argumentieren, dieser Hinweis solle die Rückübernahmepflicht absichern. Nimmt man eine Rückübernahmepflicht lediglich in den Fällen des § 1b Abs. 2 StVG an, geht dieser Hinweis ins Leere, da dem Hinweis keine Handlungspflicht des Fahrers folgt. Dem steht die systematische Erwägung entgegen, dass bereits die Rückübernahmepflicht des § 1b Abs. 2 Nr. 1 StVG eine Aufforderung zur Rückübernahme verlangt und einen Hinweis im Sinne des § 1a Abs. 2 S. 1 Nr. 6 StVG nicht ausreichen lässt. Hätte der Gesetzgeber dem Hinweis i.S.d. § 1a Abs. 2 S. 1 Nr. 6 StVG für eine Rückübernahmepflicht Bedeutung beimessen wollen, hätte es nahegelegen, diesen zur Voraussetzung des § 1b Abs. 2 Nr. 1 StVG zu machen.

Durch § 1b Abs. 2 Nr. 2 StVG wird zudem durch das Kriterium des „auf Grund offensichtlicher Umstände Erkennenmüssens" der Sorgfaltsmaßstab gegenüber einfacher Fahrlässigkeit abgesenkt. Erst wenn der Fahrzeugführer

462 Dazu bereits unter Ziff. C. II. 2. a) dieses Kapitels.

die Erforderlichkeit der eigenhändigen Fahrzeugsteuerung auf Grund offensichtlicher Umstände erkennen muss, ist er zur Rückübernahme verpflichtet. Ein Verstoß gegen die in § 1a Abs. 1 StVG verortete Rückübernahmepflicht läge demgegenüber bereits bei einfach fahrlässigem Handeln vor. Diese Privilegierung des Fahrzeugführers lässt darauf schließen, dass der Gesetzgeber die Fälle der Aktivierung der automatisierten Fahrfunktion und die Rückübernahme der Fahrzeugsteuerung durch den Fahrzeugführer unterschiedlichen Regelungen und Voraussetzungen unterwerfen will. Das gelingt nur, wenn der Anwendungsbereich des § 1a Abs. 1 StVG auf die Aktivierung begrenzt ist.[463] Andernfalls würde die Haftungsprivilegierung des § 1b Abs. 2 Nr. 2 StVG umgangen.

In der Begründung der Bundesregierung zum Gesetzesentwurf finden sich widersprüchliche Äußerungen zu der Frage, ob § 1a Abs. 1 StVG eine Rückübernahmepflicht enthält. An einer Stelle wird ausgeführt, der Fahrzeugführer müsse auch neben der Rückübernahmepflicht des § 1b Abs. 2 Nr. 1 StVG die Fahrzeugsteuerung wieder übernehmen, wenn die Voraussetzungen des spezifischen Anwendungsfalles der automatisierten Fahrfunktion nicht mehr vorliegen.[464] An anderer Stelle heißt es, § 1b Abs. 2 Nr. 2 StVG solle im Wesentlichen zwei Fälle regeln: Zum einen Fälle, in denen die Grenzen des automatisierten Fahrsystems überschritten sind und dies anhand von offensichtlichen Umständen erkennbar war. Zum anderen sollen technische Störungen (fahrzeugseitige Warnungen) oder sonstige Störungen im Betrieb des Fahrzeugs (z.B. Reifenplatzer) die Rückübernahmepflicht des Fahrzeugführers auslösen.[465] Dadurch wird deutlich, dass in den Fällen, in denen nach aktivierter automatisierter Fahrzeugsteuerung und Wegfall der Voraussetzungen eines spezifischen

463 Anders *Hotz*, Automatisiertes Fahren – Bewertung eines Gesetzentwurfs zur Änderung des Straßenverkehrsgesetzes, in: Koch (Hrsg.), Aktuelle Probleme des Versicherungsvertrags-, Versicherungsaufsichts- und Vermittlerrechts, S. 106, die meint, der Fahrer sei bereits in der Pflicht, die Fahrzeugsteuerung wieder zu übernehmen, wenn der spezifische Anwendungsfall der automatisierten Fahrzeugsteuerung ende.

464 Begründung des Regierungsentwurfs für ein Gesetz zur Änderung des Straßenverkehrsgesetzes, BT-Drs. 18/11300, 14, „*daneben* (gemeint ist neben der Übernahmepflicht im Falle einer fahrzeugseitigen Aufforderung im Sinne des § 1b Abs. 2 Nr. 1 StVG) *hat der Fahrzeugführer die Fahrzeugsteuerung bei Wegfall der für die Verwendung einer hoch- oder vollautomatisierten Fahrfunktion vorliegenden Voraussetzungen zu übernehmen*“.

465 Begründung des Regierungsentwurfs für ein Gesetz zur Änderung des Straßenverkehrsgesetzes, BT-Drs. 18/11300, 22 f.

Anwendungsfalles eine Pflicht zur Rückübernahme erst besteht, wenn dies erkannt wurde oder anhand offensichtlicher Umstände hätte erkannt werden müssen. Bei der beispielhaften Aufzählung offensichtlicher Umstände stellt die Regierungsbegründung auch lediglich auf äußere Umstände und nicht auf die jeweilige Systembeschreibung und deren Grenzen ab.[466] D.h. die offensichtlichen Umstände werden für jedes hoch- oder vollautomatisierte Fahrzeug gleichermaßen und unabhängig von der jeweiligen Leistungsfähigkeit des konkreten Fahrsystems bestimmt.[467]

Im Ergebnis sprechen daher die Systematik sowie der Sinn und Zweck der Regelung des § 1a Abs. 1 StVG gegen eine Rückübernahmepflicht gem. § 1a Abs. 1 StVG.[468]

d) Zwischenergebnis

Die Rückübernahmepflichten des Fahrzeugführers ergeben sich ausschließlich aus den Regelungen des § 1b Abs. 2 Nr. 1 und 2 StVG.

Der Fahrzeugführer hat die Fahrzeugsteuerung unverzüglich zu übernehmen, wenn er zur Rückübernahme der Fahrzeugsteuerung aufgefordert wird (Nr. 1) bzw. Kenntnis von den fehlenden Voraussetzungen einer

---

466 Für einen „*Reifenplatzer*", Begründung des Regierungsentwurfs für ein Gesetz zur Änderung des Straßenverkehrsgesetzes, BT-Drs. 18/11300, 23; für das „*Hupen anderer Verkehrsteilnehmer*" und der „*Vollbremsung des Fahrsystems ohne äußeren Anlass*", Beschlussempfehlung und Bericht des Ausschusses für Verkehr und digitale Infrastruktur zum Entwurf eines Gesetzes zur Änderung des Straßenverkehrsgesetzes vom 29. März 2017, BT-Drs. 18/11776, 10; näheres dazu unter Ziff. A. II. 4. b) aa) dieses Kapitels.

467 Für diese Interpretation spricht auch die Tatsache, dass die Systembeschreibungen in hohem Maße individuell ausgestaltet sein werden. Es wird Unterschiede von Automobilhersteller zu Automobilhersteller und von Modell zu Modell geben. Möglicherweise variiert die Systembeschreibung aufgrund der differenzierten Ausstattungsmöglichkeiten sogar innerhalb einer Modellinie.

468 So im Ergebnis auch *Theissen*, Praxisüberblick – Besonderheiten beim Regress innerhalb der Lieferkette und neuartige Haftungsregelungen, in: Oppermann/Stender-Vorwachs (Hrsg.), Autonomes Fahren, Kap. 3.1.4, Rn. 3 und 6, indem er davon spricht, dass ein Verschulden des Fahrers, außer in den Fällen des § 1b Abs. 2 StVG, ausgeschlossen ist; genauso *Kaufmann*, in: Geigel, Der Haftpflichtprozess, 28. Aufl., 2020, Kap. 25, Rn. 323, „*die Rechte und Pflichten des Fahrzeugführers eines hoch- oder vollautomatisierten Fahrzeugs ergeben sich aus § 1b StVG*"; *Kütük-Markendorf*, CR 2017, 349 (535); *Hofmann*, CR 2020, 282 (286); implizit auch *Putzki/Sesing*, MMR-Aktuell 2017, 388288.

bestimmungsgemäßen Verwendung erlangt oder diese auf Grund offensichtlicher Umstände erlangt haben muss (Nr. 2). Die durch das Merkmal der Unverzüglichkeit dem Fahrzeugführer zur Verfügung gestellte Zeitspanne ist in zeitlicher Hinsicht von der Pflicht zur Wahrnehmungsbereitschaft gem. § 1b Abs. 1 HS. 2 StVG abzugrenzen. Die Maßgabe des unverzüglichen Handelns greift damit ab der Übernahmeaufforderung bzw. ab Kenntnis oder dem Kennenmüssen der fehlenden Voraussetzungen einer bestimmungsgemäßen Verwendung ein und geht in zeitlicher Hinsicht nicht weiter zurück. Die Frage, ob der Fahrzeugführer ausreichend wahrnehmungsbereit war, stellt sich hier also nicht.

Aufgrund der Möglichkeit einer sich jederzeit schnell ändernden Fahrsituation ist diese Zeitspanne entsprechend kurz zu bemessen. Es gilt ein objektiver Maßstab. Die Reaktionszeit des Fahrzeugführers muss sich daher an den Fähigkeiten eines durchschnittlich geübten Fahrers messen lassen. Mindestmaß der zur Rückübernahme der Fahrzeugsteuerung verbleibenden Zeit muss aber die durchschnittliche Reaktionszeit eines Menschen sein.

Da die offensichtlichen Umstände, wie gezeigt wurde, restriktiv auszulegen sind, gilt für den Fahrer in Bezug auf die Rückübernahmepflicht gem. § 1b Abs. 2 Nr. 2 StVG ein entsprechend abgesenkter Sorgfaltsmaßstab. Er hat die Fahrzeugsteuerung erst wieder zu übernehmen, wenn sich die Erforderlichkeit der eigenhändigen Fahrzeugsteuerung aufdrängt.

Das hat zur Konsequenz, dass die Vermutungsregel des § 18 Abs. 1 S. 2 StVG den Tatbestand des § 1b Abs. 2 Nr. 2 Alt. 2 StVG allein nicht auslösen kann. Denn mehr als einfache Sorgfaltswidrigkeit kann insoweit nicht vermutet werden. D.h. es müssen im Prozess zudem offensichtliche Umstände festgestellt werden, für deren Vorliegen der Anspruchsteller die Darlegungs- und Beweislast trägt.

Legt man diese Zusammenhänge zu Grunde, kann die Vermutung der Kenntnis von den fehlenden Voraussetzungen für eine bestimmungsgemäße Verwendung der automatisierten Fahrfunktion gem. § 1b Abs. 2 Nr. 2 Alt. 1 StVG durch § 18 Abs. 1 S. 2 StVG nicht uneingeschränkt angewendet werden. Zwar wird auf diesem Weg grundsätzlich auch die Kenntnis des Fahrzeugführers von bestimmten Umständen vermutet, diese Vorgehensweise würde jedoch das mit § 1b Abs. 2 Nr. 2 StVG beabsichtigte Haftungsprivileg des Fahrzeugführers unterlaufen. Der Fahrzeugführer müsste bei uneingeschränkter Anwendung der Vermutungsregel des § 18 Abs. 1 S. 2 StVG praktisch für eine Vielzahl von durch die automatisierte Fahrfunktion verursachten Unfällen haften, in denen es ihm nicht gelingt, seine fehlende Kenntnis zu belegen, obwohl keinerlei Feststellungen zum Vorliegen offensichtlicher Umstände getroffen wurden.

Es bedarf daher einer Korrektur, die durch eine einschränkende Anwendung des § 18 Abs. 1 S. 2 StVG bewerkstelligt werden kann. Die Einschränkung erfolgt durch eine Erleichterung des Gegenbeweises. Der Gegenbeweis ist bei § 1b Abs. 2 Nr. 2 Alt. 1 StVG bereits dann geführt, wenn der Fahrzeugführer einen Unfallhergang schildert, aus dem sich entweder das Vorliegen der Voraussetzungen der bestimmungsgemäßen Verwendung ergibt oder die Voraussetzungen einer bestimmungsgemäßen Verwendung zwar fehlen, dies aber nicht durch offensichtliche Umstände zutage getreten ist.

5. *Abwendungsbefugnis*

Durch das 8. ÄndG zum StVG wurde eingeführt, dass sich der Fahrzeugführer nach § 1b Abs. 1 HS. 1 StVG vom Fahrgeschehen abwenden darf. Der Fahrer handelt also nicht sorgfaltswidrig, wenn er sich vom Verkehrsgeschehen abwendet und fahrfremden Tätigkeiten nachgeht. Die Formulierung der Überschrift des § 1b StVG, „Rechte und Pflichten des Fahrzeugführers", ist in dieser Hinsicht missverständlich, weil Rechte einer anderen Person entgegengehalten werden können. Ein Abwendungsrecht kann aber niemandem entgegenhalten werden.[469] Es handelt sich also nicht um ein Abwendungsrecht, sondern um eine positiv formulierte Sorgfaltspflicht. Aus diesem Grund wird von einer Abwendungsbefugnis gesprochen.[470] Aus dieser folgt, dass sich der Fahrzeugführer nicht sorgfaltswidrig verhält, wenn der Unfall bei Beobachtung des Verkehrsgeschehens während der automatisierten Fahrt vermeidbar gewesen wäre, nicht aber nach der unverzüglichen Übernahme der Fahrzeugsteuerung durch den zulässigerweise abgelenkten menschlichen Fahrer.[471]

Die Vorschrift des § 1b Abs. 1 HS. 1 StVG gestattet es dem Fahrzeugführer, sich vom Verkehrsgeschehen abzuwenden, indem er die Hände vom Lenkrad nimmt, den Blick von der Straße abwendet oder anderen Tätigkeiten nachgeht,

469 *König*, NZV 2017, 249 (251).

470 Anders *Buck-Heeb/Dieckmann*, Zivilrechtliche Haftung von Halter und Fahrer beim Einsatz (teil) automatisierter Fahrfunktionen, in: Oppermann/Stender-Vorwachs (Hrsg.), Autonomes Fahren, Kap. 3.1.1, Rn. 100, die von einem „*Recht zur Abwendung*" sprechen.

471 *Buck-Heeb/Dieckmann*, Zivilrechtliche Haftung von Halter und Fahrer beim Einsatz (teil) automatisierter Fahrfunktionen, in: Oppermann/Stender-Vorwachs (Hrsg.), Autonomes Fahren, Kap. 3.1.1, Rn. 100.

etwa dem Bearbeiten von Mails im Infotainment-System.[472] Nach dem damaligen Bundesminister für Verkehr und digitale Infrastruktur kann der Fahrer in dieser Zeit „im Netz surfen, E-Mails checken oder Filme streamen".[473]

6. *Pflicht zur Wahrnehmungsbereitschaft*

Komplementär zur Abwendungsbefugnis und der fehlenden Kontrollpflicht wurde der Begriff der Wahrnehmungsbereitschaft eingeführt. Nach § 1b Abs. 1 HS. 2 StVG muss der Fahrzeugführer derart wahrnehmungsbereit sein, dass er seinen Rückübernahmepflichten nach § 1b Abs. 2 StVG jederzeit nachkommen kann. Die Abwendungsbefugnis wird somit beschränkt durch die Wahrnehmungsbereitschaft, die zur Einhaltung der Pflichten des § 1b Abs. 2 StVG erforderlich ist.

Um die Wahrnehmungsbereitschaft gem. § 1b Abs. 1 HS. 2 StVG zu konkretisieren und ihren Aussagegehalt zu bestimmen, ist einerseits das Verhältnis zu den Rückübernahmepflichten gem. § 1b Abs. 2 StVG selbst und andererseits das Verhältnis zu dem Merkmal „jederzeit" i.S.d. § 1b Abs. 1 HS. 2 StVG zu bestimmen.

a) *Verhältnis zwischen Wahrnehmungsbereitschaft und Rückübernahmepflichten*

Wie sich die Pflicht zur Wahrnehmungsbereitschaft zu den Rückübernahmepflichten selbst verhält, wird in der Literatur kaum diskutiert. Diese Frage ist aber von zentraler Bedeutung, da ansonsten nicht klar ist, an welchem Tatbestandsmerkmal ein zulässiges Abwenden nach § 1b Abs. 1 HS. 1 StVG des Fahrers von der Fahrzeugführung zu messen ist, an der Pflicht zur Wahrnehmungsbereitschaft oder an den Rückübernahmepflichten.

Zu klären ist deshalb, welche Rechtsnatur die Vorschrift des § 1b Abs. 1 HS. 2 StVG hat, also ob es sich um eine von den Rückübernahmepflichten des § 1b Abs. 2 StVG unabhängige Pflicht handelt, die im Falle eines Verkehrsunfalls selbstständig haftungsbegründend wirkt,[474] oder ob sich ihr Aussagegehalt auf

---

472 Beschlussempfehlung und Bericht des Ausschusses für Verkehr und digitale Infrastruktur zum Entwurf eines Gesetzes zur Änderung des Straßenverkehrsgesetzes vom 29. März 2017, BT-Drs. 18/11776, 10.

473 Stenografischer Bericht über die 228. Sitzung des Deutschen Bundestages vom 30. März 2017, 2. und 3. Beratung über den Gesetzentwurf zur Änderung des Straßenverkehrsgesetzes, Tagesordnungspunkt 10, Plenarprotokoll 18/228, 22914–22921, 22914.

474 Für eine eigenständige Sorgfaltspflicht *König*, NZV 2017, 249 (251).

die Klarstellung beschränkt, die Rückübernahmepflichten zu befolgen, was nicht haftungsbegründend wirken würde.[475] Letzteres wäre der Fall, wenn die Pflicht zur Wahrnehmungsbereitschaft zur Erfüllung der Rückübernahmepflichten im Sinne einer Vorwirkung bereits aus diesen Pflichten selbst folgt. Dann hätte § 1b Abs. 1 HS. 2 StVG keinen eigenen Anwendungsbereich mehr.

Dem Wortlaut des § 1b Abs. 1 HS. 2 StVG ist eine Pflicht zur Wahrnehmungsbereitschaft zu entnehmen. Er spricht von „wahrnehmungsbereit bleiben müssen". Damit ist eine maximal verbindliche Formulierung gewählt.

Aus der amtlichen Überschrift der Norm „Rechte und Pflichten des Fahrzeugführers" lässt sich für die Frage nach der Rechtsnatur der Pflicht zur Wahrnehmungsbereitschaft nichts ableiten. Es fehlt an einer Zuordnung des § 1b Abs. 1 HS. 2 StVG zu einem dieser Begriffe. Während § 1b Abs. 1 HS. 1 StVG in der Diktion des Gesetzgebers unweigerlich ein Recht des Fahrzeugführers verbürgt, sind in § 1b Abs. 2 Nr. 1 und 2 StVG Pflichten des Fahrzeugführers geregelt. Wenngleich die Anbindung der Wahrnehmungsbereitschaft an Abs. 1, also an ein Recht des Fahrzeugführers, gegen eine Pflicht spricht, lässt sich die Wahrnehmungsbereitschaft nicht zweifelsfrei Abs. 1 zuordnen. Der Wortlaut der amtlichen Überschrift ist im Übrigen nicht belastbar. Das zeigt bereits die Divergenz zwischen dem Inhalt der Norm, die nur ein Recht (Singular) enthält und der Formulierung „Rechte des Fahrzeugführers" (Plural).

Eine Vorwirkung der Pflichten aus § 1b Abs. 2 StVG könnte sich aber aus der jederzeit bestehenden Möglichkeit des Eingreifens und damit aus dem Wesen des § 1b Abs. 2 StVG ergeben. Der Fahrer darf, während er sich vom Verkehrsgeschehen abwendet, nicht ausblenden, dass er potentiell jederzeit zur Rückübernahme aufgefordert werden kann oder er auf Grund offensichtlicher Umstände zu erkennen hat, dass die Voraussetzungen einer bestimmungsgemäßen Verwendung der automatisierten Fahrzeugsteuerung nicht mehr vorliegen. Er darf sich daher nicht in eine Lage versetzen, in der er die Fahrzeugsteuerung nicht

475 *Kaufmann*, in: Geigel, Der Haftpflichtprozess, 28. Aufl., 2020, Kap. 25, Rn. 323; *Buck-Heeb/Dieckmann*, NZV 2019, 113 (117); *Freise*, VersR 2019, 65 (74); so implizit auch *Grünvogel*, MDR 2017, 973 (974); und *Kütük-Markendorf*, CR 2017, 349 (353); indem *Theissen*, Praxisüberblick – Besonderheiten beim Regress innerhalb der Lieferkette und neuartige Haftungsregelungen, in: Oppermann/Stender-Vorwachs (Hrsg.), Autonomes Fahren, Kap. 3.1.4, Rn. 3 und 6 davon spricht, dass ein Verschulden des Fahrers außer in den Fällen des § 1b Abs. 2 StVG ausgeschlossen ist, geht er implizit davon aus, dass nur § 1b Abs. 2 Sorgfaltsanforderungen für den Fahrer enthält, die Wahrnehmungsbereitschaft mithin keine eigenständige Pflicht ist.

mehr übernehmen oder die Notwendigkeit hierzu nicht mehr erkennen kann. Von § 1b Abs. 2 StVG geht damit eine Vorwirkung aus, die sich auf das Verbot solcher Tätigkeiten beschränkt, während derer eine Übernahme der Fahrzeugsteuerung unmöglich ist, also etwa beim Verlassen des Fahrersitzes oder beim Schlafen.[476] Insoweit überschneiden sich die Anwendungsbereiche des § 1b Abs. 1 HS. 2 StVG und des § 1b Abs. 2 StVG. Unterhalb des maximalen Grades an Abwendung durch Verlassen des Sitzes oder Schlafen verbleiben allerdings weitere Stufen der Ausübung fahrfremder Tätigkeiten, in denen ein Eingreifen zwar möglich ist, jedoch zu lange braucht, sodass insoweit der Pflicht zur Wahrnehmungsbereitschaft und der Rückübernahmepflichten eigenständige Anwendungsbereiche zukommen.

Die Wahrnehmungsbereitschaft soll ausweislich des Wortlauts der Befolgung der Rückübernahmepflichten des § 1b Abs. 2 StVG dienen, indem sichergestellt werden soll, dass die Rückübernahmepflichten des § 1b Abs. 2 StVG eingehalten werden (können). Insoweit besteht zwischen der Wahrnehmungsbereitschaft und den Rückübernahmepflichten ein Über- bzw. Unterordnungsverhältnis. Da die Wahrnehmungsbereitschaft in diesem Sinne nur dienende Funktion hat, sind ihr gegenüber die Rückübernahmepflichten übergeordnet.

Aus dem Über- bzw. Unterordnungsverhältnis zwischen den Vorschriften könnte abgeleitet werden, dass die Vorschrift des § 1b Abs. 1 HS. 2 StVG als untergeordnete Norm keinen weiteren Anwendungsbereich haben darf als die übergeordneten Normen des § 1b Abs. 2 StVG, weshalb von der Wahrnehmungsbereitschaft keine Vorwirkung ausgehen kann. Dabei wird jedoch außer Acht gelassen, dass eine dienende Funktion auch im Vorfeld der eigentlichen Pflicht erfüllt werden kann. Die Wahrnehmungsbereitschaft übt ihre dienende

---

476 Entsprechende Vorgaben finden sich bezüglich ALKS mit der UN-ECE-Regel 157 auf konstruktionsrechtlicher Ebene. Nach Ziff. 6.1.3. der UN-ECE-Regel 157 muss das System durch Überwachung des Fahrzeugführers erkennen, ob dieser verfügbar ist und ob er sich in einer geeigneten Lenkposition befindet, um auf eine Übernahmeaufforderung reagieren zu können. Kriterien zur Beurteilung der Verfügbarkeit sind das Verlassen des Fahrersitzes (Ziff. 6.1.2. a)), das Lösen des Anschnallgurtes (Ziff. 6.1.2. b)), das Blinzeln oder Schließen der Augen und eine bewusste Kopf- oder Körperbewegung (Ziff. 6.1.3.1.). Der Fahrzeugführer gilt als nicht verfügbar, wenn nicht eines der beiden letztgenannten Kriterien innerhalb der letzten 30 Sekunden erfüllt ist (Ziff. 6.1.3.1.). Ist der Fahrer in diesem Sinne nicht verfügbar, muss das Fahrzeug ein Warnsignal erzeugen, bis der Fahrer angemessene Handlungen unternimmt. Geschieht dies nicht innerhalb von 15 Sekunden, erfolgt eine Übernahmeaufforderung (Ziff. 6.1.3.1.).

Funktion aus, indem sie im Vorfeld des die Rückübernahmepflichten auslösenden Ereignisses für eine entsprechende Aufmerksamkeit des Fahrers sorgt. Dies spricht gegen eine Vorwirkung der Rückübernahmepflichten und für einen eigenständigen Anwendungsbereich der Wahrnehmungsbereitschaft.

Bei der Bestimmung des Verhältnisses zwischen der Pflicht zur Wahrnehmungsbereitschaft und den Rückübernahmepflichten kommt dem Kriterium der Unverzüglichkeit im Rahmen der Rückübernahmepflichten eine besondere Rolle zu. Es ist zu fragen, ob die Wahrnehmungsbereitschaft und die Unverzüglichkeit denselben Anwendungsbereich haben, das Kriterium der Unverzüglichkeit also in die automatisierte Fahrphase hineinragt und damit Sorgfaltsanforderungen während der automatisierten Fahrphase begründet.[477] Dann wäre der Grad der Ablenkung des Fahrers am Maßstab der Unverzüglichkeit und nicht am Maßstab der Pflicht zur Wahrnehmungsbereitschaft zu messen. Bei der Wahrnehmungsbereitschaft würde es sich dann nur um eine Klarstellung handeln, dass die Rückübernahmepflichten zu erfüllen sind. Umgekehrt hätte die Wahrnehmungsbereitschaft einen eigenen Anwendungsbereich, wenn sich aus dem Kriterium der Unverzüglichkeit keine Sorgfaltsanforderungen während der automatisierten Fahrt ergäben.

Zwar zielen die Merkmale der Wahrnehmungsbereitschaft und der Unverzüglichkeit beide darauf ab, dem Fahrzeugführer eine möglichst umgehende Reaktion abzuverlangen, wenn das Fahrsystem an seine Grenzen stößt. Beide Begriffe sind jedoch in zeitlicher Hinsicht beschränkt und schließen sich in ihrem Anwendungsbereich – wie gezeigt werden konnte[478] – jeweils gegenseitig aus. Vom Tatbestandsmerkmal der Unverzüglichkeit geht somit keine Vorwirkung aus.[479]

Die Frage, ob § 1b Abs. 1 HS. 2 StVG eine eigenständige Pflicht enthält, ist somit zu bejahen.

Da ein Anspruchsteller nur behaupten kann, der Fahrer sei entweder nicht wahrnehmungsbereit gewesen oder habe die Fahrzeugsteuerung nicht unverzüglich übernommen, kann eine Haftung allein aufgrund des Vorwurfs der

---

477 Bejahend *Buck-Heeb/Dieckmann*, NZV 2019, 113 (117), die meinen, mit dem Urteil über die Unverzüglichkeit sei zugleich eine Entscheidung über die Wahrnehmungsbereitschaft getroffen; zustimmend *Kaufmann*, in: Geigel, Der Haftpflichtprozess, 28. Aufl., 2020, Kap. 25, Rn. 323; *Freise*, VersR 2019, 65 (74); so implizit auch *Grünvogel*, MDR 2017, 973 (974) und *Kütük-Markendorf*, CR 2017, 349 (353).

478 Ziff. C. II. 4. a) aa) dieses Kapitels.

479 *König*, NZV 2017, 123 (125 f.).

Verletzung der Pflicht zur Wahrnehmungsbereitschaft im Bestreitensfalle gleichwohl nicht belegt werden. Die Missachtung der Pflicht zur Wahrnehmungsbereitschaft kann für sich genommen prozessual nur dann eine Haftung auslösen, wenn (1) ein Fall des § 1b Abs. 2 StVG vorliegt, (2) der Fahrer nachweislich unverzüglich reagiert hat, er sich aber (3) zu sehr vom Verkehrsgeschehen abgewendet hatte, sodass sein Eingriff in das Fahrgeschehen zur Unfallvermeidung zu spät erfolgte.

b) Gleicher Regelungsgehalt von Wahrnehmungsbereitschaft und dem Kriterium „jederzeit"

Die Merkmale der „Wahrnehmungsbereitschaft" und „jederzeit" doppeln sich. Die Pflicht zur Wahrnehmungsbereitschaft gilt nach dem Gesetzeswortlaut uneingeschränkt, ist also für sich genommen bereits zu jeder Zeit einzuhalten. Das Merkmal „jederzeit" hat daher daneben keinen eigenständigen Anwendungsbereich.

7. Grenzziehung im Spannungsverhältnis zwischen Abwendungsbefugnis und Wahrnehmungsbereitschaft

Die Abwendungsbefugnis des Fahrzeugführers wird begrenzt durch die Wahrnehmungsbereitschaft, die erforderlich ist, um die Pflichten nach § 1b Abs. 2 StVG zu erfüllen, vgl. § 1b Abs. 1 HS. 2 StVG.[480] Es stellt sich damit die zentrale Frage, wie weit die Abwendungsbefugnis reicht, welche Verhaltensweisen dem Fahrzeugführer also gestattet sind.[481] Damit verbunden ist die tatsächliche Frage, inwieweit die Automatisierung einen spürbaren Nutzen für den Fahrzeugführer hat. Zum Teil wird befürchtet, dass der durch die Automatisierung erhoffte Zugewinn an Handlungs- und Bewegungsfreiheit des Fahrers sehr gering ausfällt.[482]

---

480 *Freise*, VersR 2019, 65 (67); *Schubert*, SVR 2019, 124 (127); *Buck-Heeb/Dieckmann*, NZV 2019, 113 (114), die von einem *„Spannungsverhältnis"* sprechen.

481 Dafür wurde in der Vergangenheit auch eine Positiv- oder Negativliste für Nebenaufgaben diskutiert, Bericht zum Forschungsbedarf Runder Tisch Automatisiertes Fahren, 2015, 9, die jedoch keinen Eingang in das Gesetzgebungsverfahren zum 8. ÄndG zum StVG gefunden hat.

482 *Kleinschmidt/Wagner*, Technik autonomer Fahrzeuge, in: Oppermann/Stender-Vorwachs (Hrsg.), Autonomes Fahren, Kap. 1.1, Rn. 31; *Jungbluth*, Auf dem 56. Deutschen Verkehrsgerichtstag gehaltenes Referat, in: Deutscher Verkehrsgerichtstag – Deutsche Akademie für Verkehrswissenschaft e.V. (Hrsg.), 56. Deutscher Verkehrsgerichtstag, S. 31; in diese Richtung auch Ausarbeitung der wissenschaftlichen Dienste des Deutschen Bundestags Autonomes und automatisiertes Fahren

In der Literatur wird der Gesetzgeber zum Teil stark kritisiert, weil er das Spannungsverhältnis zwischen dem Abwendungsrecht und dem unbestimmten Rechtsbegriff der Wahrnehmungsbereitschaft geschaffen und unaufgelöst gelassen hat.[483] Dabei hatte der Bundesrat bereits im Gesetzgebungsverfahren auf die davon ausgehenden Unklarheiten hingewiesen und um Prüfung gebeten, „ob nicht eine Konkretisierung angezeigt ist, was Fahrzeugführerinnen und Fahrzeugführer bei einem Einsatz von hoch- und vollautomatisierten Fahrsystemen […] tun dürfen und lassen müssen".[484] In gleicher Weise hat sich auch der Verbraucherzentrale Bundesverband e.V. geäußert.[485] Auch der ADAC hat in seiner Stellungnahme für den Ausschuss für Verkehr und digitale Infrastruktur gefordert, dem Fahrer während der automatisierten Fahrzeugsteuerung mehr Freiraum für fahrfremde Tätigkeiten zu geben. Der Fahrer müsse sich auf das Fahrsystem verlassen können, ohne eine Grundaufmerksamkeit an den Tag legen zu müssen.[486] Das Spannungsfeld zwischen Abwendungsbefugnis und Wahrnehmungsbereitschaft war dem Gesetzgeber also bewusst.[487]

Gleichwohl gibt das Gesetz nur grobe Leitlinien zur Bestimmung der Sorgfaltsanforderungen während der automatisierten Fahrphase vor. Eine Konkretisierung der Vorschriften des 8. ÄndG zum StVG ist dennoch möglich.[488] Im

---

auf der Straße – rechtlicher Rahmen vom 22. Mai 2018, WD 7 - 3000 - 111/18, 8; ebenso *Schirmer*, NZV 2017, 253 (255 f.); *Armbrüster*, ZRP 2017, 83 (84).

483 So *Walter*, in: BeckOGK Straßenverkehrsrecht, Stand: 01. Januar 2022, § 18, Rn. 16; *Jungbluth*, Auf dem 56. Deutschen Verkehrsgerichtstag gehaltenes Referat, in: Deutscher Verkehrsgerichtstag – Deutsche Akademie für Verkehrswissenschaft e.V. (Hrsg.), 56. Deutscher Verkehrsgerichtstag, S. 31; *Freise*, VersR 2019, 65 (74); *Greger*, NZV 2018, 1 (3); *Lüdemann/Sutter/Vogelpohl*, NZV 2018, 411 (413); *Balke*, SVR 2018, 5 (7); *Schirmer*, NZV 2017, 253 (255).

484 Stellungnahme des Bundesrates und Gegenäußerung der Bundesregierung zum Entwurf eines Gesetzes zur Änderung des Straßenverkehrsgesetzes vom 15. März 2017, BT-Drs.18/11534, 4, Ziff. 5.

485 Rechtssicher Fahren mit automatisierten Fahrzeugen – Unaufgeforderte Stellungnahme des Verbraucherzentrale Bundesverbandes e.V. vom 16. März 2017, 10.

486 Siehe Wortprotokoll der 101. Sitzung des Ausschusses für Verkehr und digitale Infrastruktur vom 20. März 2017, Protokoll-Nr. 18/101, 3.

487 So explizit auch *Greger*, NZV 2018, 1 (3).

488 In diesem Sinne auch *Buck-Heeb/Dieckmann*, Zivilrechtliche Haftung von Halter und Fahrer beim Einsatz (teil) automatisierter Fahrfunktionen, in: Oppermann/Stender-Vorwachs (Hrsg.), Autonomes Fahren, Kap. 3.1.1, Rn. 80; *Buck-Heeb/Dieckmann*, NZV 2019, 113; *Reusch/Weidner*, Future Law. Blockchain, Industrie 4.0, Internet of Things, Robotik, Rn. 130; so auch die Ansicht des Arbeitskreises II des 57. Deutschen Verkehrsgerichttags 2019, NZV 2019, 87, wonach „*die derzeitige*

Folgenden wird daher durch Auslegung der Begriffe der Abwendungsbefugnis einerseits und der Pflicht zur Wahrnehmungsbereitschaft andererseits eine Grenze zwischen zulässigen und unzulässigen Nebentätigkeiten gezogen.

a) Auslegung anhand des Wortlauts

Der Begriff der Wahrnehmungsbereitschaft kommt im allgemeinen Sprachgebrauch nicht vor, wohl aber dessen zwei Bestandteile. Die Bereitschaft drückt das „Bereitsein“[489] und die Wahrnehmung das „Wahrnehmen“[490] aus. Den einzelnen Bedeutungen der Bereitschaft und der Wahrnehmung fügt der Begriff der Wahrnehmungsbereitschaft nichts hinzu, weshalb die Wortbedeutung nichts zur Konkretisierung beitragen kann.

Der Begriff des Abwendens hat eine physische Komponente, nämlich die Drehung oder Sichtverlagerung.[491]

b) Systematische Auslegung

Es fragt sich, ob sich der konturlose Begriff der Wahrnehmungsbereitschaft durch andere Vorschriften des 8. ÄndG zum StVG näher eingrenzen lässt.

aa) Bedeutung der „ausreichenden Zeitreserve zur Übernahme der Fahrzeugsteuerung“

Nach § 1a Abs. 2 Nr. 5 StVG muss das Fahrzeug den Fahrer mit einer ausreichenden Zeitreserve darauf hinweisen, dass er die Fahrzeugsteuerung wieder wahrzunehmen hat. Die Zeitreserve ist nur ausreichend, wenn die Aufforderung zur Übernahme der Fahrzeugsteuerung in der konkreten Verkehrssituation so rechtzeitig erfolgt, dass der Fahrzeugführer ihr in zumutbarer Weise nachkommen kann.[492] Daraus folgt, dass das Fahrzeug den Fahrer nicht erst

---

gesetzliche Regelung der Pflichtenstellung des Fahrzeugführers beim hoch- und vollautomatisierten Fahren (§ 1 b StVG) trotz mancher Bedenken – z.B. hinsichtlich des Spannungsverhältnisses von Abwendungsbefugnis und Wahrnehmungsbereitschaft – bezüglich ihrer praktischen Handhabbarkeit grundsätzlich ausreichend sei und die weitere Klärung der Judikatur und Rechtsdogmatik obliege“; in diese Richtung auch *Arzt/Ruth-Schumacher*, RAW 2017, 89 (90).

489 Duden Online, abrufbar unter: www.duden.de/suchen/dudenonline/Bereitschaft (zuletzt abgerufen am 15. November 2022).

490 Duden Online, abrufbar unter: www.duden.de/suchen/dudenonline/Wahrnehmung (zuletzt abgerufen am 15. November 2022).

491 *Reusch/Weidner*, Future Law. Blockchain, Industrie 4.0, Internet of Things, Robotik, Rn. 127; *Schirmer*, NZV 2017, 253 (255).

492 *v. Bodungen/Hoffmann*, NZV 2018, 97 (102).

dann zur Übernahme der Steuerung auffordern darf, wenn es selbst die Fahraufgabe überhaupt nicht mehr bewältigen kann, sondern eine gewisse Zeit davor, sobald es seine Grenzen erkennt.[493]

Es stellt sich die Frage, ob die ausreichende Zeitreserve das Maß der Nebentätigkeiten beeinflusst. Das wäre der Fall, wenn sich der Fahrer auf eine Zeitspanne einstellen darf, die ihm durch den jeweiligen Hersteller oder durch zulassungsrechtliche Vorgaben zugesagt wird. Innerhalb dieses Rahmens könnte er sich dann Nebentätigkeiten zuwenden.

(1) „Vertrauendürfen" auf die Leistungsfähigkeit der automatisierten Fahrzeugsteuerung

Die Vorschrift des § 1a Abs. 2 S. 1 Nr. 5 StVG stellt in erster Linie ein Definitionsmerkmal dar. D.h. es handelt sich nur um ein hoch- oder vollautomatisiertes Fahrzeug, wenn es in der Lage ist, den Fahrzeugführer mit ausreichender Zeitreserve auf die Erforderlichkeit der eigenhändigen Steuerung hinzuweisen.[494] In zweiter Linie geht daraus eine Konstruktionsvorgabe an den Hersteller hervor.[495] Bereits die im Produkthaftungsrecht für die Bestimmung der

493 Begründung des Regierungsentwurfs für ein Gesetz zur Änderung des Straßenverkehrsgesetzes, BT-Drs. 18/11300, 12; erläuternd *Lange*, NZV 2017, 345 (349); so auch *Buck-Heeb/Dieckmann*, NZV 2019, 113 (118); *König*, NZV 2017, 249 (250).

494 Siehe dazu Kap. 2 Ziff. B. I. 2.

495 *Spindler*, in: BeckOGK BGB, Stand: 01. November 2022, § 823, Rn. 739, „*ein Konstruktionsfehler wird wohl nur dann ausgeschlossen werden, wenn der Unfall durch andere Verkehrsteilnehmer herbeigeführt wurde oder die Fahrzeugführung nicht innerhalb einer angemessenen Zeitreserve vom Fahrzeugführer zurück übernommen wurde*"; *Will*, in: BeckOK Straßenverkehrsrecht, 17. Edition, Stand: 15. Oktober 2022, § 1a StVG, Rn. 10, „*materielle Anforderungen*"; *Walter*, in: BeckOGK Straßenverkehrsrecht, Stand: 01. Januar 2022, § 16 StVG, Rn. 47; *Reinking/Eggert*, Der Autokauf, Rn. 1771; *Buck-Heeb/Dieckmann*, Zivilrechtliche Haftung von Halter und Fahrer beim Einsatz (teil) automatisierter Fahrfunktionen, in: Oppermann/Stender-Vorwachs (Hrsg.), Autonomes Fahren, Kap. 3.1.1, Rn. 92; *Armbrüster*, Automatisiertes und autonomes Fahren – Eine Herausforderung für Haftung und Haftpflichtversicherung?, in: Danzl/Dauner-Lieb/Wittwer (Hrsg.), Festschrift für Christian Huber, S. 33; *Steinert*, SVR 2019, 5 (6); so bereits *Doderer/Hartwig*, IR 2016, 53 (55); *Geissl*, RAW/Sonderausgabe Betriebs-Berater 2013, 20 (26); *Gasser/Arzt/Ayoubi/Bartels/Bürkle/et al.*, Rechtsfolgen zunehmender Fahrzeugautomatisierung, Berichte der Bundesanstalt für Straßenwesen, 2012, 22; in Bezug auf die Entsprechenserklärung gem. § 1a Abs. 2 S. 2 StVG *v. Bodungen*, SVR 2022, 1 (4); *Schrader*, DAR 2018, 314 (318); a.A. *Wagner*, in: Münchener Kommentar BGB, 8. Aufl., 2020, § 3 ProdHaftG, Rn. 35, der meint, § 1a StVG habe „*keine produkthaftungsrechtliche Relevanz*"; zweifelnd auch *Lutz*, Haftung am Beispiel

Fehlerhaftigkeit eines Produkts maßgebliche allgemeine Sicherheitserwartung geht aufgrund des § 1a Abs. 2 S. 1 Nr. 5 StVG dahin, dass der Hersteller dem Fahrer eine ausreichende Zeitreserve einräumen muss. Andernfalls liegt ein Produktfehler vor.[496]

Gegen das „Vertrauendürfen“ des Fahrers spricht, dass in den §§ 1a, 1b StVG keine Regelung zu Überführungssystemen vorgesehen ist. Es fehlt eine Konstruktionsvorgabe im Katalog des § 1a Abs. 2 S. 1 StVG, die die Implementierung eines Systems vorschreibt, dass das Fahrzeug im Notfall oder bei Nichtbefolgung der Rückübernahmepflichten in einen sogenannten risikominimalen Zustand überführt, das Fahrzeug also entweder auf der eigenen Fahrspur oder auf dem Seitenstreifen nach vorangegangenem Fahrstreifenwechsel zum Stehen bringt.[497] Dem könnte entnommen werden, der Fahrer müsse die Fahrzeugsteuerung früher übernehmen, um die Lücke der sicheren Fahrzeugsteuerung zu füllen, die das automatisierte Fahrsystem aufgrund des fehlenden Überführungssystems hinterlässt. Dagegen sprechen mehrere Gründe: Eine solche Lesart stünde im Widerspruch zu den Vorgaben des § 1a Abs. 2 S. 1 Nr. 1 und 2 StVG. Diese sehen die Fähigkeit zur Bewältigung der Fahraufgabe (Nr. 1) und der Beachtung der an die Fahrzeugführung gerichteten Verkehrsvorschriften (Nr. 2) uneingeschränkt vor. Aus ihnen könnte bereits durch eine am Wortlaut orientierte Auslegung die Pflicht zum Einbau eines Überführungssystems entnommen werden. Daneben treten aber auch produkthaftungsrechtliche Maßgaben, aus denen sich nach herrschender Ansicht in der Literatur eine Pflicht des Herstellers zum Einbau eines Überführungssystems ergibt.[498] Dadurch wird die fehlende ausdrückliche Regelung im Katalog des § 1a Abs. 2

automatisierter Fahrzeuge, in: Hartmann (Hrsg.), KI & Recht Kompakt, Kap. 3, S. 131, der für technische Anforderungen aufgrund vereinheitlichten europäischen Zulassungsrechts keinen Normsetzungsspielraum des deutschen Gesetzgebers sieht; *Arzt/Ruth-Schumacher*, RAW 2017, 89 (96).

496 Für eine Produktdarbietung gem. § 3 Abs. 1 a) ProdHaftG durch die Systembeschreibung *v. Bodungen/Hoffmann*, NZV 2018, 97 (99); ebenso *Wolfers*, RAW 2018, 94 (95), *„die Systembeschreibung ist ein Kernelement der Darbietung“*.

497 *Balke*, SVR 2018, 5 (6); *Arzt/Ruth-Schumacher*, RAW 2017, 89 (90); *Singler*, NZV 2017, 353 f.

498 *Foerste*, in: Foerste/Graf von Westphalen (Hrsg.), Produkthaftungshandbuch, 3. Aufl., 2012, § 24, Rn. 153; *v. Bodungen*, SVR 2022, 1 (4); *Nehm*, JZ 2018, 398 (400); *Wagner*, AcP (217) 2017, 707 (727); *Arzt/Ruth-Schumacher*, RAW 2017, 89 (93); *Kütük-Markendorf*, CR 2017, 349 (353); eine solche Funktion war bereits in dem im Forschungsstadium bedinflichen Temporary Auto Pilot von Volkswagen vorgesehen, *Bartels/To/Simon/Weiser*, ATZ 2011, 652 (654); dahin geht auch die

S. 1 StVG durch produkthaftungsrechtliche Vorgaben kompensiert, sodass im Ergebnis eine Pflicht des Herstellers zum Einbau eines Überführungssystems besteht. Die Verantwortlichkeit für eine sichere Fahrzeugsteuerung ist innerhalb der ausreichenden Zeitreserve dem Hersteller zugewiesen.[499] Dieser haftet für Fehlleistungen der automatisierten Fahrzeugsteuerung mitsamt dem Überführungssystem. Eine ein frühzeitigeres Einschreiten des Fahrzeugführers erforderlich machende Lücke der Verantwortlichkeit besteht demnach nicht.

Bereits aufgrund dieser Konstruktionsanforderungen an ein hoch- oder vollautomatisiertes Fahrzeug dürfte sich der Fahrer auf das verlässliche Funktionieren der automatisierten Fahrzeugsteuerung während der automatisierten Fahrphase unter Einschluss der Überführung in einen risikominimalen Zustand verlassen. Das muss vor dem Hintergrund der Übereinstimmungserklärung des Herstellers gem. § 1a Abs. 2 S. 2 StVG umso mehr gelten. Mit der gegenüber dem Verbraucher in der Systembeschreibung abzugebenden Erklärung muss der Hersteller die Übereinstimmung des Fahrzeugs mit den Anforderungen des § 1a Abs. 2 S. 1 Nr. 1–6 StVG, also auch die Gewährung einer ausreichenden Zeitreserve zur Übernahme der Fahrzeugsteuerung, verbindlich erklären. Damit ist eine vertragsähnliche Verbindlichkeit hergestellt, die einen entsprechenden Vertrauenstatbestand auf Seiten des Fahrers erzeugt. Wird dem Fahrzeugführer also eine ausreichende Zeitspanne durch die verbindliche Erklärung i.S.d. § 1a Abs. 2 S. 2 StVG zugesichert, darf er sich darauf verlassen und sich – abgesehen vom Verlassen des Fahrersitzes und dem Schlafen – jeder Nebentätigkeit widmen, die es ihm erlaubt, innerhalb der vorgegebenen Zeit die Fahrzeugsteuerung wieder sicher zu übernehmen.[500] Da das Gesetz das

---

Forderung der Ethik-Kommission Bericht der Ethik-Kommission Automatisiertes und vernetztes Fahren, Juni 2017, 13 (Regel 19).

499 Ziff. C. II. 4. b) aa) (2) dieses Kapitels.

500 Diesen Gedanken verfolgen auch *König*, in: Hentschel/König/Dauer Straßenverkehrsrecht, 46. Aufl., 2021, § 1b StVG, Rn. 7 und *Kaufmann*, in: Geigel, Der Haftpflichtprozess, 28. Aufl., 2020, Kap. 25, Rn. 323, die die dem Fahrzeugführer durch die ausreichende Zeitreserve zugestandende Zeitspanne allerdings auf das Merkmal der Unverzüglichkeit beziehen; für eine Ausweitung des Grades der erlaubten Ablenkung durch die ausreichende Zeitreserve *Froitzheim* in: BeckOK Straßenverkehrsrecht, 17. Edition, Stand: 15. Oktober 2022, § 823 BGB, Rn. 118; *Lutz*, Haftung am Beispiel automatisierter Fahrzeuge, in: Hartmann (Hrsg.), KI & Recht Kompakt, Kap. 3, S. 124, der die ausreichende Zeitreserve als *„äußerste Grenze der dem Fahrer zur Verfügung stehenden Übernahmezeit“* begreift; von § 1a Abs. 2 S. 2 Nr. 5 StVG losgelöst auch *Leupold/Wiesner*, in: Leupold/Wiebe/Glossner (Hrsg.), IT-Recht, 4. Aufl., 2021, Teil 9.6.4, Rn. 17 f., die von einem *„Vertrauensprinzip“*

hoch- und vollautomatisierte Fahren hinsichtlich der Rückübernahmepflicht und der Überwachungspflicht des Fahrers gleich behandelt, gilt dies auch unabhängig von der Leistungsfähigkeit des automatisierten Fahrsystems.[501]

(2) Bemessung der „ausreichenden Zeitreserve“

Darf sich der Fahrzeugführer auf die systemseitige Fahrzeugsteuerung während der ausreichenden Zeitreserve verlassen, ist zu klären, wie diese zu bemessen ist. Dazu kann einerseits auf bereits bestehendes Zulassungsrecht und andererseits auf verhaltenspsychologische und ergonomische Erkenntnisse zurückgegriffen werden, die im Folgenden dargestellt werden.

Die Übergabezeit ist mittlerweile Gegenstand internationaler zulassungsrechtlicher Vorgaben. Nach Ziff. 5.4.2. der UN-ECE-Regel 157 zu ALKS ist die Übernahmeaufforderung so auszulösen, dass ausreichend Zeit für den sicheren Übergang in den manuellen Fahrmodus zur Verfügung steht. In Zukunft wird die Voraussetzung des § 1a Abs. 2 S. 1 Nr. 5 StVG somit bereits auf zulassungsrechtlicher Ebene sichergestellt. Die UN-ECE-Regel 157 zu ALKS legt pauschal eine Zeitspanne von minimal zehn Sekunden zugrunde bevor das Fahrzeug ein risikominimierendes Manöver einleiten darf (Ziff. 5.4.4.1.).[502] Eine Ausnahme besteht nach Ziff. 5.4.4.1.1. nur bei schwerwiegenden Störungen, bei denen das risikominimierende Manöver unverzüglich eingeleitet werden darf. Der Fahrer eines solchen Fahrzeugs darf sich darauf verlassen, dass das Fahrsystem innerhalb der zehn Sekunden das Fahrzeug weiterhin eigenständig steuert. Das gilt – abgesehen von schwerwiegenden Störungen – pauschal, d.h. losgelöst von der jeweiligen Fahrsituation, also ohne Rücksicht auf die gefahrene Geschwindigkeit, die Verkehrslage und Wetterbedingungen etc. Das vermittelt dem Fahrer die Freiheit, sich solchen Nebentätigkeiten zuzuwenden, die es ihm erlauben, die Fahrzeugsteuerung innerhalb dieser Zeitspanne zu übernehmen.

---

sprechen; Ausarbeitung der wissenschaftlichen Dienste des Deutschen Bundestags Autonomes und automatisiertes Fahren auf der Straße – rechtlicher Rahmen vom 22. Mai 2018, WD 7 - 3000 - 111/18, 6; so auch *v. Bodungen*, Automatisiertes Fahren (Automotive), in: Sassenberg/Faber (Hrsg.), Rechtshandbuch Industrie 4.0 und Internet of Things, Kap. 5, § 16, Rn. 44, der § 1a Abs. 2 S. 1 Nr. 5 StVG als „*produkthaftungsrechtlichen Mindeststandard*“ bezeichnet; aus strafrechtlicher Perspektive *Steinert*, SVR 2019, 5 (6); aus verkehrspsychologischer Perspektive *Lüdemann/Sutter/Vogelpohl*, NZV 2018, 411 (415).

501 A.A. *Feldmann*, GA 2020, 678 (683).

502 Siehe dazu auch Unterrichtung durch die Bundesregierung. Bericht über die Ergebnisse der Evaluation der Regelungen zum automatisierten Fahren, BT-Drs. 19/28800, 14. April 2021, 20.

Jenseits des Anwendungsbereichs der UN-ECE-Regel 157[503] werden verhaltenspsychologisch und ergonomisch unterschiedliche Übergabezeiten diskutiert. Die Zeitspannen reichen von zwei bis 15 Sekunden. Innerhalb dieses Spektrums wird – abhängig von der gewählten Methodik – nahezu alles vertreten.[504] Manche halten eine „Orientierungsphase" von mehreren Sekunden für ausreichend.[505] Andere kommen zu dem Ergebnis, nur eine Zeitspanne von fünf bis zehn Sekunden sei ausreichend.[506]

Verkehrspsychologische Studien haben überwiegend eine Zeitspanne von acht bis zehn Sekunden ergeben, bis der Fahrzeugführer die Fahrzeugsteuerung wieder sicher übernommen hat: Nach den Ergebnissen der Unfallforschung der Versicherer des Gesamtverbands der Deutschen Versicherungswirtschaft benötigen 90 Prozent der Fahrer bei einer Fahrt mit Ablenkung durch das Spielen eines Spiels auf einem Tablet[507] drei bis vier Sekunden, um ihre Nebentätigkeit aufzugeben und den Blick auf die Straße zu richten.[508] Nach sechs bis sieben Sekunden hatten die Fahrer ihre Hände am Lenkrad und die Füße an

503 Dazu bereits in Kap. 2 Ziff. B. 3. a) aa).

504 Siehe die anschauliche Graphik bei *Eriksson/Stanton*, Human Factors: The Journal of the Human Factors and Ergonomics Society 2017, 1 (3 f.).

505 *Gasser*, DAR 2015, 6 (9).

506 *Dubois*, Zeitschrift für Versicherungswesen 2015, 460 (461); *Dubois*, Zeitschrift für Versicherungswesen 2015, 513 (515); die Reaktionszeit bei Nebel und Schildern ist bei der Nutzung von ACC z.B. um ca. 5 Sekunden verzögert, siehe *Vollrath/Briest/Oeltze*, Berichte der Bundesanstalt für Straßenwesen, Fahrzeugtechnik 2010, 3 (36); für 8 Sekunden *Nehm*, JZ 2018, 398 (400); für eine angemessene Übergabezeit von 8–10 Sekunden, Hochautomatisiertes Fahren auf Autobahnen – industriepolitische Schlussfolgerungen, Studie des Frauenhofer Institus für Arbeitswirtschaft und Organisation IAO im Auftrag des Bundesministeriums für Wirtschaft und Energie vom 18. November 2015, 77; für 9 Sekunden *Lüke/Fochler/Schaller/Regensburger*, Stauassistenz und -automation, in: Winner/Hakuli/Lotz/Singer (Hrsg.), Handbuch Fahrerassistenzsysteme, Teil IX, Kap. 52, S. 1005; für 10 Sekunden *Lüdemann/Sutter/Vogelpohl*, NZV 2018, 411 (415); *Kompaß*, ZVS 2016, 266 (270); *Lutz*, NJW 2015, 119; *Bengler*, ZVS 2015, 169 (171); für 10–12 Sekunden *Sturm*, Zukünftige Rechtsfragen beim autonomen Fahren, in: Hartung/Regula/Schaeuffelen (Hrsg.), Rechtsfragen in der Automobil- und Zulieferindustrie, Kap. 12, S. 279.

507 Unfallforschung der Versicherer, Gesamtverband der Deutschen Versicherungswirtschaft e.V., Übernahmezeiten beim hochautomatisierten Fahren, 10.

508 Unfallforschung der Versicherer, Gesamtverband der Deutschen Versicherungswirtschaft e.V., Übernahmezeiten beim hochautomatisierten Fahren, 13.

den Pedalen.[509] Nach sieben bis acht Sekunden wurde die automatisierte Fahrzeugsteuerung abgeschaltet.[510] Die letzte Phase der Handlung und der Erlangung einer sicheren Fahrzeugsteuerung mit Überblick über die Fahrsituation durch Blick in die Rückspiegel und auf die Geschwindigkeitsanzeige ist erst bei zwölf bis 15 Sekunden erreicht.[511] Andere Studien haben ein ähnliches Ergebnis gezeigt. Danach sei von einer Übergabezeit von vier bis zehn Sekunden auszugehen bis der Fahrer die Fahraufgabe wieder sicher übernehmen kann.[512] Es wurde nachgewiesen, dass erst bei einer Vorlaufzeit von acht Sekunden vor einer Kollision keine Unterschiede hinsichtlich der Steuerungsfehler mehr zwischen einer hochautomatisierten Fahrt ohne Hände am Steuer und einer manuellen Fahrt bestehen.[513] Daraus ist zu schließen, dass im Falle einer Übernahmeaufforderung ein gleiches Sicherheitsniveau der Fahrzeugsteuerung wie bei einem konventionell gesteuerten Fahrzeug erst vorliegt, wenn dem Fahrzeugführer acht Sekunden Vorlaufzeit eingeräumt werden.[514]

---

509 Unfallforschung der Versicherer, Gesamtverband der Deutschen Versicherungswirtschaft e.V., Übernahmezeiten beim hochautomatisierten Fahren, 14; in diese Richtung auch *v. Bodungen/Hoffmann*, NZV 2018, 97 (102), die feststellen, eine Übernahmezeit von 4 Sekunden entspreche nicht den durchschnittlichen Fähigkeiten eines Fahrers.

510 Unfallforschung der Versicherer, Gesamtverband der Deutschen Versicherungswirtschaft e.V., Übernahmezeiten beim hochautomatisierten Fahren, 14.

511 Unfallforschung der Versicherer, Gesamtverband der Deutschen Versicherungswirtschaft e.V., Übernahmezeiten beim hochautomatisierten Fahren, 15; für einen Zeitraum zwischen 10 und 15 Sekunden *Merat/Jamson/Lai/Daly/Carsten*, Transportation Research Part F: Traffic Psychology and Behaviour Band 27, 2014, 274 (281); anders in Bezug auf die Anforderung eines Spurwechsels zur Kollisionsvermeidung *Damböck*, Automationseffekte im Fahrzeug – von der Reaktion zur Übernahme, bei dessen Untersuchung – wohl aufgrund einer niedrigen Beachtung des Spigelblicks beim manuellen Fahren – kein signifikanter Einfluss der Übernahmezeit auf den Blick in die Innen- und Außenspiegel feststellbar war, S. 124–126.

512 *Gold/Huesmann*, Beherrschbarkeit hochautomatisierter Fahrzeugführung – zwischen Übernahmezeit und Zeitbudget, in: Kompaß (Hrsg.), Methodenentwicklung für aktive Sicherheit und automatisiertes Fahren, Kap. 1.3, S. 49; *Damböck/Farid/Tönert/Bengler*, Übernahmezeiten beim hochautomatisierten Fahren, S. 11, die von einer Zeitspanne von 4 bis 8 Sekunden ausgehen.

513 *Damböck*, Automationseffekte im Fahrzeug – von der Reaktion zur Übernahme, S. 122 f.

514 Diese Zeitspanne verkürzt sich auf 6 Sekunden, wenn man einen Fahrstreifenwechsel in die falsche Richtung (unnatürlicher Weise) nicht als „Fail-Kriterium" auffasst, *Damböck*, Automationseffekte im Fahrzeug – von der Reaktion zur Übernahme, S. 123; dazu *Kompaß*, ZVS 2016, 266 (269 f.).

Aus einer Zeitspanne von acht bis zehn Sekunden ausbrechend werden auch deutlich höhere Übergabezeiten festgestellt. *Eriksson/Stanton* gelangen zu einer Zeitspanne von 1,9 bis 25,7 Sekunden, abhängig von der Intensität der Nebentätigkeit.[515] Andere Stimmen gehen von bis zu 40 Sekunden aus, nach denen keine Abweichungen einer Übernahme nach hochautomatisierter Fahrt von einer manuellen Fahrt mehr besteht.[516]

Namhafte deutsche Automobilhersteller haben sich dazu bereits positioniert. So hat sich der Volkswagen Konzern auf eine Übergabezeit von zehn Sekunden eingelassen.[517] Auch BMW hat sich auf eine Zeitspanne von fünf bis zehn Sekunden eingestellt.[518] Für eine situationsspezifische Übergabezeit, die je nach Dringlichkeit variieren kann, plädiert der Daimler Konzern.[519]

Nach überwiegender Ansicht ist dem Fahrzeugführer demnach eine ausreichende Zeitreserve von acht bis zehn Sekunden zur Rückübernahme der Fahrzeugsteuerung einzuräumen, an der sich die rechtliche Bewertung zu orientieren hat.

bb) Bedeutung des Hinweises auf eine bestimmungswidrige Verwendung

Es stellt sich aus systematischer Sicht zudem die Frage, wie sich ein Hinweis auf eine bestimmungswidrige Verwendung gem. § 1a Abs. 2 Nr. 6 StVG auf die Wahrnehmungsbereitschaft und damit auch auf die Abwendungsbefugnis auswirkt. Man könnte argumentieren, ein der Aufforderung vorausgehender

---

515 *Eriksson/Stanton*, Human Factors: The Journal of the Human Factors and Ergonomics Society 2017, 1 (22); von 26 Sekunden ausgehend auch *Mielchen*, ZfS 2017, 541; ähnlich *Lüdemann/Sutter/Vogelpohl*, NZV 2018, 411 (415), die darauf hinweisen, dass im Falle der Ablenkung vom Verkehrsgeschehen deutlich mehr als 10 Sekunden zur Erlangung eines Situationsbewusstseins zu veranschlagen seien.

516 *Merat/Jamson/Lai/Daly/Carsten*, Transportation Research Part F: Traffic Psychology and Behaviour Band 27, 2014, 274 (281).

517 Hochautomatisiertes Fahren auf Autobahnen – industriepolitische Schlussfolgerungen, Studie des Frauenhofer Institus für Arbeitswirtschaft und Organisation IAO im Auftrag des Bundesministeriums für Wirtschaft und Energie vom 18. November 2015, 70.

518 *Wisselmann* (Referent für das „Automatisierte Fahren" der BMW Group) auf der interdisziplinären Fachtagung Autonomes Fahren an der Leibniz Universität Hannover am 28. November 2017, siehe dazu *Theissen*, NZV 2018, 67.

519 Hochautomatisiertes Fahren auf Autobahnen – industriepolitische Schlussfolgerungen, Studie des Frauenhofer Institus für Arbeitswirtschaft und Organisation IAO im Auftrag des Bundesministeriums für Wirtschaft und Energie vom 18. November 2015, 77.

Hinweis sollte den Fahrzeugführer in erhöhte Wahrnehmungsbereitschaft versetzen, damit er auf eine etwaige Rückübernahmeaufforderung schneller reagieren kann. Dagegen spricht aber, dass das Gesetz in den § 1b Abs. 1 HS. 2 und Abs. 2 Nr. 1 StVG nur an die Wahrnehmungsbereitschaft hinsichtlich einer Rückübernahmeaufforderung und nicht an einen bloßen Hinweis anknüpft. Nach § 1b Abs. 1 HS. 2 StVG muss der Fahrzeugführer nur derart wahrnehmungsbereit sein, dass er die Rückübernahmepflichten jederzeit unverzüglich erfüllen kann. Da ein Hinweis i.S.d. § 1a Abs. 2 Nr. 6 StVG die Rückübernahmepflicht nicht auslöst,[520] kann dieser bei der Bestimmung der Reichweite der Abwendungsbefugnis nicht fruchtbar gemacht werden.

cc) Folgerungen aus der zulässigen Nutzung elektronischer Geräte

Nach § 23 Abs. 1a S. 5 StVO („§ 1b StVG bleibt unberührt“) gilt das Verbot, während der Fahrzeugführung elektronische Geräte, die der Kommunikation, Information oder Organisation dienen, zu nutzen, im Rahmen des § 1b StVG nicht. Der pauschale Verweis auf § 1b StVG ist so zu verstehen, dass die Ausnahme vom Verbot des § 23 Abs. 1a S. 1 StVO eingreift, wenn sich der Fahrzeugführer zulässigerweise vom Verkehrsgeschehen abwenden durfte.

Soweit die Literatur die Vorschrift des § 23 Abs. 1a S. 5 StVO überhaupt zur Kenntnis nimmt,[521] wird ihr Bedeutungsgehalt zum Teil stark beschränkt. Aufgrund der Normenhierarchie dürften keine Rückschlüsse von § 23 Abs. 1a S. 5 StVO auf die Sorgfaltsanforderungen des § 1b StVG gezogen werden.[522]

Der Grundsatz des Vorrangs des Gesetzes besagt, dass im Kollisionsfall das förmliche Gesetz als höherrangiges Recht einer Rechtsverordnung vorgeht.[523] Ein Kollisionsfall besteht, wenn die Rechtsverordnung nicht im Einklang mit dem förmlichen Gesetz steht.[524] Es ist daher zu klären, ob die Rechtsverordnung

520 Dazu bereits unter Ziff. C. II. 4. b) aa) (2) dieses Kapitels.

521 *Schubert*, SVR 2019, 124 (127); *Eckel*, NZV 2019, 336; *v. Kaler/Wieser*, NVwZ 2018, 369 (371), die allesamt die Regelung des § 23 Abs. 1a S. 5 StVO übersehen.

522 *König*, in: Hentschel/König/Dauer Straßenverkehrsrecht, 46. Aufl., 2021, § 1b StVG, Rn. 17; *v. Bodungen*, Automatisiertes Fahren (Automotive), in: Sassenberg/Faber (Hrsg.), Rechtshandbuch Industrie 4.0 und Internet of Things, Kap. 5, § 16, Rn. 34 (Fußnote 82).

523 BVerfGE 8, 155 (169); BVerfGE 56, 216 (241); *Uhle*, in: BeckOK Grundgesetz, 52. Edition, Stand: 15. August 2022, Art. 80, Rn. 37; *Lepsius*, JuS 2018, 950 (951 f.).

524 Allgemein zum Verhältnis von förmlichen Gesetzen und Rechtsverordnungen BVerfGE 8, 155 (169); diese Fragestellung abstrakt diskutierend *Säcker*, in: Münchener Kommentar BGB, 9. Aufl., 2021, Einleitung, Rn. 143; *Sodan*, in: Sodan

im Einklang mit dem förmlichen Gesetz steht. Diese Frage stellt sich hier jedoch nicht. Es geht nicht darum, ob die StVO, namentlich § 23 Abs. 1a S. 5, mit dem übergeordneten Recht des StVG im Einklang steht. Es wird lediglich versucht, die unbestimmten Rechtsbegriffe der Abwendungsbefugnis und der Wahrnehmungsbereitschaft des förmlichen Gesetzes auszufüllen. Eine Konkretisierung durch nachgeordnetes Recht ist dem Stufenaufbau der Rechtsordnung immanent und im Rahmen der Ermächtigung ausdrücklich zulässig, da dem Verordnungsgeber durch die Ermächtigung ein eigenständiger Freiraum vermittelt wird.[525] In der Delegation gesetzgeberischer Tätigkeit besteht gerade der Sinn des Art. 80 GG.[526] Dadurch soll zum einen der Parlamentsgesetzgeber entlastet werden, indem er nicht jede Einzelheit selbst regeln muss, und zum anderen soll dadurch auf Veränderungen einfach und schnell reagiert werden können.[527]

Die Grenze der Regelungen der StVO wird also durch die Ermächtigung des § 6 Abs. 1 Nr. 3 StVG gezogen. Die Regelung eines Verbots der Nutzung elektronischer Geräte ist von der Ermächtigung des § 6 Abs. 1 Nr. 3 StVG gedeckt, da damit eine zur Erhaltung von Sicherheit und Ordnung auf den öffentlichen Straßen erforderliche Regelung getroffen ist. Entsprechendes muss auch für eine Ausnahme vom Verbot der Nutzung elektronischer Geräte während der Fahrt gelten.

Ausweislich der Begründung zur 53. Verordnung zur Änderung straßenverkehrsrechtlicher Vorschriften soll der durch die Abwendungsbefugnis vermittelte Freiraum des Fahrzeugführers in der Weise konkretisiert werden, dass die Nutzung elektronischer Geräte zulässig sein soll.[528] Aus der Begründung geht

---

(Hrsg.), Handbuch des Krankenversicherungsrechts, 3. Aufl., 2018, § 2, Rn. 5; *Herresthal*, JuS 2014, 289 (295 f.).

525 *Lepsius*, JuS 2018, 950 (953); von der Schranke der „*Delegationsnorm*“ ausgehend *Kreusch*, in: Haus/Krumm/Quarch (Hrsg.), Gesamtes Verkehrsrecht, 3. Aufl., 2022, § 6 StVG, Rn. 1; aus verfassungsrechtlicher Sicht *Uhle*, in: BeckOK Grundgesetz, 52. Edition, Stand: 15. August 2022, Art. 80, Rn. 31; *Remmert*, in: Dürig/Herzog/Scholz, Grundgesetz, Werkstand 98. EL., März 2022, Art. 80, Rn. 123.

526 *Uhle*, in: BeckOK Grundgesetz, 52. Edition, Stand: 15. August 2022, Art. 80, Einleitung; *Remmert*, in: Dürig/Herzog/Scholz, Grundgesetz, Werkstand 98. EL., März 2022, Art. 80, Rn. 7.

527 *Uhle*, in: BeckOK Grundgesetz, 52. Edition, Stand: 15. August 2022, Art. 80, Einleitung.

528 Begründung zur 53. Verordnung zur Änderung straßenverkehrsrechtlicher Vorschriften, BR-Drs. 556/17 vom 12. Juli 2017, 4, 14; so auch *Froitzheim*, in: BeckOK Straßenverkehrsrecht, 17. Edition, Stand: 15. Oktober 2022, § 823 BGB, Rn. 124, der § 23 Abs. 1a StVO als gegenüber § 1b StVG speziellere Vorschrift begreift.

hervor, dass die Regelung des § 23 Abs. 1a StVO nicht einschlägig ist, wenn sich der Fahrzeugführer unter den Voraussetzungen der §§ 1a, 1b StVG vom Verkehrsgeschehen abwenden darf.[529] Damit soll ein Übermaß an Regulierung bei der Nutzung von hoch- und vollautomatisierten Fahrzeugen vermieden werden, damit deren Nutzen nicht beschränkt wird.[530] Es wird dadurch deutlich, dass die Vorgaben der §§ 1a, 1b StVG konkretisiert bzw. für das hoch- und vollautomatisierte Fahren angepasst werden sollen. Die Regelung knüpft an die Ausführungen der Gesetzesmaterialien des 8. ÄndG zum StVG an, in der das Bearbeiten von Mails im Infotainment-System,[531] das Surfen im Internet und das Streamen von Filmen[532] bereits vorgegeben ist.

Bei der Konkretisierung von Sorgfaltsanforderungen anhand der Vorgaben der StVO handelt es sich zudem um einen in der Praxis typischen Vorgang, ohne dass ein Verstoß gegen die Normenhierarchie vorliegt.[533]

In der Phase, in der sich der Fahrzeugführer zulässigerweise vom Verkehrsgeschehen abwenden darf, ist es ihm somit gestattet, elektronische Geräte zu nutzen, die der Kommunikation, Information oder Organisation dienen oder dazu bestimmt sind.[534]

---

529 Begründung zur 53. Verordnung zur Änderung straßenverkehrsrechtlicher Vorschriften, BR-Drs. 556/17 vom 12. Juli 2017, 4, 14.

530 Begründung zur 53. Verordnung zur Änderung straßenverkehrsrechtlicher Vorschriften, BR-Drs. 556/17 vom 12. Juli 2017, 14; so auch *Will*, NZV 2020, 441 (448); *Rebler*, SVR 2018, 241 (243).

531 Beschlussempfehlung und Bericht des Ausschusses für Verkehr und digitale Infrastruktur zum Entwurf eines Gesetzes zur Änderung des Straßenverkehrsgesetzes vom 29. März 2017, BT-Drs. 18/11776, 10.

532 Stenografischer Bericht über die 228. Sitzung des Deutschen Bundestages vom 30. März 2017, 2. und 3. Beratung über den Gesetzentwurf zur Änderung des Straßenverkehrsgesetzes, Tagesordnungspunkt 10, Plenarprotokoll 18/228, 22914–22921, 22914.

533 Beispielhaft BGH VersR 1967, 602; BGH NJW 1979, 1363 (1364); BGH NJW 2014, 1181; BGH NZV 2015, 432 (433); BGH NJW 2017, 1175 (1176); BGH NJW 2018, 3095 (3096); *Schaub*, in: BeckOGK BGB, Stand: 01. September 2022, § 276, Rn. 81 und 88.11; *Lorenz*, in: BeckOK BGB, 63. Edition, Stand: 01. August 2022, § 276, Rn. 24; *Walter*, in: BeckOGK Straßenverkehrsrecht, Stand: 01. Januar 2022, § 18 StVG, Rn. 20; *Grüneberg*, in: Grüneberg BGB, 81. Aufl., 2022, § 276, Rn. 18; *Schulze*, in: Schulze BGB, 11. Aufl., 2022, § 276, Rn. 16; *Seichter*, in: Junker/Beckmann/Rüßmann (Hrsg.), Juris PK-BGB, 9. Aufl., 2020, § 276, Rn. 13.

534 *Haus*, in: Haus/Krumm/Quarch (Hrsg.), Gesamtes Verkehrsrecht, 3. Aufl. 2022, § 1a StVG, Rn. 15; in diese Richtung auch *Schenke*, in: BeckOK Straßenverkehrsrecht, 17. Edition, Stand: 15. Oktober 2022, § 23 StVO, Rn. 36 und *Will*, in: BeckOK

Vor diesem Hintergrund ist auch eine Beschränkung der Nebentätigkeit auf die Nutzung bordeigener elektronischer Geräte, wie sie in der Literatur zum Teil befürwortet wird,[535] nicht überzeugend. Sie läuft dem Zweck des § 23 Abs. 1a S. 5 StVO zuwider, der gerade die Nutzung von Smartphones regelt. Zwar kann in der Regel eine schnellere Rückübergabe erfolgen, wenn der Fahrzeugführer nicht zuvor noch eine Sache aus der Hand legen muss. Genau dieser Umstand ist bereits in § 23 Abs. 1a S. 5 StVO berücksichtigt, da der Fahrer das Smartphone zuerst aus der Hand legen muss. Der Zeitverlust durch das Weglegen des Smartphones ist somit durch den Gesetzgeber bereits „eingerechnet".[536]

c) Teleologische Auslegung

Aus dem Telos der Pflicht zur Wahrnehmungsbereitschaft (§ 1b Abs. 1 HS. 2 StVG) ergibt sich, dass auch die Rückübernahmepflichten selbst in den Blick zu nehmen sind. Ansonsten wäre nicht klar, wofür sich der Fahrer wahrnehmungsbereit halten muss.

Der Fahrzeugführer muss deshalb auf eine Rückübernahmeaufforderung gem. § 1b Abs. 2 Nr. 1 StVG oder gem. § 1b Abs. 2 Nr. 2 StVG auf das Fehlen der

---

Straßenverkehrsrecht, 17. Edition, Stand: 15. Oktober 2022, § 1b StVG, Rn. 13, der diesen Befund wegen der unterschiedlichen Gesetz- bzw. Verodnungsgeber allerdings nicht für zwingend hält; *Will*, NZV 2020, 441 (448), *„die Dauer des Eingreifens der Ausnahme korresponidiert mit der Dauer des zulässigen Abwendens"*; *Hinze*, Haftungsrisiken des automatisierten und autonomen Fahrens, S. 50; *Buck-Heeb/Dieckmann*, Zivilrechtliche Haftung von Halter und Fahrer beim Einsatz (teil) automatisierter Fahrfunktionen, in: Oppermann/Stender-Vorwachs (Hrsg.), Autonomes Fahren, Kap. 3.1.1, Rn. 76; *Buck-Heeb/Dieckmann*, NZV 2019, 113 (117); *Rebler*, SVR 2018, 241 (243); darin besteht wohl die von *Armbrüster*, ZRP 2017, 83 (84) geforderte Anpassung des Gesetzes; a.A. *Leupold/Wiesner*, in: Leupold/Wiebe/Glossner (Hrsg.), IT-Recht, 4. Aufl., 2021, Teil 9.6.4, Rn. 98; folgt man dem aufgrund der Normenhierarchie nicht, wäre § 1b Abs. 1 StVG unter verfassungsrechtlichen Gesichtspunkten so auszulegen, dass die Nutzung elektronischer Geräte zulässig ist, vgl. Begründung zur 53. Verordnung zur Änderung straßenverkehrsrechtlicher Vorschriften, BR-Drs. 556/17 vom 12. Juli 2017, 14; so auch *Will*, NZV 2020, 441 (448).

535 Hochautomatisiertes Fahren auf Autobahnen – industriepolitische Schlussfolgerungen, Studie des Frauenhofer Institus für Arbeitswirtschaft und Organisation IAO im Auftrag des Bundesministeriums für Wirtschaft und Energie vom 18. November 2015, 81; *Wolfers*, RAW 2017, 2 (7).

536 *Froitzheim*, in: BeckOK Straßenverkehrsrecht, 17. Edition, Stand: 15. Oktober 2022, § 823 BGB, Rn. 124; *Preuß*, Haftungsrecht beim Einsatz hoch- und vollautomatisierter sowie vollautonomer Fahrzeuge, S. 68.

Voraussetzungen einer bestimmungsgemäßen Verwendung auf Grund offensichtlicher Umstände wie das Hupen anderer Verkehrsteilnehmer,[537] Störungen des Fahrsystems, Störungen des gesamten Fahrbetriebs, wie etwa ein Reifenplatzer,[538] oder anderer Umstände mit vergleichbarer Intensität reagieren können. Daraus kann geschlossen werden, dass der Fahrzeugführer für akustische, taktile sowie visuelle Reize empfänglich sein muss.[539] Der Fahrer darf sich das entsprechende Sinnesorgan durch seine Nebentätigkeit nicht „verschließen", indem er beispielsweise Kopfhörer mit „noise cancelling"-Funktion benutzt oder sich die Sicht auf die Windschutzscheibe und die Anzeigen im Cockpit versperrt.

d) Kein Rückgriff auf situationsabhängige Verhaltensanforderungen

Es stellt sich die Frage, ob zur Bestimmung der erlaubten Nebentätigkeiten äußere Einflüsse wie etwa die gefahrene Geschwindigkeit, die Verkehrs- und Straßenverhältnisse, die Wetter- oder Sichtverhältnisse berücksichtigt werden müssen. Damit ist zugleich die Frage aufgeworfen, ob die herkömmlichen Vorschriften und Obersätze zur Bestimmung der Sorgfaltsanforderungen des Fahrzeugführers, wie etwa § 3 Abs. 1 StVO, zur Konkretisierung der erlaubten Nebentätigkeiten herangezogen werden können.

Dies wird von Teilen der Literatur gefordert. Dort wird argumentiert, die Anforderungen des § 1b StVG hätten aus dem Gedanken des Verschuldens bzw. der ohnehin geltenden Verhaltensanforderungen entnommen werden können. Die Vorschrift des § 1b Abs. 2 StVG habe deshalb nur klarstellende Funktion.[540] Die Sorgfalt des Fahrers bemesse sich deshalb bei § 1b StVG nach der Gefährlichkeit der ganz konkreten Fahrsituation, der Höhe des drohenden Schadens und der Wahrscheinlichkeit dafür, dass das Fahrsystem mit den Verkehrs-, Straßen-, Sicht- und Wetterverhältnissen nicht mehr zurecht kommen wird

---

537 Beschlussempfehlung und Bericht des Ausschusses für Verkehr und digitale Infrastruktur zum Entwurf eines Gesetzes zur Änderung des Straßenverkehrsgesetzes vom 29. März 2017, BT-Drs. 18/11776, 10; siehe dazu auch *Lange*, NZV 2017, 345 (350).

538 Begründung des Regierungsentwurfs für ein Gesetz zur Änderung des Straßenverkehrsgesetzes, BT-Drs. 18/11300, 22 f.

539 *Grundmann*, in: Münchener Kommentar BGB, 9. Aufl., 2022, § 276, Rn. 147; *Greger*, NZV 2018, 1 (2).

540 *Armbrüster*, ZRP 2017, 83; so wohl auch *Hilgendorf*, RAW 2018, 85 (88), der davon ausgeht, dass die Sorgfaltsanforderungen des Fahrers gleich bleiben, egal welchen Automatisierungsgrad das Fahrzeug hat.

und deshalb den Fahrer alsbald auffordern wird, die Fahrzeugsteuerung wieder zu übernehmen.[541] Bei zunehmender Geschwindigkeit müsse der Fahrer also umso schneller imstande sein, die Fahrzeugsteuerung wieder zu übernehmen. Das gleiche gelte für schlechte Wetterverhältnisse oder starkes Verkehrsaufkommen.[542]

Die Anwendung allgemeiner Sorgfaltsanforderungen während der hoch- oder vollautomatisierten Fahrphase ist mit dem gefundenen Auslegungsergebnis der Abwendungsbefugnis und der Wahrnehmungsbereitschaft nicht zu vereinbaren und deshalb abzulehnen. Das folgt aus mehreren Zusammenhängen:

Zunächst ist festzuhalten, dass eine Einschränkung der vorstellbaren Wetter-, Licht- und Sichtverhältnisse sowie der Geschwindigkeit bereits durch die Systembeschreibung erfolgt, die die automatisierte Fahrzeugsteuerung in solchen Situationen ausschließen kann. Das Überschreiten solcher Systemgrenzen hat dann die Rückübernahmeaufforderung gem. § 1b Abs. 2 Nr. 1 StVG zur Folge.[543] Damit ist bereits eine Möglichkeit gegeben, die automatisierte Fahrphase bei schwierigen Wetter-, Licht- und Sichtverhältnisse zu beenden.

Aber auch unabhängig von der konkreten Ausgestaltung der Systembeschreibung und einer entsprechenden Rückübernahmeaufforderung hängt die Aufmerksamkeit des Fahrers nicht von der jeweiligen Verkehrssituation ab. Es wurde bereits ausgeführt, dass den Fahrer keine Überwachungspflicht trifft.[544] Ebenso wurde dargelegt, dass der Fahrer – abgesehen vom Vorliegen offensichtlicher Umstände – lediglich auf eine Rückübernahmeaufforderung gem. § 1b Abs. 2 Nr. 1 StVG reagieren muss.[545] In den übrigen Situationen muss die Fahrzeugsteuerung durch das automatisierte Fahrsystem wahrgenommen werden, das jederzeit in der Lage sein muss, die an die Fahrzeugführung gerichteten Verkehrsvorschriften einzuhalten, vgl. § 1a Abs. 2 S. 1 Nr. 2 StVG.[546] Zu diesen

541 *Hinze*, Haftungsrisiken des automatisierten und autonomen Fahrens, S. 53; *Grigorian/Tribess*, Robots on the Road, in: Taeger (Hrsg.), Den Wandel Begleiten. IT-rechtliche Herausforderungen der Digitalisierung, S. 655; *Buck-Heeb/Dieckmann*, NZV 2019, 113 (117); *Freise*, VersR 2019, 65 (74).

542 *Buck-Heeb/Dieckmann*, NZV 2019, 113 (117).

543 So auch die Begründung des Regierungsentwurfs für ein Gesetz zur Änderung des Straßenverkehrsgesetzes, BT-Drs. 18/11300, 12.

544 Ziff. C. II. 3. dieses Kapitels.

545 Ziff. C. II. 4. a) aa) und Ziff. C. II. 4. b) aa) dieses Kapitels.

546 *Dietmayer*, Prädiktion von maschineller Wahrnehmungsleistung beim automatisierten Fahren, in: Maurer/Gerdes/Lenz/Winner (Hrsg.), Autonomes Fahren, Kap. 20, S. 420, "*während dieser Phase ist zeitbegrenzte Autonomie der*

Verkehrsvorschriften zählt auch § 3 StVO, nach dem die Geschwindigkeit unter anderem an die gegebenen Straßen-, Verkehrs-, Sicht- und Wetterverhältnisse anzupassen ist. Das Risiko der Veränderung der Wetter-, Sicht-, Verkehrs- und Straßenverhältnisse und der adäquaten Reaktion darauf ist damit dem Hersteller und nicht dem Fahrzeugführer zugewiesen.

Hinzu kommt der Umstand, dass das Fahrsystem während der automatisierten Fahrphase das Fahrverhalten, insbesondere die Geschwindigkeit des Fahrzeugs bestimmt.[547] Die zu fordernde Aufmerksamkeit muss daher aus der Perspektive eines nicht in die Fahrzeugsteuerung involvierten Fahrers bewertet werden. Andernfalls hätte der Fahrer für die Folgen der „Steuerungsentscheidungen" des automatisierten Fahrsystems einzustehen, obwohl diese nicht seinem Verantwortungsbereich zugewiesen sind. Dies würde eine Bestimmung der Sorgfaltsanforderungen durch den Hersteller bedeuten. Diesem ist es durch § 1a Abs. 1 S. 1 StVG aber nur gestattet, den spezifischen Anwendungsfall in seiner Systembeschreibung vorzugeben. Diese Öffnungsklausel endet, sobald der Fahrer die Fahraufgabe auf die automatisierte Fahrzeugsteuerung übertragen hat. Nur in diesem Rahmen hat der Gesetzgeber dem Hersteller die Bestimmung der Sorgfaltspflichten des Fahrzeugführers ermöglicht. Nach Aktivierung des Fahrsystems gelten ausschließlich die gesetzlichen Sorgfaltsanforderungen. Diese Grenzziehung bedeutet konsequenterweise auch, die Aufmerksamkeit des Fahrers für jede Verkehrssituation gleichermaßen pauschal zu bemessen, da der Hersteller ansonsten die Sorgfaltsanforderungen des Fahrzeugführers über die Grenze des § 1a Abs. 1 S. 1 StVG hinaus bestimmen würde.

In diesem Sinne und aus den gleichen Gründen ist die aufgrund der ausreichenden Zeitreserve zur Verfügung gestellte Zeitspanne ebenfalls pauschal zu bemessen.[548]

---

automatisierten Fahrzeugsteuerung erforderlich"; Hochautomatisiertes Fahren auf Autobahnen – industriepolitische Schlussfolgerungen, Studie des Frauenhofer Institus für Arbeitswirtschaft und Organisation IAO im Auftrag des Bundesministeriums für Wirtschaft und Energie vom 18. November 2015, 47.

547 Unterrichtung durch die Bundesregierung. Bericht über die Ergebnisse der Evaluation der Regelungen zum automatisierten Fahren, BT-Drs. 19/28800, 14. April 2021, 19.

548 A.A. *Hotz*, Automatisiertes Fahren – Bewertung eines Gesetzentwurfs zur Änderung des Straßenverkehrsgesetzes, in: Koch (Hrsg.), Aktuelle Probleme des Versicherungsvertrags-, Versicherungsaufsichts- und Vermittlerrechts, S. 80 f.

e) *Zwischenergebnis*

Zusammenfassend ergibt sich, vermittelt durch die ausreichende Zeitreserve, grundsätzlich ein weiter Anwendungsbereich der Abwendungsbefugnis, also ein großzügiger Spielraum für Nebentätigkeiten. Nach verhaltenspsychologischen und ergonomischen Erkenntnissen, an denen sich die rechtliche Bewertung zu orientieren hat, beträgt dieser Zeitraum nach überwiegender Auffassung acht bis zehn Sekunden. Aufgrund der allgemeinen Sicherheitserwartung an ein hoch- und vollautomatisiertes Fahrzeug und der vertragsähnlichen herstellerseitigen Zusage einer ausreichenden Zeitreserve in der Systembeschreibung (§ 1a Abs. 2 S. 2 StVG) darf sich der Fahrzeugführer grundsätzlich auf die sichere Fahrzeugführung durch das Fahrsystem während der ausreichenden Zeitreserve verlassen. Im Ausgangspunkt ist es dem Fahrzeugführer daher gestattet, sich jeder Nebentätigkeit zuzuwenden, die es ihm erlaubt, das Fahrzeug innerhalb dieser Zeitspanne wieder sicher zu führen. Dabei sind jedoch weitere einschränkende Leitlinien zu beachten:

Der Fahrzeugführer darf während der automatisierten Fahrt nicht schlafen, den Fahrersitz verlassen bzw. in Liegeposition bringen oder sich Tätigkeiten zuwenden, die nicht sofort beendet werden können, weil er in diesen Fällen nicht zur Aufnahme von optischen, akustischen oder taktilen Reizen, etwa der Rückübernahmeaufforderung gem. § 1b Abs. 2 Nr. 1 StVG bereit ist.[549]

Ausdrücklich zulässig ist die Nutzung von elektronischen Geräten, § 23 Abs. 1a S. 5 StVO. Der Fahrzeugführer darf daher während der automatisierten Fahrphase beispielsweise ein Smartphone oder ein Tablet nutzen. Eine Einschränkung der Nutzungsart besteht nicht. Der Fahrzeugführer darf dementsprechend telefonieren, Textnachrichten schreiben, Sprachnachrichten aufnehmen, Nachrichten oder E-Mails lesen[550] oder Videos bzw. einen Film ansehen.[551]

---

549 *Will*, in: BeckOK Straßenverkehrsrecht, 17. Edition, Stand: 15. Oktober 2022, § 1b StVG, Rn. 9a und 17; *Leupold/Wiesner*, in: Leupold/Wiebe/Glossner (Hrsg.), IT-Recht, 4. Aufl., 2021, Teil 9.6.4, Rn. 96; für eine restriktive Auslegung der Abwendungsbefugnis *Greger*, NZV 2018, 1 (3), der das Beschäftigen mit den Kindern auf der Rücksitzbank, das Austauschen von Zärtlichkeiten mit dem Partner oder der Partnerin, den Kleidungswechsel oder das Aktenstudium als unzulässge Nebentätigkeiten bewertet.

550 So unabhängig von § 23 Abs. 1a S. 5 StVO *Huber*, Automatisiertes und autonomes Fahren – wer haftet?, in: Frenz (Hrsg.), Handbuch Industrie 4.0: Recht, Technik, Gesellschaft, S. 705.

551 *Froitzheim*, in: BeckOK Straßenverkehrsrecht, 17. Edition, Stand: 15. Oktober 2022, § 823 BGB, Rn. 122; *Buck-Heeb/Dieckmann*, NZV 2019, 113 (117); a.A. *Greger*,

Legt man dieses Verständnis der Abwendungsbefugnis zu Grunde, wird die Pflicht des § 23 Abs. 1 StVO, Beeinträchtigungen der Sicht oder des Gehörs zu beseitigen bzw. zu unterlassen, was Beeinträchtigungen des Sichtfeldes anbelangt, einschränkend auszulegen sein. Dem Fahrer ist es bei Ausgestaltung der Rückübernahmeaufforderung durch akustische Signale also auch gestattet, Zeitung zu lesen. Erfolgt die Rückübernahmeaufforderung ausschließlich durch optische Signale, kann dem Fahrzeugführer Letzteres nicht zugestanden werden.

Eine einschränkende Auslegung des § 23 Abs. 1 StVO hinsichtlich der Beeinträchtigung des Gehörs ist dagegen nicht angezeigt. Selbst wenn der Übergabeprozess nur durch visuelle Signale ausgestaltet ist, muss der Fahrzeugführer etwa für das Hupen anderer Verkehrsteilnehmer als offensichtlicher Umstand i.S.d. § 1b Abs. 2 Nr. 2 StVG empfänglich sein. Er darf also, wie Fahrzeugführer konventionell gesteuerter Fahrzeuge, Musik hören oder sich jedem anderen akustischen Reiz aussetzen, solange akustische Eindrücke aus dem Verkehrsumfeld noch wahrgenommen werden können.[552]

Die dem Fahrzeugführer durch den weiten Anwendungsbereich der Abwendungsbefugnis eingeräumte Zeitspanne wird in der Praxis dazu führen, dass die Abgrenzung zwischen der Wahrnehmungsbereitschaft und der Abwendungsbefugnis entscheidend ist.

Die Unverzüglichkeit hat nur Bedeutung für die Frage, ob der Fahrer sofort reagiert hat. Das wird isoliert aber kaum zu beweisen sein. Mit den gem. § 63a Abs. 1 StVG gespeicherten Daten lässt sich nur die Zeitspanne zwischen Rückübernahmeaufforderung und übersteuerndem Eingriff rekonstruieren. Aus welchem Grund die verzögerte Steuerungsübernahme erfolgt, ergibt sich daraus nicht.

Wurde die ausreichende Zeitreserve überschritten, kommt es auf eine unverzügliche Reaktion des Fahrzeugführers im Ergebnis nicht mehr an. Umgekehrt bleibt eine etwaig verzögerte Reaktion unentdeckt, wenn der Fahrzeugführer die Steuerung innerhalb der vorgegebenen Zeitspanne übernimmt.

NZV 2018, 1 (3); skeptisch auch *v. Bodungen*, Automatisiertes Fahren (Automotive), in: Sassenberg/Faber (Hrsg.), Rechtshandbuch Industrie 4.0 und Internet of Things, Kap. 5, § 16, Rn. 34.

552 Vgl. *Heß*, in: Burmann/Heß/Hühnermann/Jahnke, Straßenverkehrsrecht, 27. Aufl., 2022, § 23 StVO, Rn. 3; *Hinze*, Haftungsrisiken des automatisierten und autonomen Fahrens, S. 51.

f) Aufklärung mit nach § 63a Abs. 1 StVG gespeicherten Daten

Schließlich ist zu klären, ob die Vernachlässigung der so verstandenen Pflicht zur Wahrnehmungsbereitschaft mit Hilfe der nach § 63a Abs. 1 StVG gespeicherten Daten belegt bzw. ein entsprechender Vorwurf durch den Fahrzeugführer entkräftet werden kann.

Mit der Rückrechnung vom Unfallzeitpunkt bis zur Aufforderung zur Rückübernahme der Fahrzeugsteuerung lässt sich die Zeitspanne zwischen Aufforderung und Unfall bestimmen. Für eine zu lange Zeitspanne kommt allerdings sowohl eine Vernachlässigung der Wahrnehmungsbereitschaft als auch ein Verstoß gegen das Unverzüglichkeitserfordernis des § 1b Abs. 2 StVG in Frage. Ob der Fahrer zu langsam reagiert hat oder sich zu sehr vom Verkehrsgeschehen abgewendet hatte, geht aus den Daten nicht hervor. Es ist aber klar, dass der Fahrer entweder nicht ausreichend wahrnehmungsbereit war oder die Fahrzeugsteuerung nicht unverzüglich übernommen hat.[553] Für den Unfallgegner reicht dies zur Darlegung einer Sorgfaltswidrigkeit aus. Dies gilt nicht, sobald der Anspruchsgegner darlegen und gegebenenfalls beweisen kann, dass er auf eine Rückübernahmeaufforderung oder auf die Erforderlichkeit der eigenhändigen Fahrzeugsteuerung gem. § 1b Abs. 2 Nr. 2 StVG unverzüglich reagiert hat. Dann wäre der Nachweis der Vernachlässigung der Wahrnehmungsbereitschaft erforderlich. Hat der Fahrer jedoch rechtzeitig reagiert, kann er die Wahrnehmungsbereitschaft mit Hilfe der Daten belegen.

III. Sorgfaltsanforderungen bei manueller Übersteuerung

Nachdem geklärt wurde, welche Sorgfaltsanforderungen den Fahrzeugführer in Bezug auf die Aktivierung der automatisierten Fahrzeugsteuerung treffen, welche während der automatisierten Fahrphase gelten und wann eine Rückübernahme erfolgen muss, ist schließlich noch zu untersuchen, welche Sorgfaltsanforderungen für die Übersteuerung der automatisierten Fahrzeugsteuerung selbst gelten. Dieser Frage wird in diesem Abschnitt nachgegangen.

1. Sorgfaltsanforderungen bei Eingriff in die automatisierte Steuerung

Greift der Fahrzeugführer in die automatisierte Steuerung ein, muss er – wie bei jeder anderen Steuerungshandlung auch – sorgfaltsgemäß agieren. Der Fahrer

553 *König*, in: Hentschel/König/Dauer Straßenverkehrsrecht, 46. Aufl., 2021, § 1b StVG, Rn. 5 und 7, der die Beweisbarkeit der fehlenden Wahrnehmungsbereitschaft *„mit justiziellen Mitteln“* bezweifelt.

muss im Falle eines Unfalls beweisen, dass seine Reaktion sorgfaltsgemäß war oder dass es auch ohne sein Eingreifen zu einem Unfall gekommen wäre.[554] Für diesen Fahrlässigkeitsvorwurf kommt es auf den Zeitpunkt der Übernahme der Steuerung an.[555] Wäre der Unfall zwar bei permanenter Beobachtung des Verkehrsgeschehens vermeidbar gewesen, ist er es im Zeitpunkt der Übernahme der Steuerung aber nicht mehr, liegt kein sorgfaltswidriges Verhalten vor,[556] da sich der Fahrzeugführer sich gem. § 1b Abs. 1 HS. 1 StVG während der automatisierten Fahrzeugführung vom Verkehrsgeschehen abwenden durfte.

2. Kein Sorgfaltsverstoß bei Eingriff entgegen der Systembeschreibung

Es stellt sich zudem die Frage, ob dem Fahrzeugführer ein Sorgfaltsverstoß vorzuwerfen ist, wenn er die Fahrzeugsteuerung in einer Fahrsituation übernimmt, in der die Systembeschreibung des Herstellers eine Übersteuerung ausgeschlossen hat. Diese Ansicht wird in der Literatur zum Teil vertreten.[557] Dafür wird argumentiert, dass das Fahrsystem die Unfallgefahr in gewissen Situationen besser als der Fahrer abwenden könne.[558]

Dagegen spricht allerdings bereits, dass es keine Benutzungspflicht gibt. Die Übersteuerung darf daher keinen Fahrlässigkeitsvorwurf begründen.[559] Diese gesetzliche Leitlinie würde unterlaufen, wenn es dem Hersteller gestattet wäre, ein Verbot der Steuerungsübernahme durch den Fahrzeugführer in der Systembeschreibung zu verankern, um so eine Benutzungspflicht *contra legem* einzuführen.

Der Hersteller ist zudem nur innerhalb der gesetzlichen Grenzen legitimiert, durch die Systembeschreibung Vorgaben an den Fahrzeugführer zu machen. Eine Einschränkung der Gestaltungsfreiheit hinsichtlich der Systembeschreibung geht aus dem Gesetz zwar nicht ausdrücklich hervor, ist § 1a Abs. 1 StVG jedoch durch Auslegung zu ermitteln. Das Gesetz sieht die Einhaltung der Vorgaben der Systembeschreibung in § 1a Abs. 1 StVG als Voraussetzung zur

---

554 *Greger*, NZV 2018, 1 (2).

555 *Greger*, NZV 2018, 1 (2).

556 *Greger*, NZV 2018, 1 (2).

557 *Buck-Heeb/Dieckmann*, Zivilrechtliche Haftung von Halter und Fahrer beim Einsatz (teil) automatisierter Fahrfunktionen, in: Oppermann/Stender-Vorwachs (Hrsg.), Autonomes Fahren, Kap. 3.1.1, Rn. 75; *Buck-Heeb/Dieckmann*, NZV 2019, 113 (116 f.); *Freise*, VersR 2019, 65 (74 f.).

558 Für Fahrerassistenzsysteme bereits *Bewersdorf*, Zulassung und Haftung bei Fahrerassistenzsystemen im Straßenverkehr, S. 111.

559 Dazu bereits unter Ziff. C. II. 1. dieses Kapitels.

Aktivierung der automatisierten Fahrfunktion an. Es geht also zunächst davon aus, dass die automatisierte Fahrfunktion nur in bestimmten Situationen überhaupt zum Einsatz kommen darf. Dementsprechend wird die Systembeschreibung vor allem durch Verbote hinsichtlich der Aktivierung geprägt sein. Diese Verbote regeln die zulässige Übergabe der Fahrzeugsteuerung an das System. Davon zu unterscheiden ist ein Verbotstatbestand in der Systembeschreibung, der die Übersteuerung nach bereits aktivierter automatischer Steuerung verbietet. Eine solche Regelung findet in § 1a Abs. 1 StVG keine Grundlage und ist von der Öffnung des Gesetzes zu Gunsten der Hersteller nicht mehr gedeckt.

Während es § 1a Abs. 1 StVG dem Hersteller freistellt, die Voraussetzungen der zulässigen Verwendung der automatisierten Fahrzeugsteuerung zu bestimmen, geht § 1b Abs. 2 StVG davon aus, dass bei Erreichen der technischen Grenzen der automatisierten Fahrzeugsteuerung eine Rückübernahme der Fahrzeugsteuerung durch den menschlichen Fahrer erfolgt. Dem liegt die Annahme zugrunde, dass der menschliche Fahrzeugführer im Bereich jenseits der Grenzen des Fahrsystems die Verantwortung trägt. Der Fahrzeugführer bildet also für die automatisierte Fahrzeugsteuerung eine Rückfallebene und nicht umgekehrt. Angesichts dieses qualitativen Unterschieds zwischen der automatisierten Fahrzeugsteuerung und dem Fahrzeugführer ist ein Verbotstatbestand hinsichtlich der Rückübernahme der Fahrzeugsteuerung von Seiten des Herstellers unzulässig. Ein solcher würde die durch § 1b Abs. 2 StVG vorgegebene Abstufung zu Gunsten des Fahrzeugführers ins Gegenteil verkehren.

Gegen ein Eingriffsverbot spricht außerdem, dass gem. § 1b Abs. 2 StVG eine Pflicht zur Übernahme der Fahrzeugsteuerung nur unter bestimmten Voraussetzungen (Rückübernahmeaufforderung, Kenntnis oder „auf Grund offensichtlicher Umstände Kennenmüssens“ der fehlenden Voraussetzungen einer bestimmungsgemäßen Verwendung) besteht. Es kann somit nicht ohne Wertungswiderspruch argumentiert werden, ein überobligatorisches Verhalten stelle einen Sorgfaltspflichtverstoß dar. Dieses Argument gilt erst recht im Anwendungsbereich des § 1b Abs. 2 Nr. 2 StVG. Sieht das Gesetz eine Haftungsprivilegierung des Fahrzeugführers durch Herabsetzen des Sorgfaltsmaßstabs vor, muss diese Wertung konsequent zur Geltung gebracht werden. Die Annahme einer Sorgfaltswidrigkeit durch einfach fahrlässige Übernahme der Fahrzeugsteuerung in Situationen, die sich unterhalb der Schwelle der offensichtlichen Umstände i.S.d. § 1b Abs. 2 Nr. 2 StVG bewegen, würde diese Wertung untergraben.

Die Annahme einer Sorgfaltswidrigkeit durch eine manuelle Fahrzeugsteuerung entgegen einer entsprechenden Maßgabe in der Systembeschreibung ist daher mit wesentlichen Grundgedanken des 8. ÄndG zum StVG nicht vereinbar und deshalb abzulehnen.

IV. Zusammenfassung

Die Sorgfaltsanforderungen des Fahrzeugführers eines hoch- oder vollautomatisierten Fahrzeugs stellen sich an wesentlichen Stellen anders dar als bei konventionellen Fahrzeugen. Der Fahrzeugführer darf die Fahrzeugführung in spezifischen Situationen auf das Fahrsystem übertragen und sich vom Fahrgeschehen abwenden. Hieraus ergeben sich Sorgfaltsanforderungen, die bereits vor Fahrtantritt zu erfüllen sind. Als Gegenstück zur Aktivierung der automatisierten Fahrzeugsteuerung müssen Voraussetzungen festgelegt werden, wann die Fahrzeugsteuerung wieder zu übernehmen ist. Zur Regelung all dieser Fragen hat der Gesetzgeber häufig auf unbestimmte Rechtsbegriffe zurückgegriffen. Wie gezeigt werden konnte, können diese aber unter Zuhilfenahme der Auslegungsmethoden eingegrenzt und so handhabbar gemacht werden.

Überstrahlt werden die Sorgfaltspflichten von gesetzgeberischen Leitentscheidungen, die bei der Auslegung des jeweiligen Rechtsbegriffs zu beachten sind. Eine Leitentscheidung besteht darin, dem Fahrzeugführer keine Nutzungspflicht der hoch- oder vollautomatisierten Fahrfunktion aufzuerlegen. Der Fahrzeugführer ist deshalb für einen Unfall, der durch die automatisierte Fahrzeugsteuerung verhindert worden wäre, nicht aber von einem durchschnittlich geübten Fahrer, nicht verantwortlich. Eine andere Leitentscheidung besteht darin, dem Fahrzeugführer während der automatisierten Fahrphase keine Kontrollpflicht aufzuerlegen. Eine weitere Leitentscheidung betrifft die Risikozuordnung. Hersteller und Halter tragen die Gefahr der Einhaltung der „an die Fahrzeugführung gerichteten Verkehrsvorschriften". Dies bedeutet, dass der Fahrer sich grundsätzlich darauf verlassen kann, dass das Fahrsystem innerhalb des spezifischen Anwendungsfalls alle Verkehrsvorschriften selbstständig einhält und jede Fahrsituation bewerkstelligt.

Stößt das Fahrsystem an die Grenzen seiner Leistungsfähigkeit, kann es den Fahrer gem. § 1b Abs. 2 Nr. 1 StVG zur Rückübernahme der Fahrzeugsteuerung auffordern. Dieser Aufforderung hat der Fahrzeugführer unverzüglich nachzukommen. Die Unverzüglichkeit beschränkt sich in zeitlicher Hinsicht auf die Zeitspanne ab der Rückübernahmeaufforderung bzw. der Kenntnis von den fehlenden Voraussetzungen einer bestimmungsgemäßen Verwendung oder des „auf Grund offensichtlicher Umstände Kennenmüssens" des Fehlens dieser Voraussetzungen gem. § 1b Abs. 2 Nr. 2 StVG. Durch die durch den Eintritt einer Rückübernahmepflicht entstehende Zäsur lassen sich die Anwendungsbereiche der Wahrnehmungsbereitschaft i.S.d. § 1b Abs. 1 HS. 2 StVG und der Unverzüglichkeit voneinander abgrenzen.

Unabhängig von einer Rückübernahmeaufforderung nach § 1b Abs. 2 Nr. 1 StVG hat der Fahrzeugführer die Fahrzeugsteuerung wieder zu übernehmen, wenn er erkennt oder auf Grund offensichtlicher Umstände erkennen muss, dass die Voraussetzungen für eine bestimmungsgemäße Verwendung der hoch- oder vollautomatisierten Fahrfunktionen nicht mehr vorliegen. Die offensichtlichen Umstände sind wegen der gesetzgeberischen Leitentscheidungen, keine Kontrollpflicht zu schaffen und das Risiko von nicht offensichtlichen Fahrfehlern der Fahrzeugsteuerung nicht dem Fahrzeugführer aufzuerlegen, eng auszulegen. Die offensichtlichen Umstände haben sich ihrer Intensität nach daher an in den Gesetzesmaterialien genannten Beispielsfällen eines Reifenplatzers, des Hupens anderer Verkehrsteilnehmer oder der Durchführung einer Vollbremsung ohne ersichtlichen Grund zu orientieren.

In prozessualer Hinsicht ist die Vermutungsregel des § 18 Abs. 1 S. 2 StVG bei der Anwendung des § 1b Abs. 2 Nr. 2 Alt. 1 StVG einzuschränken, um einen Wertungswiderspruch mit § 1b Abs. 2 Nr. 2 Alt. 2 StVG zu vermeiden und die Haftung des Fahrzeugführers nicht ausufern zu lassen. Der Fahrer kann auf diese Art davor bewahrt werden, aufgrund der vermuteten Voraussetzungen der Rückübernahmepflicht für Fahrfehler des Fahrsystems einstehen zu müssen.

Während der automatisierten Fahrphase ist es dem Fahrzeugführer gestattet, sich vom Fahrgeschehen abzuwenden, also die Hände vom Lenkrad zu nehmen und sich fahrfremden Nebentätigkeiten zuzuwenden. Diese Abwendungsbefugnis wird begrenzt durch die eigenständige Pflicht, sich zur Erfüllung der Rückübernahmepflichten des § 1b Abs. 2 Nr. 1 und 2 StVG wahrnehmungsbereit zu halten, § 1b Abs. 1 HS. 2 StVG. Bei der Auflösung dieses Spannungsfeldes sind einige „Leitplanken“ zu beachten:

Zentrale Weichenstellung ist die Zeitspanne der ausreichenden Zeitreserve, mit der das Fahrsystem den Fahrzeugführer zur Rückübernahme der Fahrzeugsteuerung auffordern muss und die mit acht bis zehn Sekunden zu bemessen ist. Während dieser Phase muss die automatisierte Fahrzeugsteuerung sämtliche Verkehrssituationen selbstständig bewältigen, worauf sich der Fahrzeugführer verlassen darf. Aufgrund dieses Vertrauens ist es ihm grundsätzlich gestattet, jeder Nebentätigkeit nachzugehen, die er innerhalb dieser Zeitspanne beenden und die Kontrolle über das Fahrzeug wieder sicher übernehmen kann.

Während der automatisierten Fahrphase, einschließlich der ausreichenden Zeitreserve, hängen die Sorgfaltspflichten des Fahrers nicht von den jeweiligen Verkehrs-, Licht- und Wetterverhältnissen sowie von der Geschwindigkeit des

Fahrzeugs ab. Die vom Fahrzeugführer geforderte Aufmerksamkeit wird von diesen Faktoren nicht beeinflusst.

Dem Fahrzeugführer ist es nach § 23 Abs. 1a S. 5 StVO während der automatisierten Fahrphase auch erlaubt, elektronische Geräte – in welcher Form auch immer – zu nutzen.

Bei der Übernahme der Fahrzeugsteuerung hat der Fahrzeugführer wieder die herkömmlichen Sorgfaltsanforderungen zu erfüllen. Dabei kommt es auf die Vorhersehbarkeit und Vermeidbarkeit des Unfalls zum Zeitpunkt der Übernahme der Fahrzeugsteuerung an. Weil sich der Fahrzeugführer zuvor vom Verkehrsgeschehen abwenden durfte, kann ihm nicht der Vorwurf gemacht werden, der Unfall sei bei permanenter Kontrolle vermeidbar gewesen.

Die Übernahme der Fahrzeugsteuerung muss in jedem Moment möglich sein und sie darf in keinem Fall als Sorgfaltswidrigkeit begriffen werden. Dies gilt insbesondere auch bei Fahrsituationen, die das Fahrsystem besser lösen kann bzw. könnte als ein durchschnittlicher Fahrzeugführer. Für eine solche Situation darf der Hersteller die Rückübernahme auch nicht in der Systembeschreibung ausschließen und ein Verbot für den Fahrer regeln.

Kapitel 4: Haftung des Fahrzeughalters

A. Haftung des Fahrzeughalters gem. § 7 Abs. 1 StVG

Dass Schäden mit automatisierten Fahrzeugen in Zukunft nicht ausbleiben werden, wurde bereits geschildert.[560] Das Bedürfnis nach Verantwortlichkeit und damit Haftung besteht daher weiterhin. In diesem Abschnitt soll den Fragen nachgegangen werden, ob die Gefährdungshaftung des Halters gem. § 7 Abs. 1 StVG auch für hoch- und vollautomatisierte Fahrzeuge eingreift bzw. ob Ausschlusstatbestände eingreifen und ob diese in Bezug auf hoch- und vollautomatisierte Fahrzeuge noch gerechtfertigt ist. Dazu werden die einzelnen Tatbestandsmerkmale anhand der jeweiligen durch die Rechtsprechung entwickelten Definitionen untersucht, bevor die Frage der Rechtfertigung der Gefährdungshaftung durch einen Abgleich mit den einschlägigen zugrundeliegenden Rechtsgedanken und einer rechtsökonomischen Analyse beantwortet wird.

I. Haftungsvoraussetzungen bei hoch- und vollautomatisierten Fahrzeugen

§ 7 Abs. 1 StVG löst – vorbehaltlich des Eingreifens von Ausschlusstatbeständen – die Haftung des Fahrzeughalters aus, wenn bei Betrieb eines Kraftfahrzeugs Leib, Leben, Gesundheit oder Eigentum eines anderen verletzt werden.

Zu untersuchen ist im Folgenden, ob sich in Bezug auf die Definitionen der jeweiligen Tatbestandsmerkmale Besonderheiten bei hoch- und vollautomatisierten Fahrzeugen ergeben. Damit verbunden ist insbesondere die Frage, ob der Fahrzeughalter für Schäden einstehen muss, die eigentlich der Herstellerhaftung unterfallen, da sie auf ein technisches Versagen der automatisierten Fahrzeugsteuerung zurückzuführen sind.

1. Fahrzeughalter

Halter ist derjenige, der das Kraftfahrzeug nicht nur ganz vorübergehend für eigene Rechnung in Gebrauch hat und der die Verfügungsgewalt über das

560 Siehe Einleitung.

Kraftfahrzeug ausübt, die ein solcher Gebrauch voraussetzt.[561] Die Verfügungsgewalt besteht darin, Anlass, Zeit und Zeitpunkt der Fahrt zu bestimmen.[562]

Den oder die Fahrzeughalter zu bestimmen, wird bei hoch- und vollautomatisierten Fahrzeugen keine neuen Probleme aufwerfen. Es wird nach wie vor jemanden geben, der das Fahrzeug wirtschaftlich unterhält und die Verfügungsgewalt darüber ausübt, indem Anlass, Zeit und Zeitpunkt der Fahrt bestimmt werden.[563]

2. *Bei Betrieb eines Kraftfahrzeugs*

Der Begriff des Betriebs ist weit zu fassen.[564] Ein Schaden ist „bei dem Betrieb" entstanden, wenn sich die von einem Kraftfahrzeug ausgehenden Gefahren ausgewirkt haben und das Unfallgeschehen in dieser Weise durch das Kraftfahrzeug (mit-)geprägt worden ist.[565] Der Vorschrift des § 7 Abs. 1 StVG zuzurechnen sind die Auswirkung derjenigen Gefahren, hinsichtlich derer der Verkehr nach ihrem Sinn schadlos gehalten werden soll.[566] Nach der

---

561 St. Rspr. BGHZ 13, 351 (354); BGHZ 32, 332 (333); BGHZ 87, 133 (135); BGHZ 116, 200 (205 f.); BGHZ 173, 182 (184, Rn. 7); *Walter*, in: BeckOGK Straßenverkehrsrecht, Stand: 01. Januar 2022, § 7 StVG, Rn. 72; *König*, in: Hentschel/König/Dauer Straßenverkehrsrecht, 46. Aufl., 2021, § 7 StVG, Rn. 14.

562 St. Rspr. BGHZ 13, 351 (354); BGHZ 32, 332 (333); BGHZ 87, 133 (135); BGHZ 173, 182 (184); *Grüneberg*, in: Berz/Burmann, Handbuch des Straßenverkehrsrechts, Stand: Juni 2022, 45. EL, Kap. 4, A., II., Rn. 16; *Walter*, in: BeckOGK Straßenverkehrsrecht, Stand: 01. Januar 2022, § 7 StVG, Rn. 75; *Burmann*, in: Burmann/Heß/Hühnermann/Jahnke, Straßenverkehrsrecht, 27. Aufl., 2022, § 7 StVG, Rn. 5; *König*, in: Hentschel/König/Dauer Straßenverkehrsrecht, 46. Aufl., 2021, § 7 StVG, Rn. 14.

563 *Schartel/Stadler*, Autonomes Fahren aus haftungs- und versicherungsrechtlicher Perspektive, in: Kompaß (Hrsg.), Methodenentwicklung für aktive Sicherheit und automatisiertes Fahren, Kap. 6.3, S. 232; *Freise*, VersR 2019, 65 (68 f.); *Foerster*, ZfPW 2019, 418 (434); *Singler*, Freilaw 2017, 14 (15); *Fleck/Thomas*, NJOZ 2015, 1393 (1394); *Lutz*, NJW 2015, 119 (120); *Gasser/Arzt/Ayoubi/Bartels/Bürkle/et al.*, Rechtsfolgen zunehmender Fahrzeugautomatisierung, Berichte der Bundesanstalt für Straßenwesen, 2012, 19.

564 BGH NZV 1995, 19 (20); BGH NJW-RR 2008, 764; BGH NJW 2010, 3713; BGHZ 199, 377 (380); *Walter*, in: BeckOGK Straßenverkehrsrecht, Stand: 01. Januar 2022, § 7 StVG, Rn. 89; *Gail*, SVR 2019, 321 (324).

565 BGHZ 105, 65 (66); BGH NZV 2014, 207; BGH NZV 2015, 327; BGHZ 208, 140 (144).

566 BGHZ 37, 311 (316 f.); BGHZ 79, 259 (263); BGHZ 105, 65 (66 f.); BGHZ 107, 359 (367); BGH NJW 2013, 1679 (1680); BGHZ 192, 261 (268); BGHZ 199, 377

herrschenden verkehrstechnischen Auffassung, die auch die Rechtsprechung vertritt, ist ein Kraftfahrzeug in Betrieb, solange es sich im Verkehr befindet und andere Verkehrsteilnehmer gefährdet.[567]

„Bei dem Betrieb" eines Fahrzeuges hat sich der Unfall ereignet, wenn sich eine Gefahr realisiert, die mit dem Fahrzeug als Verkehrsmittel verbunden ist, also ein adäquater Ursachenzusammenhang zwischen dem Betrieb und dem Schaden besteht.[568] Ob dies der Fall ist, ist anhand einer wertenden Betrachtung festzustellen.[569] Der Ursachenzusammenhang fehlt, wenn der Schaden nicht mehr Folge der spezifischen Auswirkungen derjenigen Gefahren ist, für die § 7 Abs. 1 StVG den Verkehr schadlos halten will.[570] Dafür ist entscheidend,

---

(380); BGH NJW 2015, 1681 (1682); *Walter*, in: BeckOGK Straßenverkehrsrecht, Stand: 01. Januar 2022, § 7 StVG, Rn. 89; *Burmann*, in: Burmann/Heß/Hühnermann/Jahnke, Straßenverkehrsrecht, 27. Aufl., 2022, § 7 StVG, Rn. 11; *König*, in: Hentschel/König/Dauer Straßenverkehrsrecht, 46. Aufl., 2021, § 7 StVG, Rn. 4; *Kuhn*, in: Buschbell/Höke (Hrsg.), Münchener Anwaltshandbuch Straßenverkehrsrecht, 5. Aufl., 2020, § 23, Rn. 39.

567 In Abgrenzung zum maschinentechnischen Betriebsbegriff, nach dem ein Kraftfahrzeug nur so lange in Betrieb ist, als die motorischen Kräfte unmittelbar oder mittelbar auf das Fahrzeug einwirken, BGHZ 29, 163 (165 f.); *Walter*, in: BeckOGK Straßenverkehrsrecht, Stand: 01. Januar 2022, § 7 StVG, Rn. 89; *Burmann*, in: Burmann/Heß/Hühnermann/Jahnke, Straßenverkehrsrecht, 27. Aufl., 2022, § 7 StVG, Rn. 7; *König*, in: Hentschel/König/Dauer Straßenverkehrsrecht, 46. Aufl., 2021, § 7 StVG, Rn. 5; *Kuhn*, in: Buschbell/Höke (Hrsg.), Münchener Anwaltshandbuch Straßenverkehrsrecht, 5. Aufl., 2020, § 23, Rn. 25 f.

568 St. Rspr. BGHZ 45, 169 (170); BGH NJW 1975, 1886 (1887); BGHZ 105, 66 (67); BGHZ 115, 84 (86); BGH VersR 2005, 992; BGH NJW 2017, 1173; *Grüneberg*, in: Berz/Burmann, Handbuch des Straßenverkehrsrechts, Stand: Juni 2022, 45. EL, Kap. 4, A., II., Rn. 29; *Walter*, in: BeckOGK Straßenverkehrsrecht, Stand: 01. Januar 2022, § 7 StVG, Rn. 96, „*Zurechnungszusammenhang*".

569 BGHZ 71, 212 (214); BGHZ 115, 84 (86); BGH NJW 2004, 1375; BGHZ 192, 261 (268); BGH NJW 2005, 2081; BGH NZV 2005, 305 (306); BGH NJW-RR 2008, 764 (765); *Walter*, in: BeckOGK Straßenverkehrsrecht, Stand: 01. Januar 2022, § 7 StVG, Rn. 96; *Burmann*, in: Burmann/Heß/Hühnermann/Jahnke, Straßenverkehrsrecht, 27. Aufl., 2022, § 7 StVG, Rn. 7.

570 St. Rspr. BGHZ 37, 311 (316 f.); BGHZ 79, 259 (263); BGHZ 107, 359 (367); BGHZ 115, 84 (86); BGH NJW 2005, 2081; BGH NJW-RR 2008, 764 (765); BGHZ 192, 261 (268); BGH NJW 2013, 1679 (1680); BGH NJW 2015, 1681 (1682); BGH NJW 2017, 1173; *Grüneberg*, in: Berz/Burmann, Handbuch des Straßenverkehrsrechts, Stand: Juni 2022, 45. EL, Kap. 4, A., II., Rn. 36; *Walter*, in: BeckOGK Straßenverkehrsrecht, Stand: 01. Januar 2022, § 7 StVG, Rn. 96; *Burmann*, in: Burmann/Heß/Hühnermann/Jahnke, Straßenverkehrsrecht, 27. Aufl., 2022, § 7 StVG, Rn. 13.

ob der Unfall in einem nahen örtlichen und zeitlichen Kausalzusammenhang mit einem bestimmten Betriebsvorgang oder einer bestimmten Betriebseinrichtung des Kraftfahrzeugs steht.[571] Erforderlich ist, dass die Fahrweise oder der Betrieb des Fahrzeugs zu dem Entstehen des Unfalls beigetragen hat.[572]

Soweit dies abstrakt festgestellt werden kann, liegen diese Voraussetzungen auch bei hoch- und vollautomatisierten Fahrzeugen vor. Das Fahrzeug wird nach wie vor als Fortbewegungs- und Transportmittel im Straßenverkehr verwendet. Ein Unfall ereignet sich auch dann „bei Betrieb" des Kraftfahrzeugs, wenn dieses nicht von einem Menschen geführt wird.[573] Die Betriebsgefahr verwirklicht sich unabhängig davon, ob das Fahrzeug durch einen Menschen oder durch ein automatisiertes System gesteuert wird.[574] Denn auch ohne das

---

571 BGHZ 37, 311 (317 f.); BGHZ 58, 162 (165); BGH NJW-RR 2008, 764 (765); BGHZ 199, 377 (380); BGH NJW 2005, 2081; BGH NJW 2015, 1681 (1682); BGH NJW 2017, 1173 (1174); *Grüneberg*, in: Berz/Burmann, Handbuch des Straßenverkehrsrechts, Stand: Juni 2022, 45. EL, Kap. 4, A., II., Rn. 29; *Walter*, in: BeckOGK Straßenverkehrsrecht, Stand: 01. Januar 2022, § 7 StVG, Rn. 96; *König*, in: Hentschel/König/Dauer Straßenverkehrsrecht, 46. Aufl., 2021, § 7 StVG, Rn. 10.

572 BGH NJW-RR 2008, 764 (765); BGHZ 208, 140 (144); BGH r+s 2017, 95 (96); *Walter*, in: BeckOGK Straßenverkehrsrecht, Stand: 01. Januar 2022, § 7 StVG, Rn. 96.

573 *Will*, in: BeckOK Straßenverkehrsrecht, 17. Edition, Stand: 15. Oktober 2022, § 1a StVG, Rn. 6a; *Greger*, NZV 2018, 1; *Singler*, Freilaw 2017, 14 (15); so bereits zu Fahrerassistenzsystemen *Frenz*, ZfS 2003, 381.

574 So die deutliche Mehrheit in der Literatur, *Walter*, in: BeckOGK Straßenverkehrsrecht, Stand: 01. Januar 2022, § 7 StVG, Rn. 15; *Heß*, in: Burmann/Heß/Hühnermann/Jahnke, Straßenverkehrsrecht, 27. Aufl., 2022, § 1b StVG, Rn. 6; *König*, in: Hentschel/König/Dauer Straßenverkehrsrecht, 46. Aufl., 2021, § 1b StVG, Rn. 11, *„es bleibt ohne wesentliche Besonderheiten bei der Gefährdungshaftung nach § 7 Abs. 1 StVG"*; *Leupold/Wiesner*, in: Leupold/Wiebe/Glossner (Hrsg.), IT-Recht, 4. Aufl., 2021, Teil 9.6.4, Rn. 89; *Buck-Heeb/Dieckmann*, Zivilrechtliche Haftung von Halter und Fahrer beim Einsatz (teil) automatisierter Fahrfunktionen, in: Oppermann/Stender-Vorwachs (Hrsg.), Autonomes Fahren, Kap. 3.1.1, Rn. 14; *Buck-Heeb/Dieckmann*, NZV 2019, 113; *Grigorian/Tribess*, Robots on the Road, in: Taeger (Hrsg.), Den Wandel Begleiten. IT-rechtliche Herausforderungen der Digitalisierung, S. 654; *Armbrüster*, Automatisiertes und autonomes Fahren – Eine Herausforderung für Haftung und Haftpflichtversicherung?, in: Danzl/Dauner-Lieb/Wittwer (Hrsg.), Festschrift für Christian Huber, S. 29; *Armbrüster*, ZRP 2017, 83 (84); *Schwartz*, Betriebsgefahr und Unabwendbarkeit bei selbstfahrenden Fahrzeugen, in: Taeger (Hrsg.), Den Wandel begleiten. IT-rechtliche Herausforderungen der Digitalisierung, S. 672; *Reusch/Weidner*, Future Law. Blockchain, Industrie 4.0, Internet of Things, Robotik, Rn. 106; *Huber*, Automatisiertes und autonomes Fahren – wer haftet?, in: Frenz (Hrsg.),

Risiko menschlichen Fehlverhaltens handelt es sich bei automatisierten Fahrzeugen wegen ihrer Masse, Fahrgeschwindigkeit und denkbaren Ausfällen von Sensoren und Systemdefekten um gefährliche Verkehrsmittel.[575] Dieses Risiko ist dem Schutzbereich des § 7 StVG zuzurechnen, da die Norm ausweislich der Gesetzesbegründung des 8. ÄndG zum StVG den Verkehr vor diesen Gefahren schützen will. Die Bundesregierung führt in diesem Zusammenhang aus, das hoch- oder vollautomatisierte Fahren dürfe nicht zu Lasten anderer

---

Handbuch Industrie 4.0: Recht, Technik, Gesellschaft, S. 700; *Sturm*, Zukünftige Rechtsfragen beim autonomen Fahren, in: Hartung/Regula/Schaeuffelen (Hrsg.), Rechtsfragen in der Automobil- und Zulieferindustrie, Kap. 12, S. 288; so auch *Hilgendorf*, Moderne Technik und erlaubtes Risiko – am Beispiel des automatisierten Fahrens, in: Hilgendorf (Hrsg.), Rechtswidrigkeit in der Diskussion, S. 100; *Hilgendorf*, Teilautonome Fahrzeuge: Verfassungsrechtliche Vorgaben und rechtspolitische Herausforderungen, in: Hilgendorf/Hötitzsch/Lutz (Hrsg.), Rechtliche Aspekte automatisierter Fahrzeuge, S. 24; *Günther/Lutz*, Rechtliche und technische Aspekte autonom agierender Systeme. Automatisiertes Fahren – Drohnen – Serviceroboter, in: Baumgärtel/Scholz (Hrsg.), DGRI-Jahrbuch 2015, S. 158; *Gasser/Arzt/Ayoubi/Bartels/Bürkle/et al.*, Rechtsfolgen zunehmender Fahrzeugautomatisierung, Berichte der Bundesanstalt für Straßenwesen, 2012, 18 f.; *Roshan*, NJW Spezial 2021, 137 (138); *Koch*, VersR 2020, 741 (742 und 745); *Notthoff*, r+s 2019, 496 (497); *Schubert*, SVR 2019, 124 (125); *Schubert*, PHi 2015, 46 (48); *Pütz/Maier*, r+s 2019, 444 (445); *Greger*, NZV 2018, 1; *Pehm*, IWRZ 2018, 259 (624); *Nehm*, JZ 2018, 398 (400), der mit der Pflichthaftpflichtversicherung eine *„geradezu ideale Lösung für das Haftungsproblem des autonomen Fahrens"* sieht; *v. Kaler/Wieser*, NVwZ 2018, 369 (373); *v. Bodungen/Hoffmann*, NZV 2016, 449 (451); *Ebert*, VersicherungsPraxis 2016, 13; *Franke*, DAR 2016, 61 (63); *Hartmann*, PHi 2016, 114 (119); *Schrader*, DAR 2016, 242 (244 f.); *Schrader*, NJW 2015, 3537 (3538); *Riehm*, ITRB 2014, 113 (114); *Geissl*, RAW/Sonderausgabe Betriebs-Berater 2013, 20 (23); in diese Richtung auch *Söbbing*, InTeR 2013, 43 (46); implizit auch *Hans*, GWR 2016, 393 (393); unter dem Blickwinkel des teleoperierten Fahrens *Lutz/Tang/Lienkamp*, NZV 2013, 57 (60); unter dem Blickwinkel des autonomen Parkens *Siebert/Gaden*, InTeR 2016, 194 (195); aus strafrechtlicher Perspektive *Feldmann*, GA 2020, 678 (681).

575 *v. Bodungen*, Automatisiertes Fahren (Automotive), in: Sassenberg/Faber (Hrsg.), Rechtshandbuch Industrie 4.0 und Internet of Things, Kap. 5, § 16, Rn. 23; *v. Bodungen/Hoffmann*, NZV 2016, 449 (450); *Stadler*, Automatisiertes Fahren und zivilrechtliche Fragestellungen aus versicherungsrechtlicher Sicht, in: Deutscher Verkehrsgerichtstag – Deutsche Akademie für Verkehrswissenschaft e.V. (Hrsg.), 56. Deutscher Verkehrsgerichtstag, S. 71; *König*, JR 2017, 323 (325); *Gless/Janal*, JR 2016, 561 (571); *Fleck/Thomas*, NJOZ 2015, 1393 (1394).

Verkehrsteilnehmer, insbesondere von möglichen Unfallopfern, gehen.[576] Deshalb verbleibe es bei der Gefährdungshaftung des Halters gem. § 7 StVG, damit auch bei aufgrund von Systemversagen verursachten Unfällen mit automatisierten Fahrzeugen „die Frage der Haftung im Sinne des Unfallopfers geklärt ist".[577]

Das hat zur Konsequenz, dass die Tatbestandsvoraussetzungen der Gefährdungshaftung des Fahrzeughalters auch bei Schäden erfüllt sind, die durch technisches Versagen des automatischen Steuerungssystems verursacht werden, die zumindest auch der Verantwortung des Herstellers zugewiesen sind.[578]

II. Ausschlusstatbestände bei hoch- und vollautomatisierten Fahrzeugen

Nachdem geklärt wurde, dass die Tatbestandsvoraussetzungen des § 7 Abs. 1 StVG auch bei hoch- und vollautomatisierten Fahrzeugen vorliegen, ist zu untersuchen, ob bei technischem Versagen der automatisierten Fahrzeugsteuerung während der automatisierten Fahrphase ein Ausschlusstatbestand eingreifen kann. Dafür kommen das Vorliegen „höherer Gewalt" i.S.d. § 7 Abs. 2 StVG und das Vorliegen eines „unabwendbaren Ereignisses" i.S.d. § 17 Abs. 3 StVG in Betracht.

1. Höhere Gewalt

Höhere Gewalt ist ein betriebsfremdes, von außen durch elementare Naturkräfte oder durch Handlungen dritter Personen herbeigeführtes Ereignis, das

---

576 Begründung des Regierungsentwurfs für ein Gesetz zur Änderung des Straßenverkehrsgesetzes, BT-Drs. 18/11300, 14.

577 Begründung des Regierungsentwurfs für ein Gesetz zur Änderung des Straßenverkehrsgesetzes, BT-Drs. 18/11300, 14 f., da dafür auch die Haftungshöchstbeträge in § 12 StVG erhöht wurden.

578 *Buck-Heeb/Dieckmann*, Zivilrechtliche Haftung von Halter und Fahrer beim Einsatz (teil) automatisierter Fahrfunktionen, in: Oppermann/Stender-Vorwachs (Hrsg.), Autonomes Fahren, Kap. 3.1.1, Rn. 16; *Armbrüster*, Automatisiertes und autonomes Fahren – Eine Herausforderung für Haftung und Haftpflichtversicherung?, in: Danzl/Dauner-Lieb/Wittwer (Hrsg.), Festschrift für Christian Huber, S. 29; dieses Phänomen haben auch *Schartel/Stadler*, Autonomes Fahren aus haftungs- und versicherungsrechtlicher Perspektive, in: Kompaß (Hrsg.), Methodenentwicklung für aktive Sicherheit und automatisiertes Fahren, Kap. 6.3, S. 231 vor Augen; *Kütük-Markendorf*, CR 2017, 349 (354); *Schrader*, DAR 2016, 242 (245); in diese Richtung auch *Brisch/Müller-ter Jung*, CR 2016, 411 (413).

nach menschlicher Einsicht und Erfahrung unvorhersehbar ist, mit wirtschaftlich erträglichen Mitteln auch durch äußerste, nach der Sachlage vernünftigerweise zu erwartende Sorgfalt nicht verhütet oder unschädlich gemacht werden kann und auch nicht wegen seiner Häufigkeit in Kauf zu nehmen ist.[579] Es handelt sich um einen wertenden Begriff, durch den nicht mit dem Betrieb eines Kraftfahrzeugs verbundene, sondern ausschließlich einem Drittereignis zurechenbare Risiken ausgeschlossen werden sollen.[580] Ein „von außen kommendes Ereignis" wird in der Rechtsprechung und Literatur fallgruppenartig bestimmt und liegt bei Naturereignissen wie etwa Überflutungen, Felsablösungen, Blitzschlag oder Erdrutschen vor.[581] Ausgeschlossen ist ein „von außen kommendes Ereignis" bei körperlichem oder geistigem Versagen des Fahrers oder Mängeln des Fahrzeugs.[582] Als weiteres Merkmal hinzutreten muss die Außergewöhnlichkeit der Einwirkung.[583] Außergewöhnlich ist ein Ereignis, wenn es einem

579 BGHZ 7, 338 (339); BGHZ 62, 351 (354); BGHZ 109, 8 (14 f.); BGH NJW 1986, 2312 (2313); BGH NZV 2008, 79 (80); *Walter*, in: BeckOGK Straßenverkehrsrecht, Stand: 01. Januar 2022, § 7 StVG, Rn. 150; *Burmann*, in: Burmann/Heß/Hühnermann/Jahnke, Straßenverkehrsrecht, 27. Aufl., 2022, § 7 StVG, Rn. 19; *König*, in: Hentschel/König/Dauer Straßenverkehrsrecht, 46. Aufl., 2021, § 7 StVG, Rn. 32; *Kuhn*, in: Buschbell/Höke (Hrsg.), Münchener Anwaltshandbuch Straßenverkehrsrecht, 5. Aufl., 2020, § 23, Rn. 92.

580 Zu § 1 HaftpflG BGH VersR 1988, 910; BGH NZV 2004, 395 (396), diese Rechtsprechung kann auf § 7 Abs. 2 StVG übertragen werden, *König*, in: Hentschel/König/Dauer Straßenverkehrsrecht, 46. Aufl., 2021, § 7 StVG, Rn. 32; so auch *Grüneberg*, in: Berz/Burmann, Handbuch des Straßenverkehrsrechts, Stand: Juni 2022, 45. EL, Kap. 4, A., II., Rn. 41; *Walter*, in: BeckOGK Straßenverkehrsrecht, Stand: 01. Januar 2022, § 7 StVG, Rn. 150.

581 BGHZ 158, 263 (268 f.); BGHZ 159, 19 (22 f.); BGHZ 166, 37 (41, Rn. 8); *Semrau*, in: BeckOK Straßenverkehrsrecht, 17. Edition, Stand: 15. Oktober 2022, § 7 StVG, Rn. 43; *Grüneberg*, in: Berz/Burmann, Handbuch des Straßenverkehrsrechts, Stand: Juni 2022, 45. EL, Kap. 4, A., II., Rn. 42; *Walter*, in: BeckOGK Straßenverkehrsrecht, Stand: 01. Januar 2022, § 7 StVG, Rn. 151.1; *Burmann*, in: Burmann/Heß/Hühnermann/Jahnke, Straßenverkehrsrecht, 27. Aufl., 2022, § 7 StVG, Rn. 19; *König*, in: Hentschel/König/Dauer Straßenverkehrsrecht, 46. Aufl., 2021, § 7 StVG, Rn. 34.

582 *Walter*, in: BeckOGK Straßenverkehrsrecht, Stand: 01. Januar 2022, § 7 StVG, Rn. 151.1; *Burmann*, in: Burmann/Heß/Hühnermann/Jahnke, Straßenverkehrsrecht, 27. Aufl., 2022, § 7 StVG, Rn. 22; *König*, in: Hentschel/König/Dauer Straßenverkehrsrecht, 46. Aufl., 2021, § 7 StVG, Rn. 35.

583 So ausdrücklich BGHZ 7, 338 (339).

Elementarereignis im Sinne eines Schicksalsschlages vergleichbar ist.[584] Nicht außergewöhnlich sind demgegenüber Einwirkungen, die sich nicht selten ereignen, auf die sich der Halter deshalb einrichten kann und die dementsprechend mit dem Betrieb eines Kraftfahrzeugs und dessen Gefahren in Zusammenhang stehen.[585]

Bei Mängeln des Fahrzeugs, zu denen auch eine Fehlfunktion des automatisierten Steuerungssystems zu zählen ist, fehlt es an einem „von außen kommenden" Ereignis.[586] Es liegt hierbei weder ein Naturereignis oder ein

584 *Walter*, in: BeckOGK Straßenverkehrsrecht, Stand: 01. Januar 2022, § 7 StVG, Rn. 151.2; *König*, in: Hentschel/König/Dauer Straßenverkehrsrecht, 46. Aufl., 2021, § 7 StVG, Rn. 34.

585 *Walter*, in: BeckOGK Straßenverkehrsrecht, Stand: 01. Januar 2022, § 7 StVG, Rn. 151.2; *Burmann*, in: Burmann/Heß/Hühnermann/Jahnke, Straßenverkehrsrecht, 27. Aufl., 2022, § 7 StVG, Rn. 19.

586 *Burmann*, in: Burmann/Heß/Hühnermann/Jahnke, Straßenverkehrsrecht, 27. Aufl., 2022, § 7 StVG, Rn. 22; *Leupold/Wiesner*, in: Leupold/Wiebe/Glossner (Hrsg.), IT-Recht, 4. Aufl., 2021, Teil 9.6.4, Rn. 91; *Buck-Heeb/Dieckmann*, Zivilrechtliche Haftung von Halter und Fahrer beim Einsatz (teil) automatisierter Fahrfunktionen, in: Oppermann/Stender-Vorwachs (Hrsg.), Autonomes Fahren, Kap. 3.1.1, Rn. 10; *Armbrüster*, Automatisiertes und autonomes Fahren – Eine Herausforderung für Haftung und Haftpflichtversicherung?, in: Danzl/Dauner-Lieb/Wittwer (Hrsg.), Festschrift für Christian Huber, S. 29; *Armbrüster*, ZRP 2017, 83 (84); *v. Bodungen*, Automatisiertes Fahren (Automotive), in: Sassenberg/Faber (Hrsg.), Rechtshandbuch Industrie 4.0 und Internet of Things, Kap. 5, § 16, Rn. 24; *Reusch/Weidner*, Future Law. Blockchain, Industrie 4.0, Internet of Things, Robotik, Rn. 106; *Schartel/Stadler*, Autonomes Fahren aus haftungs- und versicherungsrechtlicher Perspektive, in: Kompaß (Hrsg.), Methodenentwicklung für aktive Sicherheit und automatisiertes Fahren, Kap. 6.3, S. 232; *Hofmann*, CR 2020, 282 (286); *Notthoff*, r+s 2019, 496 (497); *Greger*, NZV 2018, 1; *Singler*, Freilaw 2017, 14 (16); *Grünvogel*, MDR 2017, 973 (974); *Borges*, CR 2016, 272 (274); *Sosnitza*, CR 2016, 764 (768); *Horner/Kaulartz*, InTeR 2016, 22 (24); *Hans*, GWR 2016, 393 f.; zu Fahrerassistenzsystemen bereits *Bewersdorf*, Zulassung und Haftung bei Fahrerassistenzsystemen im Straßenverkehr, S. 103; *Stadler*, Versicherungsrechtliche Fragen zu Fahrerassistenzsystemen, in: Hilgendorf/Hötitzsch/Lutz (Hrsg.), Rechtliche Aspekte automatisierter Fahrzeuge, S. 89; *Schrader*, DAR 2016, 242 (244), „*die Haftung ist vollkommen unabhängig vom Automatisierungsgrad des Fahrzeugs*"; *Frenz/Casimir-van den Broek*, DAR 2009, 625 (627); *Frenz*, ZfS 2003, 381 (382); *Albrecht*, VD 2006, 143 (146); *Albrecht*, DAR 2005, 186 (190); so im Ergebnis auch *Jänich/Schrader/Reck*, NZV 2015, 313 (315); in Bezug auf Telematiksysteme *Berz/Dedy/Granich*, DAR 2000, 545 (546); *Walter*, in: BeckOGK Straßenverkehrsrecht, Stand: 01. Januar 2022, § 7 StVG, Rn. 151.1 und 151.2, der die Halterhaftung sogar

im Wesentlichen gleich zu bewertendes Ereignis noch ein außergewöhnliches Ereignis vor. Ein Systemfehler steht mit dem Fahrbetrieb in direktem Zusammenhang und resultiert unmittelbar aus dem Betrieb des Kraftfahrzeugs und dessen Gefahren.[587] Ein im automatisierten Fahrmodus verursachter Unfall ist dementsprechend nicht auf höhere Gewalt zurückzuführen.

2. *Unabwendbares Ereignis*

Nach § 17 Abs. 3 StVG ist die Haftung des Halters ausgeschlossen, wenn der Unfall durch ein unabwendbares Ereignis verursacht wird, das weder auf einem Fehler in der Beschaffenheit des Fahrzeugs noch auf einem Versagen seiner Vorrichtungen beruht. Als unabwendbar gilt ein Ereignis gem. § 17 Abs. 3 S. 2 StVG nur dann, wenn sowohl der Halter als auch der Führer des Fahrzeugs jede nach den Umständen des Falles gebotene Sorgfalt beobachtet haben.

Fehler in der Beschaffenheit sind solche, die auf der Konstruktion oder auf der Bauausführung, aber auch auf mangelhafter Unterhaltung des Fahrzeuges und seiner Teile beruhen. Hierunter fallen z.B. eine defekte Reserveradhalterung[588] oder das Versagen eines Regelungssystems zur automatischen Geschwindigkeits- oder Abstandsregulierung.[589] Unter dem Versagen seiner Vorrichtungen sind Defekte zu verstehen, die unabhängig von Fehlern in der Beschaffenheit plötzlich auftreten, wie z.B. die Störung der Lenkung, das Reißen der Anhängerkupplung wegen eines verborgenen Materialfehlers, das Versagen der Kraftstoffzufuhr, das Hinterlassen einer Ölspur, das Versagen einer Bremsleuchte oder eines

---

bei einem durch Hackerangriff verursachten Unfall eingreifen lassen möchte; ebenso *Leupold/Wiesner*, in: Leupold/Wiebe/Glossner (Hrsg.), IT-Recht, 4. Aufl., 2021, Teil 9.6.4, Rn. 92; *Martin/Uhl*, RAW 2020, 7 (10); *Pütz/Maier*, r+s 2019, 444 (445); so auch *Freise*, VersR 2019, 65 (69); *König*, JR 2017, 323 (325); *Frenz/Casimir-van den Broek*, DAR 2009, 625 (627); diese Frage offenlassend *Ternig*, ZfS 2016, 303 (306); a.A. bezüglich des Eingreifens bei einem Hackerangriff *v. Bodungen*, Automatisiertes Fahren (Automotive), in: Sassenberg/Faber (Hrsg.), Rechtshandbuch Industrie 4.0 und Internet of Things, Kap. 5, § 16, Rn. 24.

587 *v. Bodungen/Hoffmann*, NZV 2016, 449 (451); ohne nähere Begründung *Will*, in: BeckOK Straßenverkehrsrecht, 17. Edition, Stand: 15. Oktober 2022, § 1a StVG, Rn. 6a.

588 *König*, in: Hentschel/König/Dauer Straßenverkehrsrecht, 46. Aufl., 2021, § 17 StVG, Rn. 30.

589 *Grüneberg*, in: Berz/Burmann, Handbuch des Straßenverkehrsrechts, Stand: Juni 2022, 45. EL, Kap. 4, A., II., Rn. 50.

Fahrtrichtungsanzeigers.[590] Bei Fehlern in der Beschaffenheit des Fahrzeugs oder dem Versagen seiner Vorrichtungen kommt es jeweils nicht darauf an, ob der Halter oder Fahrer das Ereignis voraussehen konnte.[591]

Schon nach der Legaldefinition des unabwendbaren Ereignisses schließen Fehler in der Beschaffenheit des Fahrzeugs und das Versagen seiner Vorrichtungen die Halterhaftung nicht aus. Die Herausnahme unabwendbarer Ereignisse aus dem Anwendungsbereich des § 7 Abs. 1 StVG hat seine Ursache darin, dass der Halter gerade für die Gefährlichkeit des Kraftfahrzeugs und den daraus resultierenden Schäden einzustehen hat.[592] Bei einer Fehlfunktion der automatisierten Fahrzeugsteuerung liegt, gemessen an diesen Maßstäben, kein unabwendbares Ereignis vor.[593] Der Fahrfehler bzw. die Fehlfunktion des automatisierten Fahrsystems fügt sich nahtlos in die Reihe eben genannter Beispielsfälle der Fehler in der Beschaffenheit, etwa dem Versagen des Regelungssystems zur automatischen Geschwindigkeits- oder Abstandsregulierung sowie den Beispielsfällen des Versagens seiner Vorrichtungen, etwa dem Versagen einer Bremsleuchte oder eines Fahrtrichtungsanzeigers oder der Störung der Lenkung, ein. Es verwirklicht sich eine unmittelbar dem Betrieb eines hoch- oder vollautomatisierten Fahrzeugs zurechenbare Gefahr.[594] Das Risiko eines Schadens aufgrund des Fehlers der automatisierten Fahrzeugsteuerung kann dementsprechend keinem anderen Gefahrenkreis zugeordnet werden,[595] sodass darin kein „unabwendbares Ereignis" im Sinne des § 17 Abs. 3 StVG liegt.

---

590 *Grüneberg*, in: Berz/Burmann, Handbuch des Straßenverkehrsrechts, Stand: Juni 2022, 45. EL, Kap. 4, A., II., Rn. 51; *König*, in: Hentschel/König/Dauer Straßenverkehrsrecht, 46. Aufl., 2021, § 17 StVG, Rn. 30.

591 *Grüneberg*, in: Berz/Burmann, Handbuch des Straßenverkehrsrechts, Stand: Juni 2022, 45. EL, Kap. 4, A., II., Rn. 49.

592 *Walter*, in: BeckOGK Straßenverkehrsrecht, Stand: 01. Januar 2022, § 17 StVG, Rn. 25; *König*, in: Hentschel/König/Dauer Straßenverkehrsrecht, 46. Aufl., 2021, § 17 StVG, Rn. 30.

593 *Lutz*, Haftung am Beispiel automatisierter Fahrzeuge, in: Hartmann (Hrsg.), KI & Recht Kompakt, Kap. 3, S. 120.

594 Dazu bereits unter Ziff. A. I. 2. dieses Kapitels.

595 Was aber Voraussetzung eines unabwendbaren Ereignisses wäre, BGH NJW 1988, 3019 (3020); BGH NJW 2006, 896 (898); *König*, in: Hentschel/König/Dauer Straßenverkehrsrecht, 46. Aufl., 2021, § 7 StVG, Rn. 37; *Buck-Heeb/Dieckmann*, Zivilrechtliche Haftung von Halter und Fahrer beim Einsatz (teil) automatisierter Fahrfunktionen, in: Oppermann/Stender-Vorwachs (Hrsg.), Autonomes Fahren, Kap. 3.1.1, Rn. 10; so im Ergebnis auch *Leupold/Wiesner*, in: Leupold/Wiebe/Glossner (Hrsg.), IT-Recht, 4. Aufl., 2021, Teil 9.6.4, Rn. 91; *Schartel/Stadler*, Autonomes Fahren aus haftungs- und versicherungsrechtlicher Perspektive, in: Kompaß

III. Zusammenfassung

Durch hoch- oder vollautomatisierte Fahrzeugsteuerungen verursachte Unfälle und solche, die im Zusammenhang mit der Verwendung dieser Fahrfunktion entstehen, sind von der Gefährdungshaftung des § 7 Abs. 1 StVG erfasst. Von hoch- und vollautomatisierten Fahrzeugen geht eine Betriebsgefahr aus, die nach der gesetzgeberischen Vorstellung dem Schutzbereich des § 7 Abs. 1 StVG zuzurechnen ist. Die Ausschlussgründe der höheren Gewalt gem. § 7 Abs. 2 StVG und des unabwendbaren Ereignisses gem. § 17 Abs. 3 StVG greifen bei einem durch die hoch- oder vollautomatisierte Fahrzeugsteuerungen verursachten Unfall nicht ein.

IV. Rechtfertigung der Gefährdungshaftung für hoch- und vollautomatisierte Fahrzeuge

Wie gerade dargelegt, muss der Fahrzeughalter auch für Schäden einstehen, die auf technisches Versagen des Fahrsystems zurückzuführen sind. Daher wird in der Literatur diskutiert, ob die Halterhaftung in dieser Form noch gerechtfertigt ist oder es alternativ einer strengeren Herstellerhaftung bedarf.[596]

Für eine Ausweitung der Herstellerhaftung wird angeführt, hoch- und vollautomatisierte Fahrzeugsteuerungen würden den dogmatischen Rahmen der Gefährdungshaftung sprengen. Der Halter würde nicht mehr nur aufgrund seiner sozialen Verantwortung für eigene Wagnisse und als Ausgleich für Schäden aus dem erlaubten Betrieb des Fahrzeugs haften, sondern für Risiken, die dem Kfz-Verkehr „von außen auferlegt werden".[597] Stattdessen solle bei hoch- oder vollautomatisierten Fahrzeugen der Hersteller in die Haftung genommen

---

(Hrsg.), Methodenentwicklung für aktive Sicherheit und automatisiertes Fahren, Kap. 6.3, S. 232; *Stadler*, Versicherungsrechtliche Fragen zu Fahrerassistenzsystemen, in: Hilgendorf/Hötitzsch/Lutz (Hrsg.), Rechtliche Aspekte automatisierter Fahrzeuge, S. 90; *Greger*, NZV 2018, 1 (2); *Grünvogel*, MDR 2017, 973 (974); *Frenz/Casimir-van den Broek*, DAR 2009, 625 (628).

596 *König*, NZV 2017, 249 (251 f.); ebenso *Kütük-Markendorf*, CR 2017, 349 (354), *„Herstellerschutz durch Gefährdungshaftung"*; skeptisch für allein durch das Fahrsystem durchgeführte Fahrbewegungen *Jänich/Schrader/Reck*, NZV 2015, 313 (315); *Albrecht*, SVR 2005, 373 (374 f.), der allerdings nicht übersteuerbare Fahrerassistenzsysteme vor Augen hat.

597 *Albrecht*, SVR 2005, 373 (375); *Borges*, CR 2016, 272 (280); in diese Richtung auch *Gless/Janal*, JR 2016, 561 (570), die eine Einschränkung der Verügungsgewalt des Halters feststellen.

werden, da dieser eine neue Gefahrenquelle in den Verkehr bringe oder zumindest die bestehende Gefahrenquelle qualitativ ausweite, was zumindest zu einer Kumulation der Haftungsrisiken führe.[598] Dahinter steht der Gedanke, dass der Halter die aus der automatisierten Fahrzeugsteuerung resultierenden Gefahren zunehmend weniger beherrschen kann, wohingegen der Einfluss des Herstellers auf die Art und Weise der Fahrzeugführung steige.[599] Deshalb wird vorgeschlagen, eine Gefährdungshaftung des Herstellers in der Form einer Kausalhaftung, also einen über die derzeit bestehende formale Gefährdungshaftung[600] hinausgehenden Haftungstatbestand, einzuführen, soweit dieser die Gefahr beherrschen kann.[601] Der Bundesrat hat diese Position im Gesetzgebungsverfahren vertreten und es für notwendig erachtet, „die Gefährdungshaftung proportional zum Grad der Automatisierung des Fahrsystems auf den Hersteller auszudehnen" und letztlich erfolglos um Prüfung gebeten, wie eine solche Regelung ausgestaltet werden könne.[602] *Borges* plädiert *de lege ferenda*

---

598 *Sosnitza*, CR 2016, 764 (771 f.); in diese Richtung auch *Spiecker gen. Döhmann*, CR 2016, 698, die allgemein bei informationstechnischen Systemen eine gesamtschuldnerische Haftung aller „*Systembeteiligten*" vorschlägt; *Spindler*, CR 2015, 766 (774); kritisch zur Beibehaltung der Gefährdungshaftung des Halters bereits im Gesetzgebungsverfahren, Rechtssicher Fahren mit automatisierten Fahrzeugen – Unaufgeforderte Stellungnahme des Verbraucherzentrale Bundesverbandes e.V. vom 16. März 2017, 5 und 18.

599 *König*, NZV 2017, 249 (251 f.); *Spindler*, CR 2015, 766 (774).

600 Dazu eingehend unter Ziff. A. IV. 2. e) bb) (1) dieses Kapitels.

601 *Jungbluth*, Auf dem 56. Deutschen Verkehrsgerichtstag gehaltenes Referat, in: Deutscher Verkehrsgerichtstag – Deutsche Akademie für Verkehrswissenschaft e.V. (Hrsg.), 56. Deutscher Verkehrsgerichtstag, S. 34 f.; *Borges*, NJW 2018, 977 (981); *Borges*, CR 2016, 272 (279); a.A. *Nehm*, JZ 2018, 398 (400); *Wagner*, AcP (217) 2017, 707 (758), nach dem die Produkthaftung selbst bei autonomen Fahrzeugen zu sachgerechten Ergebnissen führt; ebenso *König*, JR 2017, 323 (325), der die Klärung neuer Auslegungsfragen durch die Rechtsanwendungspraxis für möglich hält; ablehnend wegen der durch die Produkthaftungsrichtlinie vorgenommenen Vollharmonisierung *Schaub*, JZ 2017, 342 (345); *Gless/Janal*, JR 2016, 561 (573 f.); *v. Bodungen/Hoffmann*, NZV 2016, 503 (508); *Spindler*, CR 2015, 766 (774).

602 Stellungnahme des Bundesrates und Gegenäußerung der Bundesregierung zum Entwurf eines Gesetzes zur Änderung des Straßenverkehrsgesetzes vom 15. März 2017, BT-Drs.18/11534, 5 f., Ziff. 8; in die gleiche Richtung hat der Verbraucherzentrale Bundesverband e.V. argumentiert und gefordert, eine Gefährdungshaftung des Herstellers im StVG zu verankern. Nur so könne eine Allokationswirkung herbeigeführt werden, die den Hersteller veranlasst, ein hohes Sicherheitsniveau anzustreben, Rechtssicher Fahren mit automatisierten Fahrzeugen – Unaufgeforderte

für ein Nebeneinander der Kausalhaftungen des Herstellers und des Halters.[603] Eine Abgrenzung solle danach erfolgen, ob der autonome Fahrmodus aktiviert ist oder nicht.[604] Um den Opferschutz nicht einzuschränken, sollten allerdings beide im Außenverhältnis voll einstandspflichtig sein.[605] *Grützmacher* spricht sich für eine Gefährdungshaftung des Herstellers erst für wirklich autonome Systeme aus.[606] Andererseits wird eine Einschränkung der Gefährdungshaftung des Halters als ungerechtfertigte Haftungsbefreiung betitelt, da der Halter weiterhin eine gefährliche Sache nutze, für deren Schäden er aufkommen müsse.[607]

Anzumerken ist zunächst, dass sich diese Frage nicht auf der Ebene einer einschränkenden Anwendung der Vorschrift diskutieren lässt, sondern einer rechtspolitischen Diskussion um eine Reform des Haftungsregimes zuzuordnen ist. Forderungen nach einer Haftungserleichterung des Halters adressieren also nicht den Rechtsanwender, sondern den Gesetzgeber. Die Entscheidung, ob und wie eine Gefährdungshaftung implementiert wird, ist nämlich allein dem Gesetzgeber überlassen.[608] Dem Rechtsanwender ist es in diesem Zusammenhang verwehrt, Analogien zu bilden,[609] also den Anwendungsbereich

---

Stellungnahme des Verbraucherzentrale Bundesverbandes e.V. vom 16. März 2017, 19.

603 *Borges*, CR 2016, 272 (280).

604 *Borges*, CR 2016, 272 (280).

605 *Borges*, CR 2016, 272 (280).

606 *Grützmacher*, CR 2016, 695 (697).

607 *Walter*, in: BeckOGK Straßenverkehrsrecht, Stand: 01. Januar 2022, § 7 StVG, Rn. 15; skeptisch gegenüber einer Ausweitung der Herstellerhaftung auch *Grundmann*, in: Münchener Kommentar BGB, 9. Aufl., 2022, § 276, Rn. 147.

608 So bereits RGZ 147, 353 (356); BGHZ 54, 332 (336 f.); BGHZ 55, 229 (232 f.); BGH NJW 2014, 2434 (2435); *Grüneberg*, in: Grüneberg BGB, 81. Aufl., 2022, § 276, Rn. 24; ebenso *Sprau*, in: Grüneberg BGB, 81. Aufl., 2022, Einführung § 823, Rn. 11; *König*, in: Hentschel/König/Dauer Straßenverkehrsrecht, 46. Aufl., 2021, § 7 StVG, Rn. 1a; *Wagner*, Deliktsrecht, Kap. 8, Rn. 19–23; *Schäfer/Ott*, Lehrbuch der ökonomischen Analyse des Zivilrechts, Kap. 6, S. 252; für eine Analogiebildung mit *„strengen Anforderungen an den Ähnlichkeitsschluss"* *Larenz/Canaris*, Lehrbuch des Schuldrechts Band II/2 Besonderer Teil, § 84 I 1b, S. 601 f.; *Schrader*, NJW 2015, 3537 (3541); *Deutsch*, NJW 1992, 73 (74).

609 *Walter*, in: BeckOGK Straßenverkehrsrecht, Stand: 01. Januar 2022, § 7 StVG, Rn. 4; *König*, in: Hentschel/König/Dauer Straßenverkehrsrecht, 46. Aufl., 2021, Einleitung, Rn. 60; *Wagner*, in: Münchener Kommentar BGB, 8. Aufl., 2020, Vor § 823, Rn. 25 f.; *Wagner*, Deliktsrecht, Kap. 8, Rn. 23, *„Rechtsschöpfungsmonopol des Gesetzgebers"*; *Fuchs/Pauker/Baumgärtner*, Delikts- und Schadensersatzrecht,

einer Gefährdungshaftung auf einen durch den Gesetzgeber unbewusst nicht geregelten Anwendungsfall mit gleichgelagerter Interessenlage auszuweiten. Dies muss auch für Versuche gelten, den Anwendungsbereich des § 7 Abs. 1 StVG teleologisch zu reduzieren, indem Schäden, die auf technisches Versagen zurückzuführen sind, aus dem Anwendungsbereich ausgeschlossen werden. Denn eine teleologische Reduktion ist nichts anderes als der umgekehrte Fall einer Analogie, nämlich eine Verkürzung des planwidrig, d.h. versehentlich, zu weit geratenen Anwendungsbereichs einer Norm im Sinne des vom Gesetzgeber geäußerten Sinn und Zwecks.[610] An diesen Voraussetzungen fehlt es hier. Die Stimmen, die an der Rechtfertigung der Gefährdungshaftung des Halters eines hoch- oder vollautomatisierten Fahrzeugs zweifeln, lassen außer Acht, dass der Gesetzgeber die Anwendung der Norm auf die Fälle des hoch- und vollautomatisierten Fahrzeugs laut der Gesetzesbegründung bewusst geregelt hat.[611] Die Nichtanwendung der Norm kann auf diese Weise ebenso einen Widerspruch zum gesetzgeberischen Willen erzeugen wie die Bildung einer Analogie. Im konkreten Fall steht der Widerspruch zum gesetzgeberischen Willen bereits fest, wohingegen dies bei einer analogen Anwendung durch den Rechtsanwender lediglich vermutet werden kann.[612] Ist eine analoge Anwendung bereits auf

---

S. 283 f.; *Schrader*, DAR 2022, 9 (10); *Borges*, CR 2016, 272 (280); *Sosnitza*, CR 2016, 764 (772); in diesem Sinne auch *Grützmacher*, CR 2016, 695 (697); *Medicus*, Jura 1996, 561 (562), der auf das in der deutschen Rechtsordnung verwirklichte Enumerationsprinzip verweist; *Canaris*, Juristische Blätter 1995, 2 (11 f.), der die Schwierigkeit einer vergleichbaren Interessenlage ins Zentrum stellt; kritisch dazu *Kötz*, AcP 170 (1970), 1 (19 ff.); a.A. *Hager*, in: Staudinger, Neubearbeitung 2017, Vorbem. zu §§ 823 ff., Rn. 29, der eine Analogiebildung in engen Grenzen offen gegenübersteht; ebenso *Hehl*, Das Verhältnis von Verschuldens- und Gefährdungshaftung, S. 218; ähnlich *Zech*, ZfPW 2019, 198 (215), der eine Gesamtanalogie für Quellen erhöhten Risikos, wie etwa Automatisierungsrisiken, für möglich hält.

610 *Bydlinski*, Juristische Methodenlehre und Rechtsbegriff, S. 472, 480; *Bydlinski*, Grundzüge der Juristischen Methodenlehre, S. 81, 90; *Larenz/Canaris*, Methodenlehre der Rechtswissenschaft, Kap. 5, S. 194 und 198; *Früh*, JuS 2021, 905 (908); *Meier/Jocham*, JuS 2016, 392 (395); *Kuhn*, JuS 2016, 104.

611 Begründung des Regierungsentwurfs für ein Gesetz zur Änderung des Straßenverkehrsgesetzes, BT-Drs. 18/11300, 14, „*sollte den Fahrzeugführer keine Ersatzpflicht für einen Unfall treffen, bleibt es bei dem Ersatz des Schadens durch den Fahrzeughalter unter dem Gesichtspunkt der Gefährdungshaftung, die kein Verschulden voraussetzt, gemäß § 7 StVG*“.

612 *Bydlinski*, Grundzüge der Juristischen Methodenlehre, S. 91, „*der vorhandene, wenn auch überschießende Gesetzeswortlaut weckt stärkere Erwartungen als das*

der Basis eines vermuteten Widerspruchs zum gesetzgeberischen Willen untersagt, muss dies hier erst recht für eine teleologische Reduktion gelten, da hier bereits Gewissheit über den Widerspruch besteht. Insofern wiegt der Versuch einer Verkürzung des Anwendungsbereichs des § 7 Abs. 1 StVG sogar schwerer als die Bildung einer Analogie.

Dementsprechend geht es im Folgenden nicht um die Gesetzesauslegung, sondern um rechtspolitische Erwägungen zu der Frage, wer haften soll. In Bezug auf den Fahrzeughalter stellt sich daher die Frage, ob die Gefährdungshaftung nicht mehr gerechtfertigt ist, er also nicht mehr haften soll und in der Konsequenz die Frage, ob der Hersteller der „bessere" Adressat einer Gefährdungshaftung ist. Um dieser Frage auf den Grund zu gehen, werden rechtsdogmatische, rechtssystematische[613] und rechtsökonomische Gesichtspunkte untersucht.

Zu den rechtsdogmatischen und rechtssystematischen Erwägungen zählen die tragenden Gedanken einer Gefährdungshaftung. Allgemein werden zur Gefährdungshaftung mannigfaltige Begründungsansätze gewählt, die sich kaum systematisieren lassen.[614] Es handelt sich zum Teil um speziell für den jeweiligen Haftungsfall entwickelte Begründungen, die sich nicht ohne Weiteres auf andere Gefährdungshaftungen übertragen lassen.[615] Daher beschränken sich die folgenden Ausführungen auf die konkret auf § 7 Abs. 1 StVG bezogenen Begründungen.

Fehlen eines möglicherweise anwendbaren Textes", weshalb bei einer teleologischen Reduktion „*Vorsicht geboten ist*"; *Meier/Jocham*, JuS 2016, 392 (397 f.).

613 *Medicus*, Jura 1996, 561 (563).

614 *Hehl*, Das Verhältnis von Verschuldens- und Gefährdungshaftung, S. 76 und S. 84 f.; *Larenz/Canaris*, Lehrbuch des Schuldrechts Band II/2 Besonderer Teil, § 84 I 1a, S. 601, „*spezialgesetzliche Zersplitterung*"; eine anschauliche Darstellung der jeweiligen Gefährdungshaftung zu Grunde liegenden Begründungen findet sich bei *Medicus*, Jura 1996, 561 (562 ff.); *Deutsch*, NJW 1992, 73 ff.; *Larenz*, JuS 1965, 373.

615 So soll es für die Haftung des Tierhalters gem. § 833 S. 1 BGB auf die wirtschaftliche Nutzbarkeit des Tieres, bei § 904 S. 2 BGB auf die Erlaubnis der Einwirkung auf ein fremdes Recht und bei § 122 Abs. 1 BGB auf die Setzung eines Vertrauenstatbestandes ankommen, Beispiele nach *Medicus*, Jura 1996, 561 ff.; *Borges*, CR 2016, 272 (278), „*die Grundlagen der Kausalhaftung werden recht unterschiedlich beschrieben*"; *Wilhelmi*, in: Erman BGB, 16. Aufl., 2020, Vor § 823, Rn. 5 sieht die Grundlage einer Gefährdungshaftung allein in der dahinterstehenden Entscheidung des Gesetzgebers.

Die Haftung nach § 7 Abs. 1 StVG wird mit dem Gedanken des Opferschutzes und mehreren Gedanken der Risikozuweisung begründet.

1. *Übertragung der Begründungselemente für die Gefährdungshaftung*

Für die Rechtfertigung der Gefährdungshaftung des Fahrzeughalters kommt es entscheidend darauf an, ob die Gedanken der Risikozuweisung weiterhin einschlägig sind. Hierzu bestehen mehrere Begründungsansätze, deren Eingreifen im Folgenden untersucht wird.

a) Opferschutz

Die Gefährdungshaftung hat rechtspolitisch unter anderem den Sinn, Beweisschwierigkeiten abzubauen, indem der Geschädigte von dem Beweis des Verschuldens auf Seiten des Schädigers entlastet wird.[616] Die Bundesregierung hat in diesem Sinne die Beibehaltung der Halterhaftung gem. § 7 Abs. 1 StVG bei hoch- und vollautomatisierten Fahrzeugen hauptsächlich mit dem Opferschutz begründet.[617] Dem Unfallgeschädigten solle es ohne Beweisprobleme möglich sein, den Unfallverantwortlichen bzw. dessen Kfz-Haftpflichtversicherung in Anspruch zu nehmen.

Für den Opferschutz ist diese Lösung in der Tat sehr günstig. Gepaart mit der Pflichthaftpflichtversicherung (§ 1 PflVG) stellt sie dem Unfallopfer zudem einen solventen Schuldner zur Seite. Opferschutz wird dadurch auch durch zur Verfügung gestellte Haftungsmasse verwirklicht.[618]

Die Gefährdungshaftung des Herstellers nach § 1 ProdHaftG ist zur Herstellung eines gleichen Schutzniveaus nicht in der Lage, weil sie mit dem Fehlerbegriff verhaltensbezogene Anforderungen stellt und dem Hersteller Entlastungsmöglichkeiten gewährt.[619] Der Hersteller könnte sich auf ein

---

616 *Wagner*, Deliktsrecht, Kap. 8, Rn. 8; *Fuchs/Pauker/Baumgärtner*, Delikts- und Schadensersatzrecht, S. 283; in diese Richtung auch *Adams*, Ökonomische Analyse der Gefährdungs- und Verschuldenshaftung, S. 142; *Gless/Janal*, JR 2016, 561 (571); *Borges*, CR 2016, 272 (278); als „*Effekt*" einer Gefährdungshaftung bezeichnend *Wilhelmi*, in: Erman BGB, 16. Aufl., 2020, Vor § 823, Rn. 6.

617 Begründung des Regierungsentwurfs für ein Gesetz zur Änderung des Straßenverkehrsgesetzes, BT-Drs. 18/11300, 14; so auch *Schrader*, DAR 2016, 242 (245), „*die Halterhaftung ist aus Sicht des Opferschutzes zu begrüßen*".

618 *Lutz*, Haftung am Beispiel automatisierter Fahrzeuge, in: Hartmann (Hrsg.), KI & Recht Kompakt, Kap. 3, S. 119; *Pataki*, DAR 2018, 133 (135).

619 Stellungnahme des Gesamtverbandes der Deutschen Versicherungsiwrtschaft vom 17. März 2017 zur Stellungnahme des Bundesrates zum Entwurf eines Gesetzes

Verschulden des Fahrzeugführers oder auf die Verwirklichung einer anderen als durch die automatisierte Fahrzeugsteuerung gesetzten Gefahr berufen und so die Position des Unfallopfers verschlechtern.[620] Eine vergleichbar voraussetzungsarme Haftung existiert auf Seiten des Herstellers *de lege lata* nicht, wäre also erst noch zu entwickeln.[621] Solange diese nicht besteht, ist die Gefährdungshaftung des Halters unter dem Gesichtspunkt des Opferschutzes nicht nur gerechtfertigt, sondern geboten.

b) Potentielle Gefahr für andere Rechtsgüter

Der Gefährdungshaftung des Halters liegt die Annahme zugrunde, dass von jedem Kraftfahrzeug bei Betrieb eine potentielle Gefahr für andere Rechtsgüter ausgeht.[622] Solange keine hundertprozentige Sicherheit gewährleistet ist, besteht durch den Betrieb eines hoch- oder vollautomatisierten Fahrzeugs eine – wenn auch möglicherweise gegenüber konventionellen Fahrzeugen abgesenkte – potentielle Gefahr für die Rechtsgüter anderer Verkehrsteilnehmer. Damit geht von Fahrzeugen dieser Art ebenfalls eine Gefahr aus, für die der Fahrzeughalter unabhängig davon einzustehen hat, ob das Fahrzeug zum Unfallzeitpunkt manuell oder von einem automatisierten System, also letztlich von einem Computer, gesteuert wurde.[623] An diesem Zusammenhang

---

zur Änderung des Straßenverkehrsgesetzes, BR-Drs. 69/27, 4; *König*, JR 2017, 323 (329); im Ergebnis auch *Pataki*, DAR 2018, 133 (135).

620 *Pataki*, DAR 2018, 133 (135).

621 *Pataki*, DAR 2018, 133 (135).

622 *Just/Quarch*, in: Balke/Reisert/Schulz-Merkel (Hrsg.), Regulierung von Verkehrsunfällen, 2. Aufl., 2021, Kap. 21, Rn. 1; *Engel*, in: Münchener Kommentar Straßenverkehrsrecht, § 7 StVG, Rn. 6; allgemein zu Gefährdungshaftungstatbeständen *Hager*, in: Staudinger, Neubearbeitung 2017, Vorbem. zu §§ 823 ff., Rn. 28; *Schäfer/Ott*, Lehrbuch der ökonomischen Analyse des Zivilrechts, Kap. 6, S. 251; bezogen auf alle Gefährdungshaftungstatbestände *Wagner*, Deliktsrecht, Kap. 8, Rn. 4, *„Ausgleich für Schäden, in denen sich die besonderen Unfallrisiken der modernen technischen Entwicklung verwirklicht haben"*; ebenso *Hehl*, Das Verhältnis von Verschuldens- und Gefährdungshaftung, S. 92, die dazu den Begriff der *„besonderen Gefahr"* gebraucht; *Borges*, NJW 2018, 977 (980); *Canaris*, Juristische Blätter 1995, 2 (16), *„Umverteilung des Schadens vom Geschädigten auf den Verletzer durch den Gesetzgeber"*; *Deutsch*, NJW 1992, 73 (75); *Larenz*, JuS 1965, 373 (374); a.A. *Wilhelmi*, in: Erman BGB, 16. Aufl., 2020, Vor § 823, Rn. 5.

623 *Walter*, in: BeckOGK Straßenverkehrsrecht, Stand: 01. Januar 2022, § 7 StVG, Rn. 15; *Heß*, in: Burmann/Heß/Hühnermann/Jahnke, Straßenverkehrsrecht, 27. Aufl., 2022, § 1b StVG, Rn. 6; *König*, in: Hentschel/König/Dauer Straßenverkehrsrecht, 46. Aufl., 2021, § 1b StVG, Rn. 11, *„es bleibt ohne wesentliche Besonderheiten bei*

wurde auch bei Fahrassistenzsystemen nicht gezweifelt.[624] Obwohl die Gefährlichkeit für sich genommen keine Antwort auf die Frage gibt, wem die

---

der Gefährdungshaftung nach § 7 Abs. 1 StVG"; *Buck-Heeb/Dieckmann*, Zivilrechtliche Haftung von Halter und Fahrer beim Einsatz (teil) automatisierter Fahrfunktionen, in: Oppermann/Stender-Vorwachs (Hrsg.), Autonomes Fahren, Kap. 3.1.1, Rn. 14; *Buck-Heeb/Dieckmann*, NZV 2019, 113; *Grigorian/Tribess*, Robots on the Road, in: Taeger (Hrsg.), Den Wandel Begleiten. IT-rechtliche Herausforderungen der Digitalisierung, S. 654; *Schwartz*, Betriebsgefahr und Unabwendbarkeit bei selbstfahrenden Fahrzeugen, in: Taeger (Hrsg.), Den Wandel begleiten. IT-rechtliche Herausforderungen der Digitalisierung, S. 672; *Huber*, Automatisiertes und autonomes Fahren – wer haftet?, in: Frenz (Hrsg.), Handbuch Industrie 4.0: Recht, Technik, Gesellschaft, S. 700; *Sturm*, Zukünftige Rechtsfragen beim autonomen Fahren, in: Hartung/Regula/Schaeuffelen (Hrsg.), Rechtsfragen in der Automobil- und Zulieferindustrie, Kap. 12, S. 288; so auch *Hilgendorf*, Teilautonome Fahrzeuge: Verfassungsrechtliche Vorgaben und rechtspolitische Herausforderungen, in: Hilgendorf/Hötitzsch/Lutz (Hrsg.), Rechtliche Aspekte automatisierter Fahrzeuge, S. 24; *Hilgendorf*, Moderne Technik und erlaubtes Risiko – am Beispiel des automatisierten Fahrens, in: Hilgendorf (Hrsg.), Rechtswidrigkeit in der Diskussion, S. 100; *Gasser/Arzt/Ayoubi/Bartels/Bürkle/et al.*, Rechtsfolgen zunehmender Fahrzeugautomatisierung, Berichte der Bundesanstalt für Straßenwesen, 2012, S. 18 f.; *Roshan*, NJW Spezial 2021, 137 (138); *Koch*, VersR 2020, 741 (745); *Schubert*, SVR 2019, 124 (125); *Schubert*, PHi 2015, 46 (48); *Pütz/Maier*, r+s 2019, 444 (445); *Gail*, SVR 2019, 321 (325); *Greger*, NZV 2018, 1; *Pehm*, IWRZ 2018, 259 (624); *Nehm*, JZ 2018, 398 (400), der mit der Pflichthaftpflichtversicherung eine „*geradezu ideale Lösung für das Haftungsproblem des autonomen Fahrens*" sieht; *Wagner*, AcP (217) 2017, 707 (758); *Armbrüster*, ZRP 2017, 83 (84); *Gless/Janal*, JR 2016, 561 (571); *v. Bodungen/Hoffmann*, NZV 2016, 449 (451); *Ebert*, VersicherungsPraxis 2016, 13; *Franke*, DAR 2016, 61 (63); *Schrader*, NJW 2015, 3537 (3538); in diese Richtung auch *Söbbing*, InTeR 2013, 43 (46); *Hartmann*, PHi 2016, 114 (119); implizit auch *Hans*, GWR 2016, 393; unter dem Blickwinkel des teleoperierten Fahrens *Lutz/Tang/Lienkamp*, NZV 2013, 57 (60); unter dem Blickwinkel des autonomen Parkens *Siebert/Gaden*, InTeR 2016, 194 (195).

624 *Walter*, in: BeckOGK Straßenverkehrsrecht, Stand: 01. Januar 2022, § 7 StVG, Rn. 93.2; *Buck-Heeb/Dieckmann*, Zivilrechtliche Haftung von Halter und Fahrer beim Einsatz (teil) automatisierter Fahrfunktionen, in: Oppermann/Stender-Vorwachs (Hrsg.), Autonomes Fahren, Kap. 3.1.1, Rn. 14; *Stadler*, Versicherungsrechtliche Fragen zu Fahrerassistenzsystemen, in: Hilgendorf/Hötitzsch/Lutz (Hrsg.), Rechtliche Aspekte automatisierter Fahrzeuge, S. 88; *Bewersdorf*, Zulassung und Haftung bei Fahrerassistenzsystemen im Straßenverkehr, S. 102; *Solmecke/Jockisch*, MMR 2016, 359 (362); *Siebert/Gaden*, InTeR 2016, 194 (195); *Gasser*, Verkehrsunfall und Fahrzeugtechnik 2009, 224 (228); *Albrecht*, VD 2006, 143 (146); *Albrecht*, DAR 2005, 186 (190); *Vogt*, NZV 2003, 153 (155); *Berz/Dedy/Granich*, DAR 2000, 545.

Haftungsgefahr zuzuweisen ist, ist doch festzustellen, dass die Beibehaltung der Gefährdungshaftung des Halters eines hoch- oder vollautomatisierten Fahrzeugs von diesem Grundgedanken gedeckt ist. Die Halterhaftung ist aus dieser Perspektive jedenfalls nicht ungerechtfertigt.

c) *Gefahrtragung als Bedingung für die Erlaubnis zur Eröffnung einer Gefahrenquelle*

Nach der Rechtsprechung ist die Gefährdungshaftung des Fahrzeughalters der Preis dafür, dass durch die Verwendung eines Kraftfahrzeugs erlaubterweise eine Gefahrenquelle eröffnet wird.[625] Gemeint ist, dass die gefährliche Tätigkeit nur zugelassen wird, wenn sie gleichzeitig mit der strengen Gefährdungshaftung belegt wird. Ungeachtet der in der Literatur zu diesem Begründungsansatz geäußerten Kritik,[626] bringt dieser Gedanke die Diskussion nicht weiter. Die Begründung lässt sich ebenso auf die Halterhaftung für hoch- oder vollautomatisierte Fahrzeuge wie zur Begründung einer erweiterten Haftung des Herstellers beziehen. Dem Hersteller könnte es vor diesem Hintergrund verboten werden, hoch- oder vollautomatisierte Fahrzeuge in den Verkehr zu bringen bevor nicht eine ihn treffende Gefährdungshaftung existiert. Ebenso könnte es dem Halter eines hoch- oder vollautomatisierten Fahrzeugs – wie bei konventionell gesteuerten Fahrzeugen auch – verboten sein, das Fahrzeug im Straßenverkehr ohne Gefährdungshaftung zu nutzen. In Bezug auf den Fahrzeughalter ist dieser Gedanke jedenfalls weiterhin einschlägig, weshalb die Gefährdungshaftung aus diesem Grund nicht ungerechtfertigt ist.

---

625 BGH NJW 1988, 2802; BGHZ 208, 140 (144); BGH NJW 2005, 2081 (2082); BGH NJW-RR 2008, 764 (765); BGH NJW 2015, 2081 (2082); BGH NJW 2017, 1173 (1174); *Semrau*, in: BeckOK Straßenverkehrsrecht, 17. Edition, Stand: 15. Oktober 2022, § 7 StVG, Rn. 16; *Walter*, in: BeckOGK Straßenverkehrsrecht, Stand: 01. Januar 2022, § 7 StVG, Rn. 3; *Engel*, in: Münchener Kommentar Straßenverkehrsrecht, § 7 StVG, Rn. 6; allgemein zur Gefährdungshaftung *Wandt*, Gesetzliche Schuldverhältnisse, § 22, Rn. 1; *Fuchs/Pauker/Baumgärtner*, Delikts- und Schadensersatzrecht, S. 293; *Gail*, SVR 2019, 321 (324); *Armbrüster*, ZRP 2017, 83 (84); *Horner/Kaulartz*, CR 2016, 7; *Gasser*, Verkehrsunfall und Fahrzeugtechnik 2009, 224 (227); *Frenz/Casimir-van den Broek*, DAR 2009, 625 (627); *Larenz*, JuS 1965, 373 (374); diese Begründung ablehnend *Hehl*, Das Verhältnis von Verschuldens- und Gefährdungshaftung, S. 87–89.

626 *Larenz/Canaris*, Lehrbuch des Schuldrechts Band II/2 Besonderer Teil, § 84 I 2a, S. 606, da damit zugleich implizit angenommen werde, die Handlung sei eigentlich von Rechts wegen zu verbieten.

d) Gefahrtragung als Gegenleistung für die Nutzung in eigenem Interesse

Ein weiterer Grundgedanke der Gefährdungshaftung des Fahrzeughalters ist die soziale Verantwortung für eigene Wagnisse.[627] So hat derjenige, der im eigenen Interesse, nämlich dem zügigen Erreichen eines gewünschten Ziels, eine Gefahrenquelle schafft – gewissermaßen als Gegenleistung – für daraus hervorgehende Schädigungen einzustehen.[628]

Der Fahrzeughalter eröffnet durch die Verwendung des hoch- oder vollautomatisierten Fahrzeugs, wie auch beim herkömmlichen Fahrzeug, eine Gefahrenquelle, um sich im eigenen Interesse fortzubewegen oder jemanden bzw. etwas zu transportieren. Er zieht also die Verwendungsnutzungen und übt die Verfügungsgewalt über das Fahrzeug aus, indem er über Anlass, Ziel und Zeitpunkt der Verwendung bestimmt.[629] Verwendungsnutzen ist dabei

627 *König*, in: Hentschel/König/Dauer Straßenverkehrsrecht, 46. Aufl., 2021, Einleitung, Rn. 66 und § 7 StVG, Rn. 1a; *Fuchs/Pauker/Baumgärtner*, Delikts- und Schadensersatzrecht, S. 281.

628 BGH NJW 1988, 2802; BGHZ 208, 140 (144); BGH NJW 2005, 2081 (2082); BGH NJW-RR 2008, 764 (765); BGH NJW 2015, 2081 (2082); BGH NJW 2017, 1173 (1174); *Kuhn*, in: Buschbell/Höke (Hrsg.), Münchener Anwaltshandbuch Straßenverkehrsrecht, 5. Aufl., 2020, § 23, Rn. 9 f.; *Engel*, in: Münchener Kommentar Straßenverkehrsrecht, § 7 StVG, Rn. 6; allgemein zu Gefährdungshaftungstatbeständen *Wagner*, in: Münchener Kommentar BGB, 8. Aufl., 2020, Vor § 823, Rn. 19; in diesem Sinne auch *Schäfer/Ott*, Lehrbuch der ökonomischen Analyse des Zivilrechts, Kap. 6, S. 254 f.; *Wandt*, Gesetzliche Schuldverhältnisse, § 22, Rn. 1; *Larenz/Canaris*, Lehrbuch des Schuldrechts Band II/2 Besonderer Teil, § 84 I 2a, S. 605, „*Zusammengehörigkeit von Vorteil und korrespondierendem Risiko*"; *Foerster*, ZfPW 2019, 418 (432); *Borges*, CR 2016, 272 (278); *Horner/Kaulartz*, InTeR 2016, 22 (24); *Fleck/Thomas*, NJOZ 2015, 1393 (1394); *Spindler*, CR 2015, 766 (775), „*Internalisierung bei demjenigen, der über den Einsatz der gefährlichen Technologie entscheidet*"; konkret zu Fahrerassistenzsystemen bereits *Gasser*, Verkehrsunfall und Fahrzeugtechnik 2009, 224 (227).

629 *Semrau*, in: BeckOK Straßenverkehrsrecht, 17. Edition, Stand: 15. Oktober 2022, § 7 StVG, Rn. 33; *Leupold/Wiesner*, in: Leupold/Wiebe/Glossner (Hrsg.), IT-Recht, 4. Aufl., 2021, Teil 9.6.4, Rn. 89; *Larenz/Canaris*, Lehrbuch des Schuldrechts Band II/2 Besonderer Teil, § 84 III 1b, S. 618 f.; *Schartel/Stadler*, Autonomes Fahren aus haftungs- und versicherungsrechtlicher Perspektive, in: Kompaß (Hrsg.), Methodenentwicklung für aktive Sicherheit und automatisiertes Fahren, Kap. 6.3, S. 232; *Gasser/Arzt/Ayoubi/Bartels/Bürkle/et al.*, Rechtsfolgen zunehmender Fahrzeugautomatisierung, Berichte der Bundesanstalt für Straßenwesen, 2012, 19; *Freise*, VersR 2019, 65 (68 f.); *Foerster*, ZfPW 2019, 418 (434); *Armbrüster*, ZRP 2017, 83 (84); *Singler*, Freilaw 2017, 14 (15); *Fleck/Thomas*, NJOZ 2015, 1393 (1394); *Lutz*, NJW 2015, 119 (120).

im Sinne der Gebrauchsmöglichkeit zu verstehen, die die Verfügungsgewalt voraussetzt. Andere mittelbare Profiteure wie Hersteller, Zulieferer, Fahrzeughändler und Versicherer, die aus einem Kraftfahrzeug ebenfalls ökonomische Vorteile ziehen, sind von dem Begriff des „Nutzens“ in diesem Sinne nicht erfasst.[630]

Auch der Grundgedanke, dass derjenige, der den Nutzen aus dem Fahrzeug zieht, für dessen Gefahren einstehen muss, bleibt beim hoch- und vollautomatisierten Fahren in Bezug auf den Halter bestehen. In Bezug auf den Hersteller greift er allerdings nicht ein,[631] da dieser weder die Verfügungsgewalt über das Fahrzeug hat noch es als Fortbewegungsmittel gebraucht.

e) *Gefahrbeherrschung*

Die Gefährdungshaftung des Halters und die Gefährdungshaftung im Allgemeinen ist nur gerechtfertigt, wenn der Haftende die Gefahr abstrakt beherrschen kann.[632] Eine Gefahr wird in diesem Sinne nicht schon dann beherrscht, wenn das Risiko durch sorgfaltsgemäßes Verhalten vermieden werden kann, da es darauf im Rahmen der Gefährdungshaftung naturgemäß nicht ankommt.[633] Gemeint sind vielmehr andere Mechanismen zur Steuerung des Risikos, etwa durch Leitung und Kontrolle,[634] die Entscheidung über zu ergreifende Sicherheitsmaßnahmen[635] sowie die Regulierung des Aktivitätsniveaus oder der Versicherbarkeit.[636] *Adams* versteht den Begriff zudem in Abgrenzung zu fehlenden Einflussmöglichkeiten eines Unfallopfers, welches zu einer „passiven

630 Anders *König*, JR 2017, 323 (330).

631 *Borges*, CR 2016, 272 (280).

632 *Wagner*, Deliktsrecht, Kap. 8, Rn. 1; *Wandt*, Gesetzliche Schuldverhältnisse, § 22, Rn. 1; *Fuchs/Pauker/Baumgärtner*, Delikts- und Schadensersatzrecht, S. 281; *Hehl*, Das Verhältnis von Verschuldens- und Gefährdungshaftung, S. 89; *Larenz/Canaris*, Lehrbuch des Schuldrechts Band II/2 Besonderer Teil, § 84 I 2a, S. 605; *Borges*, NJW 2018, 977 (981); *Borges*, CR 2016, 272 (278); in diesem Sinne bereits *Müller-Erzbach*, AcP (106) 1910, 309 (413).

633 *Wagner*, Deliktsrecht, Kap. 8, Rn. 1; *Larenz/Canaris*, Lehrbuch des Schuldrechts Band II/2 Besonderer Teil, § 84 I 2a, S. 605; *Müller-Erzbach*, AcP (106) 1910, 309 (413).

634 *Wagner*, Deliktsrecht, Kap. 8, Rn. 26.

635 *Wagner*, Deliktsrecht, Kap. 8, vgl. Rn. 11 und 12; *Larenz/Canaris*, Lehrbuch des Schuldrechts Band II/2 Besonderer Teil, § 84 I 2a, S. 605.

636 *Hehl*, Das Verhältnis von Verschuldens- und Gefährdungshaftung, S. 90; *Larenz/Canaris*, Lehrbuch des Schuldrechts Band II/2 Besonderer Teil, § 84 I 2a, S. 605; *Borges*, CR 2016, 272 (278); in diesem Sinne bereits *Medicus*, Jura 1996, 561 (563).

Hinnahme der Unfallschäden verurteilt ist".[637] Die Beherrschbarkeit in diesem Sinne schließt also die Verfügungsgewalt des Halters über das Fahrzeug ein. Hieraus ergibt sich im Ergebnis für die Halterhaftung nichts anderes als aus dem Gedanken, dass die strenge Haftung gewissermaßen die Gegenleistung für die Nutzung der Sache im eigenen Interesse darstellt. Derjenige, der den Nutzen aus dem Fahrzeug zieht, also über Anlass, Ziel und Zeit der Fahrt sowie über den Umfang der Nutzung bestimmt, beherrscht in diesem Sinne die Gefahr.

Der Halter beherrscht die Gefahr insoweit, als er über die Quantität des Einsatzes, also über die Frage wie oft und von wem das Fahrzeug eingesetzt wird, und die Qualität des Einsatzes, also über die Frage, wie weit die zu fahrende Strecke ist, entscheidet.[638] Zudem entscheidet er im Falle der eigenhändigen Fahrzeugführung selbst unmittelbar und im Falle eines personenverschiedenen Fahrers innerhalb gewisser Grenzen mittelbar durch seine Instruktion gegenüber dem Fahrer darüber, wann und wie oft die automatisierte Fahrzeugsteuerung aktiviert wird und in welchem Maße er oder der Fahrzeugführer sich für einen übersteuernden Eingriff wahrnehmungsbereit halten.

Richtig ist, dass der Hersteller bei hoch- und vollautomatisierten Fahrzeugen an Einfluss über das „wie?" der Fahrzeugführung gewinnt. Sein Einfluss ist allerdings von vornherein auf die Phase der aktivierten automatisierten Fahrzeugsteuerung begrenzt und bleibt damit weit hinter dem des Halters zurück. Bezüglich dieser Phase ist darauf hinzuweisen, dass nach bisheriger Rechtsprechung die Verfügungsgewalt des Halters nicht deshalb verloren geht, weil er sich der tatsächlichen Einwirkungsmöglichkeit für einen kurzen vorübergehenden Zeitraum entledigt.[639] Der Halter haftet bereits jetzt aus Gefährdungshaftung gem. § 7 Abs. 1 StVG, wenn er das Fahrzeug aus der Hand gibt, etwa wenn eine andere Person fährt, ohne dass es darauf ankäme, wie der Fahrzeugführer das Fahrzeug führt.[640] Das Auseinanderfallen von Haftung und Einfluss auf die Art und Weise der Fahrzeugführung ist also kein neues Phänomen. Es hat in der

637 *Adams*, Ökonomische Analyse der Gefährdungs- und Verschuldenshaftung, S. 144.

638 In diesem Sinne auch *Buck-Heeb/Dieckmann*, NZV 2019, 113, die auch die Kaufentscheidung als Kriterium zur Gefahrbeherrschung begreifen.

639 BGHZ 37, 311 (316); BGHZ 116, 200 (202); *Semrau*, in: BeckOK Straßenverkehrsrecht, 17. Edition, Stand: 15. Oktober 2022, § 7 StVG, Rn. 37 und 39; *Engel*, in: Münchener Kommentar Straßenverkehrsrecht, § 7 StVG, Rn. 24.

640 *Freise*, VersR 2019, 65 (72).

Vergangenheit nicht zu einem Verlust der Gefahrbeherrschung in diesem Sinne geführt und tut es auch jetzt nicht.

Aus diesen Gründen kann die in der Literatur vertretene Ansicht, der Hersteller beherrsche die Gefahr, indem er die Steuerung festlege,[641] nicht überzeugen. Indem dem Hersteller eine sorgfaltswidrige Fahrzeugsteuerung angelastet wird, werden Gedanken der Sorgfaltswidrigkeit in den Begriff der „Beherrschbarkeit" gemischt, die außer Betracht zu bleiben haben. Außerdem verbleibt der Großteil der Einwirkungsmöglichkeiten auf die Kontrolle des Fahrzeugs und die ausschließliche Beherrschung der Sicherheitsmaßnahmen und des Aktivitätsniveaus beim Fahrzeughalter. Die Gefährdungshaftung des Halters ist demgemäß weiterhin gerechtfertigt. Zugleich spricht dieses Ergebnis gegen eine Haftungserweiterung des Herstellers durch eine Gefährdungshaftung, da er die vom hoch- oder vollautomatisierten Fahrzeug ausgehende Gefahr nicht in diesem Sinne beherrscht.

f) Zwischenergebnis

Zusammenfassend fußt die Halterhaftung auf drei tragenden Gedanken: Erstens der abstrakten Gefährlichkeit in dem Sinne, dass Schäden selbst durch sorgfaltsgemäßes Handeln nicht völlig ausgeschlossen werden können, zweitens dem Gedanken, dass die gefahrträchtige Tätigkeit nur deshalb erlaubt ist, weil sie mit einer strengen Haftung bewehrt ist und schließlich drittens dem Gedanken, dass derjenige, der die Verfügungsgewalt über das Fahrzeug hat, also den Nutzen daraus zieht, auch die damit verbundenen Belastungen tragen soll. All diese Gedanken begründen die Gefährdungshaftung des Halters eines hoch- oder vollautomatisierten Fahrzeugs. Die Beibehaltung der Gefährdungshaftung des Halters ist dementsprechend gerechtfertigt.

Hinsichtlich der Frage der Haftungsverteilung zwischen Hersteller und Halter lässt sich aus dieser Analyse ableiten, dass der Halter der bessere Haftungsadressat ist, da er die tragenden Gedanken der Gefährdungshaftung in deutlich größerem Umfang auf sich vereint. Die Gedanken, dass die Gefahrtragung gewissermaßen die Gegenleistung für die Nutzung des Fahrzeugs ist und dass die Gefährdungshaftung nur gegenüber demjenigen gerechtfertigt ist, der die Gefahr abstrakt beherrschen kann, greifen ausschließlich in Bezug auf den Fahrzeughalter, nicht jedoch in Bezug auf den Hersteller ein.

641 *Jungbluth*, Auf dem 56. Deutschen Verkehrsgerichtstag gehaltenes Referat, in: Deutscher Verkehrsgerichtstag – Deutsche Akademie für Verkehrswissenschaft e.V. (Hrsg.), 56. Deutscher Verkehrsgerichtstag, S. 36; *Borges*, CR 2016, 272 (279).

2. *Rechtfertigung unter dem Gesichtspunkt der Schadensprävention aus rechtsökonomischer Perspektive*

Auf rechtspolitischer Ebene geht es dem Haftungsrecht unter anderem um Verhaltenssteuerung mit dem Ziel der Verhütung von Schadensfällen, also um Prävention.[642] Nachdem gezeigt wurde, dass die Gefährdungshaftung des Fahrzeughalters nach wie vor den § 7 Abs. 1 StVG und den die Gefährdungshaftung allgemein tragenden Gedanken entspricht, stellt sich die Frage, ob dieses Haftungskonstrukt unter Präventionsgesichtspunkten sinnvoll auf hoch- und vollautomatisierte Fahrzeuge anzuwenden ist oder es einer Reform dergestalt bedarf, dass die Herstellerhaftung ausgeweitet wird. Dieser Frage soll unter besonderer Berücksichtigung ökonomischer Anreize nachgegangen werden.

Der rechtsökonomischen Analyse des Haftungsrechts geht es darum, den volkswirtschaftlichen Nutzen aus der gefahrgeneigten Tätigkeit im Verhältnis zu den Vorsorge- und Schadenskosten zu maximieren.[643] Die Rechtsordnung kann dazu durch Haftungstatbestände und der Definition von Sorgfaltsanforderungen entweder Anreize zu unfallverhütenden Maßnahmen setzen und/oder den Umfang der gefahrgeneigten Aktivität regulieren.[644] Ohne die Normierung von Haftungstatbeständen besteht kein Anreiz, gegebenenfalls kostspielige Sicherheitsmaßnahmen zu ergreifen[645] oder auf die Aktivität deshalb zu verzichten, weil der Nutzen hinter dem erwarteten Schaden zurückbleibt.[646]

---

642 *Spindler*, in: BeckOGK BGB, Stand: 01. November 2022, § 823, Rn. 11; *Leupold/Wiesner*, in: Leupold/Wiebe/Glossner (Hrsg.), IT-Recht, 4. Aufl., 2021, Teil 9.6.4, Rn. 11; *Wagner*, in: Münchener Kommentar BGB, 8. Aufl., 2020, Vor § 823, Rn. 45; *Hager*, in: Staudinger, Neubearbeitung 2017, Vorbem. zu §§ 823 ff, Rn. 10; *Wagner*, Deliktsrecht, Kap. 4, Rn. 4; *Schäfer/Ott*, Lehrbuch der ökonomischen Analyse des Zivilrechts, Kap. 5, S. 172; *Hehl*, Das Verhältnis von Verschuldens- und Gefährdungshaftung, S. 176 f.; *Adams*, Ökonomische Analyse der Gefährdungs- und Verschuldenshaftung, S. 265 f.; *König*, JR 2017, 323 (330); *Taupitz*, AcP 196 (1996), 114 (138 f.); *Horn*, AcP 176 (1976), 307 (324); a.A. bezüglich einer Gefährdungshaftung *Wilhelmi*, in: Erman BGB, 16. Aufl., 2020, vgl. Vor § 823, Rn. 5 und 15.

643 *Schäfer/Ott*, Lehrbuch der ökonomischen Analyse des Zivilrechts, Kap. 5, S. 172 und 174; *Adams*, Ökonomische Analyse der Gefährdungs- und Verschuldenshaftung, S. 42.

644 *Schäfer/Ott*, Lehrbuch der ökonomischen Analyse des Zivilrechts, Kap. 5, S. 173.

645 *Wagner*, Deliktsrecht, Kap. 4, Rn. 18 und 19.

646 *Schäfer/Ott*, Lehrbuch der ökonomischen Analyse des Zivilrechts, Kap. 5, S. 174.

a) *Steuerung der Sorgfaltsanforderungen*

Sorgfaltsaufwendungen werden gesteuert, indem durch den Gesetzgeber oder die Gerichte ein bestimmter Sorgfaltsmaßstab angelegt wird. Bei der Bestimmung dieses Sorgfaltsmaßstabs können auch ökonomische Kriterien herangezogen werden.[647] Das setzt voraus, dass die Einhaltung eines Sorgfaltsmaßstabs für den Verbraucher mit einem bestimmten Kostenaufwand verbunden ist. Stellt man dem die durchschnittlich zu erwartenden Schäden (Schadenshöhe multipliziert mit deren Eintrittswahrscheinlichkeit) bei der Ausführung der Aktivität gegenüber, zeigt sich, dass die Sorgfaltsaufwendungen ökonomisch nur sinnvoll sind, solange deren Kosten geringer sind als die dadurch bewirkte Schadensreduzierung.[648] Das führt zugleich dazu, dass die Summe der Schadens- und Verhütungskosten minimiert wird, was dem wohlfahrtsökonomischen Ideal entspricht.[649] Daraus lässt sich ableiten, dass derjenige den so gebildeten Sorgfaltsmaßstab missachtet, der Vorsorgeaufwendungen unterlässt, mit denen sich der erwartete Schaden um eine monetäre Einheit mehr reduzieren lässt als durch die Vorsorgeaufwendungen eingesetzt werden müsste (Learned-Hand-Formel).[650] Dadurch wird der rational handelnde Verbraucher[651] veranlasst, seine Sorgfaltsaufwendungen gerade bis zu einem Grad auszudehnen, bei dem eine zusätzliche Kosteneinheit die zu erwartenden Schäden um eine Einheit reduziert.[652] Bei zusätzlichen Vorsorgeaufwendungen würden sich diese mit dem erwarteten Schaden maximal die Waage halten und wären dementsprechend wirtschaftlich wertlos bzw. wohlfahrtsvernichtend. Bei diesem Aufwand handelt es sich um das volkswirtschaftlich richtige Maß

---

647 *Schäfer/Ott*, Lehrbuch der ökonomischen Analyse des Zivilrechts, Kap. 6, S. 202.

648 *Wagner*, in: Münchener Kommentar BGB, 8. Aufl., 2020, Vor § 823, Rn. 55; *Wagner*, Deliktsrecht, Kap. 4, Rn. 11; *Wagner*, AcP 206 (2006), 352 (457 f.); *Hager*, in: Staudinger, Neubearbeitung 2017, Vorbem. zu §§ 823 ff., Rn. 14; *Schäfer/Ott*, Lehrbuch der ökonomischen Analyse des Zivilrechts, Kap. 5, S. 172; *Taupitz*, AcP 196 (1996), 114 (140).

649 *Wagner*, in: Münchener Kommentar BGB, 8. Aufl., 2020, Vor § 823, Rn. 54; *Hehl*, Das Verhältnis von Verschuldens- und Gefährdungshaftung, S. 177.

650 *Schäfer/Ott*, Lehrbuch der ökonomischen Analyse des Zivilrechts, Kp. 6, S. 202 f.; *Hehl*, Das Verhältnis von Verschuldens- und Gefährdungshaftung, S. 177; *König*, JR 2017, 323 (330); *Brüggemeier*, ZHR 152 (1988), 511 (515).

651 Dazu *Hehl*, Das Verhältnis von Verschuldens- und Gefährdungshaftung, S. 181 f.; *Wagner*, AcP 206 (2006), 352 (454).

652 *Schäfer/Ott*, Lehrbuch der ökonomischen Analyse des Zivilrechts, Kap. 6, S. 202.

der Schadensvermeidung, da es Kosten und Nutzen in das bestmögliche Verhältnis setzt.[653]

b) Steuerung des Aktivitätsniveaus

Bei der Regulierung des Umfangs der gefährlichen Aktivität sind andere ökonomische Zusammenhänge maßgeblich. Um das Aktivitätsniveau zu regulieren, muss die Rechtsordnung die Haftungsgefahr an die Nutzung der Sache koppeln. Indem jede Aktivität mit einem bestimmten Schadensrisiko belastet ist, besteht ein beschränkendes Korrektiv. Das hat zur Folge, dass der Nutzer den Einsatz überdenkt und die Sache erst einsetzt, wenn der Nutzen das Risiko, also die Summe statistisch anfallender Schäden, überwiegt.[654] Dadurch wird der volkswirtschaftliche Wohlstand gesteigert, indem Schäden vermieden werden, denen nicht mindestens ein wirtschaftlich äquivalenter Nutzen gegenübersteht.[655]

Damit ist zugleich beschrieben, dass nicht alle Schäden um jeden Preis vermieden werden sollen. Dies entspricht nicht dem volkswirtschaftlichen Ideal, weil dadurch zu hohe Schadensvermeidungskosten und volkswirtschaftliche Einbußen durch entgangene Nutzwerte entstünden.[656] Bei einer rechtsökonomischen Analyse des Haftungsrechts geht es vielmehr darum, Schäden ohne volkswirtschaftlich äquivalenten Nutzen zu vermeiden, andere hingegen zuzulassen bzw. in Kauf zu nehmen.[657]

---

653 *Wagner*, in: Münchener Kommentar BGB, 8. Aufl., 2020, Vor § 823, Rn. 55; *Hehl*, Das Verhältnis von Verschuldens- und Gefährdungshaftung, S. 177.

654 *Wagner*, in: Münchener Kommentar BGB, 8. Aufl., 2020, Vor § 823, Rn. 54; *Wagner*, Deliktsrecht, Kap. 8, Rn. 12; *Wagner*, AcP 206 (2006), 352 (354 f.); *Calabresi*, Die Entscheidung für oder gegen Unfälle: Ein Ansatz zur nichtverschuldensbezogenen Allokation von Kosten, in: Assmann/Kirchner/Schanze (Hrsg.), Ökonomische Analyse des Rechts, S. 242; *Adams*, Ökonomische Analyse der Gefährdungs- und Verschuldenshaftung, S. 124 und 139; *Hofmann*, CR 2020, 282 (284); *König*, JR 2017, 323 (330 f.); *Horner/Kaulartz*, CR 2016, 7 (13); *Borges*, CR 2016, 272 (278); *Medicus*, Jura 1996, 561 (564).

655 *Horner/Kaulartz*, CR 2016, 7 (13); *Borges*, CR 2016, 272 (278).

656 *Wagner*, in: Münchener Kommentar BGB, 8. Aufl., 2020, Vor § 823, Rn. 55; *Wagner*, Deliktsrecht, Kap. 4, Rn. 5; *Wagner*, AcP 206 (2006), 352 (457 f.); *König*, JR 2017, 323 (330); *Taupitz*, AcP 196 (1996), 114 (140).

657 Vgl. *Brüggemeier*, ZHR 152 (1988), 511 (514 f.); *König*, JR 2017, 323 (330).

c) *Bedeutung der Haftungstatbestände*

Durch die Verschuldenshaftung kann der Sorgfaltsmaßstab nach den oben dargelegten Zusammenhängen beeinflusst werden.[658] Die Verschuldenshaftung ist allerdings auf den Einfluss bezüglich der Schadensverhütungsmaßnahmen begrenzt und vermag es nicht, Einfluss auf das Aktivitätsniveau des Verbrauchers zu nehmen.[659]

Durch die Gefährdungshaftung hingegen wird das Sorgfalts- und das Aktivitätsniveau reguliert.[660] Die Gefährdungshaftung setzt, wie die Verschuldenshaftung, Anreize zu sorgfältigem Verhalten, durch das die Wahrscheinlichkeit des Schadenseintritts reduziert wird.[661] Der Unterschied zur Verschuldenshaftung besteht lediglich darin, dass kein vom Gericht gebildeter, sondern ein eigens durch den Haftungsadressaten auferlegter Sorgfaltsmaßstab gilt.[662]

Weil die Gefährdungshaftung auch eingreift, wenn der Schädiger einen optimalen Vorsorgeaufwand betrieben hat, setzt sie zudem einen Anreiz zur Vermeidung der gefährlichen Aktivität. Da die Gefährdungshaftung sowohl die Schadensvermeidungskosten als auch das Aktivitätsniveau regelt, ergibt sich

---

658 *Wagner*, Deliktsrecht, Kap. 4, Rn. 11–14; *Brüggemeier*, ZHR 152 (1988), 511 (515); *König*, JR 2017, 323 (330).

659 *Schäfer/Ott*, Lehrbuch der ökonomischen Analyse des Zivilrechts, Kap. 6, S. 224, „*Blindheit der Verschuldenshaftung hinsichtlich der Aktivität*"; anders noch *Adams*, Ökonomische Analyse der Gefährdungs- und Verschuldenshaftung, S. 125–128, der das Aktivitätsniveau als Sorgfaltskriterium in die Verschuldenshaftung integrieren will.

660 *Wagner*, in: Münchener Kommentar BGB, 8. Aufl., 2020, Vor § 823, Rn. 20; *Wagner*, Deliktsrecht, Kap. 8, Rn. 12; *Schäfer/Ott*, Lehrbuch der ökonomischen Analyse des Zivilrechts, Kap. 5, S. 174, Kap. 6, S. 251; *Körber/König*, Haftungsrecht 4.0, in: Frenz (Hrsg.), Handbuch Industrie 4.0: Recht, Technik, Gesellschaft, S. 267; *König*, JR 2017, 323 (331); *Borges*, CR 2016, 272 (278); *Horner/Kaulartz*, CR 2016, 7 (13); *Brüggemeier*, ZHR 152 (1988), 511 (515); im Zusammenhang mit Künstlicher Intelligenz *Zech*, ZfPW 2019, 198 (214).

661 *Wagner*, in: Münchener Kommentar BGB, 8. Aufl., 2020, Vor § 823, Rn. 57; *Wagner*, AcP 206 (2006), 352 (455); *Hehl*, Das Verhältnis von Verschuldens- und Gefährdungshaftung, S. 125; anders noch *Brüggemeier*, ZHR 152 (1988), 511 (515) mit dem Argument, dass die Gefährdungshaftung auch bei nicht erkennbaren und mit angemessenen Vorsorgeaufwendungen nicht zu vermeidenden Schadensfällen eingreife; *Schrader*, NJW 2015, 3537 (3538).

662 *Wagner*, in: Münchener Kommentar BGB, 8. Aufl., 2020, Vor § 823, Rn. 57; in diese Richtung auch *Schäfer/Ott*, Lehrbuch der ökonomischen Analyse des Zivilrechts, Kap. 5, S. 174.

ein Anreiz, den wirtschaftlichen Ertrag aus der gefährlichen Tätigkeit abzüglich der optimalen Schadensvermeidungskosten und abzüglich der zu erwartenden Schäden nicht auf bzw. unter null sinken zu lassen.[663] Anders ausgedrückt sind Fahrten ökonomisch sinnvoll, wenn ihr Nutzen nach Abzug der Schadensvermeidungskosten und der zu erwartenden Schäden noch positiv ist. Fahrten mit einer „Null – bzw. Negativbilanz“ führen dagegen zu Wohlfahrtsverlusten und werden von einem rational handelnden Halter unterlassen.

d) Rolle der Figur des „cheapest cost avoider“ bei der Haftung für hoch- und vollautomatisierte Fahrzeuge

Ein Ansatz der ökonomischen Analyse des Schadensrechts besteht darin, demjenigen den Schaden zuzuweisen, der dessen Eintritt mit dem geringsten Aufwand vermeiden kann („cheapest cost avoider“).[664] Auf diese Weise wird versucht, Wohlfahrtsverluste zu vermeiden, die dadurch entstehen, dass eine Person mit einem Schadensvermeidungsaufwand belastet wird, der größer ist als er objektiv sein müsste, um den Schaden zu vermeiden. Dieser Aufwand würde nämlich eine Ressourcenverschwendung darstellen.[665]

aa) Schwächen bei der Begründung der Haftungsverteilung zwischen Fahrzeughalter und Fahrzeughersteller

(1) Konturlosigkeit des Begriffs des „cheapest cost avoider“

Der Begriff des „cheapest cost avoider“ wird in der Literatur zum Teil schlagwortartig und mit unterschiedlichem Gehalt verwendet, ohne dessen Anwendungsbereich zu definieren und entsprechend Grenzen aufzuzeigen.[666] Unklar

---

663 Vgl. *Schäfer/Ott*, Lehrbuch der ökonomischen Analyse des Zivilrechts, Kap. 5, S. 175.

664 *Leupold/Wiesner*, in: Leupold/Wiebe/Glossner (Hrsg.), IT-Recht, 4. Aufl., 2021, Teil 9.6.4, Rn. 14; *Hager*, in: Staudinger, Neubearbeitung 2017, Vorbem. zu §§ 823 ff., Rn. 14; *Wagner*, Deliktsrecht, Kap. 4, Rn. 15; *Schäfer/Ott*, Lehrbuch der ökonomischen Analyse des Zivilrechts, Kap. 7, S. 279; *Sosnitza*, CR 2016, 764 (772); *Spindler*, CR 2015, 766 (767); *Horn*, AcP 176 (1976), 307 (325).

665 *Schäfer/Ott*, Lehrbuch der ökonomischen Analyse des Zivilrechts, Kap. 7, S. 280.

666 So wird der Begriff als ein allgemeiner Grundsatz der Risikoverteilung verstanden, der im Rahmen des § 313 BGB einzubeziehen sei, *Finkenauer*, in: Münchener Kommentar BGB, 9. Aufl., 2022, § 313, Rn. 69, der zudem davon ausgeht, dass es sich dabei um denjenigen handelt, der die Verfügungsgewalt über die Sache hat; in die gleiche Richtung *Wurmnest*, in: Münchener Kommentar BGB, 9. Aufl., 2022, § 307, Rn. 46, der die Figur des "cheapest cost avoider" im Rahmen der Inhaltskontrolle

ist etwa, welche Arten der Schadensvermeidung anzuerkennen sind. Zum Teil wird unter der Schadensvermeidung auch eine Weitergabe der Schadenskosten, etwa durch einen erhöhten Preis,[667] oder der Abschluss einer kostengünstigeren Versicherung[668] verstanden. Demgegenüber steht die Tendenz, die Rechtsfigur des „cheapest cost avoider" bezüglich des Vorsorgeaufwands eines möglichen Unfallopfers in Anwendung zu bringen.[669] Eine Missachtung des Vorsorgeaufwandes wäre rechtlich im Rahmen eines haftungsmildernden Mitverschuldens zu berücksichtigen.[670] Bereits an der unterschiedlichen Verortung des Gedankens des „cheapest cost avoider" auf Schädiger- oder Geschädigtenseite zeigt sich dessen Konturlosigkeit.

(2) Eignung nur für pauschale Haftungszuweisung auf eine Seite

Unklar ist außerdem, in welchem Verhältnis der Gedanke des „cheapest cost avoider" zur hier vorliegenden komplexen Anreizstruktur steht, bei der ein Beteiligter für bestmögliche Sicherheit des Produkts und ein anderer für die bestmögliche Art bzw. den bestmöglichen Umfang der Nutzung verantwortlich ist.

In der ökonomischen Analyse hat sich gezeigt, dass die Figur des „cheapest cost avoider" nur für reziproke Schadensfälle, also bei Unfällen, bei denen es theoretisch mehrere Schädiger gibt und jeder den Schaden vollständig vermeiden kann, gilt.[671] Es geht dabei um Fälle, in denen es ausreicht, dass eine Partei die Sorgfaltsaufwendungen tätigt, um den Schaden zu vermeiden

---

berücksichtigen will; *Leupold/Wiesner*, in: Leupold/Wiebe/Glossner (Hrsg.), IT-Recht, 4. Aufl., 2021, Teil 9.6.4, Rn. 74, die den Begriff auf die Produktbeobachtungspflicht, also lediglich auf eine aus der Produkthaftung folgenden Pflicht und nicht auf eine Haftungsgrundlage als Ganzes, beziehen; ebenso *Wagner*, AcP (217) 2017, 707 (751); *Oetker*, in: Münchener Kommentar BGB, 9. Aufl., 2022, § 249, Rn. 13, der darauf hinweist, dass ein Mitverschulden gem. § 254 BGB nicht allein anhand des Kriteriums des „cheapest cost avoider" erfolgen darf; konkret zur Frage, ob der Hersteller mehr in die Haftung genommen werden sollte *Leupold/Wiesner*, in: Leupold/Wiebe/Glossner (Hrsg.), IT-Recht, 4. Aufl., 2021, Teil 9.6.4, Rn. 14; *Eidenmüller*, ZEuP 2017, 765 (772); *Sosnitza*, CR 2016, 764 (772).

667 Diese Vorgehensweise folgt aus der "mikroökonomischen Theorie des Konkurrenzmarktes", *Schäfer/Ott*, Lehrbuch der ökonomischen Analyse des Zivilrechts, Kap. 10, S. 402; *Sosnitza*, CR 2016, 764 (772); *Horn*, AcP 176 (1976), 307 (325).

668 *Horn*, AcP 176 (1976), 307 (325).

669 *Hehl*, Das Verhältnis von Verschuldens- und Gefährdungshaftung, S. 185.

670 *Hehl*, Das Verhältnis von Verschuldens- und Gefährdungshaftung, S. 185 f.

671 Vgl. *Schäfer/Ott*, Lehrbuch der ökonomischen Analyse des Zivilrechts, Kap. 7, S. 279 ff. und S. 285.

(„Entweder-oder-Fall"). Das wäre etwa der Fall, wenn ein Stromkabel bei Bauarbeiten durch einen Bagger beschädigt wurde und das Bauunternehmen den Aushub auch mit einem Spaten anstatt eines Baggers hätte durchführen können, was die Beschädigung des Kabels verhindert hätte aber teurer gewesen wäre. Durch den durch die Beschädigung des Kabels verursachten Stromausfall ist bei einer Produktionsstätte ein Produktionsausfallschaden angefallen, der die Kosten des Aushubs durch den Spateneinsatz übersteigt. In diesem Fall wäre das Bauunternehmen „cheapest cost avoider". Wenn hingegen die Kosten der Produktionsstätte, ein Notstromaggregat zu installieren gegenüber den Kosten eines Spateneinsatzes des Bauunternehmens niedriger wären, so wäre wiederum die Produktionsstätte „cheapest cost avoider".[672] Beiden Beispielen ist gemein, dass jeder der Beteiligten den Schaden hätte vermeiden können, sei es durch einen Aushub mit dem Spaten oder durch die Installation eines Notstromaggregats. In einem solchen Fall sollen nicht andere Beteiligte Schadensvermeidungsaufwand betreiben, sondern nur derjenige, der den Schaden am günstigsten vermeiden kann.[673] Deshalb ist bei der Anwendung der Figur des „cheapest cost avoider" zunächst zu fragen, ob alle Beteiligten die Einflussmöglichkeit haben, den Schaden durch ihr Verhalten vollständig abzuwenden. Ist dies der Fall, ist im zweiten Schritt zu fragen, welcher Unfallbeteiligte den Schaden am günstigsten bewältigen kann.

Bereits in sogenannten bilateralen Schadenssituationen, bei denen die Sorgfalt bzw. der Wirkungsgrad der Sorgfalt des Schädigers von der Sorgfalt des Geschädigten abhängig ist, ein Beteiligter den Schaden also nicht wie bei den reziproken Schadensfällen allein vermeiden kann, geht es nicht mehr um die pauschale Zuweisung der Haftungsgefahr auf eine Seite, sondern um die Schaffung eines Anreizsystems für beide Seiten, ein effizientes Maß an Sorgfalt aufzuwenden.[674] Die Figur des „cheapest cost avoider" ist hierfür aufgrund der pauschalen Zuweisung der Haftungsgefahr auf die eine oder andere Seite ungeeignet.

Die von hoch- und vollautomatisierten Fahrzeugen ausgehenden Gefahren können sich aus dem Verhalten mehrerer Personen, namentlich dem Hersteller, dem Fahrzeughalter und dem Fahrzeugführer, ergeben. Dabei kann sich die Schadensursache sowohl aus einem Verantwortungsbereich (z.B. Produktfehler

---

672 Beispiele nach *Schäfer/Ott*, Lehrbuch der ökonomischen Analyse des Zivilrechts, Kap. 7, S. 279 f.

673 Vgl. *Wagner*, in: Münchener Kommentar BGB, 8. Aufl., 2020, § 823, Rn. 768.

674 *Schäfer/Ott*, Lehrbuch der ökonomischen Analyse des Zivilrechts, Kap. 7, S. 288.

des Fahrzeugs) als auch aus mehreren Verantwortungsbereichen kumulativ (z.B. aus einem Produktfehler und einer Sorgfaltswidrigkeit des Fahrzeugführers) ergeben. Es handelt sich aufgrund der potentiellen Schadensursachen aus den verschiedenen Verantwortungsbereichen um multikausal verursachte Schäden, bei denen das Sorgfalts- und Aktivitätsniveau jedes Beteiligten variabel ist und die Einhaltung bzw. der Wirkungsgrad der Sorgfalt vom Verhalten des anderen abhängt.

Für Unfälle im Zusammenhang mit der Nutzung der hoch- oder vollautomatisierten Fahrzeugsteuerung bestehen zwischen Halter und Hersteller zwei getrennte Einflussbereiche.[675] Der Einflussbereich des Herstellers erfasst die Sicherheit des Produkts und in gewissem Umfang den Umgang mit dem Produkt, den er mit der Systembeschreibung vorgibt. Keinen Einfluss hat er auf die über die Systembeschreibung hinausgehende Sorgfalt des Produktnutzers und dessen Aktivitätsniveau. Umgekehrt kann der Halter die Sicherheit des Produkts – egal mit welchem Kostenaufwand und Aktivitätsniveau – nicht beeinflussen. Ein Beteiligter allein ist somit nicht in der Lage, die Schadenshöhe und die Eintrittswahrscheinlichkeit sämtlicher Schäden zu vermeiden. Es fehlt daher an der Möglichkeit des Einzelnen, den Schaden allein durch sein Verhalten vollständig abzuwenden.

In einem mehrpoligen Verhältnis mit getrennten Einflussbereichen können theoretisch alle Beteiligten im Verhältnis zu einem anderen „cheapest cost avoider“ sein, im Verhältnis zu einem anderen aber wiederum nicht. Dies sollen folgende Beispiele verdeutlichen: So könnte der Hersteller gegenüber dem Fahrzeughalter „cheapest cost avoider“ sein, weil der Sicherheitsaufwand zur Vermeidung des Schadensfalls marginal, der Nutzen aus der Fahrt für den Halter aber sehr groß gewesen wäre. Zudem könnte der Unfallgeschädigte wiederum gegenüber dem Hersteller „cheapest cost avoider“ sein, wenn er den Schaden mit einem geringeren Schadensvermeidungsaufwand, z.B. dem Tragen einer Warnweste, hätte vermeiden können. In einem anderen Szenario kann umgekehrt im Verhältnis zwischen Hersteller und Unfallgeschädigtem der Hersteller „cheapest cost avoider“ sein, wenn eine sicherere Alternativkonstruktion mit geringerem Mehraufwand hätte realisiert werden können als zur Schadensvermeidung auf Seiten des Geschädigten benötigt worden wäre. Im Verhältnis

675 Von mehreren “cheapest cost avoider” scheint auch *Spindler* auszugehen, indem er insbesondere Hersteller und Halter eines autonomen Fahrzeugs als Verantwortliche nach dem Grundsatz des “cheapest cost avoider” nennt, *Spindler*, in: BeckOGK BGB, Stand: 01. November 2022, § 823, Rn. 744.

zwischen Unfallgeschädigtem und Halter kann der Halter „cheapest cost avoider“ sein, wenn die Unfallfahrt keinen oder nur einen geringen ökonomischen Nutzwert (z.B. Sonntagsausfahrt) hatte.

Bei einer solchen Situation müsste gefragt werden, welcher der Beteiligten unter den zur Verfügung stehenden der bessere „cheapest cost avoider“ ist. Das kann allerdings nicht pauschal gesagt werden. In einem solchen Verhältnis kann es aus ökonomischer Sicht nur darum gehen, die Haftung so zu verteilen, dass jeder angehalten ist, das optimale Maß an Sorgfalt und Aktivität einzuhalten.[676] Das Kriterium des „cheapest cost avoider“ wird hier aufgrund seiner pauschalen Zuordnung des Schadens nicht verwendet.[677] Teile der Literatur der ökonomischen Analyse des Haftungsrechts stehen dem Kriterium des „cheapest cost avoider“ aus diesem Grund zu Recht skeptisch gegenüber.[678]

Soweit die Beteiligten Einfluss auf den Schadenseintritt haben, ist die Lenkungswirkung nach den oben dargestellten[679] optimalen ökonomischen Bedingungen zu gestalten. Dem Kriterium des „cheapest cost avoider“ kommt nicht die Bedeutung zu, andere Anreizsysteme zur Verhaltenssteuerung außer Kraft zu setzen oder zu überlagern. Dazu besteht auch kein Bedarf, da durch die Steuerung der Sorgfaltsanforderungen und des Aktivitätsniveaus dasselbe ökonomische Idealbild verfolgt wird, das auch die Figur des „cheapest cost avoider“ verfolgt, nämlich die Summe aus Schadensvermeidungskosten und Schäden zu minimieren, mithin keine sozial unnützen Kosten entstehen zu lassen.

(3) Auswirkung der Haftungszuweisung auf andere Haftungsadressaten

Eine Erweiterung der Verantwortlichkeit des Herstellers für Unfälle im Zusammenhang mit automatisierten Fahrzeugsteuerungen, wie dies mit dem Argument des „cheapest cost avoider“ von Teilen der Literatur versucht wird zu begründen,[680] hätte auf der anderen Seite eine entsprechende

676 *Schäfer/Ott*, Lehrbuch der ökonomischen Analyse des Zivilrechts, Kap. 8, S. 338.

677 *Wagner*, Deliktsrecht, Kap. 4, Rn. 15.

678 So *Adams*, der zu Recht darauf hinweist, dass die Bestimmung des Haftungsadressaten auf diese Weise auch abhängig ist von dem Verhalten der Person des Produktnutzers und des Unfallopfers *Adams*, Ökonomische Analyse der Gefährdungs- und Verschuldenshaftung, S. 21 f., „*abhängig vom Verhalten aller Beteiligten*“, der daraus ableitet, dass das Kriterium allenfalls in Situationen den Ausschlag geben sollte, in denen kein Beteiligter Einfluss auf den Eintritt des Schadensereignisses habe.

679 Ziff. A. IV. 2. a) und b) dieses Kapitels.

680 *Leupold/Wiesner*, in: Leupold/Wiebe/Glossner (Hrsg.), IT-Recht, 4. Aufl., 2021, Tei. 9.6.4, Rn. 14 mit dem Argument, dass dieser das Fahrzeug am besten kenne;

Haftungserleichterung des Fahrzeughalters zur Folge. Die mit einer Haftungszuweisung an den Hersteller verbundene Entlastung des Halters würde zu volkswirtschaftlichen Fehlanreizen führen. Aufgrund des Fehlens eines das Aktivitätsniveau steuernden Merkmals würde es zu einer volkswirtschaftlich ineffizienten, enthemmten Nutzung der hoch- oder vollautomatisierten Fahrzeugsteuerung durch den Halter kommen. Anreize zu Schadensvermeidungsmaßnahmen würden beseitigt, wodurch es bei dem Einsatz der hoch- oder vollautomatisierten Fahrzeugsteuerung zur Anwendung geringerer Sorgfalt und in der Folge zu einer Häufung von Unfällen käme. Im Ergebnis würde dadurch sogar eine Verschlechterung des derzeitigen ökonomischen Anreizsystems eintreten.

bb) (Untaugliche) Begründungsversuche einer Haftungsverschiebung

(1) Anreiz zu schadensverhütenden Maßnahmen des potentiellen Unfallopfers
Soweit angenommen wird, die Rechtsfigur des „cheapest cost avoider" ziele auf Schadensverhütungsmaßnahmen des potentiellen Unfallopfers ab,[681] ergibt sich daraus kein Bedarf für eine Haftungsverschärfung zu Lasten des Herstellers. Sowohl die Haftung des Halters als auch die des Herstellers sehen mit § 17 Abs. 1 und gegebenenfalls § 17 Abs. 2 StVG, § 9 StVG i.V.m. § 254 BGB bzw. § 254 BGB die Berücksichtigung eines Mitverschuldenseinwands vor. Bezüglich des Vorsorgeaufwandes des Unfallopfers geht von einer Gefährdungshaftung, die das Mitverschulden berücksichtigt, die gleiche Lenkungswirkung aus wie von einer Verschuldenshaftung.[682] Aus dem so verstandenen Gedanken des „cheapest cost avoider" ergibt sich dementsprechend weder eine Präferenz zu Gunsten einer Beibehaltung des bisherigen Haftungsmodells noch eine zu Gunsten der Ausweitung der Herstellerhaftung.

(2) Umlage der Schadenskosten auf den Kaufpreis
Soweit zur Begründung einer Haftungserweiterung des Herstellers darauf verwiesen wird, dieser könne die erwartenden Schadenskosten auf den Kaufpreis

---

Eidenmüller, ZEuP 2017, 765 (772); in diesem Sinne auch *Sosnitza*, CR 2016, 764 (772).

681 *Hehl*, Das Verhältnis von Verschuldens- und Gefährdungshaftung, S. 185; für eine *„gesamtwirtschaftliche Perspektive"* auch *Taupitz*, AcP 196 (1996), 114 (159–162), der zumindest auch den Schadensvermeidungsaufwand des Unfallgeschädigten einbeziehen möchte.

682 *Hehl*, Das Verhältnis von Verschuldens- und Gefährdungshaftung, S. 186.

umlegen und so am kostengünstigsten bewältigen,[683] ist zu bedenken zu geben, dass das Argument uferlos angebracht werden kann. Es kann nicht richtig sein, den Hersteller anstelle des Produktnutzers allein deshalb in die Haftung zu nehmen, weil er die Schadensrisiken auf den Kaufpreis umlegen kann. Bei einer Umlage des Vorsorgeaufwandes auf die Verbraucher besteht zudem der Nachteil, dass auch diejenigen den erhöhten Preis zahlen müssten, die keine Schäden verursachen[684] und dadurch für den Halter die Anreizwirkung zur Vermeidung von Schäden entfiele.

(3) Bessere Kenntnis des Fahrzeugherstellers über das Fahrzeug

Ebenso zurückzuweisen ist das Argument, dass der Hersteller deshalb erweitert haften solle, weil er das Fahrzeug am besten kenne und deshalb der „cheapest cost avoider" sei.[685] Allein der Umstand, dass der Hersteller das Fahrzeug besser kenne und im Zuge seiner Fertigung die Sicherheit beeinflusse und so den Schaden einfacher vermeiden könne, weist keinen spezifischen Bezug zu automatisierten Fahrzeugsteuerungen auf und gilt allgemein. Es ist daher nicht geeignet, den Bedarf einer verschärften Haftung des Herstellers zu begründen.

e) Lenkungswirkung der Haftungstatbestände auf Fahrzeughalter und Fahrzeughersteller

Um bewerten zu können, ob es einer Haftungsverschärfung des Herstellers bedarf, müssen zunächst die den Halter treffenden Haftungstatbestände einerseits sowie die den Hersteller treffenden Haftungstatbestände im oben beschriebenen Sinn[686] andererseits kategorisiert werden. Auf diese Weise kann festgestellt werden, auf welche Aspekte (Sorgfaltsanforderungen und/oder Aktivitätsniveau) sich die Lenkungswirkung der jeweiligen Haftungstatbestände bisher bezieht. Daraus kann wiederum gefolgert werden, ob ein Haftungstatbestand zur Verbesserung der Verkehrssicherheit geeignet oder ungeeignet ist. Im Folgenden soll daher in einem ersten Schritt für den Fahrzeughalter und in einem zweiten Schritt für den Hersteller unter Berücksichtigung der einschlägigen Haftungstatbestände und der von diesen ausgehenden Lenkungswirkung untersucht werden, ob eine Haftungsverschärfung des Herstellers Anreize zu mehr Verkehrssicherheit setzt. Dabei sollen auch die Auswirkungen

---

683 *Sosnitza*, CR 2016, 764 (772); *Spindler*, CR 2015, 766 (774, Fußnote 106).

684 *Taupitz*, AcP 196 (1996), 114 (141).

685 So aber *Leupold/Wiesner*, in: Leupold/Wiebe/Glossner (Hrsg.), IT-Recht, 4. Aufl., 2021, Teil 9.6.4, Rn. 14.

686 Unter Ziff. A. IV. 2. c) dieses Kapitels.

der Pflichthaftpflichtversicherung des Fahrzeughalters und der erhöhten Haftungshöchstbeträge dargestellt werden.

aa) Lenkungswirkung auf den Fahrzeughalter

(1) Steuerung des Sorgfaltsaufwands und des Aktivitätsniveaus

Der Fahrzeughalter wird durch die Gefährdungshaftung zu volkswirtschaftlich idealen Schadensvermeidungsmaßnahmen angehalten. Konkret wirkt sich das mannigfaltig aus. So wird der Halter etwa die Wartung und Instandhaltung des Fahrzeugs sorgfältig vornehmen, sein Fahrzeug nicht uneingeschränkt einer anderen Person zur Fahrzeugführung überlassen und während der Fahrt, also auch beim Umgang mit der automatisierten Fahrzeugsteuerung, ein optimales Sorgfaltsniveau an den Tag legen.

Darüber hinaus wird der Fahrzeughalter angehalten, sein Fahrzeug nicht übermäßig zu benutzen, d.h. solche Fahrten zu unterlassen, deren Nutzen geringer ist als die erwarteten Schäden. Dem liegt die Annahme zugrunde, dass ein Fahrzeughalter aller Wahrscheinlichkeit nach umso mehr Schäden verursachen wird, je mehr er fährt.[687] Bei einem Wegfall der Gefährdungshaftung des Halters würde es zu einer volkswirtschaftlich ineffizienten, übermäßigen Nutzung des Fahrzeugs kommen.[688]

In der Phase, in der sich über die Sicherheit der Fahrzeugführung im automatisierten Fahrmodus und über das sichere Zusammenspiel mit dem Fahrzeugführer noch nichts sagen lässt, stellt sich diese Anreizwirkung als sinnvolle „Stellschraube" dar. Zeigt sich, dass die automatisierte Fahrzeugsteuerung im Vergleich zum menschlichen Fahrzeugführer sicherer ist, kann der Halter darauf reagieren. Es verschiebt sich das Verhältnis von Schadensverhütungsmaßnahmen zu den erwartenden Schäden zu Gunsten der Schadensverhütungsmaßnahmen. Da der zu erwartende Schaden sinkt, kann der Halter seine Schadensverhütungsmaßnahmen proportional dazu reduzieren, wodurch Wohlfahrtsverluste vermieden werden. Zeigt sich, dass die automatisierte Fahrzeugsteuerung im Vergleich zum menschlichen Fahrzeugführer weniger sicher ist, verschiebt sich das Verhältnis von Vermeidungskosten zum Schadensrisiko. Der Halter muss dann entsprechend mehr Schadensverhütungsmaßnahmen ergreifen, um Wohlfahrtsverluste zu vermeiden.[689]

---

687 *Wagner*, Deliktsrecht, Kap. 8, Rn. 15.

688 *König*, JR 2017, 323 (331).

689 Die gleichen Zusammenhänge gelten auch für den Fahrzeugführer, der der Verschuldenshaftung ausgesetzt ist.

In Bezug auf das Aktivitätsniveau der Nutzung des Fahrzeugs und des Einsatzes der hoch- oder vollautomatisierten Fahrzeugsteuerung verläuft die Anreizwirkung parallel. Ist die automatisierte Fahrzeugsteuerung im Vergleich zum menschlichen Fahrzeugführer sicherer, sinkt der zu erwartende Schaden, was aus ökonomischer Sicht eine verstärkte Nutzung erlaubt. Auf ein unsichereres Fahrzeug wird der rational handelnde Halter mit einer Reduktion seines Einsatzes reagieren. Auf diese Weise besteht ein mit seiner Anreizstruktur individuell an die jeweilige Sicherheit des hoch- oder vollautomatisierten Fahrzeugs angepasstes Haftungsmodell, bei dem der Halter im Idealfall seine Aktivität am Maßstab der sozialen Nützlichkeit fortlaufend überprüft und daran anpasst.[690]

Schäfer/Ott stellen fest, dass eine Gefährdungshaftung des Fahrzeughalters aus rechtsökonomischer Perspektive erst dann entbehrlich ist, wenn Unfälle entweder so selten passieren, dass es keiner Regulierung des Aktivitätsniveaus mehr bedarf[691] oder ganz überwiegend auf ungenügender Sorgfalt beruhen und von einer Verschuldenshaftung ausreichend Anreize für eine optimale Schadenssteuerung ausgehen.[692] Diese Voraussetzung liegen bei hoch- und vollautomatisierten Fahrzeugen (noch) nicht nachweislich vor.

Mit der Gefährdungshaftung des Fahrzeughalters ist somit aus rechtsökonomischer Sicht weiterhin ein ideales Anreizsystem geschaffen.[693]

(2) Rolle der Pflichthaftpflichtversicherung

Gegen die Lenkungswirkung in Bezug auf den Fahrzeughalter wird angebracht, dass er aufgrund seiner Pflichthaftpflichtversicherung (§ 1 PflVG) den Schaden nicht zu tragen habe und seinem Schadensvermeidungsaufwand kein zu erwartender Schaden gegenübersteht. Dem Risiko des „moral hazard" (moralisches Risiko), also der Gefahr, dass der Versicherte seine Sorgfaltsaufwendungen unter das effiziente Niveau reduziert, weil er die Kosten mangelhafter Sorgfalt aufgrund der Versicherung nicht spürt,[694] wird bei der Kraftfahrtversicherung allerdings durch eine am individuellen Risiko orientierten Prämienstruktur

---

690 Vgl. *Schäfer/Ott*, Lehrbuch der ökonomischen Analyse des Zivilrechts, Kap. 6, S. 255 f., die darin einen Haftungsgrund für die Gefährdungshaftung sehen.

691 *König*, JR 2017, 323 (331).

692 *Schäfer/Ott*, Lehrbuch der ökonomischen Analyse des Zivilrechts, Kap. 6, S. 256.

693 *Schäfer/Ott*, Lehrbuch der ökonomischen Analyse des Zivilrechts, Kap. 6, S. 259, Kap. 7, S. 292.

694 Dazu eingehend *Schäfer/Ott*, Lehrbuch der ökonomischen Analyse des Zivilrechts, Kap. 5, S. 181 f. und 226; *Wagner*, in: Münchener Kommentar BGB, 8. Aufl., 2020, Vor § 823, Rn. 74; *Hanisch*, Zivilrechtliche Haftungskonzepte für Robotik, in: Hilgendorf (Hrsg.), Robotik im Kontext von Recht und Moral, S. 43; *Adams*,

Rechnung getragen.[695] Die Versicherer wirken dem durch Selbstbehalte und Bonus- bzw. Malus-Regelungen in Form des Schadensfreiheitsrabatts[696] und möglichen Regressansprüchen für die durch die Versicherung nicht gedeckte Gefahren („Gefahrerhöhung“ und „Risikoausschlüsse“)[697] entgegen.[698] Bei der Kfz-Haftpflichtversicherung wird der Vorsorgeaufwand sowohl durch sogenannte *ex-ante*-Ratings, bei denen die Versicherungsprämie von dem Vorsorgeaufwand abhängig gemacht wird, als auch durch sogenannte *ex-post*-Ratings durchgeführt, bei denen die Versicherungsprämie erst nach dem Schadensfall durch Schadensfreiheitsrabatte oder Zuschläge gebildet wird.[699] Bei dem *ex-ante*-Rating werden verschiedene Faktoren, wie etwa die Art des Fahrzeugs, dessen Motorisierung, die jährliche Laufleistung, der übliche Standort des Fahrzeugs, die Risikobereitschaft des Versicherungsnehmers und die Tätigkeit des Versicherungsnehmers im öffentlichen Dienst[700] zur Berechnung des individuellen Risikos einbezogen. Durch *ex-post*-Ratings wird berücksichtigt,

---

Ökonomische Analyse der Gefährdungs- und Verschuldenshaftung, S. 84 f.; *Brüggemeier*, ZHR 152 (1988), 511 (523).

695 *Wagner*, Deliktsrecht, Kap. 4, Rn. 30; allgemein zu Haftpflichtversicherungen *Spindler*, in: BeckOGK BGB, Stand: 01. November 2022, § 823, Rn. 12; ebenso *Wagner*, in: Münchener Kommentar BGB, 8. Aufl., 2020, Vor § 823, Rn. 75; nach *Adams*, Ökonomische Analyse der Gefährdungs- und Verschuldenshaftung, S. 85 f. kann der durch die Abwälzung der Schadenskosten entstehende Fehlanreiz vermindert werden, indem der Schaden durch den Dritten nur teilweise übernommen wird.

696 *Spindler*, CR 2015, 766 (775 f.); *Wagner*, AcP 206 (2006), 352 (455); allgemein zur Gestaltung der Prämienstruktur von Versicherungen *Adams*, Ökonomische Analyse der Gefährdungs- und Verschuldenshaftung, S. 227.

697 Vgl. §§ 23 bis 27 VVG zur Gefahrerhöhung und §§ 81 und 103 VVG zu Risikoausschlüssen; allgemein zu einer Inanspruchnahme des Versicherungsnehmers im Regresswege *Adams*, Ökonomische Analyse der Gefährdungs- und Verschuldenshaftung, S. 228.

698 Vgl. Nr. A.2.5.8 der Allgemeinen Bedingungen für die Kraftfahrtversicherung (AKB 15, Stand: 30. Juni 2020); allgemein zur Wirkung von Selbstbehalten in einer Versicherung *Adams*, Ökonomische Analyse der Gefährdungs- und Verschuldenshaftung, S. 232 f.

699 Allgemein zu diesen Berechnungsmethoden *Schäfer/Ott*, Lehrbuch der ökonomischen Analyse des Zivilrechts, Kap. 6, S. 270.

700 Vgl. die in den Nr. 1 bis 3 des Anhang 2 und Anhang 5 der Allgemeinen Bedingungen für die Kraftfahrtversicherung (AKB 15, Stand: 30. Juni 2020) genannten Kriterien; *Wagner*, in: Münchener Kommentar BGB, 8. Aufl., 2020, Vor § 823, Rn. 75; *Christoph*, RAW 2018, 103 (105).

welche Schäden der Versicherungsnehmer verursacht hat. In diesem Fall wird seine Versicherungsprämie entsprechend steigen. Hat der Versicherungsnehmer für einen bestimmten Zeitraum keine Schäden verursacht, erhält er einen Rabatt auf seine Versicherungsprämie.[701] Auf diese Weise bleibt die Anreizstruktur trotz der Pflichthaftpflichtversicherung erhalten, soweit der Fahrzeughalter den Schaden durch die aufgezeigten Berechnungs- und Umlagemethoden zumindest anteilig auferlegt bekommt. Die Lenkungswirkung in Bezug auf den Fahrzeughalter entfällt also nicht deshalb, weil der Halter den Schaden aufgrund seiner Pflichthaftpflichtversicherung nicht zu tragen hat.[702]

bb) Lenkungswirkung auf den Fahrzeughersteller

Da der Hersteller während der automatisierten Fahrt die Art und Weise der Fahrzeugsteuerung beeinflusst und sich die Fahrweise auf die Verkehrssicherheit auswirkt, ist auch dessen Verhalten unter Präventionsgesichtspunkten zu beleuchten.[703] Im Folgenden soll daher dargestellt werden, welche Verhaltensweisen durch das bisherige Haftungsmodell gesteuert werden und ob eine Gefährdungshaftung des Herstellers einen stärkeren Anreiz zu mehr Verkehrssicherheit schaffen würde.

(1) Steuerung des Sorgfaltsaufwands

Da die zu lenkende Verhaltensweise (Sorgfaltsaufwand und/oder Aktivitätsniveau) von der Ausgestaltung der Haftung als Verschuldens- bzw. Gefährdungshaftung abhängt,[704] ist zunächst die Rechtsnatur der Herstellerhaftung zu bestimmen.

---

701 Vgl. die in Nr. 1 bis 6 des Anhang 1 der Allgemeinen Bedingungen für die Kraftfahrtversicherung (AKB 15, Stand: 30. Juni 2020) genannten Kriterien; *Wagner*, in: Münchener Kommentar BGB, 8. Aufl., 2020, Vor § 823, Rn. 75; *Christoph*, RAW 2018, 103 (105).

702 *Spindler*, in: BeckOGK BGB, Stand: 01. November 2022, § 823, Rn. 12; *Wagner*, in: Münchener Kommentar BGB, 8. Aufl., 2020, Vor § 823, Rn. 75; *Wagner*, AcP 206 (2006), 352 (455); *Hager*, in: Staudinger, Neubearbeitung 2017, Vorbem. zu §§ 823 ff., Rn. 10; allgemein zur Wirkung von Versicherungen auf die Anreizfunktion des Haftungsrechts *Adams*, Ökonomische Analyse der Gefährdungs- und Verschuldenshaftung, S. 212 f. und 224.

703 *König*, JR 2017, 323 (330); allgemein zu autonomen Systemen *Hofmann*, CR 2020, 282 (287).

704 Dazu bereits unter Ziff. A. IV. 2. c) dieses Kapitels.

Den Hersteller trifft nur formal eine Gefährdungshaftung nach dem Produkthaftungsgesetz (ProdHaftG).[705] Nach § 3 Abs. 1 ProdHaftG liegt ein Produktfehler vor, wenn das Produkt nicht diejenige Sicherheit bietet, die berechtigterweise erwartet werden kann. Die sogenannte berechtigte Verkehrserwartung wird dabei nach denselben Kriterien bestimmt wie die Verkehrssicherungspflichten des Herstellers im Rahmen der Produzentenhaftung gem. § 823 Abs. 1 BGB.[706] Beide Rechtsinstitute haben insoweit gemein, dass die Verkehrspflichtverletzung bzw. der Produktfehler vorliegt, wenn der Hersteller aus mehreren zur Verfügung stehenden Konstruktionsweisen oder Instruktionsmöglichkeiten eine gewählt hat, die ein sorgfältig handelnder Hersteller bei Abwägung der objektiv erkennbaren Risiken gegen den sich aus dem Produkt ergebenden Nutzen nicht gewählt hätte.[707] Damit dringen Fahrlässigkeitskriterien in das „System strikter Haftung“ ein.[708] Der produkthaftungsrechtliche Fehlerbegriff „verschlüsselt“ also die Sorgfaltspflichten des Herstellers.[709]

---

705 Der Richtliniengeber der Richtlinie 85/374/EWG und der diese umsetzende deutsche Gesetzgeber hatten jeweils die Absicht, eine verschuldensunabhängige Haftung zu normieren, die mit einer Gefährdungshaftung weitgehend identisch ist, BT-Drs. 11/2447, 8, 11, 13; ähnlich auch *Seibl*, in: BeckOGK ProdHaftG, Stand: 01. Oktober 2022, § 1 ProdHaftG, Rn. 18; *Wagner*, in: Münchener Kommentar BGB, 8. Aufl., 2020, Einleitung ProdHaftG, Rn. 18. Aufgrund dieses unklaren Wortlauts wird daraus jedoch nicht der Schluss gezogen, es handele sich um eine Gefährdungshaftung, so *Oechsler*, in: Staudinger, Neubearbeitung 2018, Einleitung zum ProdHaftG, Rn. 29.

706 BGHZ 181, 253 (257, Rn. 12) – Airbags; BGH NJW 2009, 1669 (1670) – Kirschtaler; BGHZ 200, 242 (244, Rn. 8) – Überspannungsschaden; *Förster*, in: BeckOK BGB, 63. Edition, Stand: 01. August 2022, § 3 ProdHaftG, Rn. 6; *Sprau*, in: Grüneberg BGB, 81. Aufl., 2022, § 3 ProdHaftG, Rn. 2; *Wagner*, in: Münchener Kommentar BGB, 8. Aufl., 2020, § 3 ProdHaftG, Rn. 3; *Wagner*, AcP (217) 2017, 707 (712); *Haag*, in: Geigel, Der Haftpflichtprozess, 28. Aufl., 2020, Kap. 14, Rn. 311; *Reinking/ Eggert*, Der Autokauf, Rn. 1770; *v. Bodungen/Hoffmann*, NZV 2018, 97 (98).

707 *Seibl*, in: BeckOGK ProdHaftG, Stand: 01. Oktober 2022, § 1 ProdHaftG, Rn. 22; *Förster*, in: BeckOK BGB, 63. Edition, Stand: 01. August 2022, § 3 ProdHaftG, Rn. 31; in diesem Sinne auch *Wagner*, Deliktsrecht, Kap. 9, Rn. 16; *Brüggemeier*, ZHR 152 (1988), 511 (518).

708 *Wagner*, in: Münchener Kommentar BGB, 8. Aufl., 2020, Einleitung ProdHaftG, Rn. 19; *Wagner*, AcP (217) 2017, 707 (711); *Taeger*, CR 1996, 257 (264); *Cahn*, ZIP 1990, 482 (483); *Giesen*, JZ 1989, 517 (524).

709 *Wagner*, in: Münchener Kommentar BGB, 8. Aufl., 2020, § 3 ProdHaftG, Rn. 3; *Wagner*, Deliktsrecht, Kap. 9, Rn. 11; *Wagner*, AcP (217) 2017, 707 (711); sich anschließend *Goehl*, in: BeckOGK ProdHaftG, Stand: 01. Oktober 2022, § 3

Zurechnungsgrund der Produkthaftung ist somit die Verletzung der äußeren Sorgfalt,[710] weshalb es nicht bei der formalen Gefährdungshaftung des § 1 Abs. 1 ProdHaftG bleibt.[711]

Eine weitergehende Haftung wird auch durch § 1 Abs. 2 Nr. 5 ProdHaftG verhindert, der solche Fehler aus dem Anwendungsbereich des ProdHaftG herausnimmt, die nach dem Stand von Wissenschaft und Technik zum Zeitpunkt der Inverkehrgabe des Produkts seitens des Herstellers nicht erkannt werden konnten. Die Maßgabe des § 1 Abs. 2 Nr. 5 ProdHaftG führt im Rückschluss dazu, dass der Hersteller nur bei objektiv pflichtwidrigem Verhalten haftet, nämlich bei Inverkehrgabe eines Produkts, dem nach dem Stand von Wissenschaft und Technik ein erkennbarer Fehler anhaftet.[712]

Das führt dazu, dass bei Konstruktions- und Instruktionsfehlern der verschuldensabhängige Teil der Produkthaftung dominiert.[713] Bei Fabrikationsfehlern

---

ProdHaftG, Rn. 11; *Oechsler*, in: Staudinger, Neubearbeitung 2018, Einleitung zum ProdHaftG, Rn. 31, § 3 ProdHaftG, Rn. 12.

710 Damit ist das äußerlich beobachtbare Verhalten gemeint, wie es von der Rechtsordnung gefordert wird. Auf die innere Sorgfalt im Sinne einer individuellen Vorwerfbarkeit kommt es bei der Produkthaftung jedoch nicht an, *Seibl*, in: BeckOGK ProdHaftG, Stand: 01. Oktober 2022, § 1 ProdHaftG, Rn. 20; *Wagner*, in: Münchener Kommentar BGB, 8. Aufl., 2020, Einleitung ProdHaftG, Rn. 18; *Graf von Westphalen*, in: Foerste/Graf von Westphalen (Hrsg.), Produkthaftungshandbuch, 3. Aufl., 2012, § 45, Rn. 6; grundlegend zu dieser Differenzierung *Wagner*, Deliktsrecht, Kap. 5, Rn. 26.

711 *Seibl*, in: BeckOGK ProdHaftG, Stand: 01. Oktober 2022, § 1 ProdHaftG, Rn. 20; *Haag*, in: Geigel, Der Haftpflichtprozess, 28. Aufl., 2020, Kap. 14, Rn. 296 f., „*verschuldensunabhängige Unrechtshaftung*"; *Oechsler*, in: Staudinger, Neubearbeitung 2018, Einleitung zum ProdHaftG, Rn. 27, „*Mischsystem aus Haftung für Verhaltensunrecht und Gefahr*"; *Wagner*, Deliktsrecht, Kap. 9, Rn. 11; *Redeker*, IT-Recht, Teil C., Rn. 878, „*prinzipiell eine Gefährdungshaftung*"; a.A. *Sprau*, in: Grüneberg BGB, 81. Aufl., 2022, Einführung ProdHaftG, Rn. 5; *Litbarski*, in: Taeger/Pohle (Hrsg.), Computerrechts-Handbuch, 36. EL., Stand: Februar 2021, Teil 18, Rn. 98 und 101; *Taschner*, NJW 1986, 611 (612).

712 *Wagner*, in: Münchener Kommentar BGB, 8. Aufl., 2020, Einleitung ProdHaftG, Rn. 19, „*verhaltensbezogene Sorgfaltspflichten*", § 3 ProdHaftG, Rn. 3; *Wilhelmi*, in: Erman BGB, 16. Aufl., 2020, Vor § 1 ProdHaftG, Rn. 2; *Oechsler*, in: Staudinger, Neubearbeitung 2018, Einleitung zum ProdHaftG, Rn. 40; *Graf von Westphalen*, in: Foerste/Graf von Westphalen (Hrsg.), Produkthaftungshandbuch, 3. Aufl., 2012, § 45, Rn. 8; *Borges*, NJW 2018, 977 (980); *Taeger*, CR 1996, 257 (264).

713 *Seibel*, in: BeckOGK ProdHaftG, Stand: 01. Oktober 2022, § 1 ProdHaftG, vgl. Rn. 22 und 24; *Wagner*, in: Münchener Kommentar BGB, 8. Aufl., 2020, Einleitung ProdHaftG, Rn. 23; *Brüggemeier*, ZHR 152 (1988), 511 (518).

geht die Produkthaftung dagegen über die deliktische Haftung hinaus, weil der Hersteller nach § 1 ProdHaftG auch für Ausreißer einzustehen hat, die selbst bei Aufwendung größter Sorgfalt nicht vermieden worden wären.[714] In diesen Fällen überwiegt der verschuldensunabhängige Teil der Produkthaftung.[715] Aus diesem Grund wird die Produkthaftung als „Mischsystem" eingeordnet.[716] Da die völlige Gefahrlosigkeit aber auch bei Fabrikationsfehlern nicht verlangt werden kann,[717] ist der Unterschied zwischen Produkthaftung nach dem ProdHaftG und der Produzentenhaftung gem. § 823 Abs. 1 BGB auch bei Fabrikationsfehlern, wenn überhaupt, sehr gering.[718]

Daher handelt es sich bei der Produkthaftung nach dem ProdHaftG faktisch, wie bei der Produzentenhaftung gem. § 823 Abs. 1 BGB auch, um eine Verschuldenshaftung. Dementsprechend beschränkt sich die Lenkungswirkung auf die Steuerung des Schadensvermeidungsaufwands und nicht auf die Steuerung des Aktivitätsniveaus.

Im Bereich der Produkthaftung wird die Learned-Hand-Formel bzw. deren Aussagegehalt (fahrlässiges Handeln liegt vor, wenn der Haftungsadressat Vorsorgeaufwendungen unterlässt, mit denen sich der zu erwartende Schaden um eine monetäre Einheit mehr reduzieren lässt als durch die Vorsorgeaufwendungen eingesetzt werden müsste)[719] als „risk-utility-test" bezeichnet. Der

714 BGHZ 129, 353 (358 f.) – Mineralwasserflasche II; BGHZ 200, 242 (246, Rn. 11) – Überspannungsschaden; *Wagner*, in: Münchener Kommentar BGB, 8. Aufl., 2020, Einleitung ProdHaftG, Rn. 20; *Wagner*, AcP (217) 2017, 707 (712); *Haag*, in: Geigel, Der Haftpflichtprozess, 28. Aufl., 2020, Kap. 14, Rn. 299 und 305.

715 *Seibel*, in: BeckOGK ProdHaftG, Stand: 01. Oktober 2022, § 1 ProdHaftG, vgl. Rn. 22 und 24; *Wagner*, in: Münchener Kommentar BGB, 8. Aufl., 2020, Einleitung ProdHaftG, Rn. 23; von einer Zweiteilung von Verschuldenshaftung einerseits und Gefährdungshaftung andererseits geht auch *Wilhelmi*, in: Erman BGB, 16. Aufl., 2020, Vor § 1 ProdHaftG, Rn. 2 aus; ebenso *Oechsler*, in: Staudinger, Neubearbeitung 2018, Einleitung zum ProdHaftG, Rn. 34 und 37; *Brüggemeier*, ZHR 152 (1988), 511 (518).

716 *Oechsler*, in: Staudinger, Neubearbeitung 2018, Einleitung zum ProdHaftG, Rn. 27; *Wandt*, Gesetzliche Schuldverhältnisse, § 23, Rn. 1.

717 BGH NJW 2009, 1669 (1670) – Kirschtaler; *Wagner*, in: Münchener Kommentar BGB, 8. Aufl., 2020, Einleitung ProdHaftG, Rn. 20; *Wagner*, AcP (217) 2017, 707 (712); *Wilhelmi*, in: Erman BGB, 16. Aufl., 2020, § 823, Rn. 115.

718 So explizit *Wagner*, in: Münchener Kommentar BGB, 8. Aufl., 2020, Einleitung ProdHaftG, Rn. 20; *Wagner*, AcP (217) 2017, 707 (712); ebenso *Litbarski*, in: Taeger/Pohle (Hrsg.), Computerrechts-Handbuch, 36. EL., Stand: Februar 2021, Teil 18, Rn. 127.

719 Dazu bereits unter Ziff. A. IV. 2. a) dieses Kapitels.

„risk-utility-test" hilft dabei, die Sorgfaltsanforderungen zu bestimmen, indem er den Nutzen und die Kosten von Alternativkonstruktionen zueinander ins Verhältnis setzt.[720] Danach ist ein Produkt fehlerhaft, wenn der Hersteller eine Alternativkonstruktion hätte wählen können, die einen Sicherheitsgewinn gebracht hätte, der größer gewesen wäre als die zusätzlich anfallenden Herstellungskosten.[721] Ein Konstruktionsfehler liegt dementsprechend vor, wenn die Sicherheitsaufwendungen hinter dem erwarteten Schaden zurückbleiben.[722] Dadurch wird der Rechtsanwender in die Lage versetzt, einen Sorgfaltsverstoß und damit einen Konstruktionsfehler zu bestimmen.[723]

Wie oben gezeigt,[724] wird die anzuwendende Sorgfalt genauso durch die Verschuldenshaftung gesteuert wie durch eine Gefährdungshaftung. Durch die Gefährdungshaftung wird lediglich zusätzlich das Aktivitätsniveau adressiert. „Stellschraube" für einen erhöhten Anreiz zur Herstellung sicherer Fahrzeuge ist daher nur der Sicherheitsaufwand des Herstellers. Der aus rechtsökonomischer Sicht richtige Ansatz, Anreize zu einer sichereren Konstruktion für den Hersteller zu setzen, besteht also nicht darin, eine strenge Gefährdungshaftung einzuführen, sondern darin, strengere Sorgfaltsanforderungen festzulegen. Die zum Teil in der Literatur vertretene Ansicht, der Hersteller solle mit einer strengen Gefährdungshaftung belegt werden, damit ein Anreiz zu optimalem Aufwand zur sicheren Konstruktion von Fahrzeugen gesetzt wird,[725] überzeugt daher nicht.

---

720 *Wagner*, in: Münchener Kommentar BGB, 8. Aufl., 2020, § 823, Rn. 972; *Wagner*, AcP (217) 2017, 707 (732); *König*, JR 2017, 323 (326).

721 *Wagner*, in: Münchener Kommentar BGB, 8. Aufl., 2020, § 823, Rn. 972; *Wagner*, AcP (217) 2017, 707 (732); *Kreutz*, Autonomes Fahren: Produkt- und Produzentenhaftung, in: Oppermann/Stender-Vorwachs (Hrsg.), Autonomes Fahren, Kap. 3.1.2, Rn. 10; für ein *„angemessenes Verhältnis"* zwischen Sicherheitsaufwand und erzielbaren Zugewinn an Sicherheit *Lenz*, Produkthaftung, 2. Aufl., 2022, § 3, Rn. 188; so auch *Hofmann*, CR 2020, 282 (283).

722 *Schäfer/Ott*, Lehrbuch der ökonomischen Analyse des Zivilrechts, Kap. 10, S. 414.

723 *Schäfer/Ott*, Lehrbuch der ökonomischen Analyse des Zivilrechts, Kap. 10, S. 414.

724 Ziff. A. IV. 2. c) dieses Kapitels.

725 *Jungbluth*, Auf dem 56. Deutschen Verkehrsgerichtstag gehaltenes Referat, in: Deutscher Verkehrsgerichtstag – Deutsche Akademie für Verkehrswissenschaft e.V. (Hrsg.), 56. Deutscher Verkehrsgerichtstag, S. 37; Rechtssicher Fahren mit automatisierten Fahrzeugen – Unaufgeforderte Stellungnahme des Verbraucherzentrale Bundesverbandes e.V. vom 16. März 2017, 19; *Borges*, CR 2016, 272 (279); *Sosnitza*, CR 2016, 764 (772); in diese Richtung auch *Horn*, AcP 176 (1976), 307 (325), der die Schäden aus gefährlichen Produkten allgemein den Herstellern auferlegen will.

(2) Rolle der erhöhten Haftungshöchstbeträge

Aus rechtsökonomischer Sicht könnten die erhöhten Haftungshöchstbeträge gem. § 12 Abs. 1 S. 1 Nr. 1 Alt. 2 und Nr. 2 Alt. 2 StVG[726] Anreize zu mehr Sorgfalt des Herstellers bei der Produktion hoch- und vollautomatisierter Fahrzeuge setzen. Das hängt davon ab, ob sich die erhöhten Haftungshöchstbeträge auf den für den Hersteller zu erwartenden Schaden auswirkt. Ob dies der Fall ist, wird im Folgenden untersucht.

Haftungshöchstbeträge führen in der Regel zur Reduktion des Sorgfaltsaufwandes und einer Erhöhung des Aktivitätsniveaus, da der durchschnittlich erwartbare Schaden aufgrund der Obergrenze unter die ansonsten zu erwartenden Schäden absinkt.[727] Für den Haftungsadressaten bedeutet das eine Verschiebung des Verhältnisses zwischen Schadensvermeidungsaufwand und zu erwartenden Schäden. Er wird aufgrund der Haftungsobergrenze weniger Schadensvorsorgeaufwand betreiben als nach der Learned-Hand-Formel bzw. dem „risk-utility-test“ geboten ist und das Aktivitätsniveau steigt über das optimale Niveau an.[728] Im Ausgangspunkt werden dadurch Anreize gesetzt, die das effiziente Haftungsregime in seiner Präventionswirkung beeinträchtigen.[729] Bei Anhebung der Haftungshöchstbeträge wird dieses Hemmnis teilweise beseitigt und die Anreizwirkung des Haftungsrechts entsprechend wiederhergestellt.

Zunächst ist festzuhalten, dass die Haftungshöchstbeträge gem. § 12 StVG nur auf Ansprüche aus dem StVG, also nicht auf Ansprüche des Unfallgeschädigten gegenüber dem Hersteller, anwendbar sind. Aufgrund des Regresses der Versicherer beim Hersteller gem. § 86 VVG i.V.m. §§ 840 Abs. 1, 426 BGB[730] wirken sich die erhöhten Haftungshöchstbeträge allerdings auch auf den Fahrzeughersteller aus. Dahinter steht der Gedanke, dass ein entsprechend höherer Schaden im Verhältnis zwischen Unfallgeschädigtem und Versicherung

726 Dazu bereits in Kap. 2 Ziff. B. V.

727 *Schäfer/Ott*, Lehrbuch der ökonomischen Analyse des Zivilrechts, Kap. 6, S. 264.

728 *Schäfer/Ott*, Lehrbuch der ökonomischen Analyse des Zivilrechts, Kap. 6, S. 264.

729 *Schäfer/Ott*, Lehrbuch der ökonomischen Analyse des Zivilrechts, Kap. 6, S. 265.

730 Die Bundesregierung geht davon aus, dass die Haftpflichtversicherung des Halters und die Versicherung des Herstellers klären, wer im Ergebnis die Kosten des Unfalls zu tragen hat, Begründung des Regierungsentwurfs für ein Gesetz zur Änderung des Straßenverkehrsgesetzes, BT-Drs. 18/11300, 14; so auch *Reusch/Weidner*, Future Law. Blockchain, Industrie 4.0, Internet of Things, Robotik, Rn. 112; *Armbrüster*, Automatisiertes und autonomes Fahren – Eine Herausforderung für Haftung und Haftpflichtversicherung?, in: Danzl/Dauner-Lieb/Wittwer (Hrsg.), Festschrift für Christian Huber, S. 32.

entsprechend von dem Versicherer an den Hersteller „weitergereicht“ werden kann. Damit steigen die herstellerseitig zu erwartenden Schäden. Die Steigerung der zu erwartenden Schäden beeinflusst den Sorgfaltsaufwand dergestalt, dass dieser durch eine rational handelnde Person erhöht wird. Die Erhöhung der Haftungshöchstsummen bietet folglich einen zusätzlichen Anreiz zur Verbesserung des Produkts.[731] Aus rechtsökonomischer Perspektive ist die Anhebung der Haftungshöchstbeträge für hoch- und vollautomatisierte Fahrzeuge in § 12 StVG unter Präventionsgesichtspunkten daher zu begrüßen.

cc) Wechselwirkung der Haftungsregime

Bei einer Diskussion um die Haftungsverschärfung des Herstellers sind auch die daraus resultierenden Konsequenzen auf die Haftung des Fahrzeughalters zu berücksichtigen.

Die Ausgestaltung des einen Haftungsregimes hat hinsichtlich der Anreizstruktur auch Auswirkungen auf das andere und auf das Verhalten des jeweiligen Haftungsadressaten. Zwischen den Haftungsregimen des Fahrzeughalters und des Herstellers besteht insoweit eine Wechselwirkung. Die Haftungsverschärfung auf der einen Seite geht zwangsläufig mit einer entsprechenden Erleichterung auf der anderen Seite einher. Die Anreize des Halters zu sorgfaltsgemäßem Verhalten und zur Einhaltung eines optimalen Aktivitätsniveaus würden durch eine strengere Herstellerhaftung somit abgebaut. Angesichts des überwiegenden Einflusses des Halters auf die Gefahrsteuerung würde damit eine Verschlechterung der Verkehrssicherheit einhergehen.

dd) Gebotene Koexistenz der Lenkungswirkung auf Halter und Hersteller

Durch das Tandem der Lenkungswirkungen auf Fahrzeughalter und Hersteller werden an entscheidenden Stellen unterschiedliche Rechtssubjekte angesprochen. Der Hersteller steuert die Sicherheit seiner Produkte und erhält durch die Haftungsgefahr einen entsprechenden Anreiz.[732] Der Halter als Produktnutzer steuert das sorgfaltsgemäße Verhalten und das Aktivitätsniveau im Hinblick auf das Produkt. Ein einzelnes Subjekt kann diese Anreize jeweils nicht auf

---

731 *Grundmann*, in: Münchener Kommentar BGB, 9. Aufl., 2022, § 276, Rn. 147.

732 *Wagner*, Deliktsrecht, Kap. 9, Rn. 5; *Meyer-Seitz*, Auf dem 56. Deutschen Verkehrsgerichtstag gehaltenes Referat, in: Deutscher Verkehrsgerichtstag – Deutsche Akademie für Verkehrswissenschaft e.V. (Hrsg.), 56. Deutscher Verkehrsgerichtstag, S. 66; ausreichende Anreize durch die Produkthaftung sieht auch *Hanisch*, Zivilrechtliche Haftungskonzepte für Robotik, in: Hilgendorf (Hrsg.), Robotik im Kontext von Recht und Moral, S. 54 f.

sich vereinen, sodass es nur sinnvoll ist, die Rechtsinstitute koexistieren zu lassen. Zusammengenommen entsteht so eine unter Präventionsgesichtspunkten sinnvolle Lösung, die die Gesellschaft vor Wohlfahrtsverlusten schützt, indem insgesamt ein optimales Sicherheitsniveau erreicht wird. Die Rechtsökonomie verwendet dafür den Begriff des „multilateralen Schadens", der sich dadurch auszeichnet, dass mehrere Schädiger und Geschädigte das Ereignis beeinflussen können.[733] In diesem Szenario wird das angestrebte Minimum des Wohlfahrtsverlusts erreicht, wenn jeder Beteiligte sich so sorgfältig verhält, dass er einen Schadensvermeidungsaufwand betreibt, der gegenüber den Schadenskosten um eine Einheit zurückbleibt.[734]

Ausschlaggebend für die Frage, ob die Gefährdungshaftung bei hoch- oder vollautomatisierten Fahrzeugen in gewissem Umfang vom Fahrzeughalter auf den Hersteller verlagert werden sollte, ist die Erkenntnis, dass das Aktivitätsniveau der Nutzung des Produkts nur durch den Fahrzeughalter gesteuert werden kann.[735] Der Hersteller hat darauf keinen Einfluss.[736] Die Begrenzungsfunktion der Gefährdungshaftung des Halters hinsichtlich des Maßes der Nutzung des Fahrzeugs würde entfallen, was eine enthemmte, volkswirtschaftlich ineffiziente Fahrzeugnutzung zur Folge hätte. Die beiden Rechtsinstitute sollten daher hinsichtlich hoch- und vollautomatisierter Fahrzeuge nebeneinander bestehen bleiben und nicht in dem Sinne gegeneinander ausgespielt werden, dass das eine dem anderen weicht.[737]

3. *Zusammenfassung*

Insgesamt konnte gezeigt werden, dass der Opferschutz mit der Gefährdungshaftung des Fahrzeughalters in Verbindung mit dem Direktanspruch gegen die Pflichthaftpflichtversicherung ideal verwirklicht ist.

Ein gleichwertiger Opferschutz besteht in Bezug auf die Herstellerhaftung derzeit nicht. Gem. § 1 Abs. 4 ProdHaftG trägt der Geschädigte die Beweislast für den Fehler, den Schaden bzw. die Rechtsgutsverletzung und die

---

733 *Schäfer/Ott*, Lehrbuch der ökonomischen Analyse des Zivilrechts, Kap. 5, S. 173.

734 *Schäfer/Ott*, Lehrbuch der ökonomischen Analyse des Zivilrechts, Kap. 5, S. 173.

735 *Körber/König*, Haftungsrecht 4.0, in: Frenz (Hrsg.), Handbuch Industrie 4.0: Recht, Technik, Gesellschaft, S. 267; *Foerster*, ZfPW 2019, 418 (434); *König*, JR 2017, 323 (331); *Lutz*, NJW 2015, 119 (120).

736 *Schäfer/Ott*, Lehrbuch der ökonomischen Analyse des Zivilrechts, Kap. 10, S. 415; *Lutz*, NJW 2015, 119 (120).

737 Skeptisch gegenüber einer Ausweitung der Gefährdungshaftung des Herstellers auch *Grundmann*, in: Münchener Kommentar BGB, 9. Aufl., 2022, § 276, Rn. 147.

haftungsbegründende Kausalität zwischen Fehler und Schaden.[738] Der Hersteller kann sich aber von dem Vorwurf des Produktfehlers gem. § 1 Abs. 2 Nr. 5 ProdHaftG entlasten, wenn dieser für ihn nicht erkennbar war. Dies gilt im Ausgangspunkt auch bei § 823 Abs. 1 BGB.[739] Zunächst sind sämtliche anspruchsbegründenden Voraussetzungen vom Geschädigten zu beweisen. Lediglich in Bezug auf die Darlegung und den Beweis des pflichtwidrigen Verhaltens des Herstellers ist der Anspruchsteller nach der Rechtsprechung des BGH aufgrund der Vermutung der Sorgfaltspflichtverletzung entlastet, sofern die Fehlerhaftigkeit des Produkts feststeht.[740] Dem Hersteller steht aber der Nachweis offen, dass er alles Erforderliche und Zumutbare getan hat, die Gefahrenquelle zu vermeiden.[741] Der Hersteller haftet dementsprechend nach beiden Anspruchsgrundlagen nur für erkannte oder erkennbare Fehler. Dies stellt aus Opfersicht gegenüber den Voraussetzungen des § 7 Abs. 1 StVG auf Tatbestandsebene eine Einschränkung dar. Zudem fehlt es an einer Pflichthaftpflichtversicherung des Herstellers und an einem Direktanspruch des Unfallopfers gegen den Versicherer.[742] Die Halterhaftung ist also aus Sicht des Opferschutzes gegenüber der derzeit bestehenden Herstellerhaftung überlegen.

Die Analyse der die Gefährdungshaftung des Fahrzeughalters tragenden Gedanken hat gezeigt, dass diese auch bei hoch- und vollautomatisierten Fahrzeugen eingreifen. Ein solches Fahrzeug stellt nach wie vor eine potentielle Gefahr für andere Rechtsgüter dar. Der Gedanke der Risikozuweisung aufgrund der Gefährlichkeit der Tätigkeit liegt damit weiterhin vor. Der Halter ist

738 *Wagner*, in: Münchener Kommentar BGB, 8. Aufl., 2020, § 823, Rn. 1014; § 1 ProdHaftG, Rn. 77; *Wagner*, AcP (217) 2017, 707 (712); *Oechsler*, in: Staudinger, Neubearbeitung 2018, § 1 ProdHaftG, Rn. 150.

739 *Staudinger*, in: Schulze BGB, 11. Aufl., 2022, § 823, Rn. 212; *Hager*, in: Staudinger, Neubearbeitung 2009, § 823 F, Rn. 39.

740 St. Rspr. BGHZ 51, 91, (104 f.) – Hühnerpest; BGHZ 80, 186 (196) – Apfelschorf I (Derosal); BGHZ 104, 323 (332) – Limonadenflasche I; BGHZ 116, 104 (107); BGH NJW 1999, 1028 (1029); *Sprau*, in: Grüneberg BGB, 81. Aufl., 2022, § 823, Rn. 189; *Hager*, in: Staudinger, Neubearbeitung 2009, § 823 F, Rn. 43; *Wagner*, Deliktsrecht, Kap. 9, Rn. 8; *Wagner*, AcP (217) 2017, 707 (712 f.).

741 BGHZ 59, 303 (309); BGH NJW 1968, 247 (248); BGH NJW 1973, 1602 (1603); *Wagner*, in: Münchener Kommentar BGB, 8. Aufl., 2020, § 823, Rn. 1015; *Wagner*, AcP (217) 2017, 707 (713); *Hager*, in: Staudinger, Neubearbeitung 2009, § 823 F, Rn. 44.

742 *Schrader*, DAR 2018, 314; nach *König*, JR 2017, 323 (331) ist *de lege ferenda* eine Pflichthaftpflichtversicherung des Herstellers ebenso gut vorstellbar wie die des Fahrzeughalters.

auch derjenige, der die von dem Fahrzeug ausgehende Gefahr abstrakt beherrschen kann und den Nutzen aus dem Fahrzeug zieht. Die Gefährdungshaftung des Halters ist damit auch für hoch- und vollautomatisierte Fahrzeuge gerechtfertigt.

Vor dem Hintergrund der Diskussion um eine Haftungserweiterung des Herstellers erlangen die Zurechnungsgründe, dass derjenige aus Gefährdungshaftung haftet, der (1) die von dem Fahrzeug ausgehende Gefahr abstrakt beherrschen kann und (2) den Nutzen aus dem Fahrzeug zieht, eine besondere Bedeutung. Diese greifen ausschließlich in Bezug auf den Fahrzeughalter ein und sprechen so mit einigem Gewicht gegen eine Gefährdungshaftung des Herstellers.

Auch unter Präventionsgesichtspunkten ist die Haftungserweiterung des Herstellers durch Einführung einer Gefährdungshaftung nicht geboten. Dies wird dadurch gestützt, dass der Mehrwert einer Gefährdungshaftung gegenüber einer verschuldensabhängigen Haftung in der Steuerung des Aktivitätsniveaus liegt. Zur Schaffung eines höheren Anreizes zur Herstellung sicherer Fahrzeuge müssten richtigerweise aber die Sorgfaltsanforderungen verschärft und/oder die zu erwartende Schadenshöhe erhöht werden. Einer Gefährdungshaftung bedarf es dazu nicht. Mit der Erhöhung der Haftungshöchstbeträge, die sich im Zuge des Regresses des Haftpflichtversicherers auswirken, ist ein Schritt in diese Richtung getan.

B. Haftung des Fahrzeughalters gem. § 823 BGB

Im Zusammenhang mit hoch- und vollautomatisierten Fahrzeugen besteht zudem eine verschuldensabhängige Haftung des Fahrzeughalters gem. § 823 Abs. 1 und § 823 Abs. 2 BGB i.V.m. einem Schutzgesetz.

Besonderheiten für hoch- und vollautomatisierte Fahrzeuge ergeben sich in Bezug auf Verkehrssicherungspflichten und in Bezug auf die aus § 31 Abs. 2 StVZO folgenden Pflichten. Danach darf der Halter die Inbetriebnahme nicht anordnen oder zulassen, wenn ihm bekannt ist oder bekannt sein muss, dass der Führer nicht zur selbstständigen Leitung geeignet oder das Fahrzeug, der Zug, das Gespann, die Ladung oder die Besetzung nicht vorschriftsmäßig ist oder dass die Verkehrssicherheit des Fahrzeugs durch die Ladung oder die Besetzung leidet. Den Halter trifft also die Pflicht, das Fahrzeug in verkehrssicherem Zustand zu halten.[743] Dazu muss er das Fahrzeug ordnungsgemäß warten und erkannte oder erkennbare Mängel beseitigen.[744] Der Halter darf dabei nicht blind in den reibungslosen Ablauf der Technik über längere Zeit vertrauen, sondern muss sich von Zeit zu Zeit durch Untersuchung des Fahrzeugs in einer zuverlässigen Werkstatt des verkehrssicheren Zustands vergewissern, sofern er nicht selbst über eigene Sachkunde verfügt.[745] Bezogen auf hoch- und vollautomatisierte Fahrzeuge trifft den Halter somit die Pflicht, die Funktionsfähigkeit des Fahrsystems und der Sensoren ordnungsgemäß zu warten[746] und auf erkannte oder erkennbare Mängel durch deren Beseitigung zu reagieren. Er darf darüber hinaus die Inbetriebnahme durch Dritte nicht

743 In Bezug auf die Bremsanlage BGH VRS 37, 271 (273); *Kaufmann*, in: Geigel, Der Haftpflichtprozess, 28. Aufl., 2020, Kap. 25, Rn. 216; *Buck-Heeb/Dieckmann*, Zivilrechtliche Haftung von Halter und Fahrer beim Einsatz (teil) automatisierter Fahrfunktionen, in: Oppermann/Stender-Vorwachs (Hrsg.), Autonomes Fahren, Kap. 3.1.1, Rn. 105; *v. Bodungen*, Automatisiertes Fahren (Automotive), in: Sassenberg/Faber (Hrsg.), Rechtshandbuch Industrie 4.0 und Internet of Things, Kap. 5, § 16, Rn. 27; *v. Bodungen/Hoffmann*, NZV 2016, 449 (451); *Singler*, Freilaw 2017, 14 (18); *Hans*, GWR 2016, 393 (394); *Gless/Janal*, JR 2016, 561 (570); zu Fahrerassistenzsystemen *Bewersdorf*, Zulassung und Haftung bei Fahrerassistenzsystemen im Straßenverkehr, S. 121; *Vogt*, NZV 2003, 153 (156); *Berz/Dedy/Granich*, DAR 2000, 545 (548); aus strafrechtlicher Perspektive *Sandherr*, NZV 2019, 1 (3); ebenso *Staub*, NZV 2019, 392 (396).

744 BGH NZV 1995, 310; *Dauer*, in: Hentschel/König/Dauer Straßenverkehrsrecht, 46. Aufl., 2021, § 31 StVZO, Rn. 6; aus strafrechtlicher Perspektive *Feldmann*, GA 2020, 678 (685).

745 *Dauer*, in: Hentschel/König/Dauer Straßenverkehrsrecht, 46. Aufl., 2021, § 31 StVZO, Rn. 7; *Kaufmann*, in: Geigel, Der Haftpflichtprozess, 28. Aufl., 2020, Kap. 25, Rn. 219; *Jänich/Schrader/Reck*, NZV 2015, 313 (316); zu Fahrerassistenzsystemen *Berz/Dedy/Granich*, DAR 2000, 545 (548); *Frenz*, ZfS 2003, 381 (384).

746 *Preuß*, Haftungsrecht beim Einsatz hoch- und vollautomatisierter sowie vollautonomer Fahrzeuge, S. 110; *v. Bodungen*, Automatisiertes Fahren (Automotive), in: Sassenberg/Faber (Hrsg.), Rechtshandbuch Industrie 4.0 und Internet of Things, Kap. 5, § 16, Rn. 27; *v. Bodungen/Hoffmann*, NZV 2016, 449 (451); für *„umfangreiche Verkehrssicherungspflichten"* *Jänich/Schrader/Reck*, NZV 2015, 313 (316); zu Fahrerassistenzsystemen *Frenz*, ZfS 2003, 381 (384); so im Ergebnis auch *Wagner/Ruttloff/Freytag*, CB 2017, 386 (389); diese Sorgfaltswidrigkeit hat auch strafrechtliche Relevanz, *Valerius*, Sorgfaltspflichten beim autonomen Fahren, in: Hilgendorf (Hrsg.), Autonome Systeme und neue Mobilität, S. 13 f.

zulassen, wenn ihm bekannt ist oder bekannt sein muss, dass das Fahrzeug nicht vorschriftsmäßig ist.[747]

Gem. § 31 Abs. 2 StVZO ist der Halter zudem verpflichtet, das Fahrzeug nicht einem ungeeigneten Fahrer zu überlassen. Der Fahrer muss über die erforderliche Fahrfähigkeit des konkreten Fahrzeugs verfügen,[748] wofür ihn der Halter gegebenenfalls instruieren muss. Diese Instruktion muss auch Hinweise auf technische Besonderheiten des Fahrzeugs enthalten.[749] Bezogen auf hoch- und vollautomatisierte Fahrzeuge hat der Halter dementsprechend sicherzustellen, dass der Führer die Fertigkeiten und Kenntnisse im Umgang mit dem automatisierten Fahren besitzt[750] oder er hat diesem die Verwendung der hoch- oder vollautomatisierten Fahrzeugsteuerung zu verbieten. Konkret bedeutet Ersteres eine Aufklärung über die Systembeschreibung und die praktische

747 OLG Stuttgart NZV 1991, 68 (69); *König*, in: Hentschel/König/Dauer Straßenverkehrsrecht, 46. Aufl., 2021, § 1b StVG, Rn. 15; *König*, SVR 2008, 121 (124); *Kaufmann*, in: Geigel, Der Haftpflichtprozess, 28. Aufl., 2020, Kap. 25, Rn. 217; *Leupold/Wiesner*, in: Leupold/Wiebe/Glossner (Hrsg.), IT-Recht, 4. Aufl., 2021, Teil 9.6.4, Rn. 33; *Ternig*, ZfS 2016, 303 (306); konkret zu hoch- und vollautomatisierten Fahrzeugen *Buck-Heeb/Dieckmann*, Zivilrechtliche Haftung von Halter und Fahrer beim Einsatz (teil) automatisierter Fahrfunktionen, in: Oppermann/Stender-Vorwachs (Hrsg.), Autonomes Fahren, Kap. 3.1.1, Rn. 107; *Martin/Uhl*, RAW 2020, 7 (10); *Sander/Hollering*, NStZ 2017, 193 (196); zu Fahrerassistenzsystemen bereits *Vogt*, NZV 2003, 153 (156); und *Berz/Dedy/Granich*, DAR 2000, 545 (548).

748 *König*, in: Berz/Burmann, Handbuch des Straßenverkehrsrechts, Stand: Juni 2022, 45. EL, Kap. 4, A., II., Rn. 12; *König*, SVR 2008, 121 (124).

749 OLG Celle VersR 1975, 572; OLG Köln NZV 1992, 405 (406); *König*, SVR 2008, 121 (125).

750 *v. Bodungen*, Automatisiertes Fahren (Automotive), in: Sassenberg/Faber (Hrsg.), Rechtshandbuch Industrie 4.0 und Internet of Things, Kap. 5, § 16, Rn. 27; *v. Bodungen/Hoffmann*, NZV 2016, 449 (451); *Martin/Uhl*, RAW 2020, 7 (10); *Greger*, NZV 2018, 1 (4); *Wagner/Ruttloff/Freytag*, CB 2017, 386 (389); *Ternig*, ZfS 2016, 303 (306); *Jänich/Schrader/Reck*, NZV 2015, 313 (316); aus strafrechtlicher Perspektive *Staub*, NZV 2019, 392 (396); *Sandherr*, NZV 2019, 1 (3); ebenso *Sander/Hollering*, NStZ 2017, 193 (196); zu Fahrerassistenzsystemen bereits *Bewersdorf*, Zulassung und Haftung bei Fahrerassistenzsystemen im Straßenverkehr, S. 121; *Vogt*, NZV 2003, 153 (156); *Berz/Dedy/Granich*, DAR 2000, 545 (548).

Nutzung des Systems.[751] Das gilt jedenfalls solange das konkrete Fahrsystem derart ungewöhnlich ist, dass der Halter nicht damit rechnen kann, dass der Fahrer sich mit dem jeweiligen System auskennt oder in der Lage ist, sich mit der Systembeschreibung selbst vertraut zu machen.[752]

751 *König*, in: Hentschel/König/Dauer Straßenverkehrsrecht, 46. Aufl., 2021, § 1b StVG, Rn. 15; *Preuß*, Haftungsrecht beim Einsatz hoch- und vollautomatisierter sowie vollautonomer Fahrzeuge, S. 110; *Buck-Heeb/Dieckmann*, Zivilrechtliche Haftung von Halter und Fahrer beim Einsatz (teil) automatisierter Fahrfunktionen, in: Oppermann/Stender-Vorwachs (Hrsg.), Autonomes Fahren, Kap. 3.1.1, Rn. 105; *Greger*, NZV 2018, 1 (4); *Singler*, Freilaw 2017, 14 (18); *Hans*, GWR 2016, 393 (394); *Jänich/Schrader/Reck*, NZV 2015, 313 (316).

752 *Buck-Heeb/Dieckmann*, Zivilrechtliche Haftung von Halter und Fahrer beim Einsatz (teil) automatisierter Fahrfunktionen, in: Oppermann/Stender-Vorwachs (Hrsg.), Autonomes Fahren, Kap. 3.1.1, Rn. 105; *v. Bodungen*, Automatisiertes Fahren (Automotive), in: Sassenberg/Faber (Hrsg.), Rechtshandbuch Industrie 4.0 und Internet of Things, Kap. 5, § 16, Rn. 27.

Kapitel 5: Zusammenfassung in Thesen

A. Stand der Technik und Zulassungsrecht

1. Nach heutigem Stand der internationalen Zulassungsvorgaben ist ein in Großserie produzierter Personenkraftwagen mit automatisierter Fahrzeugsteuerung i.S.d. § 1a StVG nicht zulassungsfähig. Dementsprechend ist bis heute kein hoch- oder vollautomatisiertes Fahrzeug in Deutschland zugelassen, geschweige denn eine Ausnahmetypgenehmigung beantragt worden.
2. Die technische Entwicklung befindet sich aber gerade am Übergang vom teilautomatisierten Fahren zum hoch- und vollautomatisierten Fahren.
3. Die rechtlichen und infrastrukturellen Voraussetzungen für eine angedachte Vernetzung der Fahrzeuge untereinander, mit anderen Verkehrsteilnehmern und Infrastruktureinrichtungen liegen bislang nicht vor.
4. Entgegen einer weit verbreiteten Vorstellung wird in automatisierten Fahrzeugen momentan keine künstliche Intelligenz eingesetzt, die in der Lage ist, die Fähigkeiten der automatisierten Fahrzeugsteuerung auszubauen oder gar ihre Programmierung selbsttätig fortzuschreiben. Es werden nur Systeme verbaut, die in der Produktionsphase angelernt werden, sich nach der Inverkehrgabe aber nicht mehr ändern.

B. Haftung des Fahrzeugführers

I. Sorgfaltsanforderungen des Fahrzeugführers

Im Bereich der Sorgfaltspflichten des Fahrzeugführers können die durch unbestimmte Rechtsbegriffe herbeigeführten Lücken im Gesetzestext durch Auslegung geschlossen werden. Es ergibt sich ein stimmiges Regelungskonzept.

5. Der menschliche Fahrer ist nach wie vor Fahrzeugführer i.S.d. § 18 Abs. 1 StVG, auch wenn die automatisierte Fahrzeugsteuerung aktiviert ist. § 1a Abs. 4 StVG hat insoweit lediglich deklaratorischen Charakter.
6. Dem Hersteller ist es gestattet, den spezifischen Anwendungsfall der automatisierten Fahrzeugsteuerung in der Systembeschreibung selbst zu definieren und insoweit Sorgfaltsanforderungen des Fahrers vorzuschreiben.
7. Diese Öffnungsklausel bezieht sich aber nur auf die Aktivierung der automatisierten Fahrfunktion, nicht auf die Rückübernahme und darauf bezogener Sorgfaltspflichten.

8. Mit der Legalisierung der Verwendung hoch- und vollautomatisierter Fahrfunktionen geht weder eine Benutzungspflicht noch eine Obliegenheit zur Nutzung einher. Für den Vorwurf einer Sorgfaltswidrigkeit spielt es daher keine Rolle, ob der Unfall durch den Einsatz der automatisierten Fahrfunktion vermieden worden wäre.
9. Während der automatisierten Fahrphase ist der Fahrzeugführer nicht zur Kontrolle des Fahrsystems verpflichtet. Das Fahrsystem bewältigt innerhalb seines spezifischen Anwendungsfalls selbstständig alle Verkehrssituationen. Darauf darf sich der Fahrzeugführer verlassen.
10. Die Rückübernahmepflichten ergeben sich ausschließlich aus § 1b Abs. 2 Nr. 1 und 2 StVG. § 1a Abs. 1 StVG ist eine solche nicht im Umkehrschluss zu entnehmen.
11. Für das Unverzüglichkeitserfordernis i.S.d. § 1b Abs. 2 Nr. 1 StVG steht im Ausgangspunkt die Legaldefinition des § 121 Abs. 1 S. 1 BGB zur Verfügung. Der Fahrzeugführer muss die Fahrzeugsteuerung daher ohne schuldhaftes Zögern übernehmen. In Abgrenzung zur Pflicht zur Wahrnehmungsbereitschaft während der automatisierten Fahrphase ist das Erfordernis zum unverzüglichen Tätigwerden auf eine Betrachtung ab Eintritt eines die Rückübernahmepflicht auslösenden Ereignisses beschränkt. Im Falle des § 1b Abs. 2 Nr. 1 StVG ist dies die Rückübernahmeaufforderung.
12. Nach § 122 Abs. 2 BGB bedeutet Erkennenmüssen fahrlässiges Nichterkennen. Durch das Merkmal „auf Grund offensichtlicher Umstände Erkennenmüssen" gem. § 1b Abs. 2 Nr. 2 StVG ist der Sorgfaltsmaßstab abgesenkt. Bei der Beurteilung der offensichtlichen Umstände ist zu beachten, dass sich der Fahrzeugführer gem. § 1b Abs. 1 HS. 1 StVG vom Fahrgeschehen abwenden darf und ihn keine Kontrollpflicht trifft.
13. Allein die Missachtung von „an die Fahrzeugführung gerichteten Verkehrsvorschriften" kann keinen offensichtlichen Umstand darstellen.
14. Ein Warnhinweis gem. § 1a Abs. 2 S. 1 Nr. 6 StVG kann für sich genommen ebenfalls kein offensichtlicher Umstand sein.
15. Aus verhaltenspsychologischen Erkenntnissen ergibt sich, dass der Reiz eines offensichtlichen Umstands so herausstechen muss, dass er bei einer zulässigen Abwendung wahrgenommen werden kann.
16. Damit der Fahrzeugführer nicht, ähnlich einer Gefährdungshaftung, für jede Fehlfunktion der automatisierten Fahrzeugsteuerung einstehen muss, ist die Verschuldensvermutung des § 18 Abs. 1 S. 2 StVG bei der Anwendung des § 1b Abs. 2 Nr. 2 Alt. 1 StVG einschränkend auszulegen. Da durch § 18 Abs. 1 S. 2 StVG der Vorsatz und somit auch die Kenntnis vermutet wird, obliegt es dem Fahrzeugführer, den Beweis seiner fehlenden

Kenntnis als innere Tatsache zu beweisen. Weil ihm dafür kein unmittelbares Beweismittel zur Verfügung steht, wird ihm dies regelmäßig nicht gelingen. Dieses Ergebnis bedarf deshalb einer Korrektur.

17. Diese Einschränkung gelingt durch eine Erleichterung des Gegenbeweises. Der Gegenbeweis, dass also keine Kenntnis von den fehlenden Voraussetzungen einer bestimmungsgemäßen Verwendung der automatisierten Fahrfunktion vorlag, sollte dem Fahrzeugführer bereits gelingen, wenn er einen Sachverhalt schildert, in dem eine bestimmungswidrige Verwendung nicht offensichtlich zu Tage getreten ist. Gelingt dies, obliegt es wiederum dem Anspruchsteller, Tatsachen vorzutragen, die doch wieder auf die Kenntnis von den fehlenden Voraussetzungen einer bestimmungsgemäßen Verwendung schließen lassen. Das kann ihm nur gelingen, wenn er offensichtliche Umstände vorträgt. Auf diese Art kann das austarierte System der Darlegungs- und Beweislast, bei dem der Grad der Substantiiertheit des eigenen Vorbringens von dem Grad der Substantiiertheit des gegnerischen Vorbringens abhängt, fruchtbar gemacht werden und im Einzelfall ein sachgerechtes Ergebnis erzielt werden.
18. Dem Fahrzeugführer ist es gem. § 1b Abs. 1 HS. 1 StVG während der automatisierten Fahrphase gestattet, sich vom Verkehrsgeschehen und der Fahrzeugsteuerung abzuwenden. Die Abwendungsbefugnis gilt nicht grenzenlos, sondern wird durch die Pflicht zur Wahrnehmungsbereitschaft gem. § 1b Abs. 1 HS. 2 StVG beschränkt.
19. Bei der Pflicht zur Wahrnehmungsbereitschaft handelt es sich um eine gegenüber den Rückübernahmepflichten eigenständige Pflicht des Fahrzeugführers.
20. Da die Wahrnehmungsbereitschaft bereits zu jeder Zeit zu erfüllen ist, kommt dem Merkmal „jederzeit" i.S.d. § 1b Abs. 1 HS. 2 StVG daneben keine eigenständige Bedeutung zu.
21. Aus systematischer Sicht prägende Kriterien für eine Grenzziehung zwischen Abwendungsbefugnis und Wahrnehmungsbereitschaft sind die ausreichende Zeitreserve i.S.d. § 1a Abs. 2 S. 1 Nr. 5 StVG und die nach § 23 Abs. 1a S. 5 StVO während der automatisierten Fahrphase zulässige Nutzung elektronischer Geräte, die der Kommunikation, Information oder Organisation dienen.
22. Das Merkmal der ausreichenden Zeitreserve gem. § 1a Abs. 2 S. 1 Nr. 5 StVG stellt dem Fahrzeugführer herstellerseitig eine Zeitspanne zur Übernahme der Fahrzeugsteuerung zur Verfügung.
23. Für die Bemessung dieser Zeitspanne ist auf verkehrspsychologische Erkenntnisse zurückzugreifen. Studien zur Rückübernahme der

Fahrzeugsteuerung haben überwiegend eine Zeitspanne von acht bis zehn Sekunden ergeben, binnen derer der Fahrzeugführer die Fahrzeugsteuerung wieder sicher übernehmen kann.

24. Eine Übergabephase von zehn Sekunden wird neuerdings durch die UN-ECE-Regel 157 bei Fahrzeugen mit automatischem Spurhalteassistenten auch auf zulassungsrechtlicher Ebene sichergestellt.
25. Auf die selbstständige Fahrzeugsteuerung während der ausreichenden Zeitreserve darf sich der Fahrzeugführer, abgesehen von dem Eintreten offensichtlicher Umstände i.S.d. § 1b Abs. 2 Nr. 2 StVG, verlassen.
26. Innerhalb dieser Zeitspanne darf der Fahrzeugführer grundsätzlich jeder Nebentätigkeit nachgehen, die es ihm erlaubt, nach Ablauf der Zeitspanne die Fahrzeugführung wieder sicher zu übernehmen. Da er sich aber für die Einhaltung der Rückübernahmepflichten wahrnehmungsbereit halten muss, darf er nicht schlafen, den Sitz in Liegeposition bringen oder sich, je nach technischer Ausgestaltung, optischen, akustischen sowie taktilen Reizen verschließen, indem er beispielsweise Kopfhörer mit „noise cancelling"-Funktion benutzt oder sich die Sicht auf die Windschutzscheibe und die Anzeigen im Cockpit versperrt.
27. Die vom Fahrzeugführer zu fordernde Aufmerksamkeit kann, wie die Zeitspanne der ausreichenden Zeitreserve auch, pauschal, also unabhängig von der jeweiligen Verkehrslage, den Sicht- oder Wetterverhältnissen o.Ä., bestimmt werden.
28. Bei der Nutzung von elektronischen Geräten besteht keine Beschränkung auf bordeigene elektronische Geräte.
29. Bei und nach der Rückübernahme der Fahrzeugsteuerung muss der Fahrzeugführer die herkömmlichen Sorgfaltsanforderungen anwenden, die für konventionelle Fahrzeuge gelten.
30. Der Hersteller kann die Rückübernahme der Fahrzeugsteuerung nicht durch entsprechende Regelungen in der Systembeschreibung ausschließen.

II. Unfallrekonstruktion

31. Mit § 63a StVG wurde ein Fahrmodusspeicher und kein Unfalldatenspeicher eingeführt.
32. Bei § 63a Abs. 2 StVG handelt es sich nur um eine datenschutzrechtliche Ermächtigung zur Übermittlung der Daten. Das Herausgabeverlangen der Behörden richtet sich nach den Vorschriften der StPO bzw. dem OWiG.

33. Mit den nach § 63a Abs. 3 StVG gespeicherten Daten kann ein Verstoß gegen die Sorgfaltspflichten nach §§ 1a, 1b StVG nur eingeschränkt belegt werden.
34. Ob der Fahrzeugführer die automatisierte Fahrzeugsteuerung bestimmungsgemäß verwendet hat, kann durch einen Abgleich der Daten über Zeit und Ort der Übergabe der Fahrzeugsteuerung mit der Systembeschreibung und des daraus hervorgehenden zulässigen Anwendungsbereichs jedoch festgestellt werden.
35. Mit den Daten kann nur die Zeitspanne zwischen der Rückübernahmeaufforderung und dem Unfall festgestellt werden. Aus der daraus hervorgehenden Zeitspanne kann aber nicht differenziert ermittelt werden, ob der Fahrzeugführer nicht i.S.d. § 1b Abs. 1 HS. 2 StVG ausreichend wahrnehmungsbereit war oder nicht gem. § 1b Abs. 2 StVG unverzüglich gehandelt hat. Beide Verhaltensweisen können für eine verspätete Rückübernahme verantwortlich sein. Ein isolierter Nachweis, dass der Fahrzeugführer nicht ausreichend wahrnehmungsbereit war, kann somit nicht geführt werden. Ist anhand der Datenlage aber klar, dass der Fahrzeugführer bei der Rückübernahme der Fahrzeugsteuerung die ausreichende Zeitreserve überschritten hat, kann ihm entweder die Vernachlässigung der Wahrnehmungsbereitschaft oder fehlendes unverzügliches Handeln vorgeworfen werden. So kann jedenfalls eine Sorgfaltswidrigkeit, wenn auch nicht der konkrete Sorgfaltsverstoß, bewiesen werden.
36. Die Einhaltung der Pflicht, die Fahrzeugsteuerung nach Übernahmeaufforderung gem. § 1b Abs. 2 Nr. 1 StVG zu übernehmen, kann mit den Daten nicht rekonstruiert werden. Es kann nur die Zeitspanne zwischen Aufforderung und Unfall bestimmt werden. Da die Beendigung der erlaubten Nebentätigkeit in diese Phase hineinfällt, kann nicht beurteilt werden, ob der Fahrzeugführer die Nebentätigkeit sofort beendet und sich der Übernahme der Fahrzeugsteuerung zugewandt hat oder einer unzulässigen Nebentätigkeit nachgegangen ist. Steht allerdings fest, dass der Fahrzeugführer länger als acht bis zehn Sekunden zur Rückübernahme der Fahrzeugsteuerung gebraucht hat, ist er entweder einer unzulässigen Nebentätigkeit nachgegangen oder hat nicht unverzüglich auf die Rückübernahmepflicht reagiert.
37. Ob der Fahrzeugführer die Rückübernahmepflicht nach § 1b Abs. 2 Nr. 2 StVG verletzt hat, kann mit Hilfe der Daten nicht belegt werden. Es fehlt an einer Aufzeichnung der offensichtlichen Umstände. Durch die Daten kann der Fahrzeugführer aber etwaig nachweisen, dass keine

Rückübernahmeaufforderung erfolgte und für ihn somit der abgesenkte Sorgfaltsmaßstab gilt.

38. Aufgrund des Vorrangs der unionsrechtlichen Zulassungsvorgaben ist § 63a Abs. 3 StVG derzeit nicht anwendbar. Die teilweise Unionsrechtswidrigkeit von § 63a StVG wiegt schwer, da damit die zentrale Vorschrift zur Klärung der Unfallverantwortlichkeit unanwendbar ist. Hier besteht dringender gesetzgeberischer Handlungsbedarf.

C. Haftung des Fahrzeughalters

I. Eingreifen der Gefährdungshaftung

39. Da ein Schadensfall mit Beteiligung eines hoch- oder vollautomatisierten Fahrzeugs in aller Regel Folge der spezifischen Auswirkungen derjenigen Gefahren ist, für die § 7 Abs. 1 StVG den Verkehr schadlos halten will, ereignet sich der Unfall auch „bei Betrieb“ des Kraftfahrzeugs.
40. Das hat zur Konsequenz, dass der Halter aufgrund der Gefährdungshaftung auch für Schäden einstehen muss, die durch technisches Versagen des automatischen Steuerungssystems verursacht werden.
41. Ein Systemfehler, wozu auch Steuerungsfehler zählen, steht mit dem Fahrbetrieb in direktem Zusammenhang und resultiert unmittelbar aus dem Betrieb des Kraftfahrzeugs und dessen Gefahren, sodass darin keine höhere Gewalt i.S.d. § 7 Abs. 2 StVG liegt.
42. Ein Systemfehler ist auch kein unabwendbares Ereignis i.S.d. § 17 Abs. 3 StVG.

II. Beibehaltung der Gefährdungshaftung

43. Aufgrund des Analogieverbots für Gefährdungshaftungstatbestände, das gleichermaßen eine teleologische Reduktion ausschließt, kann über die Beibehaltung der Gefährdungshaftung lediglich auf einer rechtspolitischen Ebene diskutiert werden.
44. Aus rechtspolitischer Sicht spricht der Opferschutz für die Beibehaltung der Gefährdungshaftung des Fahrzeughalters.
45. Die der Gefährdungshaftung des § 7 Abs. 1 StVG zugrundeliegenden Rechtsgedanken greifen auch bei hoch- und vollautomatisierten Fahrzeugen ein.
46. Ein tragender Rechtsgedanke der Gefährdungshaftung ist die Schaffung einer potentiellen Gefahr für andere Rechtsgüter durch den Betrieb eines

Kraftfahrzeugs. Solange keine hundertprozentige Sicherheit gewährleistet ist, geht von hoch- oder vollautomatisierten Fahrzeugen – wie von konventionellen Fahrzeugen auch – eine Betriebsgefahr aus.

47. Ein anderer tragender Rechtsgedanke ist, dass die gefährliche Tätigkeit nur zugelassen wird, wenn sie gleichzeitig mit einer Gefährdungshaftung belegt wird. Diese Wertung muss erst recht für die Zulassung neuer und dementsprechend weniger erprobter Technologien wie der hoch- oder vollautomatisierten Fahrzeugsteuerung gelten.
48. Ein weiterer Grundgedanke der Gefährdungshaftung des Fahrzeughalters ist, dass derjenige, der im eigenen Interesse eine Gefahrenquelle schafft, gewissermaßen als Gegenleistung für daraus hervorgehende Schädigungen einzustehen hat. Der Fahrzeughalter eines hoch- oder vollautomatisierten Fahrzeugs zieht daraus die Verwendungsnutzungen und übt die Verfügungsgewalt aus, indem er über Anlass, Ziel und Zeitpunkt der Verwendung bestimmt.
49. Schließlich liegt der Gefährdungshaftung die Annahme zugrunde, dass sie nur gerechtfertigt ist, wenn der Haftende die Gefahr abstrakt beherrschen kann. Beherrschen in diesem Sinne meint nicht, das Risiko durch sorgfaltsgemäßes Verhalten vermeiden zu können. Gemeint sind vielmehr andere Mechanismen zur Steuerung des Risikos, insbesondere durch die Regulierung des Aktivitätsniveaus. Die Beherrschbarkeit der Gefahr schließt also die Verfügungsgewalt des Halters über das Fahrzeug ein, sodass derjenige, der über Anlass, Ziel und Zeit der Fahrt sowie über den Umfang der Nutzung bestimmt, die Gefahr in diesem Sinne beherrscht. Insoweit doppelt sich das Erfordernis der Beherrschbarkeit mit dem unter Ziff. 48 dargestellten Grundgedanken. Entsprechend greift dieser Rechtsgedanke ebenfalls ein.
50. Auch aus einer rechtsökonomischen Perspektive ist die Beibehaltung der Gefährdungshaftung zu befürworten. Durch das bisherige Haftungsmodell aus Gefährdungshaftung des Halters und der verschuldensabhängigen Haftung des Herstellers ist bereits ein adäquates Anreizsystem zur Erreichung einer verbesserten Sicherheit im Straßenverkehr vorhanden. Eine Gefährdungshaftung des Herstellers würde insoweit keine Verbesserung bringen.
51. Mit der Gefährdungshaftung des Fahrzeughalters werden dessen Sorgfaltsanforderungen und dessen Aktivitätsniveau adressiert. Dadurch wird er veranlasst, ein möglichst optimales Maß an Schadensvermeidungsmaßnahmen an den Tag zu legen und das Fahrzeug nicht übermäßig zu nutzen,

also solche Fahrten zu unterlassen, deren Nutzen geringer ist als die zu erwartenden Schäden.

52. Die Herstellerhaftung ist auf die Steuerung des Schadensvermeidungsaufwands beschränkt. Das Aktivitätsniveau hinsichtlich der Nutzung des Fahrzeugs kann so nicht gesteuert werden.
53. Die in der Literatur zum Teil geforderte Gefährdungshaftung des Herstellers zur Schaffung eines größeren Anreizes zur Verbesserung des Produkts überzeugt nicht. Die anzuwendende Sorgfalt wird genauso durch die Verschuldenshaftung gesteuert wie durch eine Gefährdungshaftung. Die Gefährdungshaftung schafft gegenüber der verschuldensabhängigen Haftung aber keinen erhöhten Anreiz für Schadensvermeidungsmaßnahmen. Durch die Gefährdungshaftung wird lediglich zusätzlich das Aktivitätsniveau adressiert, um das es bei der Betreibung eines optimalen Schadensvermeidungsaufwands aber nicht geht. „Stellschraube" für einen erhöhten Anreiz zur Herstellung sicherer Fahrzeuge ist daher nur der Sicherheitsaufwand des Herstellers.
54. Das Kriterium des „cheapest cost avoider" gibt keinen Ausschlag zu Gunsten der Einführung einer Gefährdungshaftung des Herstellers. Das in der Literatur anzutreffende Argument, der Hersteller kenne sein Produkt am besten und könne die davon ausgehenden Gefahren am kostengünstigsten bewältigen, überzeugt angesichts der erheblichen Unschärfe des Begriffs des „cheapest cost avoider" nicht.
55. Überdies ist das Kriterium des „cheapest cost avoider" für eine Anreizstruktur in multilateralen Personenverhältnissen zu pauschal, indem es einseitig demjenigen die Haftung zuweist, der dadurch am wenigsten belastet wird. Es ist damit für die Schaffung einer Anreizstruktur zur Verbesserung der Verkehrssicherheit im Verhältnis zwischen Fahrzeughalter, Fahrzeughersteller und Unfallopfer nicht anzuwenden.
56. Ein verstärkter Anreiz zur Herstellung sicherer Fahrzeuge ist durch die erhöhten Haftungshöchstbeträge geschaffen. Vorausgesetzt die Haftpflichtversicherungen regressieren den Schaden bei den Herstellern, wird das Verhältnis von Schadensvermeidungsaufwand zu den erwartenden Schäden verschoben. Nach rechtsökonomischen Kriterien ist der Hersteller dadurch zu vermehrtem Schadensvermeidungsaufwand veranlasst.
57. Aus Präventionsgesichtspunkten ist eine Haftungserweiterung des Herstellers kontraproduktiv. Bei der Implementierung einer Gefährdungshaftung des Herstellers kommt es zu einer Wechselwirkung zwischen den Haftungsregimen des Fahrzeughalters einerseits und des Herstellers andererseits. Die Haftungserweiterung auf der einen Seite hat eine

Haftungserleichterung auf der anderen Seite zur Folge. Das hat zur Konsequenz, dass Anreize zu sorgfaltsgemäßem Verhalten und zur Vermeidung unnötiger Fahrten auf Seiten des Fahrzeughalters abgebaut würden.

58. Das ergibt sich zusätzlich daraus, dass der Fahrzeughalter die Sicherheit des Fahrzeugs nicht beeinflussen kann. Umgekehrt kann der Hersteller die Sorgfalt des Fahrzeughalters und dessen Aktivitätsniveau nicht steuern. Um ein aus Präventionsgesichtspunkten optimales Anreizsystem zu schaffen, bedarf es sowohl des Anreizes, der aus einer an die mangelnde Sicherheit des Fahrzeugs anknüpfenden Haftungsgefahr resultiert als auch einer Haftungsgefahr, die an die Sorgfalt beim Umgang mit dem Fahrzeug und den Umfang der Nutzung anknüpft. Nur durch ein Nebeneinander dieser Haftungsgefahren werden die unterschiedlichen Gefahrenquellen des Straßenverkehrs adressiert und nur so entsteht ein vollständiges Anreizsystem zu einer verbesserten Verkehrssicherheit insgesamt.

III. Sorgfaltsanforderungen des Fahrzeughalters

59. Der Halter muss das Fahrzeug in verkehrssicherem Zustand halten. Er muss das Fahrzeug ordnungsgemäß warten und erkannte oder erkennbare Mängel beseitigen. Verfügt der Fahrzeughalter nicht über eigene Sachkunde, muss er sich des verkehrssicheren Zustands durch Kontrolle in einer zuverlässigen Werkstatt von Zeit zu Zeit vergewissern. Er darf also nicht blind auf den reibungslosen Ablauf der automatisierten Fahrzeugsteuerung vertrauen.
60. Der Fahrzeughalter darf die Inbetriebnahme des Fahrzeugs durch Dritte nicht zulassen, wenn ihm bekannt ist oder bekannt sein muss, dass das hoch- oder vollautomatisierte Fahrzeug nicht vorschriftsmäßig funktioniert.
61. Der Fahrzeughalter darf das Fahrzeug keiner Person überlassen, die nicht über die erforderliche Fahrfähigkeit des konkreten Fahrzeugs verfügt. Solange das konkrete Fahrsystem derart ungewöhnlich ist, dass der Halter nicht damit rechnen kann, dass der Fahrer sich mit dem jeweiligen System auskennt oder in der Lage ist, sich mit der Systembeschreibung selbst vertraut zu machen, muss der Fahrzeughalter den Fahrzeugführer daher über die bestimmungsgemäße Verwendung der automatisierten Fahrfunktion instruieren oder diesem die Verwendung der hoch- oder vollautomatisierten Fahrzeugsteuerung verbieten.

Literaturverzeichnis

Adams, Michael, Ökonomische Analyse der Gefährdungs- und Verschuldenshaftung, Heidelberg 1985

Albrecht, Frank, Die rechtlichen Rahmenbedingungen bei der Implementierung von Fahrerassistenzsystemen zur Geschwindigkeitsbeeinflussung, DAR 2005, Heft 4, S. 186–198

– „Fährt der Fahrer oder das System?" – Anmerkungen aus rechtlicher Sicht, SVR 2005, Heft 10, S. 373–376

– Fahrerassistenzsysteme und rechtliche Rahmenbedingungen, VD 2006, Heft 6, S. 143–150

Armbrüster, Christian, Automatisiertes und autonomes Fahren – Eine Herausforderung für Haftung und Haftpflichtversicherung?, in: *Danzl, Karl-Heinz/Dauner-Lieb, Barbara/Wittwer, Alexander* (Hrsg.), Deutsches, österreichisches und internationales Schadensersatzrecht. Festschrift für Christian Huber zum 65. Geburtstag, München 2020, S. 27–36

– Zulassungsrechtliche Rahmenbedingungen der Fahrzeugautomatisierung, NZV 2017, Heft 2, S. 57–62

– Automatisiertes Fahren – Paradigmenwechsel im Straßenverkehrsrecht?, ZRP 2017, Heft 3, S. 83–86

Arzt, Clemens/Ruth-Schumacher, Simone, Überführen hoch- oder vollautomatisierter Fahrzeuge in den „risikominimalen Zustand", RAW 2017, Heft 2, S. 89–99

Auer-Reinsdorff, Astrid/Conrad, Isabell (Hrsg.), Handbuch IT- und Datenschutzrecht, 3. Aufl., München 2019 (zit.: *Bearbeiter*, in: Auer-Reinsdorff/Conrad (Hrsg.), Handbuch IT- und Datenschutzrecht)

Automatisiertes Fahren im Straßenverkehr – Herausforderungen für die zukünftige Verkehrspolitik, Gutachten des wissenschaftlichen Beirats beim Bundesminister für Verkehr und digitale Infrastruktur, April 2017, abrufbar unter: https://www.bmdv.bund.de/SharedDocs/DE/Anlage/G/wissenschaftlicher-beirat-gutachten-2017-1.pdf?__blob=publicationFile (zuletzt abgerufen am 15. November 2022)

Balke, Rüdiger, Automatisiertes Fahren. Begriffsbestimmungen und haftungsrechtliche Fragestellungen im Zusammenhang mit dem automatisierten Fahren, SVR 2018, Heft 1, S. 5–7

Balke, Rüdiger/Reisert, Gesine/Schulz-Merkel, Philipp (Hrsg.), Regulierung von Verkehrsunfällen, 2. Aufl., Baden-Baden 2021 (zit.: *Bearbeiter*, in: Balke/Reisert/Schulz-Merkel (Hrsg.), Regulierung von Verkehrsunfällen)

Balzer, Thomas/Nugel, Michael, Das Auslesen von Fahrzeugdaten zur Unfallrekonstruktion im Zivilprozess, NJW 2016, Heft 4, S. 193–199

Bartels, Arne/To, Thanh-Binh/Simon, Karrenberg/Weiser, Andreas, Hochautomatisches Fahren auf der Autobahn, ATZ 2011, Heft 9, S. 652–657

Beck´scher Online Großkommentar Bürgerliches Gesetzbuch, *Gsell, Beate/Krüger, Wolfgang/Lorenz, Stephan/Reymann, Christoph* (Hrsg.), Stand: 01. November 2022, München (zit.: *Bearbeiter*, in: BeckOGK BGB)

Beck´scher Online Kommentar Bürgerliches Gesetzbuch, *Hau, Wolfgang/Poseck, Roman* (Hrsg.), 63. Edition, Stand: 01. August 2022, München (zit.: *Bearbeiter*, in: BeckOK BGB)

Beck´scher Online Großkommentar Straßenverkehrsrecht, *Spickhoff, Andreas* (Hrsg.), Stand: 01. Januar 2022, München (zit.: *Bearbeiter*, in: BeckOGK Straßenverkehrsrecht)

Beck´scher Online Kommentar Straßenverkehrsrecht, *Dötsch, Jens/Koehl, Felix/Krenberger, Benjamin/Türpe, Andreas* (Hrsg.), 17. Edition, Stand: 15. Oktober 2022, München (zit.: *Bearbeiter*, in: BeckOK Straßenverkehrsrecht)

Beck´scher Online Großkommentar Produkthaftungsgesetz, *Spickhoff, Andreas* (Hrsg.), Stand: 01. Oktober 2022, München (zit.: *Bearbeiter*, in: BeckOGK ProdHaftG)

Beck´scher Online Kommentar Grundgesetz, *Epping, Volker/Hillgruber, Christian* (Hrsg.), 52. Edition, Stand: 15. August 2022, München (zit.: *Bearbeiter*, in: BeckOK Grundgesetz)

Beck´scher Online Kommentar Zivilprozessordnung, *Vorwerk, Volkert/Wolf, Christian* (Hrsg.), 46. Edition, Stand: 01. September 2022, München (zit.: *Bearbeiter*, in: BeckOK ZPO)

Bengler, Klaus, Grundlegende Zusammenhänge von Automatisierung und Fahrerleistung, ZVS 2015, Heft 3, S. 169–173

Bericht der Ethik-Kommission Automatisiertes und vernetztes Fahren. Eingesetzt durch den Bundesminister für Verkehr und digitale Infrastruktur, Juni 2017, abrufbar unter: https://www.bmvi.de/SharedDocs/DE/Publikationen/DG/bericht-der-ethik-kommission.pdf?__blob=publicationFile (zuletzt abgerufen am 15. November 2022)

Berndt, Stephan, Der Gesetzentwurf zur Änderung des Straßenverkehrsgesetzes – ein Überblick. Das automatisierte Fahren auf dem Vormarsch – oder doch nur ein Schnellschuss?, SVR 2017, Heft 4, S. 121–127

Berz, Ulrich/Dedy, Eva/Granich, Claudia, Haftungsfragen bei dem Einsatz von Telematiksystemen im Straßenverkehr, DAR 2000, Heft 12, S. 545–554

Bewersdorf, Cornelia, Zulassung und Haftung bei Fahrerassistenzsystemen im Straßenverkehr. Zur Verantwortlichkeit von Staat, Fahrer, Halter und Hersteller für die Sicherheit des Straßenverkehrs, Berlin 2005

– Zur Vereinbarkeit von nicht-übersteuerbaren Fahrerassistenzsystemen mit dem Wiener Übereinkommen über den Straßenverkehr vom 8. November 1968, NZV 2003, Heft 6, S. 266–271

Bitter, Philip/Uphues, Steffen, Verkehrswesen, in: *Kolany-Reiser, Barbara/Heil, Reinhard/Orwat, Carsten/Hoeren, Thomas* (Hrsg.), Big Data. Gesellschaftliche Herausforderungen und rechtliche Lösungen, München 2019, S. 123–166

Böhmer, Emil, Keine Gefährdungshaftung des Kraftfahrzeugführers!, NJW 1970, Heft 39, S. 1724–1725

Borges, Georg, Haftung für selbstfahrende Autos – Warum eine Kausalhaftung für selbstfahrende Autos gesetzlich geregelt werden sollte, CR 2016, Heft 4, S. 272–280

– Rechtliche Rahmenbedingungen für autonome Systeme, NJW 2018, Heft 14, S. 977–982

Brand, Oliver, Zulässigkeit und Ausgestaltung von Telematiktarifen, VersR 2019, Heft 12, S. 725–736

Brisch, Claus/Müller-ter Jung, Marko, Autonomous Driving – Von Data Ownership über Blackbox bis zum Beweisrecht. Plädoyer für eine zentrale Verwertbarkeit der Daten aus dem digitalisierten Auto im Zivilprozess, CR 2016, Heft 6, S. 411–416

Brüggemeier, Gert, Produkthaftung und Produktsicherheit, ZHR 152 (1988), Heft 5/6, S. 511–536

Buck-Heeb, Petra/Dieckmann, Andreas, Zivilrechtliche Haftung von Halter und Fahrer beim Einsatz (teil) automatisierter Fahrfunktionen, in: *Oppermann, Bernd H./Stender-Vorwachs, Jutta* (Hrsg.), Autonomes Fahren, 2. Aufl., München 2020, S. 141–176

– Die Fahrerhaftung nach § 18 I StVG bei teilautomatisiertem Fahren, NZV 2019, Heft 3, S. 113–119

Bundesregierung, Strategie automatisiertes und vernetztes Fahren. Leitanbieter bleiben, Leitmarkt werden, Regelbetrieb einleiten, September 2015, abrufbar unter: https://www.bmvi.de/SharedDocs/DE/Publikationen/DG/broschuere-strategie-automatisiertes-vernetztes-fahren.pdf?__blob=publicationFile (zuletzt abgerufen am 15. November 2022)

Burmann, Michael/Heß, Rainer/Hühnermann, Katrin/Jahnke, Jürgen, Straßenverkehrsrecht, 27. Aufl., München 2022 (zit.: *Bearbeiter*, in: Burmann/Heß/Hühnermann/Jahnke, Straßenverkehrsrecht)

Burmann, Michael/Heß, Rainer (Hrsg.), Berz/Burmann, Handbuch des Straßenverkehrsrechts, 45. EL, Stand: Juni 2022, München (zit.: *Bearbeiter*, in: Berz/Burmann, Handbuch des Straßenverkehrsrechts)

Buschbell, Hans (Begr.)/Höke, Bernd Matthias (Hrsg.), Münchener Anwaltshandbuch Straßenverkehrsrecht, 5. Aufl., München 2020 (zit.: *Bearbeiter*, in: Buschbell/Höke (Hrsg.), Münchener Anwaltshandbuch Straßenverkehrsrecht)

Bydlinski, Franz, Juristische Methodenlehre und Rechtsbegriff, 2. ergänzte Aufl., Wien, New York 1991

– Grundzüge der Juristischen Methodenlehre, 2. Aufl., Wien 2012

Cacilo, Andrej/Schmidt, Sarah/Wittlinger, Philipp/Herrmann, Florian/Bauer, Wilhelm, et al., Hochautomatisiertes Fahren auf Autobahnen – industriepolitische Schlussfolgerungen, Studie des Frauenhofer Institus für Arbeitswirtschaft und Organisation IAO im Auftrag des Bundesministeriums für Wirtschaft und Energie vom 18. November 2015, abrufbar unter: https://www.bmwi.de/Redaktion/DE/Downloads/H/hochautomatisiertes-fahren-auf-autobahnen.pdf?__blob=publicationFile&v=1 (zuletzt abgerufen am 15. November 2022)

Cahn, Andreas, Das neue Produkthaftungsgesetz – ein Fortschritt?, ZIP 1990, Heft 8, S. 482–488

Calabresi, Guido, Die Entscheidung für oder gegen Unfälle: Ein Ansatz zur nichtverschuldensbezogenen Allokation von Kosten, in: *Assmann, Heinz-Dieter/Kirchner, Christian/Schanze, Erich* (Hrsg.), Ökonomische Analyse des Rechts, Tübingen 1993, S. 239–269

Caliess, Christian/Ruffert, Matthias (Hrsg.), EUV/AEUV. Das Verfassungsrecht der Europäischen Union mit Europäischer Grundrechtecharta, 6. Aufl., München 2022 (zit.: *Bearbeiter*, in: Caliess/Ruffert (Hrsg.), EUV/AEUV)

Canaris, Claus-Wilhelm, Die Gefährdungshaftung im Lichte der neueren Rechtsentwicklung, Juristische Blätter 1995, Heft 1, S. 2–17

Canzler, Weert/Knie, Andreas/Ruhrort, Lisa, Autonome Flotten. Mehr Mobilität mit weniger Fahrzeugen, München 2019

Christoph, Angelika, Die Zukunft der Autoversicherung, RAW 2018, Heft 2, S. 103–113

Damböck, D./Farid, M./Tönert, L./Bengler, Klaus, Übernahmezeiten beim hochautomatisierten Fahren, München 2012

Damböck, Daniel, Automationseffekte im Fahrzeug – von der Reaktion zur Übernahme, München 2013

Deutsch, Erwin, Das neue System der Gefährdungshaftungen: Gefährdungshaftung, erweiterte Gefährdungshaftung und Kausal-Vermutungshaftung, NJW 1992, Heft 2, S. 73–77

Deutscher Verkehrsgerichtstag, 56. Deutscher Verkehrsgerichtstag, Empfehlung des 2. Arbeitskreises automatisiertes Fahren (zivilrechtliche Fragen), 24. bis 26. Januar 2018, abrufbar unter: https://www.gdv.de/resource/blob/30312/d0bec4e5a4a8e41d02bfff787e274d94/56-verkehrsgerichtstag-2018-empfehlungen-arbeitskreis-ii-download-data.pdf (zuletzt abgerufen am 15. November 2022)

Deutscher Verkehrsgerichtstag, Empfehlungen des 57. Deutschen Verkehrsgerichtstags 2019, NZV 2019, Heft 2, S. 87–89

Dietmayer, Klaus, Prädiktion von maschineller Wahrnehmungsleistung beim automatisierten Fahren, in: *Maurer, Markus/Gerdes, Christian/Lenz, Barbara/Winner, Hermann* (Hrsg.), Autonomes Fahren. Technische, rechtliche und gesellschaftliche Aspekte, Heidelberg 2015, S. 419–438

Doderer, Hannes/Hartwig, Matthias, Rechtsfragen des hochautomatisierten Fahrens – ein Überblick (Teil 1), IR 2016, Heft 2, S. 32–35

– Rechtsfragen des hochautomatisierten Fahrens – ein Überblick (Teil 2), IR 2016, Heft 3, S. 53–56

Dubois, Patric, Einflüsse des autonomen Fahrzeugs auf die KFZ-Versicherung (I), Zeitschrift für Versicherungswesen 2015, Heft 14, S. 460–463

– Einflüsse des autonomen Fahrzeugs auf die Kfz-Versicherung (II), Zeitschrift für Versicherungswesen 2015, Heft 15–16, S. 513–516

– Einflüsse des autonomen Fahrzeugs auf die Kfz-Versicherung (III), Zeitschrift für Versicherungswesen 2015, Heft 15–16, S. 556–559

Dürig, Günter/Herzog, Roman/Scholz, Rupert, Grundgesetz Kommentar, *Maunz, Theodor/Dürig, Günter* (Begr.), *Herzog, Roman/Herdegen, Matthias/Scholz, Rupert/Klein, Hans H.* (Hrsg.), 98. EL., Werkstand März 2022, München (zit.: *Bearbeiter*, in: Dürig/Herzog/Scholz, Grundgesetz)

Ebert, Ina, Autonomes Fahren: Haftungs- und Deckungsfragen, VersicherungsPraxis 2016, Heft 9, S. 13–15

Eckel, Philipp, Die Nutzung von Mobiltelefonen beim hoch- und vollautomatisierten Fahren, NZV 2019, Heft 7, S. 336–338

Eichelberger, Jan, Autonomes Fahren und Privatversicherungsrecht, in: *Oppermann, Bernd H./Stender-Vorwachs, Jutta* (Hrsg.), Autonomes Fahren, 2. Aufl., München 2020, S. 203–228

Eidenmüller, Horst, The Rise of Robots and the Law of Humans, ZEuP 2017, Heft 4, S. 765–777

Engelmann, Marc, Hoch- und vollautomatisierte Fahrzeugsteuerung im Straßenverkehrsrecht. Regelungsgehalt des § 1a Abs. 2 S. 1 Nr. 2 StVG und denkbare Ursachen von Vollzugsdefiziten durch die Ausformung des Normprogramms, Berlin 2021

Eriksson, Alexander/Stanton, Neville A., Take-over time in highly automated vehicles: non-critical transitions to and from manual control, Human Factors: The Journal of the Human Factors and Ergonomics Society 2017, DOI: 10.1177/0018720816685832, S. 1–27

Erman, Walter, Bürgerliches Gesetzbuch, *Westermann, Harm Peter/Grunewald, Barbara/Maier-Reimer, Georg* (Hrsg.), 16. Aufl., Köln 2020 (Zit.: *Bearbeiter,* in: Erman BGB)

Feldmann, Mirja, Automatisiertes und vernetztes Fahren. Auswirkungen der Neuregelungen im StVG auf die strafrechtliche Verantwortlichkeit bei Unfällen und Überlegungen zur Debatte um die Lösung von sog. Dilemmasituationen, GA 2020, Heft 11, S. 678–695

Fleck, Jörg/Thomas, Aline, Automatisierung im Straßenverkehr. Wohin fahren wir?, NJOZ 2015, Heft 37, S. 1393–1397

Foerste, Ulrich/Graf von Westphalen, Friedrich (Hrsg.), Produkthaftungshandbuch, 3. Aufl., München 2012 (zit.: *Bearbeiter,* in: Foerste/Graf von Westphalen (Hrsg.), Produkthaftungshandbuch)

Foerster, Max, Automatisierung und Verantwortung im Zivilrecht, ZfPW 2019, Heft 4, S. 418–435

Franke, Ulrich, Rechtsprobleme beim automatisierten Fahren – ein Überblick, DAR 2016, Heft 2, S. 61–66

Freise, Rainer, Rechtsfragen des automatisierten Fahrens, VersR 2019, Heft 2, S. 65–79

Frenz, Walter, Haftungsfragen bei Fahrassistenzsystemen, ZfS 2003, Heft 8, S. 381–387

Frenz, Walter/Casimir-van den Broek, Erika, Fahrerassistenzsysteme und Anpassungsbedarf im nationalen Recht – Rechtliche Aspekte des Forschungsprojekts „KONVOI", DAR 2009, Heft 11, S. 625–631

– Völkerrechtliche Zulässigkeit von Fahrerassistenzsystemen, NZV 2009, Heft 11, S. 529–534

Früh, Andreas, Juristisch auslegen, argumentieren und überzeugen, JuS 2021, Heft 10, S. 905–913

Fuchs, Maximilian/Pauker, Werner/Baumgärtner, Alex, Delikts- und Schadensersatzrecht, 9. Aufl., Berlin, Heidelberg 2016

Gail, Jost/Bartels, Oliver, Entwicklung von Anforderungen an automatisches Lenken für fahrzeugtechnische Vorschriften, in: *Kompaß, Klaus* (Hrsg.), Methodenentwicklung für aktive Sicherheit und automatisiertes Fahren. 2. Expertendialog zu Wirksamkeit – Beherrschbarkeit – Absicherung, Renningen 2017, S. 101–116

Gail, Uwe, Betrachtungen zur Beurteilung der Betriebsgefahr bei autonomen Fahrzeugen, SVR 2019, Heft 9, S. 321–326

Gasser, *Tom M.*, Die Veränderung der Fahraufgabe durch Fahrassistenzsysteme und kontinuierlich wirkende Fahrzeugautomatisierung, DAR 2015, Heft 1, S. 6–12

– Rechtliche Aspekte bei der Einführung von Fahrerassistenz- und Fahrerinformationssystemen, Verkehrsunfall und Fahrzeugtechnik 2009, Heft 7–8, S. 224–231

Gasser, Tom M./Arzt, Clemens/Ayoubi, Mihiar/Bartels, Arne/Bürkle, Lutz, et al., Rechtsfolgen zunehmender Fahrzeugautomatisierung, Berichte der Bundesanstalt für Straßenwesen, 2012, Berichte der Bundesanstalt für Straßenwesen, gemeinsamer Schlussbericht der Projektgruppe, Bremerhaven 2012, abrufbar unter: https://bast.opus.hbz-nrw.de/opus45-bast/frontdoor/deliver/index/docId/541/file/F83.pdf (zuletzt abgerufen am 15. November 2022)

Gasser, Tom M./Schmidt, Eike A./Bengler, Klaus/Diederichs, Frederik/Flemisch, Frank, et al., Bericht zum Forschungsbedarf Runder Tisch Automatisiertes Fahren, 2015, abrufbar unter: https://www.bmvi.de/SharedDocs/DE/Anlage/DG/Digitales/bericht-zum-forschungsbedarf-runder-tisch-automatisiertes-fahren.pdf?__blob=publicationFile (zuletzt abgerufen am 15. November 2022)

Gatzke, Sophie, Verkehrszulassung von autonomen Forschungsfahrzeugen unter besonderer Berücksichtigung einer Ausnahmegenehmigung nach § 70 StVZO, in: *Josipovic, Neven* (Hrsg.), Erprobung autonomer Fahrzeuge, Berlin 2020, S. 11–40

Geissl, Karin E., Automatisiertes Fahren – Vereinbarkeit des technisch Machbaren mit geltendem Recht, RAW/Sonderausgabe Betriebs-Berater 2013, S. 20–27

Gesamtverband der Deutschen Versicherungswirtschaft e.V., Übernahmezeiten beim hochautomatisierten Fahren, Berlin 2016, abrufbar unter: https://www.udv.de/resource/blob/74796/7023fe4e2acf2084e696b5b44ebc1a60/57-uebernahmezeiten-beim-hochautomatisieren-fahren-data.pdf (zuletzt abgerufen am 15. November 2022)

Gesamtverband der Deutschen Versicherungsiwrtschaft e.V., Stellungnahme zur Stellungnahme des Bundesrates zum Entwurf eines Gesetzes zur Änderung des Straßenverkehrsgesetzes, BR-Drs. 69/27, vom 17. März 2017, abrufbar unter: https://www.gdv.de/resource/blob/9960/36848c8d2a00d802b13848c88173cd74/zur-stellungnahme-des-bundesrates-zum-gesetzentwurf-zum-automatisierten-fahren--1136453325-data.pdf (zuletzt abgerufen am 15. November 2022)

Giesen, Dieter, Produkthaftung im Umbruch, JZ 1989, Heft 11, S. 517–525

Gless, Sabine/Janal, Ruth, Hochautomatisiertes und autonomes Autofahren – Risiko und rechtliche Verantwortung, JR 2016, Heft 10, S. 561–575

Gold, Christian/Huesmann, Alexander, Beherrschbarkeit hochautomatisierter Fahrzeugführung – zwischen Übernahmezeit und Zeitbudget, in: *Kompaß, Klaus* (Hrsg.), Methodenentwicklung für aktive Sicherheit und automatisiertes Fahren. 2. Expertendialog zu Wirksamkeit – Beherrschbarkeit – Absicherung, Renningen 2017, S. 42–53

Gollrad, Markus, Baukastenmodell statt Automatisierungsstufen – Anknüpfungspunkte für die Regulierung automatisierter Fahrzeuge, RAW 2020, Heft 2, S. 103–108

– Der lange Weg zum automatisierten Fahren, InTeR 2020, Heft 4, S. 193–194

Gomille, Christian, Herstellerhaftung für automatisierte Fahrzeuge, JZ 2016, Heft 2, S. 76–82

Graeger, Uwe, Unfalldatenspeicher, NZV 2004, Heft 1, S. 16–19

Gratwohl, Marius/Putzke, Enrico/Hieke, Robert, Produkthaftungsrechtliche Betrachtung autonomer Assistenzsysteme für Ältere, InTeR 2014, Heft 2, S. 98–106

Greger, Reinhard, Haftungsfragen beim automatisierten Fahren, NZV 2018, Heft 1, S. 1–5

Grigorian, Nazik/Tribess, Alexander, Robots on the Road, in: *Taeger, Jürgen* (Hrsg.), Den Wandel Begleiten. IT-rechtliche Herausforderungen der Digitalisierung, Deutsche Stiftung für Recht und Informatik, Tagungsband Herbstakademie 2020, Oldenburg 2020, S. 651–668

Grüneberg, Christian Bürgerliches Gesetzbuch mit Nebengesetzen, 81. Aufl., München 2022 (zit.: *Bearbeiter*, in: Grüneberg BGB)

Grünvogel, Thomas, Das Fahren von Autos mit automatisierten Funktionen, MDR 2017, Heft 17, S. 973–975

Grützmacher, Malte, Die deliktische Haftung für autonome Systeme – Industrie 4.0 als Herausforderung für das bestehende Recht? Ein Plädoyer für die Nutzung von Beweislastregeln und wider den vorschnellen Ruf nach der Einführung einer Gefährdungshaftung, CR 2016, Heft 10, S. 695–698

– Gesetzentwurf zum autonomen Fahren: Drum prüfe, was der Hersteller findet, Legal Tribune Online, Artikel vom 13.01.2017, abrufbar unter:

https://www.lto.de/recht/hintergruende/h/autonomes-fahren-gesetzentwurf-haftung-fahrer-hersteller/ (zuletzt abgerufen am 15. November 2022)

Günther, Jan-Philipp/Lutz, Lennart S., Rechtliche und technische Aspekte autonom agierender Systeme. Automatisiertes Fahren – Drohnen – Serviceroboter, in: *Baumgärtel, Matthias/Scholz, Matthias* (Hrsg.), DGRI-Jahrbuch 2015, Köln 2015, S. 151–168

Haag, Kurt (Hrsg.), Geigel Der Haftpflichtprozess, 28. Aufl., München 2020 (zit.: *Bearbeiter*, in: Geigel, Der Haftpflichtprozess)

Haller, Harald, Telematik-Tarife: Mehr Wettbewerb in der Kfz-Versicherung durch neue Produkte, Zeitschrift für Versicherungswesen 2013, Heft 23, S. 782–784

Hanisch, Jochen, Zivilrechtliche Haftungskonzepte für Robotik, in: *Hilgendorf, Eric* (Hrsg.), Robotik im Kontext von Recht und Moral, Baden-Baden 2014, S. 27–61

Hans, Armin, Automotive Software 2.0: Risiken und Haftungsfragen, GWR 2016, Heft 19, S. 393–396

Hartmann, Volker, Aktueller Überblick über Rechtsfragen des automatisierten und autonomen Fahrens, PHi 2016, Heft 4, S. 114–123

– Here come the robots – Produkthaftung und Robotik am Beispiel des automatisierten und autonomen Fahrens (Teil 2: Anforderungen an die Produktbeobachtung) PHi 2017, Heft 2, S. 42–49

Haupt, Tino, Auf dem Weg zum autonomen Fahren. Der Entwurf eines Gesetzes zum autonomen Fahren, NZV 2021, Heft 4, S. 172–177

Haus, Klaus-Ludwig/Krumm, Carsten/Quarch, Matthias (Hrsg.), Nomos Kommentar Gesamtes Verkehrsrecht. Verkehrszivilrecht, Versicherungsrecht, Ordnungswidrigkeitenrecht- und Strafrecht, Verkehrsverwaltungsrecht, 3. Aufl., Baden-Baden 2022 (zit.: *Bearbeiter*, in: Haus/Krumm/Quarch (Hrsg.), Gesamtes Verkehrsrecht)

Hehl, Susanne, Das Verhältnis von Verschuldens- und Gefährdungshaftung, Regensburg 1999

Heinze, Christian/Wendorf, Joris, Immaterialgüterrechtliche Aspkete des autonomen Fahrens, in: *Oppermann, Bernd H./Stender-Vorwachs, Jutta* (Hrsg.), Autonomes Fahren, 2. Aufl., München 2020, S. 287–321

Hentschel, Peter/*König, Peter/Dauer, Peter* Straßenverkehrsrecht, 46. Aufl., München 2021 (zit.: *Bearbeiter*, in: Hentschel/König/Dauer Straßenverkehrsrecht)

Herresthal, Carsten, Die richtlinienkonforme und die verfassungskonforme Auslegung im Privatrecht, JuS 2014, Heft 4, S. 289–298

Hilgendorf, Eric, Moderne Technik und erlaubtes Risiko – am Beispiel des automatisierten Fahrens, in: *Hilgendorf, Eric* (Hrsg.), Rechtswidrigkeit in der Diskussion. Beiträge der dritten Tagung des Chinesisch-Deutschen Strafrechtslehrerverbands in Würzburg vom 2. bis 3. September 2015, Tübingen 2018, S. 97–112

– Teilautonome Fahrzeuge: Verfassungsrechtliche Vorgaben und rechtspolitische Herausforderungen, in: *Hilgendorf, Eric/Hötitzsch, Sven/Lutz, Lennart S.* (Hrsg.), Rechtliche Aspekte automatisierter Fahrzeuge. Beiträge zur 2. Würzburger Tagung zum Technikrecht im Oktober 2014, Baden-Baden 2015, S. 15–32

– Automatisiertes Fahren und das Recht, ZVR 2015, Heft 12a, S. 469–472

– Offene Fragen der neuen Mobilität: Problemfelder im Kontext von automatisiertem Fahren und Recht, RAW 2018, Heft 2, S. 85–93

– Automatisiertes Fahren und Recht: ein Überblick, JA 2018, Heft 11, S. 801–807

Hingst, Jana Christin, Zulassungsrechtliche Herausforderungen bei autonomen Fahrzeugen – eine Analyse de lege lata und de lege ferenda, Hamburg 2020

Hinze, Jonathan, Haftungsrisiken des automatisierten und autonomen Fahrens, Frankfurt am Main 2021

Hoeren, Thomas, Ein Treuhandmodell für Autodaten? – § 63a StVG und die Datenverarbeitung bei Kraftfahrzeugen mit hoch- oder vollautomatisierter Fahrfunktion, NZV 2018, Heft 4, S. 153–155

Hoffmann, Martin, Tagungsbericht: 2. Fachkonferenz „Automatisiertes und autonomes Fahren“, NZV 2019, Heft 4, S. 177–181

Hofmann, Franz, Der Einfluss von Digitalisierung und künstlicher Intelligenz auf das Haftungsrecht. Der Umgang mit technischen Risiken, CR 2020, Heft 4, S. 282–288

Horn, Norbert, Zur ökonomischen Rationalität des Privatrechts. – Die privatrechtstheoretische Verwertbarkeit der „Economic Analysis of Law“, AcP 176 (1976), Heft 4, S. 307–333

Horner, Susanne/Kaulartz, Markus, Haftung 4.0 – Rechtliche Herausforderungen im Kontext der Industrie 4.0, InTeR 2016, Heft 1, S. 22–27

– Haftung 4.0 – Verschiebung des Sorgfaltsmaßstabs bei Herstellung und Nutzung autonomer Systeme, CR 2016, Heft 1, S. 7–14

Hötitzsch, Sven/May, Elisa, Rechtliche Problemfelder beim Einsatz automatisierter Systeme im Straßenverkehr, in: *Hilgendorf, Eric* (Hrsg.), Robotik im Kontext von Recht und Moral, Baden-Baden 2014, S. 189–210

Hotz, Selina, Automatisiertes Fahren – Bewertung eines Gesetzentwurfs zur Änderung des Straßenverkehrsgesetzes, in: *Koch, Robert* (Hrsg.), Aktuelle

Probleme des Versicherungsvertrags- , Versicherungsaufsichts- und Vermittlerrechts, Karlsruhe 2017, S. 55–138

Huber, Christian, Automatisiertes und autonomes Fahren – wer haftet?, in: *Frenz, Walter* (Hrsg.), Handbuch Industrie 4.0: Recht, Technik, Gesellschaft, Berlin 2020, S. 697–711

– Anhebung der Haftungshöchstbeträge bei teilautomatisiertem Fahren in § 12 StVG ohne Anpassung der Mindestdeckungssumme der Kfz-Haftpflichtversicherung – Teil des modernsten Straßenverkehrsrechts der Welt, allgemeines Lebensrisiko oder gesetzgeberische Panne?, NZV 2017, Heft 12, S. 545–548

Hüttinger, Michael/Lauterwasser, Christoph/Trinitis, Jörg, Standardisierter Datenschreiber bei hochtautomatisierten Fahrzeugen: Anforderungen der Versicherungswirtschaft und Modell eines Datentreuhänders, in: *Kompaß, Klaus* (Hrsg.), Methodenentwicklung für aktive Sicherheit und automatisiertes Fahren. 2. Expertendialog zu Wirksamkeit – Beherrschbarkeit – Absicherung, Renningen 2017, S. 216–228

Jänich, Volker/Schrader, Paul T./Reck, Vivian, Rechtsprobleme des autonomen Fahrens, NZV 2015, Heft 7, S. 313–318

Janker, Helmut, Rechtsfragen beim Einsatz von Telematik-Systemen im Straßenverkehr, DAR 1995, Heft 12, S. 472–479

Josipovic, Neven, Die Einhaltung von Verkehrsvorschriften durch automatisierte Fahrzeuge, in: *Hagebölling, Lothar* (Hrsg.), Mobilitätswende in Deutschland. Perspektven und rechtliche Herausforderungen, Berlin 2017, S. 69–79

– Die anstehende Weiterentwicklung der UNECE-Regeln und ihre Bedeutung für das hoch- und vollautomatisierte Fahren, InTeR 2019, Heft 4, S. 179–184

Jungbluth, Marion, Auf dem 56. Deutschen Verkehrsgerichtstag gehaltenes Referat, in: *Deutscher Verkehrsgerichtstag – Deutsche Akademie für Verkehrswissenschaft e.V.* (Hrsg.), 56. Deutscher Verkehrsgerichtstag. Veröffentlichung der auf dem 56. Deutschen Verkehrsgerichtstag vom 24. bis 26. Januar 2018 in Goslar gehaltenen Vorträge, Referate und erarbeiteten Empfehlungen, Köln 2018, S. 31–42

Junker, Markus/Beckmann, Roland Michael/Rüßmann, Helmut (Hrsg.), Juris Praxiskommentar BGB, Band 2 – Schuldrecht, 9. Aufl., Saarbrücken 2020 (zit.: *Bearbeiter*, in: Juris PK-BGB)

Kinast, Carsten/Kühnl, Christina, Telematik und Bordelektronik – Erhebung und Nutzung von Daten zum Fahrverhalten, NJW 2014, Heft 42, S. 3057–3061

Kleemann, Steven/Arzt, Clemens, Das Gesetz zum „autonomen" Fahren in Deutschland. Automatisiertes Fahren findet seinen Weg im StVG, RAW 2021, Heft 2, S. 99–105

Kleinschmidt, Sebastian P./Wagner, Bernardo, Technik autonomer Fahrzeuge, in: *Oppermann, Bernd H./Stender-Vorwachs, Jutta* (Hrsg.), Autonomes Fahren, 2. Aufl., München 2020, S. 7–30

Klimke, Dominik, Telematik-Tarife in der Kfz-Versicherung, r+s 2015, Heft 5, S. 217–225

Klindt, Thomas/Schucht, Carsten, Scheitert pilotiertes Fahren an den Grenzen des Rechts? – Eine rechtliche Analyse zum Reformbedarf und zur Reformfähigkeit des Straßenverkehrsrechts, PHi 2013, Heft 4, S. 122–128

Klink-Straub, Judith/Keber, Tobias, Aktuelle Gesetzeslage zum automatisierten Fahren – eine Rechtsvergleichung, NZV 2020, Heft 3, S. 113–119

Koch, Robert, Verteilung des Haftpflichtversicherungs-/Regressrisikos bei Kfz-Unfällen während der Fahrzeugführung im Autopilot-Modus gem. § 1 a Abs. 2 StVG, VersR 2018, Heft 15, S. 901–910

– Herausforderungen für die Haftpflichtversicherung autonomer Systeme und der Sharing Economy, VersR 2020, Heft 12, S. 741–755

Koehl, Felix, Die Änderung des StVG durch das vierte Gesetz zur Änderung des Straßenverkehrsgesetzes und anderer straßenverkehrsrechtlicher Vorschriften, SVR 2021, Heft 10, S. 361–365

Kompaß, Klaus, Automatisiertes Fahren – Status quo und Perspektiven, ZVS 2016, Heft 5, S. 266–272

König, Carsten, Die gesetzlichen Neuregelungen zum automatisierten Fahren, NZV 2017, Heft 3, S. 123–128

– Gesetzgeber ebnet Weg für automatisiertes Fahren – weitgehend gelungen, NZV 2017, Heft 6, S. 249–253

– (Vorerst) Keine Haftungsbefreiung für Halter und Fahrer automatisierter Kraftfahrzeuge, JR 2017, Heft 7, S. 323–332

König, Peter, Fuhrparkmanagement – Delegation, polizeiliche Überwachung, Haftung, SVR 2008, Heft 4, S. 121–129

Körber, Torsten/König, Carsten, Haftungsrecht 4.0, in: *Frenz, Walter* (Hrsg.), Handbuch Industrie 4.0: Recht, Technik, Gesellschaft, Berlin 2020, S. 257–277

Kötz, Hein, Haftung für besondere Gefahr – Generalklausel für die Gefährdungshaftung -, AcP 170 (1970), Heft 1, S. 1–41

Kremer, Sascha, Connected Car – intelligente Kfz, intelligente Verkehrssysteme, intelligenter Datenschutz?, RDV 2014, Heft 5, S. 240–252

Kreutz, Peter, Autonomes Fahren: Produkt- und Produzentenhaftung, in: *Oppermann, Bernd H./Stender-Vorwachs, Jutta* (Hrsg.), Autonomes Fahren, 2. Aufl., München 2020, S. 177–199

Kuhn, Thomas, Argumentation bei Analogie und teleologischer Reduktion in der zivilrechtlichen Klausurpraxis, JuS 2016, Heft 2, S. 104–109

Kütük-Markendorf, Merih Erdem, Die hoch- oder vollautomatisierte Fahrfunktion als Vorstufe zum autonomen Fahren – Wie der Gesetzgeber bei den Änderungen des Straßenverkehrsgesetzes seine legislative Verantwortung auf den Softwarehersteller übertragen hat, CR 2017, Heft 6, S. 349–355

Lange, Ulrich, Automatisiertes und autonomes Fahren – eine verkehrs-, wirtschafts- und rechtspolitische Einordnung, NZV 2017, Heft 8, S. 345–352

Langer, Claudia, Conected Cars – Auf dem Digitalisierungshighway aus Deutschland in die Welt, RAW 2017, Heft 2, S. 103–107

Larenz, Karl, Die Prinzipien der Schadenszurechnung. Ihr Zusammenspiel im modernen Schuldrecht, JuS 1965, Heft 10, S. 373–379

Larenz, Karl/Canaris, Claus-Wilhelm, Lehrbuch des Schuldrechts. Zweiter Band Besonderer Teil 2. Halbband, 13. Aufl., München 1994

– Methodenlehre der Rechtswissenschaft, 3. Aufl., Berlin, Heidelberg 1995

Lenz, Tobias, Produkthaftung, 2. Aufl., München 2022

Lepsius, Oliver, Normenhierarchie und Stufenbau der Rechtsordnung, JuS 2018, Heft 10, S. 950–954

Leupold, Andreas/Wiebe, Andreas/Glossner, Silke (Hrsg.), IT-Recht. Recht, Wirtschaft und Technik der digitalen Transformation, 4. Aufl., München 2021 (zit.: *Bearbeiter,* in: Leupold/Wiebe/Glossner (Hrsg.), IT-Recht)

Lüdemann, Volker, Connected Cars – Das vernetzte Auto nimmt Fahrt auf, der Datenschutz bleibt zurück, ZD 2015, Heft 6, S. 247–254

Lüdemann, Volker/Sutter, Christine/Vogelpohl, Kerstin, Neue Pflichten für Fahrzeugführer beim automatisierten Fahren – eine Analyse aus rechtlicher und verkehrspsychologischer Sicht, NZV 2018, Heft 9, S. 411–417

Lüke, Stefan/Fochler, Oliver/Schaller, Oliver/Regensburger, Uwe, Stauassistenz und -automation, in: *Winner, Hermann/Hakuli, Stephan/Lotz, Felix/Singer, Christina* (Hrsg.), Handbuch Fahrerassistenzsysteme. Grundlagen, Komponenten und Systeme für aktive Sicherheit und Komfort, Wiesbaden 2015, S. 995–1007

Lutz, Lennart S., Zulassung – eine Frage des Verhaltensrechts?, in: *Hilgendorf, Eric/Hötitzsch, Sven/Lutz, Lennart S.* (Hrsg.), Rechtliche Aspekte automatisierter Fahrzeuge. Beiträge zur 2. Würzburger Tagung zum Technikrecht im Oktober 2014, Baden-Baden 2015, S. 33–51

– Anforderungen an Fahrerassistenzsysteme nach dem Wiener Übereinkommen über den Straßenverkehr, NZV 2014, Heft 2, S. 67–72

– Die bevorstehende Änderung des Wiener Übereinkommens über den Straßenverkehr: Eine Hürde auf dem Weg zu (teil-) autonomen Fahrzeugen ist genommen!, DAR 2014, Heft 8, S. 446–450

– Autonome Fahrzeuge als rechtliche Herausforderung, NJW 2015, Heft 3, S. 119–124

– Automatisiertes Fahren: Änderung des Wiener Übereinkommens tritt im März 2016 in Kraft, DAR 2016, Heft 1, S. 55–56

– Fahrzeugdaten und staatlicher Datenzugriff, DAR 2019, Heft 3, S. 125–129

– Haftung am Beispiel automatisierter Fahrzeuge, in: *Hartmann, Matthias* (Hrsg.), KI & Recht Kompakt, Berlin 2020, S. 117–142

– Neue Vorschriften für das automatisierte und autonome Fahren – ein Überblick, DAR 2021, Heft 4, S. 182–185

Lutz, Lennart S./Tang, Tito/Lienkamp, Markus, Die rechtliche Situation von teleoperierten und autonomen Fahrzeugen, NZV 2013, Heft 2, S. 57–63

Maier, Stephan C./Todte, Hendrik, Telematik – eine Revolution in der Kfz-Versicherung?, ZfV 2013, Heft 23, S. 776–782

Martin, Manuela/Uhl, Kathrin, Cyberrisiken bei vernetzten Fahrzeugen – (Produkt-)Haftungsrechtliche Fragestellungen im Zusammenhang mit Hackerangriffen, RAW 2020, Heft 1, S. 7–14

Maurer, Markus, Einleitung, in: *Maurer, Markus/Gerdes, Christian/Lenz, Barbara/Winner, Hermann* (Hrsg.), Autonomes Fahren. Technische, rechtliche und gesellschaftliche Aspekte, Heidelberg 2015, S. 1–8

Mazzega, Jens/Schöner, Hans-Peter, Wie PEGASUS die Lücke im Bereich Testen und Freigabe von automatisierten Fahrzeugen schließt, in: *Kompaß, Klaus* (Hrsg.), Methodenentwicklung für aktive Sicherheit und automatisiertes Fahren. 2. Expertendialog zu Wirksamkeit – Beherrschbarkeit – Absicherung, Renningen 2017, S. 163–176

Medicus, Dieter, Gefährdungshaftung im Zivilrecht, Jura 1996, Heft 11, S. 561–566

Meier, Patrick/Jocham, Felix, Rechtsfortbildung – Methodischer Balanceakt zwischen Gewaltenteilung und materieller Gerechtigkeit, JuS 2016, Heft 5, S. 392–398

Merat, Natasha/Jamson, A. Hamish/Lai, Frank C.H./Daly, Michael/Carsten, Oliver M.J., Transition to manual: Driver behaviour when resuming control from a highly automated vehicle, Transportation Research Part F: Traffic Psychology and Behaviour, Band 27, 2014, S. 274–282, abrufbar unter:

https://www.sciencedirect.com/science/article/pii/S1369847814001284 (zuletzt abgerufen am 15. November 2022)

Meyer-Seitz, Christian, Auf dem 56. Deutschen Verkehrsgerichtstag gehaltenes Referat, in: *Deutscher Verkehrsgerichtstag – Deutsche Akademie für Verkehrswissenschaft e.V.* (Hrsg.), 56. Deutscher Verkehrsgerichtstag. Veröffentlichung der auf dem 56. Deutschen Verkehrsgerichtstag vom 24. bis 26. Januar 2018 in Goslar gehaltenen Vorträge, Referate und erarbeiteten Empfehlungen, Köln 2018, S. 59–69

Mielchen, Daniela, Verrat durch den eigenen PKW – wie kann man sich schützen?, SVR 2014, Heft 3, S. 81–87

– Gesetz zum automatisierten Fahren – schöne neue Welt?, ZfS 2017, Heft 10, S. 541

Müller-Erzbach, Rudolf, Gefährdungshaftung und Gefahrtragung, AcP (106) 1910, Heft 3, S. 309–476

Münchener Kommentar zum Bürgerlichen Gesetzbuch Band 1, *Säcker, Franz Jürgen/Rixecker, Roland/Oetker, Hartmut/Limperg, Bettina* (Hrsg.), 9. Aufl., München 2021 (zit.: *Bearbeiter*, in: Münchener Kommentar BGB)

Münchener Kommentar zum Bürgerlichen Gesetzbuch Band 2, *Säcker, Franz Jürgen/Rixecker, Roland/Oetker, Hartmut/Limperg, Bettina* (Hrsg.), 9. Aufl., München 2022 (zit.: *Bearbeiter*, in: Münchener Kommentar BGB)

Münchener Kommentar zum Bürgerlichen Gesetzbuch Band 3, *Säcker, Franz Jürgen/Rixecker, Roland/Oetker, Hartmut/Limperg, Bettina* (Hrsg.), 9. Aufl., München 2022 (zit.: *Bearbeiter*, in: Münchener Kommentar BGB)

Münchener Kommentar zum Bürgerlichen Gesetzbuch Band 7, *Säcker, Franz Jürgen/Rixecker, Roland/Oetker, Hartmut/Limperg, Bettina* (Hrsg.), 8. Aufl., München 2020 (zit.: *Bearbeiter*, in: Münchener Kommentar BGB)

Münchener Kommentar zum Straßenverkehrsrecht Band 1, *König, Peter* (Hrsg.), München 2016 (zit.: *Bearbeiter*, in: Münchener Kommentar Straßenverkehrsrecht)

Münchener Kommentar zum Straßenverkehrsrecht Band 2, *Bender, Engelbert* (Hrsg.), München 2016 (zit.: *Bearbeiter*, in: Münchener Kommentar Straßenverkehrsrecht)

Musielak, Hans-Joachim/Voit, Wolfgang (Hrsg.), Zivilprozessordnung mit Gerichtsverfassungsgesetz, 19. Aufl., München 2022 (zit.: *Bearbeiter*, in: Musielak/Voit (Hrsg), ZPO)

Nehm, Kay, Autonomes Fahren: Bremsen Ethik und Recht den Fortschritt aus?, JZ 2018, Heft 8, S. 398–402

Notthoff, Martin, Haftung und Versicherung autonomer Kraftfahrtfahrzeuge – Herausforderungen und Besonderheiten, r+s 2019, Heft 9, S. 496–502

Opper, Kai-Uwe, Tagungsbericht: 1. Berliner Forum automatisiertes Fahren, NZV 2020, Heft 2, S. 80–82

Ostrop, Marlene, Zur Rechtslage beim hoch- und vollautomatisierten Fahren. Wie weit sind wir tatsächlich noch entfernt vom fahrerlosen Autofahren?, HRN 2018, Heft 1, S. 30–34

Pataki, Tibor S., Die Empfehlungen des Verkehrsgerichtstages 2018 zum automatisierten Fahren aus der Sicht der Versicherer, DAR 2018, Heft 3, S. 133–136

Pehm, Julian, Systeme der Unfallhaftung beim automatisierten Verkehr, IWRZ 2018, Heft 6, S. 259–265

Preuß, Melanie, Haftungsrecht beim Einsatz hoch- und vollautomatisierter sowie vollautonomer Fahrzeuge. Smartphones auf Rädern – Ist ein Paradigmenwechsel im Straßenverkehrsrecht überflüssig oder längst überfällig?, Hamburg 2021

Pütz, Karl/Maier, Fabian, Haftung und Versicherungsschutz bei Cyber-Angriffen auf ein Kfz, r+s 2019, Heft 8, S. 444–449

Putzki, Anna/Sesing, Andreas, Datenaufzeichnung im automatisierten Fahrzeug, MMR-Aktuell 2017, Heft 7, S. 388288

Rebler, Adolf, Das neue Verbot der Nutzung elektronischer Kommunikationsmittel während des Fahrzeugführens, SVR 2018, Heft 7, S. 241–244

Reck, Vivian, Autorecht 2017 – Autonomes Fahren – Zwischenstand, ZD-Aktuell 2017, Heft 19, S. 04271

Redeker, Helmut, IT-Recht, 7. Aufl., München 2020

Reibach, Boris, Black Box und Datenschutz beim automatisierten Fahren, in: *Taeger, Jürgen* (Hrsg.), Recht 4.0 – Innovationen aus den rechtswissenschaftlichen Laboren. Deutsche Stiftung für Recht und Informatik. Tagungsband Herbstakademie 2017, Oldenburg 2017, S. 161–170

Reichart, Günter, „Wie wird die Fahrzeugautomatisierung die Rollen von Fahrzeugherstellern und Zulieferern verändern?" Eigene Einschätzungen und Ergebnisse einer Umfrage im Auftrag der Continental AG, in: *Kompaß, Klaus* (Hrsg.), Methodenentwicklung für aktive Sicherheit und automatisiertes Fahren. 2. Expertendialog zu Wirksamkeit – Beherrschbarkeit – Absicherung, Renningen 2017, S. 117–129

Reichwald, Julian/Pfisterer, Dennis, Autonomie und Intelligenz im Internet der Dinge – Möglichkeiten und Grenzen autonomer Handlungen, CR 2016, Heft 3, S. 208–212

Reinking, Kurt/Eggert, Christoph, Der Autokauf. Rechtsfragen beim Kauf neuer und gebrauchter Kraftfahrzeuge sowie beim Leasing, 14. Aufl., Köln 2020

Reusch, Philipp/Weidner, Niklas M., Future Law. Blockchain, Industrie 4.0, Internet of Things, Robotik, Frankfurt am Main 2020

Riehm, Thomas, Von Drohnen, Google-Cars und Software-Agenten, ITRB 2014, Heft 5, S. 113–115

Rodi, Michael, Die Zuassung autonomer Fahrzeuge zum Straßenverkehr aus rechtlicher und rechtspolitischer Sicht, in: *Oppermann, Bernd H./Stender-Vorwachs, Jutta* (Hrsg.), Autonomes Fahren, 2. Aufl., München 2020, S. 429–438

Roshan, Bashram, Automatisiertes und autonomes Fahren im Überblick, NJW Spezial 2021, Heft 5, S. 137–138

Roubik, Marleen, Novellierung der Verordnung über die Rahmenbedingungen für automatisiertes Fahren, ZVR 2019, Heft 5, S. 154–157

Saenger, Ingo (Hrsg.), Zivilprozessordnung Familienverfahren Gerichtsverfassung Europäisches Verfahrensrecht, 9. Aufl., Baden-Baden 2021 (zit.: *Bearbeiter*, in: Saenger (Hrsg.) ZPO)

Sander, Günther/Hollering, Jörg, Strafrechtliche Verantwortlichkeit im Zusammenhang mit automatisiertem Fahren, NStZ 2017, Heft 4, S. 193–206

Sandherr, Urban, Strafrechtliche Fragen des automatisierten Fahrens, NZV 2019, Heft 1, S. 1–4

Schäfer, Hans-Bernd/Ott, Claus, Lehrbuch der ökonomischen Analyse des Zivilrechts, 6. Aufl., Berlin 2020

Schartel, Klaus/Stadler, Martin, Autonomes Fahren aus haftungs- und versicherungsrechtlicher Perspektive, in: *Kompaß, Klaus* (Hrsg.), Methodenentwicklung für aktive Sicherheit und automatisiertes Fahren. 2. Expertendialog zu Wirksamkeit – Beherrschbarkeit – Absicherung, Renningen 2017, S. 229–239

Schaub, Renate, Interaktion von Mensch und Maschine. Haftungs- und immaterialgüterrechtliche Fragen bei eigenständigen Weiterentwicklungen autonomer Systeme, JZ 2017, Heft 7, S. 342–349

Schirmer, Jan-Erik, Augen auf beim automatisierten Fahren! Die StVG Novelle ist ein Montagsstück, NZV 2017, Heft 6, S. 253–257

Schlamp, Martina, Realbildspeicherung aufgrund eines Unfallereignisses bei hochautomatisierten Fahrzeugen, InTeR 2018, Heft 3, S. 116–124

Schlanstein, Peter, Moderne Autos werden immer Klüger, VD 2015, Heft 5, S. 131–137

– Nutzung von Fahrzeugdaten zur Optimierung der Verkehrsunfallaufnahme, NZV 2016, Heft 5, S. 201–209

Schmid, Alexander/Wessels, Ferdinand, Event Data Recording für das hoch- und vollautomatisierte Kfz – eine kritische Betrachtung der neuen Regelungen im StVG, NZV 2017, Heft 8, S. 357–364

Schmidt-Cotta, Ralf-Roland, Event-Data-Recording – Fluch oder Segen?, in: *Hilgendorf, Eric/Hötitzsch, Sven/Lutz, Lennart S.* (Hrsg.), Rechtliche Aspekte automatisierter Fahrzeuge. Beiträge zur 2. Würzburger Tagung zum Technikrecht im Oktober 2014, Baden-Baden 2015, S. 67–85

– Der Unfalldatenspeicher gehört auf die rechtspolitische Agenda, ZRP 2000, Heft 12, S. 518–520

Schrader, Paul T., Haftungsrechtlicher Begriff des Fahrzeugführers bei zunehmender Automatisierung von Kraftfahrzeugen, NJW 2015, Heft 49, S. 3537–3542

– Haftungsfragen für Schäden beim Einsatz automatisierter Fahrzeuge im Straßenverkehr, DAR 2016, Heft 5, S. 242–246

– Herstellerhaftung nach dem StVG-ÄndG 2017, DAR 2018, Heft 6, S. 314–320

– Wohin steuert das autonome Fahrzeug – vorübergehend?, ZRP 2021, Heft 4, S. 109–112

– Neujustierung der Gefährdungs- und Verschuldenshaftung bei der Fahrzeugautomatisierung, DAR 2022, Heft 1, S. 9–13

Schubert, Mathias N., Autonome Fahrzeuge – Vorüberlegungen zu einer Reform des Haftungsrechts, PHi 2015, Heft 2, S. 46–51

– Der Automated and Electric Vehicles Act 2018, SVR 2019, Heft 4, S. 124–129

Schuster, Frank Peter, Providerhaftung und der Straßenverkehr der Zukunft, in: *Hilgendorf, Eric* (Hrsg.), Autonome Systeme und neue Mobilität. Ausgewählte Beiträge zur 3. und 4. Würzburger Tagung zum Technikrecht, Baden-Baden 2017, S. 49–64

Schulze, Reiner Bürgerliches Gesetzbuch Handkommentar, 11. Aufl., Baden-Baden 2022 (zit.: *Bearbeiter*, in: Schulze BGB)

Schwartz, Jacob, Betriebsgefahr und Unabwendbarkeit bei selbstfahrenden Fahrzeugen, in: Taeger, *Jürgen* (Hrsg.), Den Wandel begleiten. IT-rechtliche Herausforderungen der Digitalisierung, Deutsche Stiftung für Recht und Informatik, Tagungsband Herbstakademie 2020, Oldenburg 2020, S. 669–685

Seeck, Andre/Gasser, Tom M./Auerswald, Rico, Erweiterung der Landkarte für Fahrzeugautomatisierung, in: *Kompaß, Klaus* (Hrsg.), Methodenentwicklung für aktive Sicherheit und automatisiertes Fahren. 2. Expertendialog zu Wirksamkeit – Beherrschbarkeit – Absicherung, Renningen 2017, S. 1–12

Siebert, Lars/Gaden, Justus, Automatisiertes Parken – Teil 1, InTeR 2016, Heft 2, S. 65–70

– Automatisiertes Parken – Teil 2, InTeR 2016, Heft 4, S. 194–201

Siemann, Martin/Kaufmann, Marcel, Formalisierung der Straßenverkehrsordnung als Voraussetzung des automatisierten oder autonomen Fahrens, RAW 2019, Heft 2, S. 58–64

Singler, Philipp, Haftungsprobleme bei autonomen Fahrzeugen, Freilaw 2017, Heft 1, S. 14–20

– Die Kfz-Versicherung autonomer Fahrzeuge, NZV 2017, Heft 8, S. 353–357

Söbbing, Thomas, Rechtsfragen der Robotik, Rechtlich gesehen: Der Roboter als softwaregesteuerte, bewegliche und zum Teil autonome Maschine, InTeR 2013, Heft 1, S. 43–46

Sodan, Helge (Hrsg.), Handbuch des Krankenversicherungsrechts, 3. Aufl., München 2018 (zit.: *Bearbeiter*, in: Sodan (Hrsg.), Handbuch des Krankenversicherungsrechts)

Solmecke, Christian/Jockisch, Jan, Das Auto bekommt ein Update! – Rechtsfragen zu Software in Pkws. Zulassungs- und Haftungsfragen zu softwarebasierten Fahrzeugsystemen, MMR 2016, Heft 6, S. 359–364

Sosnitza, Olaf, Das Internet der Dinge – Herausforderung oder gewohntes Terrain für das Zivilrecht?, CR 2016, Heft 11, S. 764–772

Spiecker gen. Döhmann, Indra, Zur Zukunft systemischer Digitalisierung – Erste Gedanken zur Haftungs- und Verantwortungszuschreibung bei informationstechnischen Systemen. Warum für die systemische Haftung ein neues Modell erforderlich ist, CR 2016, Heft 10, S. 698–704

Spindler, Gerald, Roboter, Automation, künstliche Intelligenz, selbststeuernde Kfz – Braucht das Recht neue Haftungskategorien? Eine kritische Analyse möglicher Haftungsgrundlagen für autonome Steuerungen, CR 2015, Heft 12, S. 766–776

Staudinger, Julius von (Begr.) Kommentar zum Bürgerlichen Gesetzbuch mit Einführungsgesetz und Nebengesetzen, Buch 2 Recht der Schuldverhältnisse, § 823 A-D, Unerlaubte Handlungen 1 Neubearbeitung, Berlin 2017 (zit.: *Bearbeiter*, in: Staudinger, Neubearbeitung 2017)

Staudinger, Julius von (Begr.) Kommentar zum Bürgerlichen Gesetzbuch mit Einführungsgesetz und Nebengesetzen, Buch 2 Recht der Schuldverhältnisse, §§ 823 E-I, Unerlaubte Handlungen 1 -Teilband 2, Neubearbeitung, Berlin 2009 (zit.: *Bearbeiter*, in: Staudinger, Neubearbeitung 2009)

Staudinger, Julius von (Begr.) Kommentar zum Bürgerlichen Gesetzbuch mit Einführungsgesetz und Nebengesetzen, Buch 2 Recht der Schuldverhältnisse,

§§ 826–829; ProdHaftG, Unerlaubte Handlungen 2, Neubearbeitung, Berlin 2018 (zit.: *Bearbeiter*, in: Staudinger, Neubearbeitung 2018)

Stürner, Rolf (Hrsg.), Jauernig Bürgerliches Gesetzbuch, 18. Aufl., München 2021 (zit.: *Bearbeiter*, in: Jauernig BGB)

Stadler, Martin, Versicherungsrechtliche Fragen zu Fahrerassistenzsystemen, in: *Hilgendorf, Eric/Hötitzsch, Sven/Lutz, Lennart S.* (Hrsg.), Rechtliche Aspekte automatisierter Fahrzeuge. Beiträge zur 2. Würzburger Tagung zum Technikrecht im Oktober 2014, Baden-Baden 2015, S. 87–99

– Automatisiertes Fahren und zivilrechtliche Fragestellungen aus versicherungsrechtlicher Sicht, in: *Deutscher Verkehrsgerichtstag – Deutsche Akademie für Verkehrswissenschaft e.V.* (Hrsg.), 56. Deutscher Verkehrsgerichtstag. Veröffentlichung der auf dem 56. Deutschen Verkehrsgerichtstag vom 24. bis 26. Januar 2018 in Goslar gehaltenen Vorträge, Referate und erarbeiteten Empfehlungen, Köln 2018, S. 71–77

Staub, Carsten, Strafrechtliche Fragen zum automatisierten Fahren, NZV 2019, Heft 6, S. 392–398

Steege, Hans, Autonomes Fahren und die Durchsetzung des Verbots der Rechtswidrigkeit, NZV 2019, Heft 9, S. 459–467

– Gesetzesentwurf zum autonomen Fahren (Level 4), SVR 2021, Heft 4, S. 128–137

Steinert, Philipp, Automatisiertes Fahren (strafrechtliche Fragen), SVR 2019, Heft 1, S. 5–7

Stender-Vorwachs, Jutta/Steege, Hans, Kleine SIM-Karte – große Konsequenz: Automobilhersteller als TK-Anbieter? Eine tk- und datenschutzrechtliche Analyse im Kontext autonomer Fahrzeuge, MMR 2018, Heft 4, S. 212–217

Streinz, Rudolf (Hrsg.), EUV/AEUV. Vertrag über die Europäische Union, Vertrag über die Arbeitsweise der Europäischen Union, Charta der Grundrechte der Europäischen Union, 3. Aufl., München 2018 (zit.: *Bearbeiter*, in: Streinz (Hrsg.), EUV/AEUV)

Sturm, Holger, Zukünftige Rechtsfragen beim autonomen Fahren, in: *Hartung, Sven/Regula, Sven/Schaeuffelen, Angelika* (Hrsg.), Rechtsfragen in der Automobil- und Zulieferindustrie, 2. Aufl., Frankfurt am Main 2018, S. 273–311

Taeger, Jürgen, Produkt- und Produzentenhaftung bei Schäden durch fehlerhafte Computerprogramme, CR 1996, Heft 5, S. 257–271

Taeger, Jürgen/Pohle, Jan (Hrsg.), Computerrechts-Handbuch, 36. EL., München Stand: Februar 2021 (zit.: *Bearbeiter*, in: Taeger/Pohle (Hrsg.), Computerrechts-Handbuch)

Taschner, Hans Claudius, Die künftige Produzentenhaftung in Deutschland, NJW 1986, Heft 10, S. 611–616

Taupitz, Jochen, Ökonomische Analyse und Haftungsrecht. Eine Zwischenbilanz, AcP 196 (1996), Heft 1, S. 114–167

Tergan, Thomas, Automatisiertes Fahren. Gegenwärtiges und zukünftiges Zulassungsrecht, Hamburg 2018

Ternig, Ewald, Automatisiertes Fahren: Wer führt – Mensch oder Maschine?, ZfS 2016, Heft 6, S. 303–310

Theissen, Christian M., Praxisüberblick – Besonderheiten beim Regress innerhalb der Lieferkette und neuartige Haftungsregelungen, in: *Oppermann, Bernd H./Stender-Vorwachs, Jutta* (Hrsg.), Autonomes Fahren, 2. Aufl., München 2020, S. 231–238

Theissen, Natalia, Tagungsbericht: Interdisziplinäre Fachtagung Autonomes Fahren an der Leibniz Universität Hannover am 28. November 2017, NZV 2018, Heft 2, S. 67–68

v. Bodungen, Benjamin, Automatisiertes Fahren (Automotive), in: *Sassenberg, Thomas/Faber, Tobias* (Hrsg.), Rechtshandbuch Industrie 4.0 und Internet of Things, 2. Aufl., München 2020, S. 537–562

v. Bodungen, Benjamin/Hoffmann, Martin, Belgien und Schweden schlagen vor: Das Fahrsystem soll Fahrer werden!, NZV 2015, Heft 11, S. 521–526

– Autonomes Fahren – Haftungsverschiebung entlang der supply chain? (1. Teil), NZV 2016, Heft 10, S. 449–454

– Autonomes Fahren – Haftungsverschiebung entlang der supply chain? (2. Teil), NZV 2016, Heft 11, S. 503–509

– Zur straßenverkehrsrechtlichen (Un)Zulässigkeit automatisierter Fahrzeuge, InTeR 2017, Heft 2, S. 85–92

– Hoch- und vollautomatisiertes Fahren ante portas – Auswirkungen des 8. Änderungsgesetzes auf die Herstellerhaftung, NZV 2018, Heft 3, S. 97–102

– Zivilrechtliche Haftung beim Einsatz künstlicher Intelligenz im autonomen Straßenverkehr von morgen Geltendes Recht und Reformbestrebungen auf EU-Ebene, SVR 2022, Heft 1, S. 1–6

v. Kaler, Mathias/Wieser, Sylvia, Weiterer Rechtsetzungsbedarf beim automatisierten Fahren, NVwZ 2018, Heft 6, S. 369–373

v. Ungern-Sternberg, Antje, Völker- und europarechtliche Implikationen autonomen Fahrens, in: *Oppermann, Bernd H./Stender-Vorwachs, Jutta* (Hrsg.), Autonomes Fahren, 2. Aufl., München 2020, S. 467–491

Vaid, Kamal, Selbst ist das Auto – automatisiertes und autonomes Fahren. Die Zukunft der Mobilität, Hamburg 2018

Valerius, Brian, Sorgfaltspflichten beim autonomen Fahren, in: *Hilgendorf, Eric* (Hrsg.), Autonome Systeme und neue Mobilität. Ausgewählte Beiträge zur 3. und 4. Würzburger Tagung zum Technikrecht, Baden-Baden 2017, S. 9–22

Verbraucherzentrale Bundesverband e.V., Rechtssicher Fahren mit automatisierten Fahrzeugen – Unaufgeforderte Stellungnahme vom 16. März 2017, abrufbar unter: https://www.vzbv.de/sites/default/files/downloads/2017/03/21/2016-12-30_stn_zum_gesetzentwurf_aend_stvg_neu.pdf (zuletzt abgerufen am 15. November 2022)

Vogel, Paul/Althoff, Matthias, Rekonstruktion von durch vollautomatisierte Fahrzeuge verursachten Verkehrsunfällen, InTeR 2020, Heft 2, S. 89–94

Vogt, Wolfgang, Fahrerassistenzsysteme: Neue Technik – Neue Rechtsfragen?, NZV 2003, Heft 4, S. 153–160

Vollrath, Mark/Briest, Susanne/Oeltze, Katharina, Auswirkungen des Fahrens mit Tempomat und ACC auf das Fahrerverhalten, Berichte der Bundesanstalt für Straßenwesen, Fahrzeugtechnik 2010, Heft F 74, S. 3–50

Wachenfeld, Walther/Winner, Hermann, Der Sicherheitsnachweis für autonome Fahrzeuge, in: *Hilgendorf, Eric/Hötitzsch, Sven/Lutz, Lennart S.* (Hrsg.), Rechtliche Aspekte automatisierter Fahrzeuge. Beiträge zur 2. Würzburger Tagung zum Technikrecht im Oktober 2014, Baden-Baden 2015, S. 53–60

– Die Freigabe des autonomen Fahrens, in: *Maurer, Markus/Gerdes, Christian/Lenz, Barbara/Winner, Hermann* (Hrsg.), Autonomes Fahren. Technische, rechtliche und gesellschaftliche Aspekte, Heidelberg 2015, S. 439–464

– Lernen autonome Fahrzeuge?, in: *Maurer, Markus/Gerdes, Christian/Lenz, Barbara/Winner, Hermann* (Hrsg.), Autonomes Fahren. Technische, rechtliche und gesellschaftliche Aspekte, Heidelberg 2015, S. 465–488

Wachenfeld, Walther/Winner, Hermann/Gerdes, Christian/Lenz, Barbara/Maurer, Markus, et al., Use-Cases des autonomen Fahrens, in: *Maurer, Markus/Gerdes, Christian/Lenz, Barbara/Winner, Hermann* (Hrsg.), Autonomes Fahren. Technische, rechtliche und gesellschaftliche Aspekte, Heidelberg 2015, S. 9–37

Wagner, Bernd/Goeble, Thilo, Freie Fahrt für das Auto der Zukunft?, ZD 2017, Heft 6, S. 263–269

Wagner, Eric/Ruttloff, Marc/Freytag, Christiane, Automatisiertes Fahren nach der StVG-Novelle: Next Steps – Rechtsverordnungen und Haftungsfragen, CB 2017, Heft 10, S. 386–391

Wagner, Gerhard, Deliktsrecht, 14. Aufl., München 2021

– Prävention und Verhaltenssteuerung durch Privatrecht – Anmaßung oder legitime Aufgabe?, AcP 206 (2006), Heft 2/3, S. 352–476

– Produkthaftung für autonome Systeme, AcP (217) 2017, Heft 6, S. 707–765

Wagner, Manuela, Das neue Mobilitätsrecht. Der Rechtsrahmen zum automatisierten und vernetzten Fahren, Baden-Baden 2021

– Fast and Furious: auf der Überholspur zum autonomen Fahren oder Sackgasse für Forschung und Entwicklung?, InTeR 2021, Heft 3, S. 132–139

Wandt, Manfred, Gesetzliche Schuldverhältnisse. Deliktsrecht, Schadensrecht, Bereicherungsrecht, GoA, 11. Aufl., München 2022

Weisser, Ralf/Färber, Claus Rechtliche Rahmenbedingungen bei Connected Car. Überblick über die Rechtsprobleme der automobilen Zukunft, MMR 2015, Heft 8, S. 506–512

Wende, Susanne, Haftungsfragen bei vernetzten und autonomen Systemen, in: *Sassenberg, Thomas/Faber, Tobias* (Hrsg.), Rechtshandbuch Industrie 4.0 und Internet of Things, 2. Aufl., München 2020, S. 93–121

Wigger, Dominika, Automatisiertes Fahren und strafrechtliche Verantwortlichkeit wegen Fahrlässigkeit, Baden-Baden 2020

Will, Martin, Die innovative völkerrechtliche UNECE-Regelung für automatisierte Spurhaltesysteme (ALKS), NZV 2020, Heft 4, S. 163–175

– Grenzen der Touchscreen-Nutzung beim Führen von Fahrzeugen. Ein Beitrag zur Dogmatik des § 23 I a StVO – zugleich Anmerkung zur „Tesla-Entscheidung" OLG Karlsruhe, Beschluss vom 27.03.2020 – 1 Rb 36 Ss 832/19= BeckRS 2020, 12154, NZV 2020, Heft 9, S. 441–449

Winkelbauer, Martin/Erenli, Eva-Maria, Unfalldatenspeicher, ZVR 2010, Heft 10, S. 342–348

Wisselmann, Dirk, Technische Fahrzeugentwicklung – Hochautomatisiertes Fahren ab 2020?, in: *Hilgendorf, Eric/Hötitzsch, Sven/Lutz, Lennart S.* (Hrsg.), Rechtliche Aspekte automatisierter Fahrzeuge. Beiträge zur 2. Würzburger Tagung zum Technikrecht im Oktober 2014, Baden-Bden 2015, S. 11–14

Wolf, Christian/Eslami, Nassim, Autonomes Fahren – Autonome Rechtsprechung?, in: *Oppermann, Bernd H./Stender-Vorwachs, Jutta* (Hrsg.), Autonomes Fahren, 2. Aufl., München 2020, S. 455–466

Wolf, Ingo, Wechselwirkung Mensch und autonomer Agent, in: *Maurer, Markus/Gerdes, Christian/Lenz, Barbara/Winner, Hermann* (Hrsg.), Autonomes Fahren. Technische, rechtliche und gesellschaftliche Aspekte, Heidelberg 2015, S. 103–125

Wolfers, Benedikt, Selbstfahrende Autos: Ist das erlaubt?, RAW 2017, Heft 1, S. 2–13

– Rechtslage geklärt: Automatisiertes Fahren ist möglich, RAW 2017, Heft 2, S. 86–89

– Regulierung und Haftung bei automatisiertem Fahren: Zwei Seiten einer Medaille?, RAW 2018, Heft 2, S. 94–102

Wolfers, Benedikt/Schlenkhoff, Nils, Autonomes Fahren ist möglich: Deutschland als regulatorischer Tempomacher, RAW 2022, Heft 1, S. 24–32

Zech, Herbert, Künstliche Intelligenz und Haftungsfragen, ZfPW 2019, Heft 2, S. 198–219

Zöller, Richard (Begr.) Zivilprozessordnung, 34. Aufl., Köln 2022 (zit.: *Bearbeiter*, in: Zöller)

Printed by
CPI books GmbH, Leck